PROF. DR. H. D. BETZ
329 WEST SEVENTH STREET
CLAREMONT, CAL. 91711, U.S.A.
PHONE: (714) 624-2275

Franz Mußner · Der Jakobusbrief

**HERDERS THEOLOGISCHER KOMMENTAR
ZUM NEUEN TESTAMENT**

Herausgegeben von Alfred Wikenhauser †
und Anton Vögtle

BAND XIII: FASZIKEL I

DER JAKOBUSBRIEF

Auslegung von
Franz Mußner

HERDER
FREIBURG · BASEL · WIEN

DER JAKOBUSBRIEF

Auslegung von
Franz Mußner

Professor an der Theologischen Fakultät Trier

„Wir Christen sind auch Juden"
Pius XII.

ZWEITE AUFLAGE

1967

HERDER
FREIBURG · BASEL · WIEN

Alle Rechte vorbehalten — Printed in Germany
Imprimatur. — Freiburg im Breisgau, den 15. Mai 1964
Der Generalvikar: Dr. Föhr
© Verlag Herder KG Freiburg im Breisgau 1964
Herder Druck Freiburg im Breisgau
Bestellnummer 14117

VORWORT ZUR 1. AUFLAGE

Auch dieser Kommentar, einst fast widerwillig übernommen, dann aber mehr und mehr mit persönlichem Engagement geschrieben, löst „das Rätsel des Jakobusbriefes" nicht. Er will es aber auch nicht forcieren. Was speziell in den Einleitungsparagraphen vorgelegt wird, hat in manchen Punkten nur den Wert von Hypothesen, für die freilich der Versuch einer Begründung nicht umgangen wird. Das Bleibende des Jakobusbriefes liegt in seinem Inhalt, und was dieser für Theologie und Kirche bedeutet, kommt, so hoffen wir, in der Auslegung vernehmbar zur Sprache.

Nach den kritischen, bis heute nachwirkenden Urteilen Martin Luthers besitzt der Jakobusbrief naturgemäß auch kontroverstheologische Bedeutung. Seine „Werkfrömmigkeit" als Ausdruck lebendigen Glaubens liegt ganz auf der Linie der Bergpredigt, und so treibt der Brief in hohem Maße Christum. Es scheint die Zeit gekommen, daß dies auch von den „getrennten Brüdern" deutlich gesehen wird. Was Jakobus vorträgt, ist aber auch die reife Frucht am Baum des Judentums. Das Motto, das diesem Kommentar vorangestellt ist, zeigt seine Richtigkeit gerade an diesem hervorragenden Zeugnis des urchristlichen Glaubens. Der Glaube „an unseren Herrn Jesus Christus der Herrlichkeit" drängt auf Bewährung im Alltag. Heiligung des Alltags ist aber ein Grundanliegen des Judentums. So möchte dieser Kommentar auch zum jüdisch-christlichen Gespräch einen bescheidenen Beitrag liefern.

Der besondere Dank des Verfassers gebührt den Herren der Bibliothek des Trierer Priesterseminars sowie Frl. Lotte Wust für die überaus gewissenhafte Schreibarbeit.

Trier, den 4. Oktober 1963 *Franz Mußner*

VORWORT ZUR 2. AUFLAGE

Erfreulicherweise war die erste Auflage dieses Kommentars schon nach zwei Jahren vergriffen, gewiß auch dank der freundlichen Aufnahme, die er in der Kritik gefunden hat; erwähnt sei dabei ausdrücklich das überaus positive Echo, das der Kommentar bei den Juden gefunden hat.

In den zwei Jahren seit Erscheinen hat der Verfasser viel neues Material gesammelt, besonders aus dem spätjüdischen Schrifttum. Dieses Material konnte in die Neuauflage nur soweit eingearbeitet werden, als es der stehende Satz zuließ. Im übrigen beschränkte sich der Verfasser auf die Beseitigung von Druckfehlern und offensichtlichen Versehen, wobei er einigen Rezensenten, besonders P. Benedikt Schwank O.S.B. von Beuron, zu Dank verpflichtet ist. Dem Beispiel französischer Kommentare folgend ist aber der Neuauflage ein Literaturnachtrag beigegeben, in dem die wichtigsten Neuerscheinungen aus den letzten zwei Jahren aufgeführt sind.

Regensburg, den 1. August 1966 F.M.

INHALT

Texte und Literatur IX
Abkürzungsverzeichnis XIX

EINLEITUNG

§ 1. Der Verfasser 1
§ 2. Der Herrenbruder Jakobus in der neutestamentlichen Überlieferung . 9
§ 3. Die Adressaten 11
§ 4. Der kirchen- und theologiegeschichtliche Ort des Briefes. Anlaß, Zweck, Abfassungszeit, Abfassungsort 12
§ 5. Gattungsgeschichtliche Einordnung des Briefes. Tradition und Redaktion 23
§ 6. Sprache und Stil 26
§ 7. Stellung im Kanon 33
§ 8. Der Jakobusbrief und die Ethik Jesu 47
§ 9. Die textgeschichtliche Bezeugung 53
§ 10. Zur Gliederung des Briefes 56

AUSLEGUNG

I. Die Grußüberschrift (1, 1) 60
II. Die angefochtene Existenz der Gläubigen (1, 2–18) 62
    1. Von der Bewährung des Glaubens zur Vollkommenheit (1, 2–4) 63
    2. Vom vertrauensvollen Gebet um Weisheit (1, 5–8) 67
    3. Vom „Ruhm" des Armen und des Reichen (1, 9–11) . . . 72
    4. Der große Makarismus auf die Standhaftigkeit mit Theodizee (1, 12–18) 84
III. Von der Verwirklichung des Wortes (1, 19–27) 98
    1. Die richtigen Voraussetzungen auf seiten des Hörers (1, 19–21) 99
    2. Seid Täter des Wortes! (1, 22–25) 103
    3. Falsche und wahre Frömmigkeit (1, 26f) 110
IV. Personenkult und kommendes Gericht (2, 1–13) 114
V. Die Bedeutung von Glauben und Werken für die Rechtfertigung des Menschen (2, 14–26) 127
    1. Die Nutzlosigkeit eines Glaubens ohne Werke (2, 14–20) . . 129
    2. Begründung aus der Bibel (2, 21–26) 140

Inhalt

VI. Warnung vor Lehrsucht wegen der Dämonie der Zunge (3, 1–12) 157
VII. Kennzeichen wahrer Lehrweisheit (3, 13–18) 168
VIII. Die Gemeinden zwischen Frieden und Unfrieden, zwischen Welt und Gott (4, 1–12) 175
IX. Wider den selbstmächtigen Lebensentwurf (4, 13–17) 189
X. Gerichtspredigt gegen die unsozial eingestellten Reichen (5, 1–6) 193
XI. Mahnung zur geduldigen Erwartung der Parusie und zum Ausharren im Leiden (5, 7–11) 199
XII. Mahnung zu unbedingter Wahrhaftigkeit (5, 12) 211
XIII. Anweisungen für verschiedene Lebenslagen (5, 13–15) . . . 216
    1. Verhalten in mißlicher Lage (5, 13a) 217
    2. Verhalten in guter Lage (5, 13b) 217
    3. Verhalten bei Erkrankung (5, 14f) 218
XIV. Sündenbekenntnis und Fürbitte (5, 16–18) 225
XV. Geistliche Hilfe für den verirrten Bruder (5, 19f). 230

EXKURSE

1. Die „Armenfrömmigkeit" des Jakobusbriefes 76
2. Das Gottesbild des Briefes 97
3. Der Glaubensbegriff des Briefes 133
4. Die Rechtfertigung des Menschen nach dem Jakobusbrief 146
5. Das „Werk" bei Paulus und Jakobus 152
6. Die Eschatologie des Briefes 207
7. Zum Eidverbot 213
8. Christentum gemäß Jakobus 234
Literaturnachtrag zur zweiten Auflage 237
Register 239

TEXTE UND LITERATUR

Texte (Quellen und Übersetzungen)

A. Bibel

Biblia hebraica, ed. R. Kittel (Stuttgart ⁴1949).
Septuaginta, ed. A. Rahlfs, 2 Bde. (Stuttgart 1935).
Novum Testamentum graece, ed. E. Nestle et K. Aland (Stuttgart ²⁵1963).
Novum Testamentum graece et latine, ed. H. J. Vogels (Freiburg i. Br. ⁴1955).
Novum Testamentum graece et latine, ed. A. Merk (Rom ⁸1958).
Die Schriften des Neuen Testaments in ihrer ältesten erreichbaren Textgestalt hergestellt auf Grund ihrer Textgeschichte von H. Freiherr v. Soden. II. Teil: Text mit Apparat (Göttingen 1913).
Vetus Latina. Die Reste der altlateinischen Bibel nach P. Sabatier neu gesammelt u. hrsg. von der Erzabtei Beuron. 26/1 (Jac) (Freiburg i. Br. 1956).
Papyrus Bodmer XVII ($\mathfrak{P}^{74}$), ed. R. Kasser (Cologny-Genève 1961).
Die Heilige Schrift in deutscher Übersetzung (Echter-Bibel, AT, hrsg. von F. Nötscher) (Würzburg ²·³1955) (Die atl. Texte werden gewöhnlich nach dieser Übersetzung geboten).

B. Spätjüdisches, antikes und frühchristliches Schrifttum

Die Apokryphen und Pseudepigraphen des Alten Testaments, 2 Bde., übers. u. hrsg. von E. Kautzsch (Tübingen 1900, Neudruck 1921).
Altjüdisches Schrifttum außerhalb der Bibel, übers. u. erläut. von P. Rießler (Augsburg 1928).
The Greek Versions of the Testaments of the Twelve Patriarchs, ed. by R. H. Charles (Oxford 1908, Neudruck Darmstadt 1960).
Apocalypses apocryphae, ed. C. Tischendorf (Leipzig 1866).
Megilloth Midbar Yehuda. The Scrolls from the Judean Desert, ed. by A. M. Habermann (Jerusalem 1959).
Maier, J., Die Texte vom Toten Meer, I: Übersetzung, II: Anmerkungen (München-Basel 1960). (Die Qumrantexte werden nach dieser Übersetzung zitiert.)
Philo von Alexandrien, Opera omnia, ed. L. Cohn et P. Wendland, 6 Bde. (Berlin 1896–1915; Bd. VII: Indices von J. Leisegang).
Die Werke Philos von Alexandria in deutscher Übersetzung, 6 Bde., hrsg. von L. Cohn, I. Heinemann, M. Adler (Breslau 1909–38).
Flavii Josephi Opera, ed. B. Niese (Berlin 1877–1904, Neudruck 1955).
Die Mischna, hrsg. von G. Beer, O. Holtzmann, fortgeführt von K. H. Rengstorf, L. Rost (Gießen 1912ff, Berlin 1956ff).
Midrasch Bereschit Rabba, übers. von Aug. Wünsche (Leipzig 1881).
Midrasch Tehillim, übers. von Aug. Wünsche (Trier 1892).
Neutestamentliche Apokryphen in deutscher Übersetzung, hrsg. von W. Schneemelcher, I: Evangelien (Tübingen ³1959).
Die Pseudoklementinen I: Homilien, hrsg. von B. Rehm (GCS 42) (Berlin 1953).
Die Pseudoklementinen II: Recognitionen: PG 2, 469–604.

Die apostolischen Väter. Neubearbeitung der Funkschen Ausgabe von K. Bihlmeyer (Tübingen 1924).
Die apostolischen Väter. Eingel., hrsg., übertr. u. erl. von J. A. Fischer (Darmstadt ³1959).
Die apostolischen Väter (HandbNT, Erg.-Bd.) (Tübingen 1920).
Der Hirt des Hermas, hrsg. von M. Whittaker (GCS 48) (Berlin 1956).
Bibliothek der Kirchenväter (BKV), hrsg. von F. X. Reithmayer, O. Bardenhewer, J. Zellinger, J. Martin (Kempten-München 1871 ff).
Eusebius, Kirchengeschichte, hrsg. von E. Schwartz, Kleine Ausg. (Berlin ⁵1952).
Evangelium nach Thomas. Koptischer Text hrsg. u. übers. von A. Guillaumont, H.-Ch. Puech, G. Quispel, W. Till u. Yassah 'Abd al Masih (Leiden 1959).
Epiktet, Entretiens (Dissertationes), ed. et trad. par J. Souilhe (Paris 1962 ff).

Literatur

A. Allgemeine Hilfsmittel

Aland, K., Kurzgefaßte Liste der griech. Handschriften des Neuen Testaments (I. Gesamtübersicht) (Berlin 1963).
Altaner, B., Patrologie (Freiburg i. Br. ⁵1958).
Bauer, W., Griechisch-deutsches Wörterbuch zu den Schriften des NT und der übrigen urchristlichen Literatur (Berlin ⁵1958).
Bauer, J. B., Bibeltheologisches Wörterbuch, 2 Bde. (Graz-Wien-Köln ²1962).
Beyer, Kl., Semitische Syntax im Neuen Testament, Bd. I (Satzlehre, Teil 1) (Stud. z. Umwelt des NT, 1) (Göttingen 1962).
Blaß, F., u. Debrunner, A., Grammatik des ntl. Griechisch (Göttingen ⁹1954).
Bonaccorsi, G., Primi Saggi di Filologia Neotestamentaria II (Turin 1950).
Dalman, G., Aramäisch-Neuhebr. Handwörterbuch (Göttingen ³1938).
Die Religion in Geschichte und Gegenwart (RGG), hrsg. von K. Galling, 6 Bde. (Tübingen ³1957-62).
Feine, P., u. Behm, J., Einleitung in das NT, 12. Aufl. besorgt von W. G. Kümmel (Heidelberg 1963).
Gesenius, W., u. Buhl, F., Hebräisches und Aramäisches Handwörterbuch über das AT (Leipzig ¹⁷1921).
Hatch, E., u. Redpath, H. A., A Concordance to the Septuagint, 2 Bde. (Oxford 1897, Neudruck Graz 1954).
Jastrow, M., A Dictionary of the Targumim, the Talmud Babli and Yerushalmi, and the Midrashic Literature, 2 Bde. (Neudruck New York 1950).
Jülicher, A., u. Fascher, E., Einleitung in das NT (Tübingen ⁷1931).
Köhler, L., u. Baumgartner, W., Lexicon in Veteris Testamenti Libros (Leiden 1953).
Kraft, B., Die Zeichen für die wichtigeren Handschriften des griechischen NT (Freiburg i. Br. ³1955).
Lexikon für Theologie und Kirche, hrsg. von J. Höfer u. K. Rahner (Freiburg i. Br. ²1957 ff).
Liddell, H. G., u. Scott, R., A Greek-English Lexicon, 2 Bde. (Oxford ⁹1940, Neudruck 1951).
Mayser, E., Grammatik der griechischen Papyri aus der Ptolemäerzeit, 2 Bde. in 5 Teilbänden (Berlin-Leipzig 1906-34).
Meinertz, M., Einleitung in das NT (Paderborn ⁵1950).
Michaelis, W., Einleitung in das NT (Bern ³1961).
Morgenthaler, R., Statistik des ntl. Wortschatzes (Zürich-Frankfurt 1958).
Moule, C. F. D., An Idiom Book of New Testament Greek (Cambridge 1953).

Moulton, J. H., Einleitung in die Sprache des NT, übers. von A. Thumb (Heidelberg 1911).
Moulton, J. H., u. Milligan, G., The Vocabulary of the Greek Testament Illustrated from the Papyri and Other Non-Literary Sources (London 1930, Neudruck 1957).
Moulton, W. F., u. Geden, A. S., A Concordance to the Greek Testament (Edinburgh ³1926, Neudruck 1950).
Pape, W., Griechisch-Deutsches Wörterbuch, 2 Bde. (Braunschweig ⁶1914, Neudruck Graz 1954).
Passow, F., Handwörterbuch der griechischen Sprache, 4 Bde. (Leipzig ⁵1841–57).
Preisigke, F., Wörterbuch der griechischen Papyrusurkunden, 3 Bde. (Berlin 1925–31).
Radermacher, L., Ntl. Grammatik (HandbNT, 1) (Tübingen ²1925).
Reallexikon für Antike und Christentum (RAC), hrsg. von Th. Klauser (Stuttgart 1950 ff).
Theologisches Wörterbuch zum NT, hrsg. von G. Kittel u. G. Friedrich (Stuttgart 1933 ff).
Trench, R. Ch., Synonyma des NT, übers. von H. Werner (Tübingen 1907).
Wikenhauser, A., Einleitung in das NT (Freiburg i. Br. ⁴1961).
Zerwick, M., Graecitas biblica exemplis illustratur (Rom ²1949).

B. Kommentare

I. ALTERTUM

Catenae Graecorum Patrum in NT, ed. J. A. Cramer, Bd. VIII, 1–40 (Oxford 1844)[1].
Didymus der Blinde von Alex. († um 398). Kommentar nur fragmentarisch in der Katene erhalten. Die Echtheit der von Kassiodor veranlaßten lateinischen Übersetzung Brevis enarratio in Epistolas canonicas (= catholicas) (PG 39, 1749–50) „darf jetzt als gesichert gelten" (Altaner)[2].
Hesychius von Jerusalem († nach 450), Fragmenta in Epistolam S. Jacobi (PG 93, 1389 f). Echtheit nicht gesichert[3].
Cyrill von Alex. († 444), Fragmenta in Epp. Cathol. (PG 74, 1007—12).
Ps.-Ökumenius (PG 119, 451–510). Unecht[4], von der Katene abhängig.
Theophylakt (11. Jahrh.), Comm. in epist. cath. (PG 125, 1131–90); vielfach mit Ps.-Ökumenius übereinstimmend.
Hilarius, Tractatus in VII epist. canonicas (Spicilegium Casinense III, 1 [1897] 207–224; aus einem Codex des 9. Jh.); vgl. Stegmüller III, 3525.
Kassiodor († um 583), Complexiones in epistolas et acta apostolorum (PL 70, 1377–80).
Beda Venerabilis († 735), Expositio super epist. cath. (PL 93, 9–42).

II. MITTELALTER[5]

Walahfrid Strabo (9. Jh.); ungedr. (Stegmüller V, 8331).
Petrus Cantor († 1197); ungedr. (St. IV, 6524).
Alexander Neckam (Augustiner, † 1217); ungedr. (St. II, 1162 – 1162, 1).

---

[1] Vgl. auch noch K. STAAB, Die griechischen Katenenkommentare zu den katholischen Briefen, in: Bib 5 (1924) 296–353. Zu den Fragmenten aus Joh. Chrysostomus vgl. auch PG 64, 1039–52.
[2] Patrologie, 250; vgl. K. STAAB in: Bib 5 (1924) 314–318.
[3] Vgl. R. DEVREESSE in: RB 33 (1924) 498–521.
[4] Vgl. F. DIEKAMP in: SABerlin (1901) 1056.
[5] Zur reichen mittelalterlichen Schriftauslegung vgl. etwa A. KLEINHANS in: LexThK ²III, 1283–87 (Lit.) und besonders das umfassende Werk von F. STEG-

Stephan Langton (Erzbischof von Canterbury, † 1226); ungedr. (St. V, 7921 7928).
Guerricus de S. Quentino (Dominikaner, † 1245); ungedr. (St. II, 2720).
Hugo de S. Caro (Dominikaner, † 1263); Kommentar zu Jak in Ed. Venet. VII (1703) 310–323 (St. III, 3755), dazu ein ungedr. (III, 3756).
Nikolaus de Gorran (Dominikaner, † um 1295); sein Kommentar zu den Kath. Briefen ist gedruckt unter dem Namen N. Gorran (Antwerpen 1620); unter dem Namen des Thomas von Aquin (Paris 1543)[1] und unter dem Namen des Thomas Wallensis (St. IV, 5803).
Jacobus de Lausanne (Dominikaner, † 1322); ungedr. (St. III, 3944 3958).
Augustinus Triumphus de Ancona (Augustiner-Eremit, † 1328); ungedr. (St. II, 1528 1535–41).
Nicolaus von Lyra (Minderbruder, † 1349); ungedr. (St. IV, 5916)[2].
Johannes Wiclif († 1384); ungedr. (St. III, 5111).
Pontius Carbonelli (Minderbruder, 14. Jh.); ungedr. (St. IV, 6985, 66).
Johannes Hus († 1415). Kommentar zu Jak (St. III, 4471). Ed. Monumenta Joh. Hus II (1558), 105–229 (epp. cath.).
Lambertus de Geldern (Prof. in Wien, † 1419); ungedr. (St. III, 5356).
Andreas de Buck (Prof. in Krakau, † 1439); ungedr. (St. II, 1287).
Aegidius de Bailleul († 1472?); ungedr. (St. II, 896–897).
Ericus Olavi (Prof. in Uppsala, † 1486); ungedr. Glossen (St. II, 2249, 5).
Smuczben (15. Jh. ?); ungedr. (St. V, 7696).
Dazu kommen noch die Anonyma bei Stegmüller VI, 8673 9265 9381 9526 10171; VII, 10485 10522 10618 (Jak 1, 1 – 3, 6) 10664 10838 10894 10905 10918 11354 11458.

III. NEUZEIT (AUSWAHL)

1. Katholische:

Erasmus von Rotterdam († 1536), Novum Instrumentum (Basel 1516).
Cajetan, Thomas de Vio († 1534), Epistolae ... ad Graecam veritatem castigatae (Rom 1532).
Estius, W. († 1613), In omnes S. Pauli et septem catholicas Epp. Commentarii (Duaci 1614).
Giustiniani, B. († 1622), Explanationes in omnes epist. cath. (Lyon 1621).
Cornelius a Lapide († 1637), Commentaria in S. Scripturam (Neapel 1859), t. X.
Natalis, Alex. († 1724), Commentarius ... in omnes epistolas ... (Paris 1768), t. III.
Calmet, A. († 1757), Commentarium litterale in omnes ... libros (Venedig 1732), t. VIII.
Liagre, A. J., Interpretatio Ep. cath. S. Jacobi Ap. (Löwen 1860).
Bisping, A., Erklärung der sieben kath. Briefe (Münster 1871).
Schegg, P., Der katholische Brief des Jakobus (München 1883).
Trenkle, F. S., Der Brief des hl. Jakobus (Freiburg i. Br. 1894).
Camerlynck, A., Commentarius in Epistolas catholicas (Brügge [5]1909).
Belser, J., Die Epistel des hl. Jakobus (Freiburg i. Br. 1909).

MÜLLER, Repertorium Biblicum Medii Aevi, bis jetzt 7 Bände (Madrid 1950–62). Da der Registerband noch aussteht, hatte Prof. STEGMÜLLER die Güte, auch für diesen Kommentar die Nummern der mittelalterlichen Kommentare aus seinem Werk brieflich mitteilen zu lassen. Dafür sei auch hier gebührender Dank gesagt.
[1] Vgl. LexThK [2]VII, 986.
[2] Vgl. auch M. FISCHER, Des Nicolaus von Lyra Postillae perpetuae in vet. et nov. test. in ihrem eigentümlichen Unterschiede von der gleichzeitigen Schriftauslegung, in: Ztschr. f. prot. Theol. 15 (1889) 432–471.

Bardenhewer, O., Der Brief des hl. Jakobus (Freiburg i. Br. 1928).
Chaine, J., L'Épître de Saint Jacques (Études Bibliques) (Paris ²1927).
Meinertz, M., Der Jakobusbrief (BonnerNT, IX) (Bonn ⁴1932).
Charue, A., Les Épîtres catholiques (BiblParis, XII) (Paris 1946).
de Ambroggi, P., Le Epistole cattoliche di Giacomo ...(Garofalo, La Sacra Bibbia, XIV/1) (Turin-Rom ²1949).
Ketter, P., Der Jakobusbrief ... (Die Heilige Schrift für das Leben erklärt, XII/1) (Freiburg i. Br. 1950).
Reuss, J., Die katholischen Briefe (Echter-Bibel, NT) (Würzburg 1952).
Garcia ab Orbiso, Th., Epistola Sancti Jacobi (Rom 1954).
Leconte, R., Les Épîtres catholiques (BibJér) (Paris ²1961).
Michl, J., Die katholischen Briefe (RegNT, 8) (Regensburg 1953).
Speidel, K., Der Jakobusbrief (Kleiner Kommentar des kath. Bibelwerkes zum NT, 15) (Stuttgart o. J.)[1].

2. Protestantische:

Andreae Althameri († 1538), Annotationes in epist. b. Jacobi (1527, deutsch 1533).
Calvin, J. († 1564), In epistolas N. T. catholicas commentarii (1551).
Grotius, H. († 1645), Annotationes in epist. cath. et apoc. (1641, Windheim 1737, t. II).
Gebser, A. R., Der Brief des Jakobus, mit genauer Berücksichtigung der alten griech. u. lat. Ausleger übers. u. ausführlich erklärt (Berlin 1828).
de Wette, W. M. L., Kurze Erklärung der Briefe des Petrus, Judas und Jakobus (Basel 1847).
Theile, C. G. G., Commentarius in Epistolam Jacobi (Leipzig 1833).
Schneckenburger, M., Annotatio ad epistolam Jacobi perpetua (Stuttgart 1832).
Huther, J. E., KommNTMeyer: Der Brief des Jakobus (Göttingen ³1870).
Beyschlag, W., KommNTMeyer: Der Brief des Jakobus (Göttingen ⁶1897).
Ewald, H., Das Sendschreiben an die Hebräer und Jakobos' Rundschreiben (Göttingen 1870).
v. Hofmann, J. Ch. K., Die Heilige Schrift N. T. zusammenhängend untersucht, Teil 7: Die Briefe Petri, Judä und Jakobi (Nördlingen 1871).
v. Soden, H., Handkomm. zum NT (hrsg. von H. J. Holtzmann) III, 2 (Tübingen ³1899).
Spitta, F., Der Brief des Jakobus (Zur Geschichte u. Literatur des Urchristentums II) (Göttingen 1896).
Hort, F. J. A., The Epistle of St. James (London 1909).
Mayor, J. B., The Epistle of St. James (London ³1913).
Ropes, J. H., A Critical and Exegetical Commentary of the Epistle of St. James (ICC) (Edinburgh 1916).
Hauck, F., Der Brief des Jakobus (KommNTZahn, XVI) (Leipzig 1926).
Windisch, H., Die kathol. Briefe (HandbNT, XV) (Tübingen ²1930, ³1951 mit Anhang von H. Preisker).
Dibelius, M., Der Brief des Jakobus (KommNTMeyer, XV) (Göttingen ⁷1921, ¹⁰1959 durchges. u. mit Erg.-Heft hrsg. von H. Greeven).
Moffatt, J., The General Epistles. James, Peter and Judas (The Moffatt NT Commentary) (London ⁷1953).
Marty, J., L'Epître de Jacques (Paris 1935).
Grosheide, F. W., De Brief aan de Hebreeën en de brief van Jakobus (Kampen 1955).

---

[1] Weitere katholische Erklärungen des Jak-Briefes in der Neuzeit s. bei TRENKLE 56–58.

Schlatter, A., Der Brief des Jakobus (Stuttgart ²1956).
Ross, A., The Epistles of James and John (New International Comm. on the NT, 15) (Michigan 1954).
Robertson, A. T., Studies in the Epistle of James (Nashville o. J.).
Tasker, R. V. G., The General Epistle of James (The Tyndale N. T. Commentaries) (London 1956).
Hennig, K., Der Jacobusbrief (Christus heute. Eine Erkl. der ntl. Botschaft) (Stuttgart 1956).
Rendtorff, H., Hörer und Täter. Eine Einführung in den Jakobusbrief (Hamburg 1956).
Simon, L., Une Éthique de la Sagesse. Commentaire de l'Épître de Jacques (Genf 1961).
Schneider, J., Die Briefe des Jakobus, Petrus, Judas und Johannes (Die Kirchenbriefe) (NTD 10) (Göttingen 1961).

C. Literatur zum Jakobusbrief

Aland, K., Der Herrnbruder Jakobus und der Jakobusbrief, in: ThLZ 69 (1944) 97–104.
Althaus, P., "Bekenne einer dem andern seine Sünden". Zur Geschichte von Jak 5, 16 seit Augustinus (Festgabe für Th. Zahn) (Leipzig 1928) 164–194.
Baltzer, K., u. Köster, H., Die Bezeichnung des Jakobus als 'ΩΒΛΙΑΣ, in: ZntW 46 (1955) 141f.
Bartmann, B., St. Paulus und St. Jakobus über die Rechtfertigung (BSt II, 1) (Freiburg i. Br. 1897).
Bergauer, P., Der Jakobusbrief bei Augustinus und die damit verbundenen Probleme der Rechtfertigungslehre (Wien 1962).
Bieder, W., Christliche Existenz nach dem Zeugnis des Jakobus, in: ThZ 5 (1949) 93–113.
Blinzler, J., Jakobus, der Bruder Jesu, in: LexThK ²V, 837 (Freiburg i. Br. 1960).
— Jakobusbrief, in: LexThK ²V, 861–863.
Böhlig, A., Zum Martyrium des Jakobus, in: NT 5 (1962) 207–213.
Bonsirven, J., Jacques (épître de saint): DictBibleSuppl IV (1949) 783–795.
Bord, J. B., L'Extrême Onction d'après l'Épître de S. Jacques (V, 14, 15) examinée dans la tradition (Brügge 1923).
Braumann, G., Der theologische Hintergrund des Jakobusbriefes, in: ThZ 18 (1962) 401–410.
Brinktrine, J., Zu Jac 2, 1, in: Bib 35 (1954) 40–42.
Cabaniss, A., The Epistle of St. James, in: JBR 22 (1954) 27 ff.
Cadoux, A. T., The Thought of St. James (1944).
Campenhausen, H. v., Die Nachfolge des Jakobus, in: ZKG 63 (1950/51) 133–144.
Carr, A., The Patience of Job [St. James 5, 11], in: Exp 8. ser. VI (1913) 511–517.
Cladder, H., Die Anlage des Jakobusbriefes, in: ZKTh 28 (1904) 37–57.
— Der formale Aufbau des Jakobusbriefes, in: ZKTh 28 (1904) 295–330.
Daniélou, J., L'Étoile de Jacob et la mission chrétienne à Damas, in: VigChr XI (1957) 121–138.
— Sacramentum Futuri (Paris 1950).
Edsman, C. M., Schöpferwille und Geburt Jak 1, 18, in: ZntW 38 (1939) 11–44.
Eichholz, G., Jakobus und Paulus. Ein Beitrag zum Problem des Kanons (Theol. Existenz heute, NF 39) (München 1953).
— Glaube und Werk bei Paulus und Jakobus (Theol. Existenz heute, NF 88) (München 1961).
Elliott-Binns, L. E., The Meaning of ΥΛΗ in Jas. III. 5, in: NTSt 2 (1955/56) 48–50.

— James 1, 18: Creation or Redemption?, in: NTSt 3 (1956/57) 148–161.
Feine, P., Der Jakobusbrief nach Lehranschauungen und Entstehungsverhältnissen (Eisenach 1892).
Feuillet, A., Le sens du mot Parousie dans l'Évangile de Matthieu — Comparaison entre Matth. XXIV et Jac. V, 1–11, in: The Background of the New Testament and its Eschatology (Studies in Honour of C. H. Dodd) (Cambridge 1956) 261–280.
Friesenhahn, H., Zur Geschichte der Überlieferung und Exegese des Textes bei Jak V, 14f., in: BZ 24 (1938/39) 185–190.
Gaechter, P., Jakobus von Jerusalem, in: ZKTh 76 (1954) 129–169 (abgedruckt auch in: Petrus und seine Zeit. Ntl. Studien [Innsbruck-Wien-München 1958] 258–310).
Gaugusch, A., Der Lehrgehalt der Jakobusepistel (FreibThSt 16) (Freiburg i. Br. 1914).
Grafe, E., Die Stellung und Bedeutung des Jakobusbriefes in der Entwicklung des Urchristentums (Tübingen-Leipzig 1904).
Greeven, H., Jede Gabe ist gut, Jak 1, 17, in: ThZ 14 (1958) 1–13.
Grillmeier, A., Das Sakrament der Auferstehung. Versuch einer Sinndeutung der Letzten Ölung, in: Geist u. Leben 34 (1961) 326–336.
Gryglewicz, F., L'Épître de St. Jacques et l'Évangile de St. Matthieu, in: Roczniki Theologiczno-Kanoniczne 8 (1961) 33–55.
Hadidian, D. Y., Palestinian Pictures in the Epistle of James, in: ExpT 63 (1951/52) 227f.
Hamman, A., Prière et culte dans la lettre de Saint-Jacques, in: EThLov 34 (1958) 25–47.
Hartmann, G., Der Aufbau des Jakobusbriefes, in: ZKTh 66 (1942) 63–70.
Holtzmann, H. J., Die Zeitlage des Jakobusbriefes, in: ZwissTh 25 (1882) 292–310.
Jeremias, J., Jac 4, 5: ἐπιποθεῖ, in: ZntW 50 (1959) 137f.
— Paul and James, in: ExpT 66 (1954/55) 368–371.
Kawerau, G., Die Schicksale des Jakobusbriefes im 16. Jahrhundert, in: Ztschr. für kirchl. Wiss. u. kirchl. Leben 10 (1889) 539–370.
Kittel, G., Die Stellung des Jakobus zu Judentum und Heidenchristentum, in: ZntW 30 (1931) 145–156.
— Der geschichtliche Ort des Jakobusbriefes, in: ZntW 41 (1942) 71–105.
— Der Jakobusbrief und die Apostolischen Väter, in: ZntW 43 (1950/51) 54–112.
Koch, H., Zur Jakobusfrage Gal 1, 19, in: ZntW 33 (1934) 204–209.
Kühl, E., Die Stellung des Jakobus zum alttestamentlichen Gesetz und zur paulinischen Rechtfertigungslehre (Königsberg 1905).
Lackmann, M., Sola fide. Eine exegetische Studie über Jak 2 (BFchTh 2, 50) (Gütersloh 1949).
Lohse, E., Glaube und Werke — zur Theologie des Jakobusbriefes, in: ZntW 48 (1957) 1–22.
Massebieau, L., L'Épître de Jacques est-elle l'œuvre d'un chrétien?, in: RHR XVI (t. 32) (1895) 249–283.
Meinertz, M., Der Jakobusbrief und sein Verfasser in Schrift und Überlieferung (BSt X, 1–3) (Freiburg i. Br. 1905).
— Luthers Kritik am Jakobusbrief nach dem Urteil seiner Anhänger, in BZ 3 (1905) 273–286.
— Die Krankensalbung Jak 5, 14f, in: BZ 20 (1932) 23–36.
Meyer, A., Das Rätsel des Jacobusbriefes (Gießen 1930).
Michl, J., Der Spruch Jakobusbrief 4, 5, in: Ntl. Aufsätze (Festschr. f. J. Schmid) (Regensburg 1963) 167–174.
Pichar, C., „Is anyone sick among you?", in: CBQ 7 (1945) 165–174.
Preisker, H., Der Eigenwert des Jakobusbriefes in der Geschichte des Urchristentums, in: ThBl 13 (1934) 229–236.

Prentice, W. K., James, The Brother of the Lord (Festschr. A. Ch. Johnson, Studies in Roman Economic and Social History) (Princeton 1951) 144–152.
Rendall, G. H., The Epistle of St. James and Judaic Christianity (Cambridge 1927).
Ropes, J. H., The Text of the Epistle of St. James, in: JBL 28 (1909) 103–129.
Rustler, M. K., Thema und Disposition des Jakobusbriefes. Eine formkritische Studie. (ungedr. Wiener Diss.).
Schammberger, H., Die Einheitlichkeit des Jakobusbriefes im antignostischen Kampf (Gotha 1936).
Schanz, P., Jakobus und Paulus, in: ThQ 62 (1880) 1–46.
Schegg, P., Jakobus der Bruder des Herrn. Eine Vorstudie zu seinem Briefe (München 1883).
Schmithals, W., Paulus und Jakobus (FRLANT, 85) (Göttingen 1963).
Seitz, O. J. F., Relationship of the Shepherd of Hermas to the Epistle of James, in: JBL 63 (1944) 131–140.
— Antecedents and Signification of the Term ΔΙΨΥΧΟΣ, in: JBL 66 (1947) 211–219.
— Afterthoughts on the Term 'DIPSYCHOS', in: NTSt 4 (1957/58) 327–334.
Shepherd, M. H., The Epistle of James and the Gospel of Matthew, in: JBL 75 (1956) 40–51.
Souček, J. B., Zu den Problemen des Jakobusbriefes, in: EvTh 18 (1958) 460–468.
Stauffer, E., Zum Kalifat des Jakobus, in: ZRGg 4 (1952) 193–214.
— Petrus und Jakobus in Jerusalem (in: H. Roesle - O. Cullmann, Begegnung der Christen) (Stuttgart-Frankfurt ²1960) 361–372.
Tielemann, J., Zum Verständnis und zur Würdigung des Jakobusbriefes, in: NKZ 44 (1933) 256–270.
Tobac, E., Le problème de la justification dans S. Paul et dans S. Jacques, in: RHE 22 (1926) 797–805.
Weiffenbach, W., Exegetisch-Theologische Studie über Jacobus cap. II, v. 14–26 (Gießen 1871).
Weiß, B., Der Jakobusbrief und die neuere Kritik, in: NKZ 15 (1904) 391–439.
Wifstrand, A., Stylistic Problems in the Epistles of James and Peter, in: StTh 1 (1948) 170–182.
Weitere Literatur zum Jakobusbrief s. in: DictBibleSuppl IV, 783–795.

D. Sonstige (meist abgekürzt angeführte) Literatur

Almqvist, H., Plutarch und das Neue Testament (ASNU, XV) (Uppsala 1946).
Aschermann, H., Die paränetischen Formen der „Testamente der zwölf Patriarchen" und ihr Nachwirken in der frühchristlichen Mahnung. Eine formgeschichtliche Untersuchung (ungedr. Diss. Berlin 1955).
Bauernfeind, O., Eid und Friede (Stuttgart 1956).
Betz, H. D., Lukian von Samosata und das Neue Testament (TU 74) (Berlin 1961).
Billerbeck, P., Kommentar zum NT aus Talmud und Midrasch, 4 Bde. (München 1922–1928).
Boismard, M.-E., Quatre Hymnes Baptismales dans la Première Épître de Pierre (Lectio Divina 30) (Paris 1961).
Bonhöffer, A., Epiktet und das Neue Testament (RVV, 10) (Gießen 1911).
Braun, H., Spätjüdisch-häretischer und frühchristlicher Radikalismus (Beiträge zur histor. Theologie, 24), 2 Bde. (Tübingen 1957).
Bultmann, R., Der Stil der paulinischen Predigt und die kynisch-stoische Diatribe (FRLANT 13) (Göttingen 1910).
— Theologie des Neuen Testaments (Tübingen ³1958).
Cullmann, O., Petrus. Jünger – Apostel – Märtyrer (Zürich-Stuttgart ²1960).
Dalman, G., Die Worte Jesu I (Leipzig ²1930).

Davies, W. D., Paul and Rabbinic Judaism (London ²1955).
Daube, D., The New Testament and Rabbinic Judaism (London 1956).
Deißmann, A., Licht vom Osten (Tübingen ⁴1923).
Edlund, C., Das Auge der Einfalt (ASNU 19) (Kopenhagen-Lund 1952).
Elliott-Binns, L. E., Galilean Christianity, in: StBibTh 16 (1956) 45 ff.
Galling, K., Die Ausrufung des Namens als Rechtsakt in Israel, in: ThLZ 81 (1956) 65–70.
Gertner, M., Midrashim in the New Testament, in: JSS 7 (1962) 267–292.
Gnilka, J., Die Kirche des Matthäus und die Gemeinde von Qumran, in: BZ, NF 7 (1963) 43–63.
Goppelt, L., Christentum und Judentum im ersten und zweiten Jahrhundert (BFchTh 2, 55) (Gütersloh 1954).
Grill, S., Der Schlachttag Jahwes, in: BZ, NF 2 (1958) 278–283.
Harnack, A., Die Lehre von der Seligkeit allein durch den Glauben, in: ZThK 1 (1891) 82–178.
Heitmüller, W., Im Namen Jesu (Göttingen 1903).
Hempel, J., Heilung als Symbol und Wirklichkeit im biblischen Schrifttum (NAG I/3) (Göttingen 1958).
Hyldahl, N., Hegesipps Hypomnemata, in: StTh 14 (1960) 70–113.
— Die Versuchung auf der Zinne des Tempels, in: StTh 15 (1961) 113–127.
Jeremias, J., Die Gleichnisse Jesu (Göttingen ⁶1962).
Kamlah, E., Die Form der katalogischen Paränese im Neuen Testament (WUNT 7) (Tübingen 1964).
Kittel, G., Die Probleme des palästinensischen Spätjudentums und das Urchristentum (BWANT III, 1) (Stuttgart 1916).
Korn, J. H., ΠΕΙΡΑΣΜΟΣ. Die Versuchung des Gläubigen in der griechischen Bibel (BWANT IV, 20) (Stuttgart 1937).
Kosmala, H., Hebräer – Essener – Christen (Studia Post-Biblica 1) (Leiden 1959).
Köster, H., Synoptische Überlieferung bei den apostolischen Vätern (TU 65) (Berlin 1957).
Kümmel, W. G., Kirchenbegriff und Geschichtsbewußtsein in der Urgemeinde und bei Jesus (SyBibU, 1) (Zürich-Uppsala 1943).
Kuss, O., Der Römerbrief (Regensburg 1957 ff).
Lagrange, M.-J., Critique textuelle II: La critique rationnelle (Paris 1935).
Leipoldt, J., Geschichte des ntl. Kanons, 2 Bde. (I Leipzig 1907, II 1908).
Lietzmann, H., Geschichte der alten Kirche I (Berlin ³1953).
— An die Römer (HandbNT 8) (Tübingen ⁴1933).
Mach, R., Der Zaddik in Talmud und Midrasch (Leiden 1957).
Meyer, E., Ursprung und Anfänge des Christentums III (Stuttgart-Berlin ³1923).
Michaelis, W., Das Ältestenamt (Bern 1953).
Michel, O., Der Brief an die Römer (KommNTMeyer, IV) (Göttingen ¹⁰1955).
Munck, J., Paulus und die Heilsgeschichte (Kopenhagen 1954).
— Jewish Christianity in postapostolic Times, in: NTSt 6 (1959/60) 103–116.
Nauck, W., Freude im Leiden. Zum Problem einer urchristlichen Verfolgungstradition, in: ZntW 46 (1955) 68–80.
Nötscher, F., Zur theologischen Terminologie der Qumran-Texte (BBB 10) (Bonn 1956).
— Gotteswege und Menschenwege in der Bibel und in Qumran (BBB 15) (Bonn 1958).
Pax, E., Die syntaktischen Semitismen im Neuen Testament, in: Stud. Bibl. Francisc. Lib. Ann. XIII (1962/63) 136–162.
Percy, E., Die Botschaft Jesu. Eine traditionskritische und exegetische Untersuchung (Lund 1953).

Pfleiderer, O., Das Urchristentum, seine Schriften und Lehren im geschichtlichen Zusammenhang (Berlin ¹1887, ²1902).
Plessis, P.-J. du, ΤΕΛΕΙΟΣ. The Idea of Perfection in the N. T. (Kampen 1959).
Poschmann, B., Paenitentia Secunda (Theophaneia 1) (Bonn 1940).
Rad, G. v., Theologie des Alten Testaments, 2 Bde. (I München 1957, II 1960).
Reicke, B., Diakonie, Festfreude und Zelos in Verbindung mit der altchristlichen Agapenfeier (Acta Univ. Upsal. 1951, 5) (Uppsala-Wiesbaden 1951).
Saß, G., Zur Bedeutung von δοῦλος bei Paulus, in: ZntW 40 (1941) 24–31.
Sattler, W., Die Anawim im Zeitalter Jesu Christi (Festgabe für A. Jülicher) (Tübingen 1927) 1–15.
Schäfer, K. Th., Der Primat Petri und das Thomas-Evangelium, in: Die Kirche und ihre Ämter und Stände (Festgabe f. J. Frings) (Köln 1960) 353–363.
Schelkle, K. H., Die Petrusbriefe. Der Judasbrief (Herders Theol. Komm. zum NT, XIII/2) (Freiburg i. Br. 1961).
Schlatter, A., Der Glaube im NT (Stuttgart ⁴1927).
— Wie sprach Josephus von Gott? (BFchTh 14. Jg., H. 1) (Gütersloh 1910).
— Die Theologie des Judentums nach dem Bericht des Josephus (BFchTh 2, 26) (Gütersloh 1932).
Schlier, H., Der Brief an die Epheser (Düsseldorf ³1962).
Schnackenburg, R., Die sittliche Botschaft des Neuen Testamentes (Handb. der Moraltheologie 6) (München ²1962).
— Die Johannesbriefe (Herders Theol. Komm. zum NT, XIII/3) (Freiburg i. Br. ²1963).
Schoeps, H. J., Theologie und Geschichte des Judenchristentums (Tübingen 1949).
— Aus frühchristlicher Zeit. Religionsgeschichtliche Untersuchungen (Tübingen 1950).
— Die Pseudoklementinen und das Urchristentum, in: ZRGg 10 (1958) 2–15.
Schrage, W., Die konkreten Einzelgebote in der paulinischen Paränese (Gütersloh 1961).
Schürmann, H., Das Testament des Paulus für die Kirche. Apg 20, 18–35, in: Unio Christianorum (Festschr. f. Lorenz Jaeger) (Paderborn 1962) 108–146.
Schwartz, E., Zu Eusebius Kirchengeschichte, in: ZntW 4 (1903) 48–46.
Selwyn, E. G., The First Epistle of St. Peter (London 1955).
Staab, K., Die griechischen Katenenkommentare zu den katholischen Briefen, in: Bib 5 (1924) 296–353.
Strecker, G., Das Judenchristentum in den Pseudoklementinen (TU 70) (Berlin 1958).
Strobel, A., Untersuchungen zum eschatologischen Verzögerungsproblem (Suppl. to NT, II) (Leiden-Köln 1961).
Thyen, H., Der Stil der Jüdisch-Hellenistischen Homilie (FRLANT 65) (Göttingen 1955).
Trilling, W., Das wahre Israel. Studien zur Theologie des Matthäusevangeliums (Erfurter Theol. Stud. 7) (Leipzig 1959).
Verweys, P. G., Evangelium und Gesetz in der ältesten Christenheit bis Marcion (StTh Rheno-Traiectina 6) (Utrecht 1960).
Volz, P., Die Eschatologie der jüdischen Gemeinde im ntl. Zeitalter (Tübingen ²1934).
Wibbing, S., Die Tugend- und Lasterkataloge im NT (BZNW 25) (Berlin 1959).
Wichmann, W., Die Leidenstheologie (BWANT 53) (Stuttgart 1930).
Zahn, Th., Einleitung in das NT, 2 Bde. (Leipzig ⁴1924).
— Forschungen zur Geschichte des ntl. Kanons VI (Leipzig 1900).
Ziener, G., Die theologische Begriffssprache im Buche der Weisheit (BBB 11) (Bonn 1956).
Zorn, R., Die Fürbitte im Spätjudentum und im NT (maschinengeschr. Diss. Göttingen 1957).

ABKÜRZUNGSVERZEICHNIS

I. Biblische Bücher

Gn	Ps	Mich	Agg
Ex	Spr	Nah	Zach
Lv	Prd	Hab	Mal
Nm	Hl	Soph	1, 2 Makk
Dt	Weish		
Jos	Sir		
Ri	Is	Mt	1, 2 Thess
Ruth	Jer	Mk	1, 2 Tim
1, 2 Sm	Klgl	Lk	Tit
3, 4 Kg	Bar	Joh	Phm
1, 2 Chr	Ez	Apg	Hebr
Esr	Dn	Röm	Jak
Neh	Os	1, 2 Kor	1, 2 Petr
Tob	Joel	Gal	1, 2, 3 Joh
Jdt	Am	Eph	Jud
Est	Abd	Phil	Apk
Job	Jon	Kol	

II. Außerkanonische Schriften

1. APOKRYPHEN (EINSCHLIESSLICH DER QUMRANSCHRIFTEN)

ActAndr	Andreasakten
ActAndrMatth	Andreas- und Matthiasakten
ActBarn	Barnabasakten
ActJoh	Johannesakten
ActPhil	Philippusakten
ActPl	Paulusakten
ActPlThecl	Paulus- und Theklaakten
ActPt	Petrusakten
ActPtPl	Petrus- und Paulusakten
ActThom	Thomasakten
ActVerc	Actus Vercellenses
ApkAbr	Apokalypse des Abraham
ApkBargr	griechische Apokalypse des Baruch
ApkBarsyr	syrische Apokalypse des Baruch
ApkElias	Apokalypse des Elias
ApkEliashbr	hebräische Apokalypse des Elias
ApkEliaskopt	Apokalypse des Elias (koptisches Fragment)
ApkMos	Apokalypse des Moses
ApkPt	Apokalypse des Petrus
Arist	Aristeasbrief
AscIs	Ascensio Isaiae
AssMos	Assumptio Mosis
Damask	(Cairo-) Damaskusschrift

Abkürzungsverzeichnis

3 Esr	3. Buch Esdras
4 Esr	4. Buch Esdras
EvEb	Ebioniter-Evangelium
EvHebr	Hebräer-Evangelium
EvNaz	Nazoräer-Evangelium
EvPt	Petrus-Evangelium
EvThom	Thomas-Evangelium
Henäth	äthiopisches Henochbuch
Hengr	griechisches Henochbuch
Henhebr	hebräisches Henochbuch
Henslav	slavisches Henochbuch
Jub	Jubiläenbuch
KgPt	Kerygma Petri
Laod	Laodicenerbrief
3 Makk	3. Makkabäerbuch
4 Makk	4. Makkabäerbuch
MartIs	Martyrium des Isaias
MartMt	Martyrium des Matthäus
MartPl	Martyrium des Paulus
MartPt	Martyrium des Petrus
MartPtPl	Martyrium des Petrus und Paulus
OdSal	Oden Salomons
OrMan	Oratio Manasse
ProtEvJak	Protoevangelium des Jakobus
PsSal	Psalmen Salomons
1 QDeut^a	1. Deuteronomium-Handschrift
1 QDeut^b	2. Deuteronomium-Handschrift
1 QDM (= 1 Q 22)	Reden des Moses
1 QGnApoc	Genesisapokryphon
1 QH	Hymnenrolle
1 QIs^a	1. Isaias-Handschrift
1 QIs^b	2. Isaias-Handschrift
1 QM	Kriegsrolle
1 QMyst (= 1 Q 27)	Buch der Geheimnisse
1 QpHab	Habakuk-Kommentar
1 QpMich	Michäas-Kommentar
1 QpSoph (= 1 Q 15)	Sophonias-Kommentar
1 QS	Sektenregel
1 QS^a (= 1 Q 28^a)	Zusatzregel
1 QS^b (= 1 Q 28^b)	Buch der Segnungen
4 QDeut 32	Deuteronomium-Handschrift, Kap. 32
4 QEx^a	Exodus-Handschrift
4 QFlor	Florilegium
4 QPatr	Patriarchensegen
4 QpIs^a	Kommentar zu Is 10, 28 – 11, 14
4 QpIs^b	Kommentar zu Is 5
4 QpIs^c	Kommentar zu Is 30, 15–18
4 QpIs^d	Kommentar zu Is 54, 11–12

Abkürzungsverzeichnis

4 QpNah	Nahum-Kommentar
4 QpOs^a	Kommentar zu Osee 5, 14
4 QpOs^b	Kommentar zu Osee 2, 8 10 11–13
4 QpPs 37	Kommentar zu Psalm 37
4 QPrNab	Gebet des Nabonid (Prayer of Nabonid)
4 QSam^a	1. Handschrift Samuel I und II
4 QSam^b	2. Handschrift Samuel I und II
4 QTest	Testimonia
4 QTestLev	Testamentum Levi
6 QD	Damaskusschrift
Sib	Oracula Sibyllina
Test XII	Testamente der 12 Patriarchen
As	Aser
Benj	Benjamin
Dan	Dan
Gad	Gad
Iss	Issachar
Jos	Joseph
Jud	Juda
Lev	Levi
Naph	Naphthali
Rub	Ruben
Sim	Simeon
Zab	Zabulon
TestAbr	Testament Abrahams
TestAd	Testament Adams
TestSal	Testament Salomons
VisIs	Visio Isaiae
VitAd	Vita Adae et Evae

2. RABBINICA

Es werden die üblichen Abkürzungen verwendet, also z. B.:

Mischna, Sanh 1, 4	Mischna, Traktat Sanhedrin, Kap. 1 § 4
Tos, Sanh 1, 4	Tosephta, Traktat Sanhedrin, Kap. 1 § 4
bSanh 31a	Babylonischer Talmud, Traktat Sanhedrin, Blatt 31 Spalte 1
jSanh 2, 21b	Jerusalemer (palästinischer) Talmud, Traktat Sanhedrin, Kap. 2, Blatt 21, Spalte 2

3. APOSTOLISCHE VÄTER

Barn	Barnabasbrief
1 Clem	1. Klemensbrief
2 Clem	2. Klemensbrief
Did	Didache
Diog	Diognetbrief
Herm	Pastor Hermae
Herm (m)	Hermas, mandata
Herm (s)	Hermas, similitudines
Herm (v)	Hermas, visiones
IgnEph	Ignatios, Epistula ad Ephesios

IgnMagn	Ignatios, Epistula ad Magnesios
IgnPhld	Ignatios, Epistula ad Philadelphenses
IgnPol	Ignatios, Epistula ad Polycarpum
IgnRom	Ignatios, Epistula ad Romanos
IgnSm	Ignatios, Epistula ad Smyrnaeos
IgnTrall	Ignatios, Epistula ad Trallianos
MartPol	Martyrium Polycarpi
Pap	Papias

4. SONSTIGE QUELLEN

CHerm	Corpus Hermeticum
CIG	Corpus Inscriptionum Graecarum
CIJ	Corpus Inscriptionum Judaicarum
ConstAp	Constitutiones Apostolorum
CSCO	Corpus Scriptorum Christianorum Orientalium
CSEL	Corpus Scriptorum Ecclesiasticorum Latinorum
Didask	syrische Didaskalie
GCS	Die griechischen christlichen Schriftsteller der ersten drei Jahrhunderte
IG	Inscriptiones Graecae
PistSoph	Pistis Sophia
PsClemHom	Pseudoklementinische Homilien
PsClemRecog	Pseudoklementinische Rekognitionen

III. Zeitschriften, Sammelwerke usw.

AABerlin	Abhandlungen der Deutschen (bis 1944: Preußischen) Akademie der Wissenschaften zu Berlin
AAGött	Abhandlungen der Akademie der Wissenschaften in Göttingen
AAHdbg	Abhandlungen der Heidelberger Akademie der Wissenschaften, Heidelberg
AALpg	Abhandlungen der Sächsischen Akademie der Wissenschaften in Leipzig
AAMainz	Abhandlungen der Akademie der Wissenschaften und Literatur, Mainz
AAMünch	Abhandlungen der Bayerischen Akademie der Wissenschaften, München
AASOR	The Annual of the American Schools of Oriental Research
AAWien	Abhandlungen der Österreichischen Akademie der Wissenschaften, Wien
AbhThANT	Abhandlungen zur Theologie des Alten und Neuen Testaments
AJA	American Journal of Archaeology
AnBib	Analecta Biblica
AnBoll	Analecta Bollandiana
Ang	Angelicum
Angelos	Angelos, Archiv für neutestamentliche Zeitgeschichte und Kulturkunde
AnglThR	Anglican Theological Review
AnLov	Analecta Lovaniensia Biblica et Orientalia
AnOr	Analecta Orientalia

Abkürzungsverzeichnis

AntChrist	F. J. Dölger, Antike und Christentum
AntClass	Antiquité Classique
Antike	Die Antike, Zeitschrift für Kunst und Kultur des klassischen Altertums
Anton	Antonianum
ArLitg	Archiv für Liturgiewissenschaft
ASNU	Acta Seminarii Neotestamentici Upsaliensis
ATD	Das Alte Testament Deutsch. Göttingen 1949 ff
AThDan	Acta Theologica Danica
AtlAbh	Alttestamentliche Abhandlungen
AustrBR	Australian Biblical Review
BA	The Biblical Archaeologist
Bardenhewer	O. Bardenhewer, Geschichte der altkirchlichen Literatur, ²1913–32
BASOR	The Bulletin of the American Schools of Oriental Research
BauerWb	Bauer, W., Griechisch-Deutsches Wörterbuch zu den Schriften des Neuen Testaments und der übrigen urchristl. Literatur, Berlin ⁵1958
BBB	Bonner Biblische Beiträge
BÉO	Bulletin d'Études Orientales
BEvTh	Beiträge zur Evangelischen Theologie
BFchTh	Beiträge zur Förderung christlicher Theologie
BGeschEx	Beiträge zur Geschichte der neutestamentlichen Exegese
Bib	Biblica
BibJér	Bible de Jérusalem
BibParis	La Sainte Bible, begr. von L. Pirot, hrsg. von A. Clamer, Paris 1946 ff
BIES	Bulletin of the Israel Exploration Society
Billerbeck	H. Strack - P. Billerbeck, Kommentar zum Neuen Testament aus Talmud und Midrasch
BJRL	The Bulletin of the John Rylands Library
BKATNoth	Bibl. Kommentar. Altes Testament, hrsg. von M. Noth 1955 ff
Black'sNTComm	Black's New Testament Commentaries, General Editor: H. Chadwick, London 1958
Blass-Debr	F. Blass, Grammatik des neutestamentl. Griechisch, bearb. von A. Debrunner, Göttingen ⁹1954
BonnerNT	Die Hl. Schrift des NT, hrsg. von F. Tillmann, Bonn
BSt	Biblische Studien
BWANT	Beiträge zur Wissenschaft vom Alten und Neuen Testament
ByZ	Byzantinische Zeitschrift
BZ	Biblische Zeitschrift
BZAW	Beihefte zur Zeitschrift für die alttestamentliche Wissenschaft
BZNW	Beihefte zur Zeitschrift für die neutestamentliche Wissenschaft
BZRGg	Beihefte zur Zeitschrift für Religions- und Geistesgeschichte
CAB	Cahiers d'Archéologie Biblique
Cath	Catholica
CathBibEnc	Catholic Biblical Encyclopedia, New York 1950
CathCommScript	A Catholic Commentary on Holy Scriptures, Editor: B. Orchard, London-Edinburgh 1955
CBQ	Catholic Biblical Quarterly

Abkürzungsverzeichnis

CharlesApocr	The Apocrypha and Pseudoepigrapha of the Old Testament in English, ed. R. H. Charles, 1913
ColBG	Collationes Brugenses et Gandavenses
ColBib	Collectanea Biblica
CommduNT	Commentaire du Nouveau Testament, hrsg. von P. Bonnard, O. Cullmann u. a., Neuchâtel-Paris
CommNTKampen	Commentaar op het Nieuwe Testament, hrsg. von S. Greijdanus en F. W. Grosheide, Kampen 1954
ConiNeot	Coniectanea Neotestamentica
CSion	Cahiers Sioniens
CSS	Cursus Scripturae Sacrae
DAB	Dictionnaire d'Archéologie biblique
DACL	Dictionnaire d'Archéologie chrétienne et de Liturgie
DCGHastings	Dictionary of Christ and the Gospels, ed. J. Hastings
DictBibHastings	A Dictionary of the Bible, ed. J. Hastings
DictBible	Dictionnaire de la Bible
DictBibleSuppl	Dictionnaire de la Bible, Supplément
DLZ	Deutsche Literaturzeitung
DThC	Dictionnaire de Théologie catholique
EchtBib	Echter-Bibel, hrsg. von F. Nötscher und K. Staab, Würzburg 1947 ff
EncBib	Encyclopaedia Biblica, ed. T. K. Cheyne and J. Black 1899 ff.
EncBibJer	Encyclopaedia Biblica, Jerusalem 1950 ff
EnchBib	Enchiridion Biblicum
EncJud	Encyclopaedia Judaica, hrsg. von J. Klatzkin und J. Ellbogen, Charlottenburg 1928 ff
EpworthPrComm	Epworth Preacher's Commentaries, General Editor: G. P. Lewis, London 1957
EstBib	Estudios Biblicos
ÉtBib	Études Bibliques
EThLov	Ephemerides Theologicae Lovanienses
ÉThRel	Études Théologiques et Religieuses
EvTh	Evangelische Theologie
Exp	The Expositor
ExpT	The Expository Times
FGntlKan	Forschungen zur Geschichte des neutestamentlichen Kanons
FreibThSt	Freiburger Theologische Studien
FRLANT	Forschungen zur Religion und Literatur des Alten und Neuen Testaments
FZThPh	Freiburger Zeitschrift für Theologie und Philosophie (bis 1954: Divus Thomas)
GallingBibRLex	Biblisches Reallexikon, hrsg. von K. Galling
GeseniusHwb	W. Gesenius - F. Buhl, Hebräisches und Aramäisches Handwörterbuch über das Alte Testament
GGA	Göttinger Gelehrte Anzeigen
Greg	Gregorianum
GregoryTextkr	C. R. Gregory, Textkritik des Neuen Testamentes
HaagBibLex	Bibellexikon, hrsg. von H. Haag
HandbAT	Handbuch zum AT, hrsg. von O. Eißfeldt

Abkürzungsverzeichnis

HandbNT	Handbuch zum NT, begr. von H. Lietzmann, hrsg. von G. Bornkamm
HarpBibDict	Harper's Bible Dictionary
HarvThR	The Harvard Theological Review
HarvThSt	The Harvard Theological Studies
Hatch-Redp	A Concordance to the Septuagint and other Greek versions of the Old Testament, by E. Hatch and H. Redpath
HenneckeApokr	E. Hennecke, Neutestamentliche Apokryphen in deutscher Übersetzung
HenneckeHdb	E. Hennecke, Handbuch zu den neutestamentlichen Apokryphen
HibJ	The Hibbert Journal
HistZ	Historische Zeitschrift
HoltzmannNT	O. Holtzmann, Das NT nach dem Stuttgarter griech. Text übersetzt und erklärt
HUCA	Hebrew Union College Annual
ICC	The International Critical Commentary on the Holy Scriptures of the Old and New Testament, ed. S. R. Driver
Interpr	Interpretation
InterprBib	The Interpreter's Bible, Editor: G. A. Buttrick, New York - Nashville 1952
IsExplJ	Israel Exploration Journal [Grenzgebiete
IZBG	Internationale Zeitschriftenschau für Bibelwissenschaft und
JAC	Jahrbuch für Antike und Christentum
JBL	Journal of Biblical Literature
JBR	The Journal of Bible and Religion
JewEnc	The Jewish Encyclopedia
JJS	The Journal of Jewish Studies
JPOS	The Journal of the Palestine Oriental Society
JQR	The Jewish Quarterly Review
JR	Journal of Religion
JSS	Journal of Semitic Studies
JThSt	Journal of Theological Studies
Jud	Judaica
JüdLex	Jüdisches Lexikon, hrsg. v. G. Herlitz u. B. Kirchner
KautzschJApokr	E. Kautzsch, Die Apokryphen und Pseudepigraphen des AT
KeDog	Kerygma und Dogma
KG	Kirchengeschichte (des Eusebius)
KommNTMeyer	Kritisch-exegetischer Kommentar über das NT, begr. von H. A. W. Meyer
KommNTZahn	Kommentar zum NT, hrsg. von Th. Zahn
Layman'sBibComm	The Layman's Bible Commentary, Editor: B. H. Kelly, Richmond, Virginia (USA) 1959
LevyWb	J. Levy, Wörterbuch über die Talmudim und Midraschim
LexThK	Lexikon für Theologie und Kirche, 2. Aufl. 1957ff
LexVTL	L. Koehler - W. Baumgartner, Lexicon in VT Libros
Liddell-Scott	A Greek-English Lexicon, ed. H. G. Liddell and R. Scott
LumVi	Lumière et Vie, S. Alban Leysse
LumViBrug	Lumière et Vie, Abbaye S. André les Bruges
MandelkernConc	VT Concordantiae Hebraicae et Chaldaicae, hrsg. von S. Mandelkern

XXV

Abkürzungsverzeichnis

MDOG	Mitteilungen der Deutschen Orientgesellschaft
MO	Le Monde Oriental
MoffatNTC	The Moffat New Testament Commentary
Moulton-Milligan	J. H. Moulton and G. Milligan, The Vocabulary of the Greek Testament
MüThSt	Münchner Theologische Studien
MüThZ	Münchner Theologische Zeitschrift
NAG	Nachrichten der Akademie der Wissenschaften in Göttingen
NewICNT	The New International Commentary on the New Testament, hrsg. von N. B. Stonehouse, Grand Rapids 1951 ff
NKZ	Neue Kirchliche Zeitschrift
NorTT	Norsk Teologisk Tidsskrift
NRTh	Nouvelle Revue Théologique
NSNU	Nuntius Sodalicii Neotestamentici Upsaliensis
NT	Novum Testamentum
NTA	New Testament Abstracts
NTCommHendr	New Testament Commentary, by W. Hendriksen, Grand Rapids
NTD	Das Neue Testament Deutsch, Göttingen
NtlAbh	Neutestamentliche Abhandlungen
NTSt	New Testament Studies
Numen	Numen. International Review for the History of Religion
NV	Nova et Vetera
OLZ	Orientalistische Literaturzeitung
Or	Orientalia. Commentarii Periodici Pontificii Instituti Biblici
OrChr	Oriens Christianus
OrChrAn	Orientalia Christiana Analecta
OrChrP	Orientalia Christiana Periodica
OTS	Oudtestamentische Studiën
Pauly-Wissowa	A. Pauly, Realencyklopädie der klassischen Altertumswissenschaften
PEFAnn	Palestine Exploration Fund Annual
PEFQSt	Palestine Exploration Fund Quarterly Statement
PEQ	Palestine Exploration Quarterly
PG	Patrologia Graeca
PJ	Palästina-Jahrbuch
PL	Patrologia Latina
POr	Patrologia Orientalis
PS	Patrologia Syriaca
QumranKonk	Konkordanz zu den Qumrantexten, hrsg. von K. G. Kuhn, Göttingen 1960
RAC	Reallexikon für Antike und Christentum
RB	Revue Biblique
RBén	Revue Bénédictine
RechScR	Recherches de Science Religieuse
RegNT	Regensburger Neues Testament
RepBib	Repetitorium Biblicum Medii Aevi
RÉS	Revue des Études Sémitiques
RGG	Die Religion in Geschichte und Gegenwart
RHE	Revue d'Histoire Ecclésiastique
RHPhilRel	Revue d'Histoire et de Philosophie Religieuse

Abkürzungsverzeichnis

RHR	Revue de l'Histoire des Religions
Rießler	P. Rießler, Altjüdisches Schrifttum außerhalb der Bibel
RQ	Römische Quartalschrift
RR	Review of Religion
RScPhTh	Revue des Sciences Philosophiques et Théologiques
RScR	Revue des Sciences Religieuses
RThPh	Revue de Théologie et de Philosophie
RVV	Religionsgeschichtliche Versuche und Vorarbeiten
SABerlin	Sitzungsberichte der Deutschen (bis 1944: Preußischen) Akademie der Wissenschaften zu Berlin
SAHdbg	Sitzungsberichte der Heidelberger Akademie der Wissenschaften
SAMünch	Sitzungsberichte der Bayerischen Akademie der Wissenschaften, München
SAWien	Sitzungsberichte der Österreichischen Akademie der Wissenschaften in Wien
StBibTh	Studies in Biblical Theology
StCath	Studia Catholica
StonyhScriptMan	Stonyhurst Scripture Manuals, General Editor: Ph. Caraman, Westminster, Maryland (USA) 1956
StTh	Studia Theologica
SvBibU	Svenskt Bibliskt Uppslagsverk
SvExA	Svensk Exegetisk Arsbok
SyBibU	Symbolae Biblicae Upsalienses
SyOs	Symbolae Osloenses
ThBl	Theologische Blätter
ThGl	Theologie und Glaube
ThHandkNT	Theologischer Handkommentar zum Neuen Testament, neu herausgegeben unter der Leitung von E. Fascher, Berlin 1957
ThLBl	Theologisches Literaturblatt
ThLZ	Theologische Literaturzeitung
ThQ	Theologische Quartalschrift
ThRev	Theologische Revue
ThRu	Theologische Rundschau
ThSt	Theological Studies
ThStK	Theologische Studien und Kritiken
ThStUt	Theologische Studien, Utrecht
ThStZoll	Theologische Studien, Zollikon
ThWb	Theologisches Wörterbuch zum NT
ThZ	Theologische Zeitschrift
TorchBibComm	Torch Bible Commentaries, General Editors: J. Marsh, D. M. Paton, A. Richardson, London 1949
TrThSt	Trierer Theologische Studien
TrThZ	Trierer Theologische Zeitschrift
TU	Texte und Untersuchungen
TyndNTComm	The Tyndale New Testament Commentaries, General Editor: R. V. Tasker, Grand Rapids 1959
UNT	Untersuchungen zum Neuen Testament
VD	Verbum Domini
VigChr	Vigiliae Christianae
VS	Verbum Salutis, begr. von J. Huby, hrsg. von S. Lyonnet, Paris
VT	Vetus Testamentum

Abkürzungsverzeichnis

WissMonANT	Wissenschaftliche Monographien zum Alten und Neuen Testament
WO	Die Welt des Orients
WUNT	Wissenschaftliche Untersuchungen zum NT
WZKM	Wiener Zeitschrift für die Kunde des Morgenlandes
ZA	Zeitschrift für Assyriologie und verwandte Gebiete
ZatW	Zeitschrift für die alttestamentliche Wissenschaft
ZDMG	Zeitschrift der deutschen Morgenländischen Gesellschaft
ZDPV	Zeitschrift des Deutschen Palästina-Vereins
ZKG	Zeitschrift für Kirchengeschichte
ZKTh	Zeitschrift für katholische Theologie
ZLThK	Zeitschrift für lutherische Theologie und Kirche
ZntW	Zeitschrift für die neutestamentliche Wissenschaft
ZorellLex	F. Zorell et L. Semkowski, Lexicon Hebraicum et Aramaicum VT
ZRGg	Zeitschrift für Religions- und Geistesgeschichte
ZThK	Zeitschrift für Theologie und Kirche
ZwissTh	Zeitschrift für wissenschaftliche Theologie

Die Kommentare zu dem betreffenden biblischen Buch (das kommentiert wird) werden nur mit dem Namen des Verfassers und der Seitenzahl zitiert (z. B. Lagrange 125) oder auch mit z. St. (z. B. Lagrange, Lohmeyer, Schmid z. St.)

IV. Sonstige Abkürzungen

Anm.	Anmerkung
AT	Altes Testament
atl.	alttestamentlich
Bd.	Band
Ev, Evv	Evangelium, Evangelien
ev.	evangelisch
f ff	folgende
hap leg	hapax legomenon
hrsg.	herausgegeben
Hs, Hss	Handschrift(en)
hschr.	handschriftlich
i. J.	im Jahre
Jh.	Jahrhundert
joh.	johanneisch
LA, LAA	Leseart(en)
luk.	lukanisch
LXX	Septuaginta
MT	Masoretischer Text
NF	neue Folge
NR	neue Reihe
NS	neue Serie
NT	Neues Testament
ntl.	neutestamentlich
par, parr	synoptische Parallele(n)
Past	Pastoralbriefe
pln.	paulinisch

Abkürzungsverzeichnis

s.	siehe
s. o.	siehe oben
s. u.	siehe unten
s. v.	sub voce
Syn	Synoptiker
syn.	synoptisch
u. a.	und andere
u. ö.	und öfters
usw.	und so weiter
V, VV	Vers(e)
Verf.	Verfasser
Vg	Vulgata
vgl.	vergleiche
v. l.	varia lectio
z. St.	zur Stelle

Der Jakobusbrief

Einleitung

§ 1. Der Verfasser

1. Den Ausgang in der Erörterung der Verfasserfrage muß die eigene Angabe des Briefes in 1, 1 bilden. Hier wird als Verfasser genannt: Ἰάκωβος θεοῦ καὶ κυρίου Ἰησοῦ Χριστοῦ δοῦλος. Was kann daraus für die Person des Verfassers entnommen werden? Einmal, daß er ein Christ ist. Ferner, daß er „ein Knecht Gottes und des Herrn Jesu Christi" ist. δοῦλος ist dabei sicher auch Hoheitsbezeichnung (s. Kommentar); d. h., der Verfasser ist „Minister" Gottes und Christi; er nimmt in der Kirche eine führende Stellung ein. Dies entspricht der autoritären Art[1], mit der er seine Paränesen „den zwölf Stämmen in der Zerstreuung" vorlegt. Er muß eine bekannte und anerkannte Persönlichkeit in den Adressatengemeinden sein, der keiner weiteren Vorstellung bedarf. Dies wird in der Inscriptio des Judasbriefes dadurch bestätigt, daß dort sich Judas „Bruder des Jakobus" nennt, ohne es nötig zu haben, seinen Lesern mitzuteilen, wer dieser Jakobus eigentlich ist.

2. Welcher „Jakobus" kann der Verfasser sein? Von den beiden Aposteln namens Jakobus scheidet der Zebedaide aus, weil er schon um das Jahr 44 von Herodes Agrippa I. hingerichtet worden ist[2] (Apg 12, 2)[3]. Unser Brief setzt inhaltlich eine spätere Situation voraus (vgl. § 4). Aber Jakobus Alphaei, der „Jüngere"? Die Antwort auf diese Frage hängt unlösbar mit der viel erörterten „Jakobusfrage" zusammen: Ist der sogenannte Herrenbruder Jakobus (Gal 1, 19; Josephus, Ant. XX § 200) identisch mit dem Apostel Jakobus Alphaei oder nicht? Gegen ihre Identifizierung werden beachtliche Gründe ins Feld geführt. Wikenhauser faßt sie folgendermaßen zusammen[4]: „In der Grußzuschrift des Jak wie in der des Jud fehlt beim Namen Jakobus der Aposteltitel[5]. Nach Joh 7, 5 (und Mk 3, 21f 31ff par) glaubten die ‚Brüder' Jesu (Jakobus, Joses oder Joseph, Judas, Simon) nicht an Jesus.

---

[1] Vgl. Dibelius 10.
[2] Vgl. auch J. Blinzler, Rechtsgeschichtliches zur Hinrichtung des Zebedaiden Jakobus (Apg XII, 2), in: NT 5 (1962) 191–206.
[3] Diese These wurde zwar auch von einigen vertreten (vgl. M. Meinertz, Der Jakobusbrief und sein Verfasser, 286f), doch sicher zu Unrecht. Vgl. die Unterschrift im Cod. Corbeiensis (ff): explicit epistola Jacobi filii Zaebedei.
[4] Einleitung in das NT (Freiburg ⁴1961) 344.
[5] Dagegen könnte man allerdings einwenden, daß δοῦλος als Hoheitsbezeichnung gerade auch für einen Apostel passend sei; vgl. Röm 1, 1; Phil 1, 1; nach G. Sass (ZntW 40 [1941] 32) wird hier δοῦλος „zum Amtsbegriff".

So könnte Joh nicht schreiben, wenn zwei von ihnen (Jakobus und Judas) zum Apostelkollegium gehört hätten[1]. Im NT werden die Herrenbrüder immer von den Zwölfen unterschieden (Apg 1, 13f; 1 Kor 9, 5; 15, 5–8). Gal 1, 19 bildet keine Gegeninstanz, da εἰ μή auch adversative Bedeutung („sondern nur") haben kann[2] (vgl. Mt 12, 4; Lk 24, 26; Röm 14, 14; Apg 9, 4)." Diese Gründe haben in der Tat ein so starkes Gewicht, daß eine Identifizierung des Jakobus Alphaei, der in den ntl. Apostelkatalogen zudem immer mit diesem patronymischen Zusatz erscheint, mit dem „Herrenbruder" nicht möglich ist. Man kann nicht mit Meinertz[3] sagen, die Apg kenne „nur zwei Personen des Namens Jakobus", da in dieser Behauptung ja schon die Identität des Alphäiden mit dem Herrenbruder Jakobus vorausgesetzt ist. Wer war aber dann der letztere? Höchstwahrscheinlich einer jener vier „Brüder" Jesu, die Mk 6, 3 genannt werden (Jakobus, Joses, Judas, Simon) und nahe Verwandte Jesu waren[4]. Unter ihnen scheint Jakobus in der Jerusalemer Urgemeinde alsbald, jedenfalls seit der Hinrichtung des Zebedaiden Jakobus, eine führende Rolle gespielt (vgl. Gal 2, 9 12; Apg 12, 17[5]; 15, 13; 21, 18)[6] und aus Gründen der Unterscheidung von den beiden Aposteln namens Jakobus auf Grund seiner nahen Verwandtschaft zu Jesus den Beinamen „Bruder des Herrn" geführt zu haben, was zugleich und jedenfalls sehr früh ein Ehrentitel für ihn wurde[7].

---

[1] Nach Joh 6, 70 waren die Zwölf längst von Jesus berufen; also sind für den Evangelisten die „Brüder" vom Zwölferkreis zu unterscheiden.
[2] Vgl. auch TH. ZAHN, Forschungen zur Geschichte des ntl. Kanons VI, 357ff; H. KOCH, Zur Jakobusfrage Gal 1, 19, in: ZntW 33 (1934) 204–209. Auch in 1 Kor 15, 7 ist Jakobus von der Gesamtheit (πᾶσιν) des Apostelkreises unterschieden, wenn nicht mit ἀπόστολοι ein größerer Kreis (einschließlich des Herrenbruders) gemeint ist; vgl. dazu etwa ZAHN, Forschungen VI, 356; W. G. KÜMMEL, Kirchenbegriff und Geschichtsbewußtsein in der Urgemeinde und bei Jesus, 5–7; E. BAMMEL in: ThZ 11 (1955) 405 ff. Schon in der Väterzeit hat der Rhetor MARIUS VICTORINUS um 370 gegen die Symmachianer zu Gal 1, 19 bemerkt: ... hic Paulus negavit Jacobum apostolum ... Cum autem fratrem dixit, apostolum negavit (ZAHN, Forschungen VI, 281, Anm. 3). Auch EUSEBIUS (KG II, 1, 5) bezieht Gal 1, 19 auf Jakobus „den Gerechten". Siehe weitere altkirchliche Belege bei MEYER, Rätsel, 26 29 32 33f 36.
[3] Einleitung in das NT (Paderborn ⁵1950) 249.
[4] Zum Problem der „Herrenbrüder" vgl. J. BLINZLER in: TrThZ 67 (1958) 129–145 224–246; DERS. in: LThK ²II, 714–717 (Lit.); E. STAUFFER, Petrus und Jakobus in Jerusalem, in: Begegnung der Christen, 367, Anm. 46.
[5] Aus dieser Stelle darf entnommen werden, daß Jakobus schon sehr früh eine besondere Stellung in der Urgemeinde eingenommen hat. Vielleicht stand er an der Spitze des Presbyteriums. Vgl. GAECHTER, Jakobus von Jerusalem, in: Petrus und seine Zeit, 262f; W. MICHAELIS, Das Ältestenamt, 29–35.
[6] In Mk 6, 3 steht Jakobus an der Spitze der hier genannten Herrenbrüder. Wahrscheinlich war er der älteste unter ihnen und als solcher auch der führende. „Sa qualité de chef de la famille du Seigneur a fait de lui le chef naturel du groupe ‚hébreu' des chrétiens de Jérusalem" (J. DUPONT, Les Actes des Apôtres [Paris 1958], zu Apg 12, 17).
[7] Weiteres Material zum Titel „Herrenbruder" für Jakobus von Jerusalem s. u. und bei F. HAASE, Apostel und Evangelisten (NtlAbh 9, 1–3) (Münster 1922) 269–271.

Daraus, daß der Herrenbruder Jakobus nicht Apostel ist, erklärt sich dann auch am besten, daß er sich in der Inscriptio des Briefes nicht „Apostel" nennt (vgl. dagegen 1 Petr 1, 1 !). Die Argumentation Zahns (Forschungen VI, 359) bleibt gültig: „Daß ... ein Mann, der zu den 12 Aposteln gehörte, sich nicht Apostel genannt haben sollte, wenn er an die 12 Stämme in der Zerstreuung ein Mahnwort zu richten hatte, welches nach seinem Ton die anerkannte Autorität des Briefschreibers voraussetzt, und daß ein anderer von den 12 Aposteln sich nur als Bruder des Jk bezeichnet und so objektiv wie Jud 17 ‚von den Aposteln unseres Herrn Jesu Christi' geredet haben sollte, bliebe unbegreiflich."[1]

Der Herrenbruder Jakobus war nach alten Berichten Bischof von Jerusalem. Nach Eusebius (KG II, 1, 2) hat Jakobus „der Gerechte" als erster den Bischofsstuhl der Gemeinde von Jerusalem erhalten[2]. Die außerbiblische Überlieferung über ihn ist aber teilweise widerspruchsvoll und legendär ausgestaltet[3]. Nach Josephus (Ant. XX § 200) hat der Hohepriester Ananus II. im Jahre 62 n. Chr. zur Befriedigung seiner Grausamkeit „den Bruder Jesu, des sogenannten Christus, Jakobus mit Namen" (τὸν ἀδελφὸν Ἰησοῦ τοῦ λεγομένου Χριστοῦ, Ἰάκωβος ὄνομα αὐτῷ) zusammen mit einigen anderen steinigen lassen[4].

Von dem Zeugentod des Herrenbruders berichten auch die von Eusebius mitgeteilten Exzerpte aus den Hypotyposen des Clemens von Alexandrien (KG II, 1, 5) und den Hypomnemata des (Judenchristen?) Hegesipp (KG II, 23, 4–18)[5]. Nach Hegesipp soll Jakobus, der den Beinamen „der Gerechte und Oblias" (ὁ δίκαιος καὶ Ὠβλίας: II, 23, 7) geführt haben soll[6], ein sehr

---

[1] Auch viele katholische Exegeten identifizieren den Herrenbruder Jakobus nicht mehr mit Jakobus dem Jüngeren (so Bardenhewer, Gaechter, Chaine, Cerfaux, Bonsirven, Wikenhauser, Blinzler).
[2] Vgl. auch KG III, 5, 2; IV, 5, 3; VII, 19; Epiphanius, Haer. 78, 7, 8 (Holl III 457, 20ff).
[3] Das Material ist zusammengestellt und besprochen bei Zahn, Forschungen VI (Register s. v. Jakobus, Bruder des Herrn).
[4] Selbst wenn die Stelle eine christliche Interpolation sein sollte, wird sie auf wahren Überlieferungen beruhen.
[5] Vgl. zu Hegesipp die kritischen Analysen bei Th. Zahn, Forschungen VI, 232–235; E. Schwartz in: ZntW 4 (1903) 48–61; N. Hyldahl, Hegesipps Hypomnemata, in: StTh 14 (1960) 70–113, besonders 103–112; ders., Die Versuchung auf der Zinne des Tempels: ebd. 15 (1961) 113–127 (bes. 121ff).
[6] Hegesipp selbst interpretiert den geheimnisvollen Namen „Oblias" mit περιοχὴ τοῦ λαοῦ („schützende Festung des Volkes"). K. Baltzer und H. Köster haben in ZntW 46 (1955) 141f eine eingängige Deutung vorgelegt. Sie lesen mit Ch. C. Torrey (James the Just, and his name „Oblias", in: JBL 63 [1944] 93–98) statt ΩΒΛΙΑΣ den Namen ΩΒΔΙΑΣ (Λ und Δ wurden auch sonst häufig verwechselt) = עבדיה und erinnern daran, daß Abd 1, 1 שָׁלַח צִיר בַּגּוֹיִם in der LXX übersetzt ist: καὶ περιοχὴν εἰς τὰ ἔθνη ἐξαπέστειλεν. „περιοχὴ εἰς τὰ ἔθνη entspricht der Wendung περιοχὴ τοῦ λαοῦ bei Hegesipp" (Baltzer-Köster). Hatte Jakobus wirklich bei seinen jüdischen Volksgenossen den Beinamen „Obdias" (עבד יהוה = δοῦλος θεοῦ), so würde der Herrenbruder diesen Ehrentitel im Präskript seines Briefes selbst aufnehmen (s. ebd.). — Zu früheren Deutungsversuchen von Ὠβλίας s. Schoeps, Aus frühchristlicher Zeit, 120 ff.

strenger Asket gewesen sein („Wein und geistige Getränke nahm er nicht zu sich, auch aß er kein Fleisch. Eine Schere berührte nie sein Haupt, noch salbte er sich mit Öl oder nahm ein Bad"), das Recht gehabt haben, das Heiligtum des Tempels zu betreten, ein Leinengewand zum Zeichen seiner priesterlichen Würde getragen haben und im Tempel häufig auf den Knien liegend Gott für das Volk um Verzeihung gebeten haben. „Seine Knie wurden hart wie die eines Kamels." Da er auf Fragen seiner Gegner nicht die gewünschten Antworten gegeben haben soll, sei er von der Zinne des Tempels hinabgestürzt, gesteinigt und von einem Walker mit dem Walkerholz endlich erschlagen worden sein. „Man begrub ihn an derselben Stelle in der Nähe des Tempels. Noch jetzt ist sein Grabmal in der Nähe des Tempels."[1]

Wie weit Geschichtliches hinter dem Bericht des Hegesipp steht, läßt sich nicht mehr völlig erkennen[2]. Richtig an seinem Bericht über den Herrenbruder dürfte jedenfalls außer dem Hinweis auf dessen gewaltsamen Tod in Jerusalem, den ja auch Josephus, Clemens und eine noch nicht veröffentlichte Apokalypse des Jakobus in Codex V der Nag-Hammadi-Texte[3] kennen, besonders die Bemerkung sein: διαδέχεται τὴν ἐκκλησίαν μετὰ τῶν ἀποστόλων (II, 23, 4). Danach hat Jakobus „zusammen mit den Aposteln" die Leitung der Urgemeinde „übernommen", wodurch zunächst „das Amt des Jakobus nicht als ein monarchisches Episkopat aufgefaßt" ist, „vielmehr Jakobus wahrscheinlich nur als eine Art primus inter pares" betrachtet wird[4]. Auch werden Hegesipp und Clemens darin recht haben, daß Jakobus den Beinamen „der Gerechte" besessen hat; denn auch im Logion 12 des Thomasevangeliums von Nag-Hammadi führt er ihn (s. unten); ebenso im Traktat 4 des Cod. VII von Nag-Hammadi[5] und im Hebräerevangelium (s. unten). Dieses Epitheton muß also sehr alt und bekannt gewesen sein.

---

[1] Zum Grab des Jakobus im Josaphattal nach alten Lokaltraditionen s. RB 67 (1960) 561f (J. T. Milik).
[2] Das Urteil E. Meyers: „eine phantastische Legende ohne jeden geschichtlichen Wert" (Ursprung und Anfänge des Christentums III, 73, Anm. 2) ist angesichts etwa der Untersuchungen Hyldahls unhaltbar.
[3] S. dazu A. Böhlig, Zum Martyrium des Jakobus, in: NT 5 (1962) 207–213 (Böhlig bereitet zusammen mit P. Labib eine Textausgabe vor). „Die Schilderung von Verurteilung und Strafvollzug in unserer Schrift ist ganz ähnlich dem Zeugnis des Hegesipp" (Böhlig 208).
[4] Hyldahl, Hypomnemata, 104.
[5] „Dieses sind die Reden, die Jakobus der Gerechte in Jerusalem gehalten hat" (nach Puech in: Hennecke-Schneemelcher, Ntl. Apokryphen, ³I, 246). Auch in der oben erwähnten Apk des Jak im Codex V der Nag-Hammadi-Texte wird Jakobus viermal als ὁ δίκαιος bezeichnet, zweimal davon in der Selbstprädikation: „Ich bin der Gerechte" (Böhlig, a. a. O. 207f). Und die Bezeichnung des Jakobus als „Bruder des Herrn" wird hier förmlich zum Thema: Jesus begrüßt den Jakobus als „Bruder", und Maria spricht dazu: „Erschrick nicht, mein Sohn, daß er zu dir ‚mein Bruder' gesagt hat. Denn ihr seid mit ein und derselben Milch genährt." In der vorausgehenden Apk sagt Jesus zu Jakobus: „Mein Bruder — denn nicht umsonst habe ich dich Bruder genannt, obwohl du nicht mein Bruder der ὕλη nach bist" (Böhlig 208).

4

§ 1. Der Verfasser

Legendär und weithin tendenziös ist die Rolle, die Jakobus in der apokryph-gnostischen Literatur spielt. Nach Hippolyt haben die naassenischen Gnostiker ihre zahlreichen Geheimlehren auf Jakobus, den Bruder des Herrn, zurückgeführt, der sie Mariamne überliefert haben soll (Refut. V, 7, 1; Wendland, 78/22–79/1). Das Hebräerevangelium verrät deutlich die Tendenz, die Stellung des Jakobus besonders hervorzuheben, indem es ihn zum ersten Auferstehungszeugen macht (vgl. auch 1 Kor 15, 7)[1]: „Als aber der Herr (nach der Auferweckung) das Leintuch dem Knecht des Priesters gegeben hatte, ging er zu Jakobus und erschien ihm. Jakobus hatte nämlich geschworen, er werde kein Brot mehr essen von jener Stunde an, in der er den Kelch des Herrn getrunken hatte, bis er ihn von den Entschlafenen auferstanden sähe. Und kurz darauf sagte der Herr: bringt einen Tisch und ein Brot! Und sogleich wird hinzugefügt: er nahm das Brot, segnete es und brach es und gab es Jakobus dem Gerechten und sprach zu ihm: Mein Bruder, iß dein Brot, denn der Menschensohn ist von den Entschlafenen auferstanden" (Hieronymus, De vir. ill. 2)[2]. Hier zeigt sich offenbar ein besonderes judenchristliches Interesse am Herrenbruder, ähnlich wie im Logion 12 des Thomasevangeliums: „Die Jünger sagten zu Jesus: Wir wissen, daß du von uns gehen wirst. Wer ist es, der über uns groß sein soll? Jesus sagte zu ihnen: Wohin ihr gekommen seid, ihr werdet zu Jakobus dem Gerechten gehen, dessentwegen der Himmel und die Erde entstanden sind." Im Unterschied zur Hegesipp-Tradition über die Stellung des Herrenbruders in der Jerusalemer Urgemeinde, die im wesentlichen nicht über die ntl. Anschauungen hinausgeht[3], wird in diesem Spruch des Thomasevangeliums eine ihm von Christus selbst eingeräumte Stellung zugesprochen, die ihn über alle Apostel einschließlich Petrus (!) „groß sein" läßt[4]. Auch geht nach diesem Spruch der den Jakobus auszeichnende Beiname „der Gerechte" auf Jesus zurück. Dieser Beiname „kann nur in einer Umwelt entstanden sein, in der Festhalten am mosaischen Gesetz auch bei einem Christen als besonders

---

[1] Zu 1 Kor 15, 7 (Erscheinung des Auferstandenen vor Jakobus) vgl. auch W. G. Kümmel, Kirchenbegriff, 3 ff; E. Bammel, Herkunft und Funktion der Traditionselemente in 1 Kor 15, 1–11, in: ThZ 11 (1955) 401–419 (Bammel sieht in 1 Kor 15, 7 [ἔπειτα ὤφθη Ἰακώβῳ, εἶτα τοῖς ἀποστόλοις πᾶσιν] eine von Paulus als solche nicht mehr erkannte, auf judenchristliche Kreise zurückgehende „Gegenformel" der Jakobusleute gegen den Primatsanspruch Petri [vgl. besonders 411ff; ähnlich schon E. Meyer, Ursprung und Anfänge des Christentums III, 285]); E. Stauffer, Petrus und Jakobus in Jerusalem, in: Begegnung der Christen, 367, Anm. 44.
[2] Übersetzung nach Ph. Vielhauer, in: Hennecke-Schneemelcher, ³I, 108.
[3] Vgl. auch Hyldahl, 105, Anm. 100.
[4] Nach den Hypotyposen des Clemens (Eusebius, KG II, 1, 3) hat Christus selbst Jakobus den Gerechten zum Bischof von Jerusalem gewählt („Petrus, Jakobus und Johannes sollen nach der Himmelfahrt des Heilands, weil sie schon vom Heiland mit Ehren ausgezeichnet waren, nicht nach Ehren getrachtet haben; er habe sich vielmehr Jakobus den Gerechten zum Bischof von Jerusalem erwählt"; Übersetzung nach BKV II, I, 2, 61); nach Eusebius (KG VII, 19) erhielt Jakobus dagegen „als erster vom Herrn und den Aposteln das Bischofsamt der Gemeinde von Jerusalem".

rühmenswert galt" (K. Th. Schäfer)¹, also in judenchristlichen Kreisen², denen am „Primat" des Herrenbruders offensichtlich besonders lag³. Denn diese auffallende Hochschätzung des Herrenbruders begegnet auch in den Pseudoklementinen, in deren wohl aus dem dritten Jahrhundert stammenden „Grundschrift" eine judenchristlich-ebionitische Quelle „Kerygmata Petru" verarbeitet zu sein scheint⁴, in denen „entgegen der von der Großkirche konstruierten Lehrtradition Petrus-Paulus die genuine Tradition Petrus-Jakobus" vertreten wird⁵, und zwar mit starker Polemik gegen den Apostel Paulus⁶. So schreibt Petrus an Jakobus als τῷ κυρίῳ καὶ ἐπισκόπῳ τῆς ἁγίας ἐκκλησίας (Ep. Petr. 1, 1; Rehm 1/1), und in der Ep. Clementis 1, 1 (Rehm 5/1ff.) wird Jakobus sogar als ἐπίσκοπος ἐπισκόπων bezeichnet, διέποντι δὲ τὴν Ἱερουσαλὴμ ἁγίαν Ἑβραίων ἐκκλησίαν καὶ τὰς πανταχῇ θεοῦ προνοίᾳ ἱδρυθείσας καλῶς (regenti Hebraeorum sanctam ecclesiam Hierosolymis, sed et omnes ecclesias quae ubique Dei providentia fundatae sunt). Vgl. dazu auch Recog I, 68, 2, wo Jakobus episcoporum princeps genannt wird⁷. So fordert denn auch Petrus nach Hom XI, 35, 4 (Rehm 171/13–17): „Deshalb bedenket vor allem, keinen Apostel oder Lehrer oder Propheten aufzunehmen, der nicht zuvor sein Kerygma dem Jakobus, dem sogenannten Bruder meines Herrn, dem die Leitung der Gemeinde der Hebräer zu Jerusalem anvertraut ist, vorgelegt hat und mit Zeugen zu euch kommt"; vgl. dazu auch Recog IV, 35, wo Petrus eine ähnliche Forderung

---

¹ Der Primat Petri und das Thomas-Evangelium, in: Die Kirche und ihre Ämter und Stände (Köln 1960) 353–363 (359); G. QUISPEL, L'Évangile selon Thomas et les Clémentines, in: VigChr 12 (1958) 181–196.
² Daraus erklärt sich auch am besten die Aussage: „um dessentwillen der Himmel und die Erde entstanden sind"; vgl. dazu auch bSanh 98b: „Rab († 247) sagte, die Welt sei nur wegen Davids erschaffen worden; Schemuel († 254) sagte: wegen des Moses; Rabbi Jochanan († 279) sagte: wegen des Messias."
³ Vgl. schon Gal 2, 12.
⁴ Vgl. zum Judenchristentum in den Pseudoklementinen vor allem H. J. SCHOEPS, Theologie und Geschichte des Judenchristentums (Tübingen 1949); DERS., Die Pseudoklementinen und das Urchristentum, in: ZRGg 10 (1958) 2–15; G. STRECKER, Das Judenchristentum in den Pseudoklementinen (TU 70) (Berlin 1958).
⁵ L. GOPPELT, Christentum und Judentum im ersten und zweiten Jahrhundert, 171 f.
⁶ Vgl. dazu STRECKER 187–196; SCHOEPS, Judenchristentum, 118–135; DERS., Paulus (Tübingen 1959) 77–84; A. SALLES, La Diatribé anti-paulinienne dans le "Roman Pseudo-Clémentin" et l'origine des "Kérygmes de Pierre", in: RB 64 (1957) 517–557; C. SCHMIDT, Studien zu den Ps.-Clementinen (TU 46/1) (Leipzig 1929) 323–328.
⁷ Auch in dem im „Codex Jung" enthaltenen, aus dem 2. Jh. stammenden, noch nicht edierten Apokryphon des Jakobus aus den Nag-Hammadi-Schriften (Cod. II) ist Jakobus zusammen mit Petrus Empfänger einer besonderen Gnosis durch den Auferstandenen, und nach seiner Instruktion der übrigen Apostel über diese Vorgänge „schickt" Jakobus „sie getrennt an einen anderen Ort", während er allein nach Jerusalem zurückkehrt. Auch hier erscheint er also als Leiter des Apostelkollegiums und Aussender der Apostel in die Mission (vgl. dazu H.-CH. PUECH: HENNECKE-SCHNEEMELCHER ³I, 246–249; H.-CH. PUECH und G. QUISPEL, Les Écrits Gnostiques du Codex Jung, in: VigChr 8 [1954] 7–22). Dahinter steht deutlich ein besonderes judenchristliches Interesse an der Gestalt des Jakobus.

stellt: Propter quod observate cautius, ut nulli doctorum credatis, nisi qui Jacobi fratris Domini ex Hierusalem detulerit testimonium vel eius, quicumque post ipsum fuerit¹. Diese Forderungen richten sich offensichtlich gegen Paulus, der in Ep. Petr. 2, 3 (Rehm 2/2) als „feindseliger Mensch" bezeichnet wird unter deutlicher Anspielung auf die in Gal 2, 11ff geschilderten Vorkommnisse in Antiochien; vgl. dazu Recog I, 70, 1, wo Saul von Tarsus homo quidam inimicus genannt wird². Daß diese gegen den Apostel Paulus gerichtete Polemik und Erhebung des Herrenbruders Jakobus zum „Bischof der Bischöfe" eine tendenziöse Auslegung der ntl. Überlieferung ist, liegt auf der Hand. Anderseits glauben wir in der Tat, eine gewisse „antipaulinische" Front hinter dem Jakobusbrief zu erkennen (vgl. § 4), die jedoch im häretischen Judenchristentum sich gegen den Apostel selbst und sein gesetzesfreies Evangelium richtet, nicht mehr gegen einen frühen Pseudopaulinismus.

3. Ist der Herrenbruder Jakobus oder Jakobus Alphaei der Verfasser des Briefes? Für das erstere sprechen zwei Gründe:
a) Die Selbstbezeugung des Briefes im Präskript, das schon immer mit dem Brief verbunden gewesen sein muß (s. Kommentar), verweist wegen der Titulatur („Knecht", nicht Apostel) eher auf den Herrenbruder als auf den Apostel Jakobus Alphaei.
b) Die „antipaulinische" Front, die im Brief doch deutlich genug bezogen ist (s. § 4), verweist deutlich auf den Herrenbruder Jakobus, wie wir ihn aus dem Galaterbrief und der Apostelgeschichte kennen.
Gegen diese Ansicht in der Verfasserfrage kann nicht auf den gesetzlichen „Ritualismus" des Herrenbruders verwiesen werden, der in dem Brief selbst nicht begegnet und weder aus dem übrigen NT noch aus dem (ohnehin nicht völlig gesicherten) Hegesippbericht erschlossen werden kann. Der Ehrentitel des Herrenbruders ὁ δίκαιος, den ihm seine jüdischen Volksgenossen „wegen des Übermaßes seiner Gerechtigkeit" gaben (Eusebius, KG II, 23, 7), läßt keine Aussagen über eine besondere „Gesetzlichkeit" des Herrenbruders zu³.
Dagegen erhebt sich eine andere seit de Wette immer wieder genannte Schwierigkeit gegen eine (direkte) Verfasserschaft des Briefes durch den Herrenbruder, und zwar von Sprache und Stil des Briefes her, die hervorragende Qualität aufweisen (s. § 6). Es kann sich kaum um Übersetzungs-

---

¹ PG I, 1330 C. ² **Vgl. dazu Strecker, 187.**
³ Nach KG I, 1, 2 gaben „die Alten" (οἱ πάλαι) dem Jakobus den Beinamen „der Gerechte" „wegen seiner Tugendvorzüge": auch hier kein Hinweis auf Gesetzlichkeit. Dem griechischen ὁ δίκαιος entspricht im Hebräischen הַצַדִיק. Nach Abot I, 2 und Josephus (Ant. XII § 43) trug der zu den Männern „der großen Synagoge" gehörige Hohepriester Simeon den Ehrentitel „der Gerechte", was Josephus so begründet: Σίμων ... ὁ καὶ δίκαιος ἐπικληθεὶς διά τε τὸ πρὸς τὸν θεὸν εὐσεβὲς καὶ τὸ πρὸς τοὺς ὁμοφύλους εὔνουν. Auch hier kein Hinweis auf besondere Gesetzlichkeit. Erst im rabbinischen Judentum wird die Vorstellung vom „Gerechten" in engen Zusammenhang mit besonderer Gesetzestreue gebracht (s. dazu etwa R. Mach, Der Zaddik in Talmud und Midrasch, 14f). — Zum Bild des Herrenbruders Jakobus in der ntl. Überlieferung s. Näheres unter § 2.

griechisch handeln¹. Konnte der Herrenbruder, der über sein Heimatland vielleicht nie hinausgekommen ist, ein so perfektes Griechisch schreiben? Die Frage kann nicht beantwortet werden, weil wir über die Sprachfähigkeiten des Herrenbruders schlechthin nichts wissen. Die Kenntnis der griechischen Sprache war schon seit der Zeit der syrischen Herrschaft in Palästina viel weiter verbreitet, als man früher angenommen hat². Der enorm semitische Satzbau des Briefes weist auf einen semitisch denkenden Verfasser (s. § 6, III); ob dieser gerade der Herrenbruder war, läßt sich daraus selbstverständlich nicht beweisen³. Atmosphäre und Mentalität des Briefes („Armenfrömmigkeit"!) weisen auf einen (ehemaligen) Juden⁴. Am stärksten verweist der Inhalt des Briefes, besonders sein „Antipaulinismus", auf den Herrenbruder Jakobus (s. § 4), so daß mit seiner Verfasserschaft gerechnet werden darf. Vielleicht stammt das sprachliche und stilistische Kleid des Briefes von einem griechisch sprechenden Mitarbeiter⁵; diese Annahme hat noch nichts mit „Sekretärshypothese" zu tun.

---

¹ Besonders DIBELIUS legt auf diese Tatsache großes Gewicht und kommt zur Verneinung der Verfasserschaft des Briefes durch den Herrenbruder.
² Jerusalem „sicher seit dem 1. Jh. v. Chr. zweisprachig" (K. GALLING in: RGG ³V, 24). Neuerdings bezeugen die Murabbaʿāt- und Naḥal-Ḥever-Texte nicht bloß die Zwei-, sondern sogar die Dreisprachigkeit Judäas (Aramäisch, Hebräisch, Griechisch), gerade auch schon für die letzten Jahrzehnte des 1. Jh. n. Chr.; vgl. dazu R. MEYER in: ThLZ 88 (1963) 24; dazu auch noch A. SCHLATTER, Die Theologie des Judentums nach dem Bericht des Josephus (Gütersloh 1932) 239; S. LIEBERMAN, Greek in Jewish Palestine (New York 1942); SCHOEPS, Judenchristentum, 272; A. ROLLA, Notiziario archeologico palestinese, in: Rivista Biblica 11 (1963) 53–91 (über Bar Kochba, von dem Briefe in hebräischer, aramäischer und griechischer Sprache gefunden wurden); B. LIFSHITZ, L'Hellénisation de Juifs de Palestine. A propos des inscriptions de Besara (Beth-Shearim), in: RB 72 (1965) 520–538.
³ Selbst wenn ein von einem palästinensischen Juden griechisch geschriebenes Werk keine Semitismen aufweist, kann es ein Übersetzungswerk sein wie Josephus' Bellum (vgl. Bell. I § 3; dazu O. MICHEL - O. BAUERNFEIND, Der jüdische Krieg. Zweisprachige Ausgabe [Darmstadt 1959] I, z. St.). Der Jakobusbrief dagegen ist reich an Semitismen!
⁴ Vielleicht darf aus einigen Stellen (so 1, 6; 3, 4 12; 5, 1 17) auf Palästina als Ursprungsland des Briefes geschlossen werden (vgl. J. BLINZLER in: LThK ²V, 862; D. Y. HADIDIAN, Palestinian Pictures in the Epistle of James, in: ExpT 63 [1951/52] 227f); doch ist hier größte Vorsicht am Platz (vgl. auch W. BIEDER in: ThZ 5 [1949] 95, Anm. 5).
⁵ Vgl. auch CHAINE, Jac., CVI–CVIII, der zudem aufmerksam macht, daß der Herrenbruder Jakobus als Galiläer des Griechischen kundig sein konnte und daß der Brief auch kein bloßes Diktat sein kann, sondern auf Grund des sprachlichen und stilistischen Befunds die Arbeit längerer Redaktionstätigkeit darstellt, an der ein gut griechisch sprechender Mitarbeiter des Herrenbruders beteiligt sein konnte. Der Fall wäre ähnlich wie beim 1. Petrusbrief, in dem der Mitarbeiter ausdrücklich in 5, 12 genannt wird (Silvanus); dazu WIKENHAUSER, Einleitung in das NT, 363. Vgl. auch J. BLINZLER: LThK ²V, 862 („ein Hellenist"). Nach G. H. RENDALL, The Epistle of St. James and Judaic Christianity, 33 ist der Jakobusbrief ein Kompendium von mündlichen Äußerungen des Herrenbruders, das von einem unbekannten Hörer der Urgemeinde zu einem „Brief" gestaltet wurde.

§ 2. Der Herrenbruder Jakobus in der neutestamentlichen Überlieferung[1]

Jakobus wird in Mk 6, 3 par als erster der hier erwähnten vier Herrenbrüder genannt („Jakobus und Joses und Judas und Simon"). Er ist sehr wahrscheinlich identisch mit Jakobus ὁ μικρός in Mk 15, 40[2]: ein Beiname, der wohl auf die Kleinheit seiner Gestalt abzielen soll. Nach Mk 3, 21. 31–35 par stand er, wie auch die übrigen Herrenbrüder, dem öffentlichen Wirken Jesu verständnislos gegenüber, nach Joh 7, 3–10 sogar ohne Glauben an seine Messianität. Sehr wahrscheinlich ist sein Unglaube aber endgültig durch eine Erscheinung des Auferstandenen überwunden worden (vgl. 1 Kor 15, 7), und schon vor dem Pfingstereignis findet er sich mit den anderen „Brüdern" Jesu in jener Kerngemeinde, die sich bald nach Ostern in Jerusalem um die Apostel geschart hatte (Apg 1, 14). Vielleicht hat er auch in beschränktem Maße innerhalb Palästinas Missionsreisen unternommen (vgl. 1 Kor 9, 5). Auf jeden Fall gewann er bald in der Urgemeinde großes Ansehen und übernahm nach der Flucht des Petrus die Leitung derselben[3]

---

[1] In diesem § wird nur ein knapper Überblick über das ntl. Material mit kurzer Besprechung geboten. Im übrigen wird auf die Literatur verwiesen: W. Patrick, James the Lord's Brother (1906); G. Kittel, Die Stellung des Jakobus zu Judentum und Heidenchristentum, in: ZntW 30 (1931) 145–156; T. Nicklin - R. Taylor, James the Lord's Brother, in: ChQR 147 (1948) 46–63; H. v. Campenhausen, Die Nachfolge des Jakobus. Zur Frage eines christlichen „Kalifats", in: ZKG 63 (1950/51) 133–144; W. K. Prentice, James the Brother of the Lord, in: Studies in Roman Economic and Social History in Honor of A. C. Johnson, ed. by P. R. Coleman-Norton (Princeton 1951) 144–151; E. Stauffer, Zum Kalifat des Jakobus, in: ZRGg 4 (1952) 193–214 (gegen H. v. Campenhausen); ders., Petrus und Jakobus in Jerusalem, in: Begegnung der Christen, 361 372; P. Gaechter, Jakobus von Jerusalem, in: Petrus und seine Zeit, 258–310; J. Munck, Paulus und die Heilsgeschichte (Kopenhagen 1954) 103–111; E. Lohse, in: ZntW 48 (1957) 17f; J. Blinzler in: LThK ²V, 837f; W. Schmithals, Paulus und Jakobus (Göttingen 1963).

[2] Vgl. J. Blinzler in: TrThZ 67 (1958) 227–231.

[3] Stauffer (Kalifat, 198f) sieht den Aufstieg des Jak darin begründet, daß er aus seiner Blutsverwandtschaft mit Jesus und der Erscheinung des Auferstandenen vor ihm „etwas zu machen wußte". „Er hat als Familienhaupt gehandelt und sofort alle seine Brüder mit in die werdende Gemeinde gebracht und sich selbst dadurch eine Familienfraktion geschaffen, nicht viel anders als der Hohepriester droben im Großen Synedrium (Apg 1, 14; 1 Kor 9, 5)." Gaechter (Jakobus, 295) bemerkt dazu mit Recht: „Man ist doch etwas erstaunt über diese Feststellungen und fragt sich, woher diese Einsichten stammen." Die Blutsverwandtschaft des Jak mit Jesus mag bei seinem „Aufstieg" zusammen mit der Zeugenschaft für den Auferstandenen eine gewisse Rolle gespielt haben, aber nicht bei seiner Bestellung zum Bischof von Jerusalem. W. G. Kümmel sieht in der Tatsache, daß gerade der Herrenbruder Jak zum Haupt der Urgemeinde aufrückte, „ein Zeichen für die festgehaltene Beziehung auf den Zusammenhang mit dem geschichtlichen Jesus" (RGG ³III, 967): eine Ansicht, die viel für sich hat; sie findet vielleicht eine Bestätigung darin, daß nach dem Tod des Jak nochmals ein Verwandter Jesu Bischof von Jerusalem wurde: der Klopassohn Symeon (vgl. Eusebius, KG IV, 22, 4; III, 11, 2; dazu J. Blinzler, Simon der Apostel, Simon der Herrenbruder

(vgl. Apg 12, 17; 15, 13–29; 21, 18–25; Gal 1, 19; 2, 9). Daß er allmählich die Gesamtleitung der Kirche übernommen habe und Petrus ihm untergeordnet war (s. u.), davon weiß die ntl. Überlieferung nichts.

Was seine vielberufene „Gesetzlichkeit" angeht, so scheint Jakobus zwar ein streng gesetzlich lebender Judenchrist gewesen zu sein, aber kein fanatischer Ritualist. Das ntl. Zeugnis zeigt den Herrenbruder vielmehr als einen Mann des Ausgleichs und der Vermittlung[1]. Er gibt zusammen mit Kephas und Johannes den Heidenmissionaren Paulus und Barnabas „die Hand der Gemeinschaft" (Gal 2, 7–9)[2]. Auf dem Apostelkonzil stimmt er grundsätzlich den Ausführungen des Petrus zu, bringt zu ihnen noch den Schriftbeweis nach[3], tritt aber für die „Jakobusklauseln" ein, um die Tischgemeinschaft zwischen Juden- und Heidenchristen in gemischten Gemeinden zu ermöglichen (Apg 15, 13–21)[4]. Und nach Apg 21, 18–25 geht es dem Jakobus mit seinem Rat für Paulus darum, daß der Apostel durch die Übernahme des Nasiräergelübdes die gegen ihn erhobenen Vorwürfe, er sei ein Abfallsprediger, entkräfte[5].

Erst das häretische Judenchristentum (Pseudoklementinen; Hebräerevangelium usw.; s. o.) macht Jakobus zum Haupt der Gesamtkirche und Vertreter strengster Gesetzlichkeit. Gewiß stand Jakobus „auf der Seite der Tradition" (Dibelius)[6], insofern er für sich persönlich bis zu seinem Tod nach dem jüdischen Gesetz lebte und die Judenchristen ihm darin großenteils folgten, wenigstens in Palästina. Aber nie hat nach dem ntl. Zeugnis Jakobus auch den Heidenchristen das jüdische Gesetz aufzwingen wollen. Die sog. Jakobusklauseln können dafür nicht genannt werden, weil

---

und Bischof Symeon von Jerusalem, in: Passauer Studien [Festschr. f. Bischof Simon Konrad Landersdorfer (Passau 1953)] 25–55 [bes. 42–48]).

[1] Zu diesem Ergebnis kommt gegenüber der Tübinger „Tendenzkritik" (F. Ch. BAUR!) auch W. SCHMITHALS (Paulus und Jakobus, 85; 96 und passim).
[2] Daß die in Gal 2, 12 als τινὲς ἀπὸ Ἰακώβου erwähnten Judenchristen aus Jerusalem offizielle Abgesandte des Herrenbruders mit Visitationsauftrag gewesen seien, läßt sich aus dem ἀπό nicht erweisen; sie vertreten in Antiochien nur Grundsätze, die sonst auch jene des Jak innerhalb der judenchristlichen Gemeinschaft waren (vgl. auch GAECHTER, 290–292; KITTEL, Die Stellung des Jakobus, 151). Paulus tadelt im übrigen nicht diese Grundsätze, sondern das zwiespältige und darum verwirrende Verhalten des Petrus, das wahrscheinlich aus Furcht vor denen ἐκ περιτομῆς = Juden bedingt war (so W. SCHMITHALS, Paulus und Jakobus, 54 f).
[3] Vgl. dazu F. MUSSNER, Die Bedeutung des Apostelkonzils für die Kirche, in: EKKLESIA (Festschr. für Bischof Matthias Wehr [Trier 1962]) 35–46 (näherhin 41 f).
[4] Es kann keine Rede davon sein, daß Jak beim Apostelkonzil „offenbar ... die ganze Versammlung präsidiert", wie CULLMANN meint (Petrus[2], 55); vgl. dazu auch GAECHTER, 275; E. HAENCHEN, Petrus-Probleme, in: NTSt 7 (1960/61) 191f.
[5] STAUFFER (Zum Kalifat des Jakobus, 205) behauptet unter Verweis auf Apg 21, 21: „Er (Jak) hat die judenchristlichen Gemeinden ganz planmäßig im antipaulinischen Sinne geschult." Ergibt sich das wirklich aus Apg 21, 21? A. WIKENHAUSER bemerkt zu Apg 21, 21: „Jakobus läßt deutlich erkennen, daß er nicht an diese gegen Paulus erhobene Beschuldigung glaubt."
[6] Kommentar, 15.

sie nicht als eine „Last" für die Heidenchristen, sondern im Gegenteil als eine Konzession an sie gedacht sind[1]. Das Jakobusbild mancher Exegeten leidet unter Wunschexegese[2].

§ 3. Die Adressaten

Schwieriger fast noch als die Verfasserfrage ist die Adressatenfrage. Hierüber können nur mehr oder weniger begründete, aus dem Brief selber gewonnene Hypothesen aufgestellt werden.

Aus dem Präskript geht hervor, daß der Brief „an die zwölf Stämme in der Zerstreuung" geschrieben ist. Mit den „zwölf Stämmen" scheint die judenchristliche Gemeinschaft gemeint zu sein, die „in der Diaspora" lebt, d. h., von Jerusalem, der Hauptstadt des Judenlandes, aus gesehen, zerstreut über weite Gebiete außerhalb Palästinas hin (s. Näheres im Kommentar).

Ob Jakobus aus eigenem Antrieb oder auf Bitten, etwa von Judenchristen, hin den Brief geschrieben hat, läßt sich nicht mehr erkennen. Da mit der Anschrift „an die zwölf Stämme in der Diaspora" nicht eine Einzelgemeinde (etwa in Antiochien in Syrien) gemeint sein kann, darf der Brief als eine Art Enzyklika (Sendschreiben) des Bischofs von Jerusalem an mehrere judenchristliche Gemeinden betrachtet werden, was auf das hohe Ansehen, das der Verfasser bei ihnen genoß, rückschließen läßt. Selbstverständlich darf der Raum, in dem sich die Adressaten des Briefes befinden, nicht allzu weit ausgedehnt werden. Vermutlich beschränkte er sich auf Syrien und höchstens noch die unmittelbar anschließenden nördlichen und nordwestlichen Gebiete (vgl. auch Apg 15, 23). „Schon der Name des Herrenbruders weist den Brief dem Raum des gleichfalls von ihm gedeckten Apostoldekretes zu" (Goppelt)[3]. Rein heidenchristliche Gemeinden kommen als Adressaten kaum in Frage. Schoeps hat darauf aufmerksam gemacht[4], daß das Schwurverbot sich in der urchristlichen Literatur nur Mt 5, 34 und Jak 5, 12 und KgPt (Hom 3, 55), die Ölsalbung Jak 5, 14 und Didache 100 und Hochschätzung des Öls in KgPt (Recog 1, 45)

---

[1] Vgl. M. Dibelius, Aufsätze zur Apostelgeschichte (hrsg. von H. Greeven [Göttingen 1951]) 88.
[2] Dies gilt z. B. für O. Cullmann, dessen Rekonstruktion der Vorgänge in der Urgemeinde sich leider stark an den Pseudoklementinen orientiert; vgl. etwa Petrus, 44, Anm. 2; 46, Anm. 4: „Daß Jakobus wirklich die Oberleitung der ganzen Kirche innehatte, ist durch die Pseudoklementinen bestätigt" (!). Was hilft es, angesichts solcher Formulierungen zu betonen, daß „die Pseudoklementinen in diesem Zusammenhang erst als sekundäre Quelle" zitiert würden? Eine ausgesprochene Tendenzschrift kann nicht „bestätigen", was sich aus den wahren Quellen gar nicht ergibt. Auch der Satz Stauffers (Zum Kalifat, 204f): „In den folgenden zehn Jahren (nach dem Apostelkonzil) ‚kontrolliert' Jakobus von Jerusalem aus die gesamte Christenheit", läßt sich aus den allein zuverlässigen Quellen nicht verifizieren.
[3] Christentum und Judentum, 189.
[4] Judenchristentum, 345–349.

finden, also in fast ausgesprochen judenchristlichen Schriften, für die der geographische Raum nicht allzu weit gesteckt werden darf. Die vielen mit der „Logienquelle" gemeinsamen Traditionen des Briefes könnten eine solche Anschauung noch bestätigen (s. § 8)[1].

§ 4. Der kirchen- und theologiegeschichtliche Ort des Briefes[2]. Anlaß, Zweck, Abfassungszeit, Abfassungsort

Die Bestimmung des kirchen- und theologiegeschichtlichen Orts unseres Briefes hängt wesentlich mit der Frage nach Anlaß, Zweck und Abfassungszeit zusammen und umgekehrt. Warum schreibt Jakobus überhaupt diesen „Brief"? Er will Mahnungen „an die zwölf Stämme in der Diaspora" geben. Diese Paränesen beziehen sich großenteils auf ganz konkrete Probleme des christlichen Alltags, und darum ist ihre Thematik sehr mannigfach und „unsystematisch". Ein derartiger Aufruf zu einem Christentum der Tat würde selbstverständlich die Abfassung eines Sendschreibens mit maßgeblichen Weisungen schon rechtfertigen. Aber damit erklärt sich die Existenz unseres Briefes noch nicht. Denn da bleibt die Frage: Warum schreibt Jakobus an einen größeren Adressatenkreis — wie die Anschrift ja ergibt —, und zwar an einen Adressatenkreis, der weit über seinen unmittelbaren „Jurisdiktionsbereich" hinaus zu liegen scheint? Ferner setzt sich Jakobus in seinem Brief, besonders in dem zentralen Abschnitt 2, 14–26, ganz deutlich mit bestimmten Anschauungen über die Rechtfertigung auseinander. Der τις von 2, 14 ist zwar sicher keine bestimmte Einzelperson, aber deutlich ein fingierter Vertreter bestimmter Anschauungen, die sich da und dort innerhalb christlicher Gemeinden in der „Diaspora" gebildet haben mögen und die Geister bewegen. Der Kontext läßt sogar vermuten, daß diese Anschauungen, die Jakobus bekämpfen zu müssen glaubt, irgend etwas mit „Paulinismus" zu tun hatten, der — so scheint es — aus der Verkündigung des Apostels falsche Schlüsse über die Rechtfertigung gezogen hat und so zu einem Pseudopaulinismus und damit zur Verfälschung des Evangeliums Jesu zu entarten drohte. Doch bedarf diese Mei-

---

[1] Nach Schlatter sollen die Adressaten Juden außerhalb Palästinas gewesen sein. Dann müßte aber der Brief Kennzeichen einer missionarischen Schrift an sich tragen, was nicht der Fall ist.
[2] Vgl. außer den Kommentaren vor allem H. J. Holtzmann, Die Zeitlage des Jakobusbriefes, in: ZwissTh 25 (1882) 292–310; M. Zimmermann, Das schriftstellerische Verhältnis des Jk zur pln. Literatur: ebd. 36 (1893) 481–503; Spitta, Der Brief des Jakobus, 202–225 (bes. 203–217); A. Harnack, Die Lehre von der Seligkeit allein durch den Glauben, in: ZThK 1 (1891) 82–178; P. Schanz, Jakobus und Paulus, in: ThQ 62 (1880) 1–46; B. Bartmann, St. Paulus und St. Jakobus über die Rechtfertigung (Freiburg 1897); E. Tobac, Le problème de la justification dans S. Paul et dans S. Jacques, in: RHE 22 (1926) 797–805; G. Braumann, Der theologische Hintergrund des Jakobusbriefes, in: ThZ 18 (1962) 401–410. Weitere Literatur s. unter Exkurs über die Rechtfertigung des Menschen nach dem Jak-Brief.

nung eines näheren Erweises, indem die Rechtfertigungslehre sowohl des Apostels wie die unseres Briefes und ihr polemischer Sinn kurz ins Auge gefaßt werden.

Dafür zunächst zwei entscheidende Texte:
Röm 3, 28: λογιζόμεθα γὰρ:
δικαιοῦσθαι πίστει ἄνθρωπον χωρὶς ἔργων νόμου.
Jak 2, 24: ὁρᾶτε ὅτι:
ἐξ ἔργων δικαιοῦται ἄνθρωπος καὶ οὐκ ἐκ πίστεως μόνον.

Diese beiden Texte scheinen recht verschiedene, wenn nicht gegensätzliche, einander ausschließende Anschauungen über das Wesen der Rechtfertigung zu vertreten[1]. Freilich muß sofort auf die spezifische Differenz aufmerksam gemacht werden, die der Begriff ἔργον bei Paulus durch den Genitiv νόμου erhält, der im Jak-Text fehlt, andererseits auf das scharf akzentuierende μόνον bei Jakobus. Doch geht es in beiden Texten deutlich um die Frage der Rechtfertigung aus dem Glauben bzw. den Werken. Auffällig ist dabei besonders, daß sowohl Paulus wie auch Jakobus in ihrem Kontext das Abrahamsbeispiel bringen (vgl. Röm 4; Jak 2, 21–23). Die Durchführung des Beispiels in Röm 4, 2–5 läßt zur Genüge erkennen, daß eine billige Harmonisierung zwischen Paulus und Jakobus nicht möglich ist[2]: „Wenn Abraham infolge von Werken gerechtfertigt wurde, so hätte er Anlaß, sich zu rühmen, aber nicht bei Gott. Denn was sagt die Schrift? Abraham glaubte Gott, und das wurde ihm zur Gerechtigkeit angerechnet. Wer (Werke) tut, dem wird der Lohn nicht nach Gnade, sondern nach Schuldigkeit angerechnet. Wer dagegen keine (Werke) tut, wohl aber an den glaubt, der den Gottlosen rechtfertigt, dem wird sein Glaube zur Gerechtigkeit angerechnet." Es ist dieselbe Stelle, nämlich Gn 15, 6, mit der auch Jakobus die Durchführung seines Abrahamsbeispiels abschließt, mit dem er gezeigt hat, daß diese Schriftaussage über den Glauben Abrahams „erfüllt wurde" eben durch die (nachträglichen) Werke des Abraham (vgl. Kommentar).

Soll es reiner Zufall sein — so müssen wir fragen —, daß beide mit dem Abrahamsbeispiel, und zwar unter Berufung auf dieselbe Stelle (!), operieren? Das ist wenig glaubhaft, zumal dafür bis jetzt keine von den beiden unabhängig verarbeitete Tradition nachgewiesen werden kann. Dazu kommt die Beobachtung, daß sowohl Paulus wie Jakobus gegen gegenteilige Anschauungen polemisieren[3]. Paulus entwickelt seine Recht-

---

[1] Schon Ökumenius hat auf den Widerspruch aufmerksam gemacht: ὁ μὲν (Παῦλος) τὴν πίστιν τῶν ἔργων κρείτω δεικνὺς δι' ὑποδείγματος τοῦ κατὰ τὸν Ἀβραάμ. ὁ δὲ (Ἰάκωβος) πάλιν τὰ ἔργα τῆς πίστεως (κρείττονα) διὰ τοῦ αὐτοῦ Ἀβραάμ.
[2] Vgl. schon die Bemerkung M. Luthers (TR 3, 253 [Frühjahr 1533]): „Multi valde sudant, ut concordent Jacobum cum Paulo ... Pugnantia sunt: fides justificat, fides non justificat. Wer die zusammen reimen kann, dem will ich mein Pirrett aufsetzen und will mich einen narren lassen schelten."
[3] R. Bultmann fragt: „Und ist die Behandlung des Themas ‚Glaube und Werke' Jak 2, 14–26 anders verständlich denn als eine Auseinandersetzung mit einem mißverstandenem Paulus?" (Theologie des NT³, 483 f.)

fertigungslehre gegen Judaisten, die das Beschneidungsgesetz und überhaupt die ἔργα νόμου als heilsnotwendig hinstellen, und er bringt dabei in Gal 2, 12 diese Leute in einen ausdrücklichen Zusammenhang mit Jakobus von Jerusalem (τινας ἀπὸ Ἰακώβου). Auch Röm 3, 8 enthält „eine polemische Karikatur des Paulus, die der Apostel zurückweist" (O. Michel)[1]: „Und es geht wahrhaftig nicht nach dem Wort, das gewisse Leute uns lästerlicherweise unterschieben: Laßt uns das Böse tun, damit das Gute komme!" (Vgl. auch 6, 1!) Wer sind diese „gewissen Leute", die die Predigt des Apostels auf diese polemische Weise entstellt haben? Sind es dieselben, die der Apostel in Gal 2, 11 erwähnt? Dann würde also Paulus zwar nicht direkt, aber doch indirekt gegen Jakobus polemisieren, auf jeden Fall gegen solche, die die judenchristliche Haltung des Herrenbruders gegen die theologischen Anschauungen des Apostels auszuspielen versuchten, ohne daß Jakobus selbst an dieser Polemik gegen den Apostel ein Interesse gehabt hätte (vgl. nur Gal 2, 9).

Aus diesen notwendigen Vorüberlegungen heraus kann die Frage nach dem Verhältnis des Jakobusbriefes zu Paulus und seiner Predigt vom gesetzesfreien Evangelium verschiedene Antworten erfahren, die zugleich immer auch eine Antwort auf die Frage nach dem Zweck des Briefes und nach seiner kirchen- und theologiegeschichtlichen Stellung, zugleich auch (nochmals) nach dem Verfasser und nach der Abfassungszeit des Briefes sind.

Deutlich ist — wie schon betont —, daß beide, Paulus sowohl wie Jakobus, polemisieren. Davon ist auszugehen.
1. Paulus polemisiert gegen eine Rechtfertigung aus den Werken (des Gesetzes).
Jakobus polemisiert gegen eine Rechtfertigung „aus dem Glauben allein".
2. Für Paulus kommt die Rechtfertigung aus dem Glauben „ohne des Gesetzes Werke" (Röm 3, 28), wobei freilich dieser rechtfertigende Glaube ein „durch Liebe wirksamer Glaube" ist (Gal 5, 6).
Für Jakobus kommt die Rechtfertigung „aus den Werken", die den Glauben ausweisen und vollenden.
3. Das Thema der Polemik berührt sich bei beiden sehr eng: es sind Glaube und Werke und ihre Bedeutung im Rechtfertigungsvorgang.
Die Frage, die sich daraus ergibt und auf deren Beantwortung es ankommt, lautet nun: Wer polemisiert gegen wen? Darauf können folgende Antworten gegeben werden:
1. Möglichkeit (von Paulus her gesehen):

a) Paulus polemisiert direkt gegen den judenchristlich orientierten Jakobus von Jerusalem.

b) Paulus polemisiert direkt gegen den Brief des Jakobus — vgl. dazu besonders das gemeinsame Abrahamsbeispiel und die verschiedene Exegese desselben, vor allem das ausdrückliche Zitat aus Gn 15, 6 sowohl bei Paulus (Röm 4, 3) wie auch bei Jakobus (2, 23). Der Satz in Röm 4, 2: „wenn

---

[1] Der Brief an die Römer (Göttingen 1955) z. St.

Abraham aus Werken gerechtfertigt wurde..." könnte dann den Gedanken enthalten: wie Jakobus in seinem Brief behauptet[1].

c) Paulus polemisiert gegen Leute, die seine Predigt entstellten und — möglicherweise — mit Jakobus in Zusammenhang standen (vgl. Gal 2, 12), vielleicht sich sogar auf dessen Brief oder wenigstens auf einen (mißverstandenen) und übertreibenden „Jakobinismus" beriefen[2].

2. Möglichkeit (von Jakobus her gesehen):

a) Jakobus polemisiert gegen einen „Frühpaulinismus", d. h. gegen Anschauungen, die irgendwie mit Paulus und seiner frühen Predigt zusammenhingen und zu Ohren des Jakobus gekommen waren. Diese These wurde in letzter Zeit vor allem von G. Kittel vertreten[3]. Kittel sagt: „Es kann kein Zweifel sein, daß Fragen um Paulus auch schon in dem Jahr vor (der ersten) Missionsreise brannten. Man braucht sich nur deutlich zu machen: Paulus wird von Barnabas nach Antiochia geholt (Act 13, 1), wird von der Gemeinde als Begleiter des Barnabas zur ersten Missionsreise delegiert (Act 13, 2f.). Es kann nicht ausgeblieben sein, daß, wenn in diesem Zeitraum... Paulus in Antiochia predigte (Act 11, 27), es ein Aufsehen gab; daß seine Predigt und Theologie als neuartig und erstaunlich empfunden wurden, in ihrer Größe und Unerhörtheit... und es konnte ebenso nicht anders sein, als daß man darüber sprach, daß Erörterungen sich anschlossen — und selbstverständlich auch, daß Mißverständnisse und Mißdeutungen einsetzten. Es mußte sich weiter von selbst ergeben, daß man auch in Jerusalem darüber redete, was für eine neue Lehre dort in Antiochia in die Erscheinung getreten war, und daß man sich hier, wo die Nachrichten aus zweiter Hand kamen, wo man Paulus noch nicht selber zu hören Gelegenheit gehabt hatte, sehr merkwürdige Vorstellungen zurechtmacht; daß Schlagworte aufgegriffen wurden und umliefen, die ihrerseits wieder alle nur denkbaren Möglichkeiten von Mißdeutungen in sich trugen... Der Satz Gal 2, 2 mit seiner prägnanten Fragestellung: μή πως εἰς κενὸν τρέχω ἢ ἔδραμον beweist zwingend, daß diese Frage in Jerusalem akut gestellt wurde, und zwar weil Paulus bis dahin noch keine Gelegenheit zu dem gehabt hatte, was er mit seinem ἀνεθέμην αὐτοῖς τὸ εὐαγγέλιον ὃ κηρύσσω beschreibt. Damit aber ist vor diesem ἀνεθέμην eine Situation gegeben, in der für Jakobus ein Anlaß liegen konnte, zu gewissen, mit paulinischer Theologie zusammenhängenden Diskussionen und Schlagworten Stellung zu nehmen, ohne doch in der Lage zu sein, gegenüber Verzerrungen auf den richtigen Paulus hinzuweisen — eben weil er dessen wirkliche Verkündigung erst später, in der Stunde, von der Gal 2, 2 berichtet, authentisch kennenlernte" (100f.). „Der Verfasser pole-

---

[1] So wird nach Th. Zahn (Einleitung in das NT I [Leipzig ⁴1924] 95) in Röm 4,2 „die Berücksichtigung des Jk seitens des Pl spürbar".
[2] So nimmt etwa Guthrie an, daß Paulus gegen einen mißverstandenen Jak polemisiert.
[3] Der geschichtliche Ort des Jakobusbriefes, in: ZntW 41 (1942) 94–102. Weitere Vertreter dieser Ansicht: Beyschlag, Mayor, B. Weiss, Belser, Zahn, Schlatter, Michaelis. Gegen die Frühdatierung hat schon eingehend Stellung bezogen H. Holtzmann in: ZwissTh 25 (1882) 300–306.

misiert. Er polemisiert gegen etwas, was mit Paulus zusammenhängt, aber doch nicht Paulus ist. Er polemisiert nicht gegen Paulus persönlich, nennt ihn nicht, nennt überhaupt keinen Namen. Er nennt lediglich eine Anschauung, die jedenfalls in der Form, in der sie an ihn gekommen ist, ihm untragbar erscheint" (102). Hat G. Kittel recht, dann ist der Jakobusbrief die älteste Schrift im NT.

b) Jakobus polemisiert gegen Paulus direkt[1]; vgl. Abrahamsbeispiel, und hinter dem τις von Jak 2, 14 würde sich dann Paulus verbergen. Doch läßt die Exegese von 2, 14–26 eine derartige direkte Polemik nicht zu[2].

c) Jakobus polemisiert gegen ein weich werdendes und nur „kultisch" orientiertes Christentum, das sich zu seiner Rechtfertigung auf einen als Schlagwort mißbrauchten „Paulinismus" berufen zu dürfen glaubt, d. h. auf einen Paulinismus, der verzerrt, vergröbert und mißverstanden (Kittel) war. Konnte das aber zu Lebzeiten des Apostels geschehen? Oder richtet sich die Polemik des Briefes gegen einen derartigen „Paulinismus", der erst der Mitte des 2. Jahrhunderts angehört, wie Grafe, Harnack, Dibelius, Aland u. a. meinen?[3] Dagegen erhebt sich sofort der Einwand: In der Mitte des 2. Jahrhunderts gab es „Paulinismus" nur in der völlig verzerrten Form des Markionismus, dessen Theologie aber mit der im Jakobusbrief bekämpften nichts zu tun hat[4].

---

[1] Vgl. die Meinung Luthers: videtur contradicere Paulo. H. J. Holtzmann, Lehrbuch der ntl. Theol., II (Tübingen ²1911) 379: „eine direktere Art von Polemik kaum denkbar"; nach Holtzmann ist der Verfasser des Jak-Briefes nicht bloß bekannt „mit paulinischen Formeln und Ausdrucksweisen", sondern „geradezu mit der paulinischen Literatur" (so in: ZwissTh 25 [1882] 292).
[2] Auch Dibelius meint (167): „Es ist unmöglich, daß der Verf. den Römerbrief auf diese Weise bekämpft hätte, wenn er ihn gründlich gelesen und verstanden hätte." Und P. G. Verweijs (Evangelium und neues Gesetz in der ältesten Christenheit bis auf Marcion, 110f) bemerkt sehr gut: „Wäre der Jakobusbrief wirklich ein Zeugnis des Antipaulinismus, dann hätte er das Gesetz in einer ganz anderen Weise zum Ausgangspunkt der Polemik gemacht. Als Front wird höchstens ein falscher, entleerter Paulinismus sichtbar, dem jedes Verständnis der tatsächlichen paulinischen Theologie fehlte."
[3] A. Harnack (Geschichte der Lehre von der Seligkeit allein durch den Glauben in der alten Kirche, in: ZThK 1 [1891] 96f) schrieb: „Es ist wirklich Paulus selbst, den er c. 2, 14–26 mit dem Rechte des christlichen Lehrers, der für die ganze Christenheit schreibt, bekämpft, und wenn er auch nicht den Paulus trifft, wie er wirklich gesinnt war, so trifft er doch den Paulus, wie er selbst und seine Zeitgenossen ihn sich deuteten." Harnack denkt allerdings bei „Paulus selbst" an die Briefe des Apostels und meint sogar (98): „So konnte man den Brief als eine Auslegung der anstößigen paulinischen Stellen beachten, und das war in der Tat die willkommenste Betrachtung."
[4] Auch für Dibelius scheint der Sinn der „vielumstrittenen Polemik" von 2, 11ff zu sein: „eine im Grunde (trotz des Lehrerberufs!) laienhaft-praktische Frömmigkeit empört sich wider eine in ihrer Gewalt und Tiefe nicht mehr verstandene theologische Losung, die zur Rechtfertigung eines praktisch unfruchtbaren Christentums benutzt werden könnte" (48). Aber wurde denn diese „Losung" zu Lebzeiten des Apostels verstanden? Warum ging er nach Gal 2, 1f nach Jerusalem, um den „Säulen" der Urgemeinde sein Evangelium vorzulegen? Und warum kamen überhaupt Judaisten in die von ihm gegründeten Gemeinden von Galatien? Die

d) Oder polemisiert unser Brief überhaupt nicht bewußt gegen einen Paulinismus? Denn zur Not — aber auch nur zur Not — ist „der ganze Gegensatz, die Haltung der Gegner wie die Diskussion des Jac, auch ohne den Paulinismus erklärbar" (Windisch)[1]. Die Frage ist allerdings: Konnte jemand ohne Einfluß der Pauluspredigt die These vertreten: Ich kann auch ohne die Werke gerettet werden, nur auf Grund meines Glaubens (vgl. Jak 2, 14)? Auch Windisch ist es fraglich, ob „die Polemik, d. h. die hier bekämpfte Lehre von der Rettung durch Glauben, insofern hier wirklich eine ausgesprochene Lehrmeinung vorliegt, unabhängig von Paulus gedacht werden kann". Denn das Judentum isoliert den Glauben niemals von den Werken[2].

Eine endgültige, gegen jeden Einwand gesicherte Antwort auf die Frage: Wer polemisiert gegen wen?, wird es vermutlich nie geben. Doch scheint folgende Überlegung der Beachtung wert zu sein: Paulus polemisiert zwar

---

Pauluspredigt war von Anfang an dem Mißverständnis ausgesetzt! Sie war für jüdische Ohren ein Ärgernis. Vgl. auch noch A. HARNACK, Geschichte der Lehre von der Seligkeit allein durch den Glauben in der alten Kirche, in: ZThK 1 (1891) 82–178; E. ALEITH, Paulusverständnis in der alten Kirche (BZNW 18 [Berlin 1937]); K. H. SCHELKLE, Paulus. Lehrer der Väter (Düsseldorf 1956) 413–441; P. G. VERWEIJS, Evangelium und neues Gesetz in der ältesten Christenheit bis auf Marcion (s. oben). „Der Paulinismus hat sich als ein Ferment in der Dogmengeschichte bewährt, eine Basis ist er nie gewesen" (A. v. HARNACK, Lehrbuch der Dogmengeschichte, I [Tübingen ⁴1909] 155). Erst von Augustinus an „ist wahrer Paulinismus in der Auslegung wirksam geblieben" (SCHELKLE, Paulus, 440). AUGUSTINUS selbst bemerkt in De fide et operibus 21: Etiam temporibus apostolorum non intellectis quibusdam subobscuriis sententiis apostoli Pauli (vgl. 2 Petr 3, 14–16!), hoc eum quidam arbitrati sunt, dicere: „Faciamus mala, ut veniant bona" ... Quoniam ergo haec opinio tunc fuerat exorta, aliae apostolicae epistolae Petri, Johannis, Jacobi, Judae contra eam maxime dirigunt intentionem, ut vehementer adstruant fidem sine operibus non prodesse ... Sind also die Katholischen Briefe darum in den Kanon gekommen, um ein Pendant gegen Paulus zu schaffen? AUGUSTINUS vertritt auch die Meinung, daß Jak einen mißverstandenen Paulinismus bekämpfen wollte: Respondeo ergo tamquam contra apostolum et dico de ipso Abraham, quod invenimus etiam in epistola alterius apostoli, qui volebat corrigere homines, qui male intellexerant istum apostolum ... et non sunt sibi adversi apostoli (Enarr. in Ps. 31/II, 3; CChL 38, 226); dazu noch BERGAUER, Der Jakobusbrief bei Augustinus, 51f.

[1] Kommentar, 21. Vgl. auch G. SCHRENK in: ThWb II, 223: „Es braucht das alles aber nicht aus Pls abgeleitet zu werden, als Polemik gegen Pseudopaulinismus oder als Mißverständnis des Paulus. Aus der beiden gemeinsamen Fühlung mit der synagogalen Tradition kann durchaus diese besondere Behandlung der Frage mit ähnlichen Wendungen erklärt werden."

[2] Vgl. Näheres bei WINDISCH, Jak, 20f. Auch MEYER (Rätsel, 97) glaubt, es handle sich in Jak 2, 14 ff gar nicht um eine Polemik gegen irgendeinen Paulinismus, sondern einfach um eine fatale Auseinanderreißung von Glauben und Werken durch irgendwelche Leute. Doch scheint der Einwand SCHAMMBERGERS dagegen sehr berechtigt zu sein (Einheitlichkeit, 25): „... warum redet Jc dann nicht in der Weise der Propheten oder des Täufers, sondern vielmehr in der Weise des Paulus von der ‚Rechtfertigung' und treibt die ganze Erörterung zu der entscheidenden Frage: Wird der Mensch durch Glauben oder durch Werke gerechtfertigt?" Konnten Juden von „Glauben allein" oder dergleichen reden?

sehr heftig und eindeutig und in Formulierungen, die den Werken des Gesetzes
jegliche rechtfertigende Kraft radikal absprechen, aber seine Polemik trifft,
genau gesehen, keineswegs die Anschauungen des Jakobusbriefes. Denn
dem Jakobus geht es ja gar nicht, wie die Exegese ergibt, um die Alternative
Glauben oder Werke; ihm geht es vielmehr um eine lebendige Synthese
von Glauben und Werken, wobei freilich die Anschauungen „gewisser" Leute
ihn zwingen, das eine Glied in dieser Synthese, die Werke, besonders herauszuarbeiten. Er lehnt nicht die Rechtfertigung aus dem Glauben ab, sondern
„aus dem Glauben allein" (s. auch Exkurs über die Rechtfertigungslehre
des Briefes). Das bedeutet aber: Unmöglich polemisiert Paulus direkt gegen
Jakobus, noch polemisiert umgekehrt Jakobus direkt gegen Paulus. Es wäre
jeweils eine Polemik, die weithin praeter rem redete. Man beachte auch,
daß es Jakobus bei den „Werken" ausschließlich um die Werke der Nächstenliebe geht, keineswegs um die „Werke des Gesetzes", z. B. um das Beschneidungsgebot, die Paulus in seiner Polemik besonders, wenn auch nicht ausschließlich, im Auge hat[1].

Jakobus geht es um eine Synthese, die als solche in ihrer Art die polemische Alternative von Glauben und Werken schon voraussetzt.[2] Diese Alternative ist theologiegeschichtlich „nur erklärlich, wenn diese ganz unjüdische
Zerreißung von Glauben und Werken schon ausgesprochen" (Dibelius) war,
d. h., die Alternative setzt die Verkündigung des Paulus voraus. Die Alternative ist in dieser Form, wie sie in der Polemik des Jakobusbriefes begegnet,
nur möglich auf Grund eines — bona oder mala fide — mißverstandenen
Paulinismus[3]. Das läßt den Jakobusbrief ganz deutlich, sowohl zeitlich wie
theologiegeschichtlich, ein Produkt jener Zeit sein, in der diese Auseinander-

---

[1] Der Galaterbrief zeigt zur Genüge, „welche ‚Werke' Paulus vor allem im Auge
hat, wenn er von dem Glauben ohne Werke spricht; es sind die Werke des Zeremonialgesetzes, Beschneidung, Festefeiern, Reinheitsriten, in deren Geltung unter
Heidenchristen Paulus den Verderb des Evangeliums sieht. Von alledem ist bei
Jak nicht die Rede" (Dibelius, 167).

[2] J. Jeremias (ExpT 66 [1954/55] 368a) verweist mit Recht auf das Wörtchen
μόνον in Jak 2, 24 (ἐκ πίστεως μόνον), das zweifellos polemischen Sinn hat und
eine Alternative Glauben oder Werke voraussetzt. Die Polemik des Jak-Briefes
liegt aber auf einer anderen Ebene als etwa die Abwehr des „Antinomismus" im
Mt-Ev (vgl. dazu R. Hummel, Die Auseinandersetzung zwischen Kirche und
Judentum im Matthäusevangelium [BEvTh 33 (München 1963)] 64–66); immerhin zeigt sich ein gemeinsames, judenchristliches Interesse, bestimmte drohende Gefahren abzuwehren.

[3] Vgl. Dibelius, 167: „. . . aber seine Ausführungen 2, 4ff sind doch nicht denkbar,
ohne daß Paulus zuvor die Losung ‚Glaube, nicht Werke' ausgegeben hatte";
H. Braun, Hebt die heutige ntl. Forschung den Kanon auf? (Fuldaer Hefte 12
[Berlin 1960]), 15: „Auch der Jakobusbrief knüpft an die paulinische Formel an;
mir ist nicht wahrscheinlich, daß er gegen Paulus kämpfen will. Er will einen ihm
gefährlich scheinenden Paulinismus treffen; er tut das aber so, daß er de facto den
von ihm nicht verstandenen, vielleicht auch nicht gekannten Paulus verdirbt."
(Inwiefern das letztere der Fall sein soll, ist auf Grund des Briefes nicht zu ersehen.)
E. Lohse meint (ZntW 48 [1957] 7f): „. . . der Hintergrund der Argumentation des
Jac ist nicht wohl denkbar, ohne daß zuvor die Worte des Apostels Paulus gesprochen
worden sind." Ähnlich W. G. Kümmel, Einleitung in das NT ([12] Feine-Behm) 298.

setzungen mit all ihren kämpferischen Überspitzungen und Mißdeutungen noch im Gange waren, von denen Paulus im Galaterbrief und auch Lukas in der Apostelgeschichte die Situation gut beleuchtende Beispiele bieten. Vielleicht entstand also der Brief bald nach dem Römerbrief, vielleicht um das Jahr 60 n. Chr.[1] Die Briefe des Apostels scheint aber Jakobus nicht gekannt zu haben, sonst hätte er die Pseudopaulinisten doch wohl mit Hilfe ihres eigenen, angeblichen Meisters geschlagen. Aus ihrer Argumentation konnte aber Jakobus das Abrahamsbeispiel kennengelernt und es dann im Sinne seines Anliegens interpretiert haben. Daß der Brief nicht die geringste Anspielung an die Paulusbriefe oder gar eine Berufung auf sie enthält, ist ein ganz entscheidender Einwand gegen die Spätdatierung des Jakobusbriefes durch Dibelius, Aland u. a. (Jülicher-Fascher, Windisch-Preisker, Ropes, Shepherd, Lohse, Eichholz).

Grundsätzlich ist festzustellen, daß es nach dem Tode des Herrenbruders Jakobus, spätestens aber nach dem Jahre 70, kein repräsentatives Judenchristentum innerhalb der orthodoxen Kirche und außerhalb Palästinas mehr gab, das man ernsthaft mit den „zwölf Stämmen in der Diaspora", an die der Jakobusbrief gerichtet ist, identifizieren könnte. „Mit dem Tod des Jakobus beginnt das Judenchristentum seine Bedeutung zu verlieren" (J. Blinzler)[2]. Schon bald nach seinem Tode traten anscheinend große Schwierigkeiten auf, da ein gewisser Thebutis mit der Wahl des Herrenbruders Symeon als Nachfolger des Jakobus nicht einverstanden war[3]. Als die Jerusalemer Judenchristen zu Beginn des Jüdischen Krieges nach Pella ins Ostjordanland flohen[4], „verschwindet die Urgemeinde ... aus dem Gesichtskreis des die Welt erobernden Heidenchristentums ... ; sie taucht unter in die Wüsteneinsamkeit des Ostjordanlandes, und nur gelegentlich haben in späteren Jahrhunderten christliche Theologen mit neugierigen Augen die Überbleibsel ehrwürdigster Vergangenheit betrachtet und den Zeitgenossen von ihnen als wie von einer seltsamen Merkwürdigkeit erzählt" (Lietzmann)[5]. Das gilt auch für jenen Teil der Urgemeinde, der nach der

---

[1] Aus Jud 1, 1 (ἀδελφὸς δὲ Ἰακώβου) ergibt sich nur, daß Jak eine bekannte und angesehene Persönlichkeit für den Leserkreis des Judasbriefes gewesen sein muß, nichts aber für die Abfassungszeit des Jak-Briefes. Vgl. auch F. MAIER, Der Judasbrief. Seine Echtheit, Abfassungszeit und Leser (Bibl. Stud. XI/1. 2 [Freiburg 1906]) 87–96.

[2] LThK ²V, 1173f. Ähnlich urteilt J. MUNCK (NTSt 6 [1959/60f] 103–116): „Primitive Jewish Christianity ceased to exist at the destruction of Jerusalem" (107). Auch SCHOEPS bemerkt (Judenchristentum, 269): „Einen direkten Einfluß auf die übrige Christenheit nach dem Jahre 70 können wir nicht mehr konstatieren" ... „Wie die Zerstörung Jerusalems die große Schicksalswende für das Judentum bedeutet, so gilt das gleiche für das Judenchristentum."

[3] Vgl. EUSEBIUS, KG IV, 22, 5 (Zitat aus HEGESIPP); danach machte Thebutis, „weil er nicht Bischof geworden war, den Anfang damit, sie (die Kirche) zu beschmutzen", da er eine judenchristliche Sekte gründete und so die Einheit der Gemeinde zerstörte.

[4] Vgl. EUSEBIUS, KG III, 5, 2–3.

[5] Geschichte der alten Kirche I, 190f.

Zerstörung der Stadt dorthin wieder zurückgekehrt ist. Die Gemeinden im Osten gerieten zudem unter den Einfluß jüdischer Sekten und verbanden sich mit ihnen[1]. Auf die besondere Situation, die in diesen Gemeinden nach der Katastrophe des Jahres 70 gegeben war, spielt der Jakobusbrief aber in keiner Weise an, ebensowenig auf spezielle Sonderfragen gerade des Judenchristentums, wie Gesetzes- und Kultprobleme![2]. Die Vertreter der Spätdatierung suchen deshalb vergeblich nach Möglichkeiten einer Situierung des Briefes in der von ihnen jeweils angenommenen Abfasserzeit; sie wissen dafür faktisch nichts Überzeugendes zu nennen[3]. Was dafür angeführt wurde (z. B. antignostischer Kampf, s. u.), läßt sich nicht halten[4]. Man findet nach

---

[1] Vgl. Näheres etwa bei H. LIETZMANN, Geschichte der alten Kirche I, 184–199; SCHOEPS, Judenchristentum, 256–349; S. G. F. BRANDON, The Fall of Jerusalem and the Christian Church (London 1951); L. GOPPELT, Christentum und Judentum im 1. und 2. Jh., 164–178; DERS., Die apostolische und nachapostolische Zeit (Die Kirche in ihrer Geschichte I A [Göttingen o. J.]) A80—A84; K. BAUS, Handbuch der Kirchengeschichte I (Freiburg 1962) 180–186; W. G. KÜMMEL in: RGG ³III, 967–972 (Lit.); J. BLINZLER in: LThK ²V, 1171–74 (Lit.).
[2] GOPPELT (Christentum und Judentum, 190) urteilt: Der Jakobusbrief „ist keine missionarisch-erweckliche Schrift für Juden oder Judenchristen. Er ist für Juden unverständlich und läßt alle Sonderfragen des Judenchristentums dahinten".
[3] Nach SCHOEPS, der den Jak-Brief für „ein nachapostolisch-katholisches Dokument" hält, habe dieser „einige gemein judenchristliche Züge der Frühzeit konserviert" (Judenchristentum, 348); man muß sagen: „konserviert" für die spätere Zeit, nicht aber für die Adressaten, denen diese Züge durchaus geläufig waren.
[4] Auch die Argumente K. ALANDS (Der Herrenbruder Jakobus und der Jakobusbrief, in: ThLZ 69 [1944] 97–104) für eine Spätdatierung halten einer kritischen Nachprüfung nicht stand. Sie sind im wesentlichen folgende drei: 1. die „souveräne Behandlung des Gesetzes", d. h. das Fehlen jeglichen Ritualismus im Jak-Brief, was man von einer judenchristlichen Schrift so nicht erwarten könne; 2. die ntl. Überlieferung, die den Herrenbruder als Vertreter strenger Gesetzlichkeit erkennen ließe, die jedoch im Jak-Brief nicht begegne; 3. die Rolle des Jak-Briefes in der Kanongeschichte, nach deren Ausweis der Brief sich erst verhältnismäßig spät durchgesetzt habe, was bei einer Abfassung durch den Herrenbruder Jak sehr verwunderlich wäre.
Dagegen ist zu sagen: 1. Wer sich als „Knecht Jesu Christi" bezeichnet und die Forderungen der Bergpredigt in dem Maße nachspricht, wie es der Jak-Brief tut, kann auch als Judenchrist kein theologischer Vertreter des strengen Ritualismus mehr sein, er habe sich denn vom Geist des Evangeliums schon so weit entfernt wie später das häretische Judenchristentum (Pseudoklementinen!). 2. Die ntl. Überlieferung kennt den Herrenbruder nicht als Vertreter der jüdischen Gesetzlichkeit (s. § 2). 3. Die Rolle des Jak-Briefes in der Kanongeschichte erklärt sich ohne weiteres daraus, daß er (a) an juden-christliche Gemeinden geschrieben ist, die schon bald fast ganz aus der Gemeinschaft der Großkirche verschwunden sind, und vor allem daraus, daß (b) das häretische Judenchristentum den Herrenbruder Jak zu seinem Papst erhob.
W. G. KÜMMEL, für den zwar der Verfasser des Jak-Briefes „kein unbekannter, geschichtsloser Mann" sein kann (vgl. Einleitung in das NT [FEINE-BEHM¹²] 299) nennt über die Einwände ALANDS hinaus vor allem noch folgenden: „Die Auseinandersetzung 2, 14 ff mit einer mißverstandenen Nachwirkung paulinischer Theologie setzt nicht nur einigen zeitlichen Abstand zu Paulus voraus, während Jakobus im Jahre 62 getötet wurde, sondern verrät auch eine so völlige Unkenntnis des

dem Jahre 70 in den kümmerlichen Resten des orthodoxen wie in den eigenartigen Bewegungen des heterodoxen Judenchristentums weder eine kirchennoch theologiegeschichtliche Situation, aus der heraus oder in die hinein der Jakobusbrief geschrieben sein könnte. Auch die Reste judenchristlicher Evangelien, deren Entstehung, Zahl und Verhältnis zueinander ohnehin nicht aufzuklären ist[1], bezeugen ganz gewiß kein nach dem Jahre 70 weiter bestehendes repräsentatives, orthodoxes Judenchristentum[2]. Der Jakobusbrief muß vor dem Jahre 70 geschrieben sein. Er führt deutlich in die Zeit jener erregenden Auseinandersetzungen, die durch das Auftreten des Paulus und seine Predigt vom gesetzesfreien Evangelium in der jungen Kirche entstanden waren. Gerade dieser theologie- und kirchengeschichtliche Hintergrund verweist nochmals auf den Herrenbruder Jakobus von Jerusalem als den Verfasser des Briefes.

Verfehlt ist es darum auch, im Jakobusbrief „eine Kampfschrift gegen einen radikalen gnostischen Paulinismus" zu sehen, wie H. Schammberger nachzuweisen versuchte[3] und daher eine Abfassung des Briefes durch den Herrenbruder für „ganz ausgeschlossen" hält und seine Entstehungszeit ins 2. Jh. verlegt. Schammberger faßt zum Erweis seiner These vor allem verschiedene Begriffe des Briefes ins Auge, wie ἔμφυτος λόγος oder τέλειος, die Jakobus der Sprache seiner gnostischen Gegner entzogen habe und antignostisch deute. Seine Analysen sind nicht überzeugend, weil der Kontext

---

polemischen Sinnes der paulinischen Theologie, wie sie Jakobus, der noch etwa 56/57 mit Paulus in Jerusalem zusammengetroffen ist (Apg 21, 18 ff.), schwerlich zugetraut werden darf" (300). Dagegen ist zu sagen, daß die pln. Verkündigung sehr früh mißverstanden werden konnte und in der Tat wurde (vgl. Röm 3, 8!), daß ferner Jak auch gegen die „eigenen" Leute (Judaisten) polemisiert (vgl. Kommentar zu Kap. 3). Bei seiner Auseinandersetzung mit dem Pseudopaulinismus arbeitet er nicht mit einer Klarstellung der wirklichen Ideen des Paulus, sondern argumentiert in der ihm gemäßen Weise, die sehr unverwechselbar ist. Wäre der Jak-Brief erst später abgefaßt, etwa nach 80 oder gar erst im 2. Jh., dann wäre der fehlende ausdrückliche Rekurs auf die pln. Theologie um so merkwürdiger, da dann ja bereits Sammlungen der Briefe des Apostels vorlagen und auf sie Bezug genommen werden konnte.

Es lassen sich keine wirklich überzeugenden Gründe gegen eine Verfasserschaft durch den Herrenbruder ins Feld führen.

[1] Vgl. zuletzt PH. VIELHAUER in: HENNECKE-SCHNEEMELCHER, Ntl. Apokryphen I (Tübingen ³1959) 75–108 (mit Literatur); Vielhauer urteilt: „Eine Einordnung dieser JE [= Judenchristlichen Evangelien] in die Geschichte und Theologiegeschichte des Judenchristentums ist beim heutigen Stand der Forschung noch nicht möglich" (90).
[2] Vgl. auch MUNCK in: NTSt 6, 106. Alle drei „judenchristlichen" Evv (Nazaräer-, Ebionäer-, Hebräer-Ev) wurden vom heterodoxen Judenchristentum benutzt; eine Ausnahme bildete vielleicht das Nazaräer-Ev (wenigstens nach VIELHAUER [94]).
[3] Die Einheitlichkeit des Jak-Briefes im antignostischen Kampf (Gotha 1936), 89. Vor SCHAMMBERGER haben diese These schon andere vertreten, wie A. SCHWEGLER, Das Nachapostolische Zeitalter in den Hauptmomenten seiner Entwicklung (1846) I, 441f; O. PFLEIDERER, Das Urchristentum ([¹1887] 873: „ultrapaulinische Gnosis"); H. WEINEL, Biblische Theologie des NT (Tübingen ⁴1928).

der Begriffe häufig gar nicht polemisch wirkt und dort, wo ausgesprochene Polemik vorliegt, wie in 2, 14–26, die Front, gegen die Jakobus sich wendet, nichts mit Gnosis zu tun hat. Die These Schammbergers ist abzulehnen.

Das gilt auch für die eigenwilligen Anschauungen B. Reickes über den Hauptzweck des Briefes[1]. Nach Reicke bildet den Hintergrund des Briefes „eine eschatologische Ungeduld, die zu materialistischen Interessen und gewaltsamen Anstrengungen geführt hat". Die Adressaten geben sich, erfüllt von falscher Naherwartung der Parusie (vgl. Jak 5, 7ff) zelotischer Agitation hin, scheuen sich nicht, Bundesgenossen unter römischen Kapitalisten zu suchen — so deutet Reicke die Anbiederungsversuche der christlichen Gemeinde in 2, 2ff —, sind in ihren Versammlungen von ausgelassener Festesfreude erfüllt (4, 9!) und zeigen überdies gnostizierende Neigungen (Schammberger!). So sei das „Hauptanliegen" des Briefes, „die anarchische Ungeduld der Leser zu bekämpfen".

Auch was Dibelius als Zweck des Briefes angibt— Apotheose des „Kleine-Leute-Glaubens"[2] —, verkennt die wahren, bleibenden, für die Gesundheit des Christentums äußerst wichtigen Anliegen des Briefes.

Der wahre Zweck des Briefes ist vielmehr der: Jakobus, der Herrenbruder, sieht Gefahren, die der Kirche drohen, und zwar Gefahren, die aus dem Christentum, aus dem Evangelium eine „Theorie", ein Streitobjekt der „Lehrer" (vgl. 3, 1) machen. Er sieht, wie das Christentum in heftigen, die Gemeinden zerspaltenden Lehrstreitigkeiten, in denen irdische „Weisheit" ihre fatalen Triumphe zu feiern sich anschickt (vgl. 3, 15), zerredet wird (vgl. 3, 1 – 4, 12). In diese „Kriege und Kämpfe" (vgl. 4, 1) sind gerade auch Mitglieder der judenchristlichen Adressatengemeinden verwickelt. Jakobus sieht ferner mit größter Sorge, wie der Geist der Welt in die Gemeinden eindringt (vgl. 1, 27; 4, 4), ihre Armen verachtet werden (2, 1–13), überhaupt das Ideal der „Armenfrömmigkeit" verlorenzugehen droht und der Glaube von einigen, die sich dabei auch noch auf falsch ausgelegte Thesen der paulinischen Glaubenspredigt berufen, rein intellektualistisch-formalistisch aufgeweicht wird und im Alltag keine Früchte bringt. Die eschatologische Haltung und Wertung des Daseins droht weithin verlorenzugehen. Demgegenüber drängt Jakobus mit aller wünschenswerten Deutlichkeit und Entschiedenheit auf die Verwirklichung des „eingepflanzten Wortes" (vgl. 1, 22). Dies in den Adressatengemeinden zu erreichen scheint der Hauptzweck des Briefes zu sein[3]. Darunter läßt sich gewiß nicht alles subsumieren, was der Brief an Mahnungen enthält. Aber dies spricht nicht gegen unsere Bestimmung des Hauptzweckes, weil sich ähnliches auch in anderen Briefen des NT beobachten läßt (1 Joh!). Jakobus benutzt eben die Gelegenheit seines Briefes, um mit dem Haupt-

---

[1] Vgl. B. REICKE, Diakonie, Festfreude und Zelos in Verbindung mit der altchristlichen Agapenfeier, 339–347.
[2] Der Brief des Jakobus, 48–50.
[3] Vgl. auch W. BIEDER in: ThZ 5 (1949) 108f.

anliegen noch manch andere Mahnungen vorzutragen, die ihm besonders am Herzen liegen[1].

Ist in der Tat der Herrenbruder Jakobus der Verfasser des Briefes, dann kommt als Abfassungsort nur Jerusalem in Frage[2].

§ 5. Gattungsgeschichtliche Einordnung des Briefes.
Tradition und Redaktion

Der Jak-Brief kann nicht als eine „theologische Abhandlung" bezeichnet werden. Was seinen Briefcharakter angeht, so erhellt dieser nur aus dem Präskript (1, 1), während ein Postskript fehlt. Auch sonst verrät der Brief keine eigentliche „Briefsituation" mehr. Unvermittelt setzt vielmehr mit 1, 2 die Paränese ein, die sich durch den ganzen Brief fortsetzt — selbst die Diatribe über Glauben und Werke in 2, 14–26 steht ja im Dienst der Paränese —, und auch die Schlußverse des Briefes (5, 19 f) sind noch Paränese. Die Einzelermahnungen, die Jak seinen Lesern erteilt, scheinen auf den ersten Blick ziemlich zusammenhangslos zu sein (s. Inhaltsangabe)[3] und bieten weithin paränetisches Traditionsmaterial, wie schon Spitta und Schegg, später vor allem Dibelius, Meyer und Chaine nachgewiesen haben und auch dieser Kommentar wieder bestätigt.

Dieses Material stammt großenteils aus der alttestamentlich-jüdischen und ev. Tradition, doch finden sich auch „Parallelen" in der Ethik der Stoa und schließlich überall, wo ethische Spruchüberlieferung vorhanden ist. Wenn sich nun auch das ethische „Ideal" unseres Briefes religionsgeschichtlich nicht eindeutig festlegen läßt — etwa als christlicher Essenismus oder Ebionitismus[4] —, so steht hinter ihm doch eine sehr bestimmte Vorstellung von christlicher Existenz, etwa in der Beurteilung übertriebener Lehrsucht, des Reichtums, des Personenkults in der Gemeinde, der Freundschaft mit

---

[1] Nach G. BRAUMANN (Der theologische Hintergrund des Jakobusbriefes, in: ThZ 18 [1962] 401–410) gibt Jak mit den Paränesen des Briefes seine Antwort auf Fragen, die zu seiner Zeit in der Kirche diskutiert wurden: Was rettet den Menschen eigentlich? Die Taufe (s. die „Taufmotive" im Brief!)? Der Glaube? („Wer gläubig wird und sich taufen läßt, wird gerettet werden": Mk 16, 16!) Oder Werke? Die Antwort des Jak: Glaube (Taufe) und Werke zusammen! Da in der Taufe der Indikativ mit dem Imperativ wohl schon immer verknüpft war, müßte nach BRAUMANN der Brief sich dann nicht unbedingt gegen irgendeinen Paulinismus richten, sondern gegen eine falsch verstandene Tauffrömmigkeit. Aber das Abrahamsbeispiel und seine Auslegung? Weist es nicht zu deutlich auf „Paulinismus"?
[2] ELLIOTT-BINNS denkt an Galiläa; SHEPHERD an Syrien; HENSHAW an Rom (was besonders unwahrscheinlich ist), ähnlich schon H. HOLTZMANN in: ZwissTh 25 (1882) 309f. Vgl. auch noch W. BIEDER in: ThZ 5 (1949) 95, Anm. 6.
[3] KÜMMEL, Einleitung in das NT (FEINE-BEHM[12]), 293: „eine Kette von Einzelermahnungen größeren und kleineren Umfangs, von Spruchgruppen und kürzeren Sprüchen ... die mehr oder weniger zwanglos aneinandergereiht werden".
[4] Dazu fehlen wichtige Züge, wie Forderung der Ehelosigkeit, Gütergemeinschaft und rituellen Reinheit (vgl. etwa Sektenrolle von Qumran).

der Welt, des selbstmächtigen Lebensentwurfs, der Forderung der Verantwortung füreinander, und von Christentum überhaupt, das man nur als ein lebendiges Christentum der Tat bezeichnen kann[1]. Der Wille zu einem entschiedenen Christentum der Tat, wie es auch Jesus in der „Bergpredigt" gefordert hat, ist die verbindende Klammer der einzelnen Paränesen des Briefes, und dieser Wille ist es offensichtlich auch, der die Auswahl der paränetischen Stoffe bestimmte, zu der gewiß auch noch die religiöse Situation der Adressaten mitbeigetragen hat. Ob ein Teil der Mahnungen unseres Briefes aus der jüdischen Proselytenparänese stammt, wie Dibelius vermutet[2], bleibt nur eine vage Hypothese — es fehlt ja gerade der Hinweis auf die Torafrömmigkeit! Aber darin hat Dibelius sicher recht, wenn er den unliterarischen Charakter der Paränesen unseres Briefes betont: es besteht weder eine literarische Abhängigkeit von irgendeinem bestimmten ethischen Werk, wie etwa von den atl. Proverbien, Pirqe Abot, den Zwölfertestamenten, auch nicht von der Logienquelle der Evv, noch handelt es sich um „Lesefrüchte". Der Verfasser steht vielmehr in einer reichen, hauptsächlich aus der jüdischen Welt stammenden Tradition, die ihm nicht auf literarischem Wege zugeflossen ist—selbstverständlich hat er die Bibel gekannt[3]—, sondern die er aus der überlieferten lebendigen Frömmigkeit des Judentums kennt, die aber gewiß ihre besonderen Akzente durch Jesus erhalten hat, wie der § 8 zeigen wird. Man kann den Jak-Brief gattungsgeschichtlich mit Windisch als „paränetische Didache" bezeichnen[4]. Also versteht sich der Verfasser des Briefes als Lehrer in der Kirche, was keineswegs als Herabminderung seiner Stellung oder Autorität verstanden werden darf. Hinter seiner Didache steht vielmehr ein sehr hohes Autoritäts- und Verantwortungsbewußtsein. Wer so auf die Verwirklichung des Wortes drängt, wie es unser Brief tut, steht in der Reihe der Propheten. Der Brief kann darum ohne Bedenken dem großen prophetischen Schrifttum Israels zugeordnet werden.

Ist im Jak-Brief so etwas wie eine „Grundschrift" verarbeitet? Diese These wurde in verschiedener Weise vorgetragen. So vertrat einst F. Spitta in seinem Kommentar die Meinung, „der Brief sei überhaupt kein Erzeugnis des Christentums" (III); dem Original des Briefes habe jeder christliche Zug gefehlt und der zweimal vorkommende Name Jesu Christi (1, 1; 2, 1) sei „offenbare Interpolation" (8). Dieselbe Ansicht vertrat, unabhängig von Spitta, auch der Franzose L. Massebieau[5]; der Verfasser der ursprünglichen Schrift konnte nach Massebieau „nur ein hellenistischer Jude" sein, und zwar „un lettré" (270), der vom essenischen Frömmigkeitsideal erfüllt war

---

[1] Vgl. Schlußexkurs: Christentum gemäß Jakobus.
[2] Jakobus, 24 unten.
[3] Vgl. die wörtlichen Zitate in 2, 8 11 23; 4, 5f, dazu die atl. Exempla (Abraham, Job, Rahab, Elias, die Propheten).
[4] SCHLATTER (zu 1, 1): „rhythmisch geformte διδαχὴ καὶ νουθεσία"; W. G. KÜMMEL (Einleitung in das NT [FEINE-BEHM¹²], 296): „paränetische Lehrschrift".
[5] L'Épître de Jacques est-elle l'oeuvre d'un chretien?, in: Revue d'histoire des religions XVI (t. 32) (1895) 249–283.

(275 ff). Diese Grundschrift sei schon im 1. Jh. v. Chr. entstanden und ein christlicher Kopist habe sie dann dem Herrenbruder Jak zugeschrieben und in 1, 1 und 2, 1 den Namen Jesu Christi eingefügt (283). Die von Massebieau sehr geschickt durchgeführte These hat etwas Bestechendes an sich. Dennoch bleibt der Einwand Jülichers[1]: „Nichts steht im Briefe, was b l o ß ein Jude sagen konnte." Außerdem finden sich sehr deutliche christliche Merkmale[2] in 1, 18 („nach seinem Willen zeugte er uns durch das Wort der Wahrheit, auf daß wir gewissermaßen der Erstling seiner Geschöpfe seien"); 1, 21 („das eingepflanzte Wort, das eure Seelen retten kann"); 1, 25 („das vollkommene Gesetz der Freiheit"); 2, 7 („der schöne Name, der über euch genannt ist"); 5, 8 („die Parusie des Herrn ist nahegekommen"); 5, 12 (Schwurverbot); 5, 14 (ἐκκλησία als Bezeichnung der Einzelgemeinde ist unjüdisch). Dazu kommen die vielen Anklänge an Jesusworte (s. § 8).

In ganz anderer Weise und Art hat A. Meyer dann die These einer Grundschrift in seinem Buch „Das Rätsel des Jakobusbriefes" vorgetragen. Nach Meyer hat „Jak", der nicht identisch sei mit dem Herrenbruder, ein jüdisch-hellenistisches Pseudepigraphon aus der ersten Hälfte des 1. nachchristlichen Jh., das eine auf jüdischer Onomastik beruhende Allegorese gewesen sei und gewisse verwandtschaftliche Beziehungen besonders mit den Zwölfertestamenten besessen habe, verchristlicht. Die Grundschrift selber war ein pseudepigraphisches Schreiben des Patriarchen Jakob an die zwölf Stämme in der Diaspora (vgl. Jak 1, 1), in dem die allegorische Deutung der Namen aus der atl Jakobsgeschichte (Isaak, Rebekka, Bethuel, Laban, Esau, Lea, Rahel und der 12 Söhne des Patriarchen) das Dispositionsschema für die Paränesen abgegeben habe[3]. Auch der Glaube im Jak-Brief sei „nicht als christlicher Glaube zu erkennen, da er, abgesehen von der zweifelhaften Stelle 2, 1, eben nicht Glaube an Christus ist" (139); „die nahe Beziehung zwischen Jak und Paulus", wie sie sich im Brief in 2, 14–26 zeige, erkläre sich „aus ihrer gemeinsamen jüdischen Schule" (107). Die spätere Verchristlichung des Briefes (zwischen 80 und 90) sei nur sehr oberflächlich erfolgt, indem ein paarmal der Name Jesus Christus eingefügt wurde, „und wahrscheinlich durch Weglassung erreichte man jene konfessionelle Farblosigkeit, die den Brief kennzeichnet" (305). Ja „die Bezeichnung ,das vollkommene Gesetz' gab auch Paulus sein Recht"; denn die „Ausführungen über Glauben und Werke konnte man, wie später immer geschah, als rechtmäßige Auslegung des paulinischen Gedankens ansehen" (306).

Die Thesen Meyers haben nicht allzuviel Anklang gefunden[4]. Die Kri-

---

[1] Einleitung in das NT⁷, 210.
[2] Vgl. auch W. G. Kümmel, a. a. O. 297.
[3] Vgl. die Übersicht bei Meyer, 282 f.
[4] Es neigen ihnen zu Jülicher-Fascher (Einleitung in das NT⁷, 211f [„nicht unwahrscheinlich"]); Windisch (Kommentar passim); Thyen (Der Stil der Jüdisch-Hellenistischen Homilie, 15f [„Dieser Nachweis scheint Meyer in der Tat gelungen zu sein"]). In modifizierter Weise hat sie übernommen G. Hartmann in seinem Aufsatz: Der Aufbau des Jakobusbriefes, in: ZKTh 66 (1942) 63–70 (s. dazu Näheres unter § 10).

tik¹ hat sie als zu gekünstelt empfunden. Der Brief setzt deutlich die Lehre Jesu voraus (s. § 8); auch „finden sich Stellen in dem Schreiben, die deutlich christlichen Charakter tragen und durch keine Interpolationshypothese zu beseitigen sind: 1, 18 (ἀπαρχή); 2, 7 (,der über euch angerufene schöne Name'); 2, 14ff (Gegensatz von Glauben und Werken)" (Wikenhauser)². Und die große „jüdische" Tradition im Brief ist auch gut christlich. Ohne sie verdirbt das Christentum!

§ 6. Sprache und Stil³

I. ALLGEMEINE CHARAKTERISTIK

a) Der Jak-Brief ist nach allgemeinem Urteil in einem guten Griechisch geschrieben⁴. Schon der Briefanfang (1, 2–4) beweist es. Diese Verse sind syntaktisch und rhythmisch gleichmäßig aufgebaut: keine Koordination, sondern Subordination mit Hilfe von Konjunktionen (ὅταν, ἵνα) und Partizipialkonstruktionen (γινώσκοντες, λειπόμενοι); Voranstellung des tontragenden Objekts vor sein Verbum (πᾶσαν χαρὰν ἡγήσασθε, ἔργον τέλειον ἐχέτω); Alliteration (πειρασμοῖς περιπέσητε ποικίλοις); Trennung des Attributs von seinem Nomen um des besseren Rhythmus willen (πειρασμοῖς περιπέσητε ποικίλοις); Klimax (Versuchung, Prüfung, Vollendung); Kettenschluß durch Wiederaufnahme desselben Terminus (ὑπομονή); Homoioteleuton (τέλειοι, ὁλόκληροι, λειπόμενοι); Plerophorie des Ausdrucks (τέλειοι, ὁλόκληροι); Diatribenstil (Anrede an die Adressaten: ἀδελφοί μου; Appell an ihre eigene Einsicht: γινώσκοντες). Daß es sich dabei nicht um Zufall, sondern um ein ausgeprägtes Gefühl für Sprache, Stil und Rhythmus handelt, bestätigt beinahe jeder weitere Vers des Briefes (s. auch unter II)⁵. Das wird man in diesem Ausmaß sonst kaum im NT mehr antreffen, auch im Hebräerbrief nicht. Und das ist angesichts des Inhalts und der Zielsetzung

---

[1] Vgl. etwa G. KITTEL in: DLZ 3 (1932) 50–54; M. DIBELIUS in: ThRu, NF 3 (1931) 216–218; A. WIKENHAUSER, Einleitung in das NT, 343.
[2] Zur Midrasch-Hypothese M. GERTNERS s. § 10 (Schluß).
[3] Vgl. dazu auch MAYOR, CLII–CCIV; DIBELIUS, 33–37; CHAINE, XCI–CIV; SCHLATTER, 77–84.
[4] Ungriechisch wirken in Sprache und Satzbildung Jak 3, 3 (τῶν ἵππων τοὺς χαλινοὺς εἰς τὰ στόματα βάλλομεν); 3, 12 (οὔτε ἁλυκὸν γλυκὺ ποιῆσαι ὕδωρ); 4, 13 ff. Manchmal macht sich das Übersetzungsgriechisch der Septuaginta bemerkbar (so etwa in 2, 1 9; 2, 13; 2, 16; 5, 17). Vgl. KÜMMEL, Einleitung in das NT (FEINE-BEHM¹²), 298 f.
[5] SCHLATTER bemerkt zum Stil des Jak-Briefes: „Der Stil, der die Kunst des Jakobus formt, ist der des Psalms und der Spruchdichtung, der die einander entsprechenden Sätze gleich lang macht ... (Der Brief) besteht aus Spruchreihen, die rhythmisch geformt sind, wobei die Zeilen bald mehr, bald weniger Silben haben" (zu 1, 1). SCHLATTER gestaltet in seinem Kommentar die griechische Textvorlage so, daß die rhythmisch geformten Stichen der Verse gut sichtbar werden. Ähnlich schon H. J. CLADDER, Der formale Aufbau des Jakobusbriefes, in: ZKTh 28 (1904) 295–330; R. SCHÜTZ, Der Jakobusbrief nach Sinnzeilen ins Deutsche übertragen (Leipzig 1922).

des Briefes um so erstaunlicher. Der Verfasser hat offensichtlich keinen Zwiespalt zwischen seiner „Armenfrömmigkeit" und dem guten Sprachkleid seines Briefes empfunden, auch wenn dieses selbst nicht von ihm, sondern von einem Mitarbeiter stammen sollte. Seine Abneigung gegen die Reichen und seine Kritik an der irdischen Weisheit erlauben ihm — paradoxerweise, muß man fast sagen — dennoch, seinen Brief in einem sehr guten, fast literarisch wirkenden Griechisch anzubieten. Glaubte er, damit das Ziel seiner Paränesen bei seinen Adressaten besser zu erreichen? Vielleicht. Aber wahrscheinlich reflektierte er darüber gar nicht. Dibelius meint[1], daß die Abhängigkeit des Jak von der paränetischen Tradition „natürlich auch das Urteil über seine sprachlichen Fähigkeiten" erschwert. Dies scheint jedoch nur in geringem Maße zu gelten. Die sprachlichen Fähigkeiten dessen, der dem Brief sein Kleid gab, lassen sich noch gut erkennen. Denn das Urteil über das Griechisch des Briefes beruht nicht auf ein paar Beobachtungen, sondern auf sehr vielen, und zwar über den ganzen Brief hin. So ist z. B. ein Stück wie 5, 4 seinem Inhalt nach zwar typisch traditionell (s. Kommentar) bis in die formale Struktur hinein (synthetischer Parallelismus membrorum). Dennoch ist die atl. Tradition im Diatribenstil vorgetragen: unmittelbar sind die „imaginären" Reichen angesprochen (τὰς χώρας ὑμῶν); dazu kommen zwei ntl. Hapaxlegomena (ἀμᾶν, ἀφυστερεῖν), die im verarbeiteten Septuagintamaterial nicht erscheinen (!). Die Tradition wird also auch in formal-sprachlicher Hinsicht neu dargeboten. Aber die gattungsgeschichtliche Art des Briefes — paränetische Didache — bringt es mit sich, daß ein größerer literarischer Periodenbau in ihm fehlt.

b) Der Jak-Brief weist aber neben vielen Gräzismen auch eine Menge von Semitismen auf, die jene der Gräzismen sogar übertrifft (s. Näheres unter III), d. h., unter dem guten griechischen Sprachkleid des Briefes zeigt sich sein semitisch denkender Verfasser immer wieder. Der Brief stellt so eine großartige Synthese von griechischer mit semitischer Sprachwelt dar, die ebenfalls zu den „Rätseln" des Jak-Briefes zu gehören scheint, aber besser mit E. Pax als „gegenseitige Akklimatisierung" bezeichnet wird. Dennoch kann das Griechisch des Briefes kein „Übersetzungsgriechisch" sein.

II. EINZELHEITEN ZU SPRACHE, STIL UND RHETORIK

1. Der Wortschatz

Der Verfasser verfügt, soweit man das überhaupt aus einem einzigen Dokument schließen kann, über einen verhältnismäßig reichen Wortschatz. Aber er spricht keine „Sondersprache", sondern die Sprache einer gepflegten Koine[2]. Beachtlich ist die ziemlich große Zahl von ntl. Hapaxlegomena: im ganzen 34[3]. Davon finden sich 15 auch in der Septuaginta. Die „nicht-

---

[1] Kommentar, 37.
[2] A. Wifstrand meint, es handle sich dabei um „die Sprache der griechischen Synagoge" (Stylistic Problems in the Epistles of James and Peter, in: StTh 1 [1947] 170–182 [182]).
[3] Vgl. die Liste bei Mayor, CCXLVI–CCXLVII und im Kommentar des Th. Garcia ab Orbiso, 263f, der 24 Hapax biblica und 34 Hapax N. T. aufzählt.

biblischen" Vokabeln sind[1]: ἀνέλεος (2, 13), ἀνεμιζόμενος (1, 6), ἀπείραστος (1, 13), ἀποσκίασμα (1, 17), αὐχεῖν (3, 5), βρύειν (3, 11), δαιμωνιώδης (3, 15), δίψυχος (1, 8; 4, 8), ἐνάλιος (3, 7), εὐπειθής (3, 17), ἐφήμερος (2, 15), θρησκός (1, 26), κατήφεια (4, 9), πολύσπλαγχνος (5, 11), προσωπολημπτεῖν (2, 9), ῥυπαρία (1, 21), χαλιναγωγεῖν (1, 26; 3, 2), χρυσοδακτύλιος (2, 2). Im vorchristlichen Griechisch sind folgende Vokabeln unseres Briefes bis jetzt nicht belegt[2]: ἀνέλεος, ἀνεμίζεσθαι, ἀποσκίασμα, δαιμωνιώδης, δίψυχος, θρησκός, πολύσπλαγχνος, προσωπολημπτεῖν, χαλιναγωγεῖν, χρυσοδακτύλιος: fast durchwegs zusammengesetzte Termini. Doch dürfen daraus keine besonderen Schlüsse gezogen werden, wie ein Vergleich mit den übrigen ntl. Schriften zeigt[3]. Dibelius macht mit Recht aufmerksam, daß es „natürlich Zufall" ist, daß Vokabeln wie γέλως, ταχύς, ἁπλῶς und πικρός „im NT nur bei Jak vorkommen". Besonders auffällig ist der Gebrauch bestimmter „technischer" Ausdrücke wie τροχὸς τῆς γενέσεως (3, 6), τροπή, ἀποσκίασμα (1, 17). Statt des sonst im NT üblichen ὁμοιός ἐστιν schreibt Jak ἔοικεν (1, 6 23), statt δεῖ oder ὀφείλει gebraucht er χρή (3, 10); statt κακῶς ἔχειν sagt er „gebildeter" ἀσθενεῖν und κάμνειν. Auch ὁποῖος (1, 24) ist im NT selten (nur noch viermal)[4]. Jak zeigt ferner eine gewisse Vorliebe für zusammengesetzte Adjektive (ἀδιάκριτος, ἀκατάστατος, ἀμίαντος, ἀνέλεος, ἀνυπόκριτος, ἀπείραστος, ἄσπιλος, δίψυχος, ἔμφυτος, ἐνάλιος, ἔνοχος, ἐπίγειος, ἐπιεικής, ἐπιστήμων, ἐπιτήδειος, εὐπειθής, ἐφήμερος, θανατηφόρος, ὁλόκληρος, ὁμοιοπαθής, πολύσπλαγχνος, σητόβρωτος, χρυσοδακτύλιος): „eine Anleihe aus dem griechischen Sprachschatz" (Schlatter)[5]. Es finden sich viele Komposita, doch kein Verbum, das mit zwei Präpositionen zusammengesetzt wäre.

2. Beobachtungen zu Grammatik und Stil[6]

An Stelle der Koordination begegnet im Satzbau häufig das Partizip. Der „höheren" Koine gehört der gnomische Aorist an, der zweimal begegnet (1, 11 24). Ebenso zweimal findet sich die umschreibende Konjugation mit εἶναι (1, 17: ἐστιν καταβαῖνον; 3, 15: ἔστιν ... κατερχομένη). Der Artikel steht auch bei einem dem determinierten Nomen nachgestellten Attribut (1, 9: ὁ ἀδελφὸς ὁ ταπεινός; 1, 21: τὸν λόγον τὸν δυνάμενον; 2, 3: τὴν ἐσθῆτα τὴν λαμπράν; 3, 7: τῇ φύσει τῇ ἀνθρωπίνῃ; 4, 12: εἷς ὁ δυνάμενος; 5, 4: ὁ μισθὸς ὁ ἀφυστερημένος). Der Verfasser hat eine Vorliebe für den Aorist; nur 2, 22 findet sich ein Imperfekt (συνήργει)[7]; auch für das Medium (λείπεσθαι statt λείπειν, στρατεύεσθαι statt στρατεύειν, φαίνεσθαι statt φαίνειν, ἐκλέγεσθαι statt ἐκλέγειν). Sehr zahlreich sind die Asyndeta; Schlatter zählt 79 Sätze, die ohne Konjunktion beginnen. Es fehlt der Gen. abs. und der AcI. Zufall?

Viele Beobachtungen am Stil des Briefes sind auf das Konto seiner Rhetorik zu setzen, wie das Folgende zeigt.

---

[1] Vgl. CHAINE, CIV, Anm. 2.
[2] Vgl. MORGENTHALER, Statistik des ntl. Wortschatzes, 177.
[3] Siehe die Listen bei MORGENTHALER, ebd.
[4] Vgl. CHAINE, CIII.   [5] Kommentar, 81.
[6] Im wesentlichen nach SCHLATTER.   [7] Zur LA συνεργεῖ s. Kommentar.

3. Rhetorische Elemente

Der ausgeprägte Sinn des Verfassers für Betonung und Rhythmus zeigt sich besonders in der Stellung einzelner Satzglieder, indem z. B. das Objekt seinem Verbum vorangestellt wird wie in 1, 2 (πᾶσαν χαρὰν ἡγήσασθε: trotz Imperativ!). Vgl. ferner 1, 20; 2, 9 18; 3, 1 5 8; 5, 10f. Offensichtlich auch um des besseren Rhythmus willen wird die Kopula zwischen das Adjektiv und den ihm zugehörigen Genitiv gestellt (1, 13: ἀπείραστός ἐστιν τῶν κακῶν; 4, 4: φίλος εἶναι τοῦ κόσμου). Rhythmisch ist auch die Wortfolge in 2, 8 (εἰ μέντοι νόμον τελεῖτε βασιλικόν). Rhetorisch wirkt die Verwendung der Alliteration (1, 2: πειρασμοῖς περιπέσητε ποικίλοις; 3, 5: μικρὸν μέλος ἐστὶν καὶ μεγάλα αὐχεῖ; 3, 8: οὐδεὶς δαμάσαι δύναται), der Paronomasie und des Wortspiels (1, 1f: χαίρειν – χαράν; 2, 4: διεκρίθητε – κριταί; 2, 20: ἔργων – ἀργή; 3, 17: ἀδιάκριτος – ἀνυπόκριτος; 4, 14: φαινομένη – ἀφανιζομένη). Ein Terminus oder eine Ausdrucksweise werden im nachfolgenden wiederaufgenommen[1]: νόμον τέλειον τὸν τῆς ἐλευθερίας (1, 25) – νόμου ἐλευθερίας (2, 12); μεστή (3, 8) – μεστή (3, 17); καλῶς ποιεῖτε (2, 8) – καλῶς ποιεῖτε (2, 19); ζῆλον (3, 14) – ζηλοῦτε (4, 2). Von bewußten „Wiederholungen der (hebräischen) responsio", wie Chaine meint, kann man aber dabei nicht sprechen, sondern höchstens von einem dadurch erreichten „literarischen Fortschritt der Komposition", der „inneren" Gliederung. Zu unterscheiden ist davon das Prinzip der Inklusion, das ebenfalls begegnet: 1, 2f verglichen mit V 12: πειρασμός, δόκιμος [δοκίμιον]; 2, 14 (τί ὄφελος ... ἐὰν πίστιν λέγῃ τις ἔχειν ἔργα δὲ μὴ ἔχῃ) verglichen mit V 26 (ἡ πίστις χωρὶς ἔργων νεκρά ἐστιν). Zu den rhetorischen Kunstmitteln des Briefes gehört auch das Homoioteleuton (1, 6: ἀνεμιζομένῳ καὶ ῥιποζομένῳ; 1, 14: ἐξελκόμενος καὶ δελεαζόμενος; 2, 12: λαλεῖτε ... ποιεῖτε; 2, 16: θερμαίνεσθε καὶ χορτάζεσθε; 4, 8: καταρίσατε ... ἁγνίσατε; 4, 14: φαινομένη ... ἀφανιζομένη; 5, 5: ἐτρυφήσατε ... ἐσπαταλήσατε ... ἐθρέψατε ... κατεδικάσατε ... ἐφονεύσατε). Rhetorisch wirkungsvoll ist auch die sogenannte Kettenreihe, wie sie sich 1, 3f (... ὑπομένην. ἡ δὲ ὑπομονή ...) und 1, 15 (... ἁμαρτίαν, ἡ δὲ ἁμαρτία ...) findet[2]; ebenso die Klimax (1, 15: ἐπιθυμία – ἁμαρτία – θάνατος); und ebenso die eigentümliche Verbindung von parataktischem (καί) und asyndetischem Anschluß wie in 5, 2f (ὁ πλοῦτος ... καὶ τὰ ἱμάτια ..., ὁ χρυσὸς ... καὶ ὁ ἄργυρος ..., καὶ ὁ ἰός ...) oder in 5, 5f. Meisterhaft sind das Asyndeton und die Parataxe mit καί verwendet bei den acht Imperativen von 4, 7f. Daß der Beginn von 1, 17 beinahe die Form eines Hexameters besitzt, dürfte aber doch eher Zufall als Absicht sein.

Der Verfasser beherrscht ferner die rhetorischen Mittel der Diatribe[3]:

---

[1] Vgl. CHAINE, XCIs.
[2] Näheres zum Gebrauch der Katene in der antiken Rhetorik s. bei DIBELIUS zu 1, 5.
[3] Vgl. besonders ROPES, 10–16; HAUCK, 16f. Doch macht A. WIFSTRAND mit Recht aufmerksam, daß die Hinweise auf den „Diatribenstil" des Jak-Briefes häufig übertrieben werden (in: Stylistic Problems in the Epistles of James and Peter, in: StTh 1 [1947] 170–182 [178]); denn viel von dem, was angeblicher Diatribenstil ist, findet sich auch in atl. Schriften.

a) **Rhetorische Anreden** wie z. B. in 2, 19 (σὺ πιστεύεις); 4, 13 (ἄγε νῦν οἱ λέγοντες) oder 5, 1 (ἄγε νῦν οἱ πλούσιοι). Häufige Anrede der Adressaten (ἀδελφοί [μου]), in 2, 5 sogar verbunden mit der Aufforderung zu „hören" (in einem Brief!). Vgl. auch noch 1, 19 (ἴστε).

b) **Imperative** im Sinne eindringlicher, unmittelbarer Appelle an die Adressaten (vgl. besonders die acht Imperative in 4, 7f).

c) **Einwände** von (fingierten) Gegnern wie in 2, 14 (ἐὰν . . . λέγῃ τις). Vgl. auch 1, 13; 2, 8 18.

d) **Rhetorische Fragen** (2, 6 f 14 17: τί τὸ ὄφελος; 3, 11 ff; 4, 1 5).

e) **Scheltworte** (2, 20: ὦ ἄνθρωπε κενέ; 4, 4: μοιχαλίδες; 4, 8: ἁμαρτωλοί . . δίψυχοι).

f) **Vergleiche** (1,6 10f 23 f; 3, 3f 5 7 11f; 4, 14; 5, 7).

g) **Zitate und Exempla**. Sie sind aus der Bibel genommen und dienen gewiß nicht der bloßen literarischen Ornamentik; aber ihre formale Einführung und Anwendung erinnert an die Diatribe (vgl. besonders 4, 5: ἢ δοκεῖτε ὅτι κενῶς ἡ γραφὴ λέγει; 5, 11: τὴν ὑπομονὴν Ἰὼβ ἠκούσατε).

h) **„Personifikation"** (1, 15; 2, 13; 4, 1; 5, 4).

i) **Paarung der Aussagen** (z. B. 4, 15: ζήσομεν καὶ ποιήσομεν).

Daß durch diese reiche Verwendung rhetorischer Mittel die Paränesen des Briefes besonders wirkungsvoll werden, ist selbstverständlich.

III. SEMITISMEN

Obwohl sich nach den bisherigen Darlegungen der Verfasser unseres Briefes in Sprache und Stil durchaus hellenistisch gebärdet, findet sich doch auch eine ganze Reihe von Semitismen[1].

1. Der Parallelismus membrorum[2]

1, 5: (αἰτείτω)
    a παρὰ τοῦ διδόντος θεοῦ πᾶσι ἁπλῶς
    b καὶ μὴ ὀνειδίζοντος
    c καὶ δοθήσεται αὐτῷ (Stufenparallelismus, vgl. zur Form etwa Ps 22, 5).

1, 9: (καυχάσθω δὲ)
    a ὁ ἀδελφὸς ὁ ταπεινὸς ἐν τῷ ὕψει αὐτοῦ
    b ὁ δὲ πλούσιος ἐν τῇ ταπεινώσει αὐτοῦ

---

[1] Vgl. Chaine, XCI–XCIX; K. Beyer, Semitische Syntax im NT, passim. — Zur Semitismenfrage im NT vgl. auch C. F. D. Moule, An Idiom Book, 171f (mit ausführlicher Literatur, 189–191); E. Pax, Die syntaktischen Semitismen im NT, in: Stud. Bibl. Francisc. Lib. Annuus XIII (1962/63) 136–162 (Pax warnt vor einer rein abstrakten Betrachtungsweise der Semitismenfrage und zeigt überzeugend, wie die Semitismen im NT durch den Einfluß griechischer umgangssprachlicher Parallelen aus ihrer „Erstarrung" heraustreten und ein wertvolles Stilmittel der ntl. Hagiographen werden, gerade auch bei dem „Prediger" Jakobus).

[2] Die Entscheidung ist nicht immer leicht zu fällen. Was beim Leser den Anschein eines Parallelismus erweckt, kann in Wirklichkeit auch nur rhetorischer „Zufall" sein.

§ 6. Sprache und Stil

1, 11:
    a ἀνέτειλεν γὰρ ὁ ἥλιος ... καὶ ἐξήρανεν τὸν χόρτον
    b καὶ τὸ ἄνθος αὐτοῦ ἐξέπεσεν
    c καὶ ἡ εὐπρέπεια τοῦ προσώπου αὐτοῦ ἀπώλετο (Stufenparallelismus)

1, 13:
    a ὁ γὰρ θεὸς ἀπείραστός ἐστιν κακῶν
    b πειράζει δὲ αὐτὸς οὐδένα

3, 9:
    a ἐν αὐτῇ εὐλογοῦμεν τὸν κύριον καὶ πατέρα
    b καὶ ἐν αὐτῇ καταρώμεθα τοὺς ἀνθρώπους

4, 8:
    a καθαρίσατε χεῖρας, ἁμαρτωλοί
    b καὶ ἁγνίσατε καρδίας, δίψυχοι

4, 9:
    a ὁ γέλως ὑμῶν εἰς πένθος μετατραπήτω
    b καὶ ἡ χαρὰ εἰς κατήφειαν

5, 4:
    a ἰδοὺ ὁ μισθὸς τῶν ἐργάτων ... κράζει
    b καὶ αἱ βοαὶ τῶν θερισάντων ... εἰσελήλυθεν

2. Semitische (semitisierende) Syntax

a) Konjunktionslose Hypotaxe statt eines Konditionalsatzes: 2, 18; 4, 7 8 10.
b) Konditionales Partizip als grammatisches Subjekt des Hauptsatzes: 1, 6b 25a; 4, 11; 5, 20[1].
c) Grammatische Parataxe für logische Hypotaxe: 1, 25; 2, 2 3 (א AR) 15 16 (AK); 3, 5; 4, 17; 5, 17 (bis) 18 19.
d) „wau apodoseos"[2]: 4, 15.
e) „semitische" Stellung der Protasis zur Apodosis bei Konditionalsätzen[3].

3. „Biblizismen"[4]

ἐν πάσαις ταῖς ὁδοῖς αὐτοῦ (1, 8), ἐν ταῖς πορείαις αὐτοῦ (1, 11), ποιητὴς λόγου (1,22), πρόσωπον τῆς γενέσεως (1, 23), πρόσωπον λαμβάνειν (2, 1 9), ποιεῖν ἔλεος (2, 13), ὑπάγετε ἐν εἰρήνῃ (2, 16), ποιεῖν εἰρήνην (3, 18), ποιητὴς νόμου (4, 11), ποιεῖν ἐλαίας, σῦκα, ὕδωρ (3, 12), διδόναι ὑετόν (5, 18), ὁ ἄνθρωπος ἐκεῖνος (1, 7), μακάριος ἀνήρ (1, 12), ἐνώπιον κυρίου (4, 10), πρόϊμον καὶ ὄψιμον (5, 7), ἐν τῷ ὀνόματι (5, 10 14), ποιητὴς ἔργου (1, 25), κριταὶ διαλογισμῶν πονηρῶν (2, 4).

---

[1] Zu 1, 17 vgl. Kommentar.
[2] Siehe dazu BEYER, Syntax, 66–72, aber auch PAX, Semitismen, 154 f.
[3] Nach dem Urteil von BEYER gehört in dieser Hinsicht der Jak-Brief zu den Büchern im NT, die „die strengste, d. h. dem semitischen Gebrauch nächste Satzstellung" haben (78); Ausnahme nur Jak 2, 14.
[4] DIBELIUS, 35; CHAINE, XCVI.

4. Abstrakte Ausdrucksweise

ἀκροατὴς ἐπιλησμονῆς (1, 25), ὁ κόσμος τῆς ἀδικίας (3, 6), ἐν πραΰτητι σοφίας (3, 13), Χριστὸς τῆς δόξης (2, 1), εὐχὴ τῆς πίστεως (5, 15).

Der Ersatz des Adjektivs durch ein passendes Substantiv ist aber kein Zufall. „Da ein Substantiv seiner Qualität nach vielfach einem Adjektiv übergeordnet ist, wird diese Konstruktion bevorzugt, wenn der Ton auf der Eigenschaft liegt" (E. Pax)[1].

5. Stellung des Pronomens

„μου, σου, ὑμῶν, αὐτοῦ, αὐτῆς, αὐτῶν stehen immer nach ihrem Nomen am Platz der semitischen Suffixe" (Schlatter, 78). Ausnahmen: ὑμῶν τὸ ναί (5, 12), τῶν αὐτοῦ κτισμάτων (1, 18), vielleicht auch 1, 3 (τὸ δοκίμιον ὑμῶν τῆς πίστεως).

6. Einzeltermini

συναγωγή (2, 2), γέεννα (3, 6).

7. Auffällige Wiederholung des Pronomens[2]

οὐχ οἱ πλούσιοι καταδυναστεύουσιν ὑμῶν, καὶ αὐτοὶ ἕλκουσιν ὑμᾶς εἰς κριτήρια (2, 6).

8. Eine Einzelwendung

σῴζειν ψυχήν = das „Leben" retten (1, 21; 5, 20)[3].

9. „Imperativische" Partizipien

D. Daube hat darauf aufmerksam gemacht, daß in der rabbinischen Ethik Partizipien häufig den Sinn von Imperativen haben[4]. In unserem Brief haben folgende Partizipien evtl. imperativischen Sinn: γινώσκοντες (1, 3), (μηδὲν) διακρινόμενος (1, 6a), (διὸ) ἀποθέμενοι (1, 21), vielleicht auch εἰδότες (3, 1), ἀλείψαντες (5, 14).

10. Verhüllung des Gottesnamens durch Passivkonstruktion[5]

καὶ δοθήσεται αὐτῷ (1, 55), ἀφεθήσεται αὐτῷ (5,15). Hier handelt es sich allerdings um übernommene Formelsprache.

---

[1] Semitismen, 145.
[2] Vgl. dazu C. F. D. Moule, An Idiom Book, 176.
[3] Vgl. dagegen 2, 14 (σῶσαι αὐτόν).
[4] D. Daube in: E. G. Selwyn, I Peter, 467–488; ders., The N. T. and Rabbinic Judaism, 90–97; W. D. Davies, Paul and Rabbinic Judaism, 329. Die scheinbare Verwendung des „imperativischen" Partizips in der Koine, die Moulton (Einleitung, 352f) vertreten hat, ist von Mayser (Grammatik II/1, 196, Anm. 3) als unrichtige Annahme zurückgewiesen worden.
[5] Vgl. G. Dalman, Die Worte Jesu I, 183–185. Doch ist zu beachten, was E. Pax zum sog. Passivum theologicum bemerkt (Beobachtungen zum biblischen Sprachtabu, in: Stud. Bibl. Francisc. Liber Annuus XII [1961/62] 66–112 [92–112]); es handelt sich in Jak 1, 5 und 5, 15 wahrscheinlich nicht um Verhüllung des Gottesnamens im Passiv, sondern um „Sätze heiligen Rechts" (vgl. besonders Pax, 109), die zunächst den Agens gar nicht im Auge haben.

IV. STIL UND „DENKART" DES VERFASSERS

Aus dem „Stil" eines Verfassers können sprachpsychologische Rückschlüsse auf die Denkart, die Mentalität desselben gemacht werden. Das gilt auch für den Jak-Brief.

1. Das „imperativische" Denken des Jakobus

Unser Brief ist im NT der Brief der Imperative! Von 108 Versen sind 54 als Imperative geformt[1]. Der Verfasser muß also ein Mann sein, der auf Entscheidung und Tat drängt und bei seinen Adressaten Autorität beansprucht.

2. Der „direkte" Stil des Verfassers

Jak bleibt in seinem Brief durchgehend in einem lebendigen Kontakt mit den Adressaten. Er erreicht dies durch die häufige Anrede derselben als „Brüder", durch oftmalige Verwendung der 2. Person Plural des Pronomens (ὑμεῖς, ὑμῶν, ὑμῖν, ὑμᾶς) und durch die rhetorischen Mittel der Diatribe. Der Verfasser ist ein Mann von lebendiger Unmittelbarkeit.

3. Das „asyndetische" Denken des Verfassers

Auf die häufige Erscheinung des Asyndetons im Stil des Briefes wurde oben schon hingewiesen. Auch daraus kann ein Schluß auf die Mentalität des Verfassers gezogen werden. Sein Denken ist „skandierend", nicht bedächtig voranschreitend von Punkt zu Punkt in langer rhetorischer Entwicklung einer Sache. Ein gewißes Ungestüm seines Wesens offenbart sich darin.

4. Die Vorliebe für den Vergleich

Dies verrät ein anschauliches Denken, das zugleich auch beim schlichten Leser „anzukommen" sucht.

So ist Jakobus ein autoritätsbewußter, auf Entscheidung drängender „Prediger".

§ 7. *Stellung im Kanon*

I. IN DER ALTEN KIRCHE

1. Anklänge an den Brief im kirchlichen Schrifttum vor dem Jahr 200[2]

Solche lassen sich nur in drei Schriften erkennen: 1. Petrusbrief; 1. Klemensbrief; Pastor Hermae.

A. Der 1. Petrusbrief[3]

Spitta nennt in seinem Kommentar zum Jak-Brief (184–187) 40 Stellen desselben, zu denen sich mehr oder weniger deutliche Anklänge in 1 Petr finden. Bei den meisten handelt es sich um Berührungen im einen oder

---

[1] Vgl. G. Eichholz, Jakobus und Paulus, 34.
[2] Vgl. auch G. Kittel, Der Jak-Brief und die Ap. Väter, in: ZntW 43 (1950/51) 54–112.
[3] Vgl. auch Spitta, 183–202; Mayor, XCIXff; Dibelius, 29f (weitere Literatur); Meyer, Rätsel, 72–82; Schlatter, 67–73; Selwyn, I Peter, 365–466 (bes. 462f).

anderen Terminus, die für die Untersuchung einer eventuellen „Abhängigkeit" des Jak-Briefes vom 1. Petrusbrief (und umgekehrt) ausscheiden. Es bleiben im ganzen nur sieben Stellen übrig, die als „Parallelen" in Betracht gezogen werden können.

Jakobusbrief	1. Petrusbrief
1, 1 διασπορά	1, 1 διασπορά
1, 3 τὸ δοκίμιον ὑμῶν τῆς πίστεως	1, 7 τὸ δοκίμιον ὑμῶν τῆς πίστεως
1, 10f[1] ὡς ἄνθος χόρτου ... (ὁ ἥλιος) ἐξήρανεν τὸν χόρτον καὶ τὸ ἄνθος αὐτοῦ ἐξέπεσεν	1, 24 ὡς ἄνθος χόρτου· ἐξηράνθη ὁ χόρτος, καὶ τὸ ἄνθος ἐξέπεσεν
1, 18 ἀπεκύησεν ἡμᾶς λόγῳ ἀληθείας	1, 23 ἀναγεγεννημένοι ... διὰ λόγου ζῶντος θεοῦ καὶ μένοντος
4, 6[2] ὁ θεὸς ὑπερηφάνοις ἀντιτάσσεται, ταπεινοῖς δὲ δίδωσιν χάριν	5, 5 ὁ θεὸς ὑπερηφάνοις ἀντιτάσσεται, ταπεινοῖς δὲ δίδωσιν χάριν
4, 10[3] ταπεινώθητε ἐνώπιον κυρίου καὶ ὑψώσει ὑμᾶς	5, 6 ταπεινώθητε οὖν ὑπὸ τὴν κραταιὰν χεῖρα τοῦ θεοῦ, ἵνα ὑμᾶς ὑψώσῃ ἐν καιρῷ
5, 20[4] καλύψει πλῆθος ἁμαρτιῶν	4, 8 ἀγάπη καλύπτει πλῆθος ἁμαρτιῶν

Für Spitta (201) steht es fest, daß „der Verfasser des 1. Petrusbriefs den Brief des Jakobus ... reich benutzt, ja in ihm nahezu sein Modell gefunden hat"[5]. In Wirklichkeit ist die Gemeinsamkeit der oben angeführten sieben „Parallelstellen" entweder durch gemeinsame Zitate aus dem AT (Jak 1, 10 f; 4, 6 10; 5, 20), die sich zudem nicht bloß in diesen beiden Briefen finden[6], oder durch gemeinsames Gut bedingt, das aus der paränetischen Überlieferung stammt[7]. Ist das richtig, dann scheidet eine literarische Ab-

---

[1] Vgl. Is 40, 6–8.
[2] Vgl. Spr 3, 34 LXX.
[3] Vgl. Ez 21, 31b ἐταπείνωσας τὸ ὑψηλὸν καὶ τὸ ταπεινὸν ὕψωσας (weitere Stellen s. im Kommentar zu 4, 10).
[4] Vgl. Ps 32 (31), 1 (weitere Stellen im Kommentar).
[5] Und MEYER (Rätsel, 75) meint, „daß dem römischen Presbyter bei seinem Reden und Schreiben eine Schrift wie unser JB mit großer Deutlichkeit gegenwärtig war. Im besonderen sieht man, daß auch im I Petrusbrief Jac verständlicher gemacht und in bestimmt christliche Sprache übersetzt wurde."
[6] Den Nachweis dafür hat zuletzt besonders eingehend SELWYN erbracht. Wie Qumranfunde zeigen, gab es anscheinend Testimoniensammlungen, nach denen man zitierte (vgl. etwa J. M. ALLEGRO in: JBL 75 [1956] 182–186). Zur Testimonienfrage überhaupt P. PRIGENT, Les Testimonia dans le Christianisme Primitif. L'Épître de Barnabé I–XVI et ses sources (Paris 1961), bes. 16–28 (dazu die kritischen Bemerkungen von J.-P. AUDET in RB 70 [1963] 381–405).
[7] Das letztere gilt selbst für die gleiche Reihenfolge der „Parallelen", wie sie im 1. Kap. der beiden Briefe zu beobachten ist. „Die feste Reihenfolge der Paränese zeigt, daß die mündliche Überlieferung bereits in geprägter Form weitergegeben wurde" (E. LOHSE, Paränese und Kerygma im 1. Petrusbrief, in: ZntW 45 [1954] 68–89 [80, Anm. 64]). Ob „die gleiche Reihenfolge" durch einen bereits ziemlich

hängigkeit des einen Briefes vom andern aus. Im 1. Petrusbrief ist jedenfalls das paränetische Traditionsgut schon breiter entfaltet und „zerredet", was vielleicht auf spätere Abfassungszeit im Vergleich mit dem Jak-Brief schließen läßt. Doch muß in solchen Fragen auch das „Temperament" eines Verfassers berücksichtigt werden, der entweder prägnante Kürze oder die breitere Entfaltung liebt.

B. Der 1. Klemensbrief (um 96 n. Chr.)[1]

Jakobusbrief	Klemensbrief[2]
1, 4 ἵνα ἦτε τέλειοι καὶ ὁλόκληροι	vgl. 44, 5 πρεσβύτεροι, οἵτινες ἔγκαρπον καὶ τελείαν ἔσχον τὴν ἀνάλυσιν[3]
1, 8 (4, 8) δίψυχος[4]	11, 2; 23, 3 (vgl. 23, 2 διψυχεῖν)
1, 12 (Makarismus auf die Durchhaltenden)	35, 4 (nicht als Makarismus, sondern als Imperativ geformt)
1, 19 βραδὺς εἰς τὸ λαλῆσαι	30, 5 μὴ πολὺς ἐν ῥήμασιν γίνου[5]
2, 21–24 (Abrahamsbeispiel)	c. 10 (vgl. auch 31, 2: „unser Vater Abraham", mit Hinweis auf sein „Tun")
2, 23 (Abraham, „Freund Gottes")	10, 1; 17, 2
2, 25 (Rahab)	c. 12 (bes. 12, 8)
3, 13 (Weisheit und Wandel)	38, 2 („Der Weise soll seine Weisheit nicht in Worten zeigen, sondern in guten Werken")
3, 14 – 4, 2 (Thema: Eifersucht und Streit)	6, 1–4 (vgl. auch 4, 7; 45, 4; 46, 5)
4, 6 (Hochmut und Demut; atl. Zitat)	30, 2 (vgl. auch 59, 3)
4, 14b ἀτμὶς γάρ ἐστε	17, 6 (Moses spricht: „Ich bin Dampf aus einem Topf")[6]
5, 10f (Beispiele für Leidensgeduld)	5, 1–5

fest geprägten Taufkatechismus oder dergleichen bedingt ist, läßt sich dabei nicht erweisen (s. LOHSE). — Und was den gemeinsamen Ausdruck „Diaspora" in 1 Petr 1, 1 und Jak 1, 1 betrifft, so ist er in 1 Petr 1, 1 im Unterschied von Jak 1, 1 mit einer geographischen Liste verbunden (Pontus, Galatien, Kappadozien, Asien, Bithynien), wie man sie auch schon in 1 Makk 15, 16–23 und Apg 2, 9–11 antrifft (vgl. SCHELKLE zu 1 Petr 1, 1). 1 Petr folgt also hier einer Gepflogenheit und nicht dem Jak-Brief.

[1] Vgl. auch SPITTA, 230–236; MEYER, Rätsel, 68–72.
[2] Text nach der Ausgabe von J. A. FISCHER, Die apostolischen Väter (Darmstadt 1959).
[3] Das Gemeinsame liegt hier vor allem in der eschatologischen Sicht der „Vollkommenheit".
[4] Vgl. aber dazu Kommentar zu 1, 8.
[5] Vgl. Job 11, 2f.   [6] Zitat unbekannter Herkunft.

5, 11b (?)¹

5, 13–20 (Krankenheilung und Sorge um die Verirrten)

5, 20 καλύψει πλῆθος ἁμαρτιῶν

16, 17 („Beispiel" = Jesus in seinem Leiden)

59, 4 („Die Kranken heile, die Irrenden deines Volkes bringe auf den rechten Weg")²

49, 5 („Die Liebe deckt eine Menge Sünden zu"; vgl. auch 50, 6)³

Unter den angeführten Parallelen ist zwar eine Reihe, die sich aus gemeinsamer Tradition erklären läßt; doch sind die Berührungen in der Thematik so häufig, daß irgendeine Abhängigkeit des 1. Klemensbriefes vom Jak-Brief vermutet werden darf. Die Art der freien Zitation des Jak-Briefes im Klemensbrief entspricht dabei ganz jener, wie auch die Paulusbriefe (besonders Röm, 1 Kor), der Hebräerbrief und 1 Petr in ihm angeführt werden. In der Rechtfertigungslehre scheint allerdings Klemens nicht von Jak abhängig zu sein. Er betont (in deutlichem Anschluß an Paulus), daß Gott den Menschen „durch den Glauben" rechtfertigt, daß wir uns aber beeilen sollen, „jedes gute Werk zu vollbringen" (vgl. auch 2 Kor 9, 8; 2 Tim 2, 21; 3, 17; Tit 1, 16; 3, 1)⁴; „aus unserer ganzen Kraft wollen wir das Werk der Gerechtigkeit wirken" (1 Clem 33, 86); denn „alle Gerechten" waren „mit guten Werken geschmückt" (33, 7). Es geht bei Klemens (ähnlich wie bei Paulus) um die Umsetzung des Indikativs in den sittlichen Imperativ, nicht um Polemik gegen den Nur-„Glauben" (ohne Früchte) wie bei Jak. Deshalb kann eine Abhängigkeit des Klemens von Jak in der „Rechtfertigungslehre" nicht sicher konstatiert werden⁵.

---

¹ Siehe Kommentar z. St.
² Doch stark (auch im Kontext) an Ez 34, 4 16 orientiert.
³ Vgl. auch 1 Petr 4, 8.
⁴ Vgl. 1 Clem 32, 4 – 33, 1: „Auch wir, die wir durch seinen Willen in Christus Jesus berufen wurden, werden also nicht durch uns selbst gerechtfertigt, noch durch unsere Weisheit, Einsicht, Frömmigkeit oder durch Werke, die wir in Heiligkeit des Herzens vollbrachten, sondern durch den Glauben, durch den der allmächtige Gott alle von Anbeginn an gerechtfertigt hat ... Sollen wir (deshalb) nachlassen mit den guten Werken und die Liebe aufgeben? Möge der Herr dies doch bei uns ja nicht geschehen lassen; vielmehr wollen wir uns beeilen, mit beharrlicher Bereitwilligkeit jedes gute Werk zu vollbringen."
⁵ Auch 1 Clem 30, 3 („rechtfertigen wir uns durch Werke und nicht durch Worte!") kann dafür nicht beansprucht werden. Denn Jak geht es in der Rechtfertigungslehre um das Verhältnis des Glaubens zu den Werken der Liebe.

C. Pastor Hermae (130–150 n. Chr.)[1]

Jakobusbrief	Hermas[2]
1, 5f (vertrauensvolles Gebet)	sim V, 4, 3 αἰτεῖται παρ' αὐτοῦ σύνεσιν καὶ λαμβάνει (vgl. auch mand IX, 6)
1, 7f (das Gebet des δίψυχος wird nicht erhört)	mand IX, 5 οἱ γὰρ διστάζοντες εἰς τὸν θεόν, οὗτοί εἰσιν οἱ δίψυχοι, καὶ οὐδὲν ὅλως ἐπιτυγχάνουσι τῶν αἰταμάτων αὐτῶν[3]
1, 21 λόγον τὸν δυνάμενον σῶσαι τὰς ψυχὰς ἡμῶν	sim VI, 1, 1 (von den ἐντολαί!) δυνάμεναι σῶσαι ψυχὴν ἀνθρώπου
1, 27 (Hilfe für Witwen und Waisen)	sim I, 8 καὶ χήρας καὶ ὀρφανοὺς ἐπισκέπτεσθε
2, 7 τὸ καλὸν ὄνομα τὸ ἐπικληθὲν ἐφ' ὑμᾶς	sim VIII, 6, 4 (von Aposteln und Überläufern!) καὶ ἐπαισχυνθέντες τὸ ὄνομα τοῦ κυρίου τὸ ἐπικληθὲν ἐπ' αὐτούς
3, 2–4 (Beherrschung der Zunge)	mand XII, 1, 1 καὶ χαλιναγωγήσεις αὐτὴν (= Begierde!) καθὼς βούλει
3, 15 ἡ σοφία ἄνωθεν κατερχομένη	mand XI, 5 (vom dem Menschen verliehenen Pneuma!) ἄνωθέν ἐστιν ἀπὸ τῆς δυνάμεως τοῦ θείου πνεύματος
4, 5 τὸ πνεῦμα ὃ κατῴκισεν ἐν ἡμῖν	mand III, 1 τὸ πνεῦμα ὃ ὁ θεὸς κατῴκισεν ἐν τῇ σαρκὶ ταύτῃ[4]
4, 7 ἀντίστητε δὲ τῷ διαβόλῳ καὶ φεύξεται ἀφ' ὑμῶν	mand XII, 5, 2 ἐὰν οὖν ἀντισταθῆτε αὐτῷ, νικηθεὶς φεύξεται ἀφ' ὑμῶν κατῃσχυμμένος (vgl. überhaupt XII, 4–6)
4, 11 μὴ καταλαλεῖτε ἀλλήλων	mand II, 1 μηδενὸς καταλάλει (wird im Kontext noch weiter ausgeführt)
4, 12 (von Gott) ὁ δυνάμενος σῶσαι καὶ ἀπολέσαι	mand XII, 6, 3 φοβήθητε τὸν πάντα δυνάμενον, σῶσαι καὶ ἀπολέσαι (vgl. auch sim IX, 23, 4)[5]

---

[1] Vgl. auch Mayor, LXXIV–LXXVIII; Meyer, Rätsel, 60–68; O. J. F. Seitz, Relationship of the Shepherd of Hermas to the Epistle of James, in: JBL 63 (1944) 131–140 (beschränkt sich auf den Terminus δίψυχος); ders., Afterthoughts on the Term ‚DIPSYCHOS', in: NTSt 4 (1957/58) 327–334.
[2] Ausgabe von M. Whittaker, Der Hirt des Hermas (GCS 48) (Berlin 1956).
[3] Hermas gebraucht den Stamm διψυχ- mehr als vierzigmal.
[4] Vgl. dazu Kommentar zu Jak 4, 5.
[5] Vgl. dazu Näheres im Kommentar zu Jak 4, 12.

5, 4 (Racheschrei der Unterdrück- vis III, 9, 6 βλέπετε οὖν ὑμεῖς οἱ γαυ-
ten) ρούμενοι ἐν τῷ πλούτῳ ὑμῶν,
μήποτε στενάξουσιν οἱ ὑστερού-
μενοι, καὶ ὁ στεναγμὸς αὐτῶν
ἀναβήσεται πρὸς τὸν κύριον, καὶ
ἐκκλεισθήσεσθε μετὰ τῶν
ἀγαθῶν ὑμῶν ἔξω τῆς θύρας τοῦ
πύργου

Unter den angeführten Parallelen des Hermas zum Jak-Brief ist keine, die nur durch literarische Abhängigkeit des ersten vom zweiten erklärt werden könnte. Die Anklänge erklären sich vielmehr ohne weiteres aus dem gemeinsamen Formelgut der paränetischen Tradition[1]. Außerdem fällt auf (noch stärker als im 1. Klemensbrief), daß die Paränesen des Hermas viel breiter ausgeführt sind; die Moralisierungstendenz steigert sich. Dies spricht ziemlich deutlich für eine wesentlich spätere Abfassungszeit des Hirten.

Es kann also von (literarischer) Abhängigkeit von Schriften vor dem Jahre 200 vom Jak-Brief anscheinend nur beim 1. Klemensbrief gesprochen werden— und auch hier nicht mit absoluter Sicherheit —, was aber in keiner Weise heißt, daß für Klemens dieser Brief „kanonisches" Ansehen besessen hätte (sowenig wie die von ihm zitierten anderen Briefe des NT), aber immerhin ein sehr hohes Ansehen. Kanonisches Ansehen bekam der Jak-Brief erst nach dem 2. Jahrhundert[2].

2. Das kanonische Ansehen des Briefes seit dem Jahre 200

A. Im griechischen Osten

a) Ägypten

Origenes († 253/254) zitiert Jak 2, 26 als „Schrift" ähnlich wie 1 Kor 7, 34: πνεῦμα δὲ ἡ γραφὴ ποτὲ μὲν τὴν διάνοιαν καλεῖ, ὡς τῷ σπουδάζειν εἶναι τὴν παρθένον ἁγίαν πνεύματι καὶ σώματι· ποτὲ δὲ τὴν ψυχὴν ὡς παρὰ Ἰακώβῳ· ὥσπερ δὲ τὸ σῶμα χωρὶς πνεύματος νεκρόν ἐστιν (Select. in Ps. 30, 6; PG XII, 1300). Vgl. auch Select. in Ps. 118, 153 (PG XII, 1621): μακάριον ἐνώπιον τοῦ θεοῦ ταπεινοῦσθαι· φησὶ γὰρ Ἰάκωβος· ταπεινώθητε ἐνώπιον Κυρίου καὶ

---

[1] Dieser gemeinsame Traditionsstrom geht vor allem in das Judentum zurück, wie er auch für den „Hirten" immer stärker greifbar wird; vgl. J.-P. AUDET in: RB 60 (1953) 41–82; J. DANIÉLOU, Théologie du Judéo-Christianisme (Paris 1958) 46–49 169–177; P. H. ASCHERMANN, Die paränetischen Formen, 108f 154f; nach ASCHERMANN lassen sich die paränetischen Formen der Zwölfertestamente im Hirten „fast vollständig" nachweisen (156). Zu Jak 4, 7f (vgl. Herm[m] XII, 4–6) bemerkt ASCHERMANN: „Auch hier wird keine direkte Abhängigkeit der einen Schrift von der andern anzunehmen sein. Die Sprüche gehörten dank ihrer prägsamen Kürze und Bildhaftigkeit zum eisernen Bestand der Paränese dieser Zeit" (155).
[2] Nicht vorhandene literarische Abhängigkeit bedeutet noch nicht Unkenntnis der betreffenden Schrift. Ob Petrus und Hermas den Jak-Brief überhaupt nicht „kannten", kann weder behauptet noch geleugnet werden.

ὑψώσει ὑμᾶς. Comm. in Joan. fr. 126 (GCS 4, 570) bezeichnet er Jak als „Apostel": καθὼς φησὶ 'Ιάκωβος ὁ ἀπόστολος[1]. Origenes läßt sich aber darüber nicht näher aus, warum er ihn „Apostel" nennt; wahrscheinlich übernimmt er schon eine Tradition[2]. Wenn er in Comm. in Joan. XIX, 6 (PG XIV, 569) die Formulierung gebraucht ἐν τῇ φερομένῃ 'Ιακώβου ἐπιστολῇ, so hat φέρεσθαι wohl die Bedeutung „sich im Umlauf befinden"[3] oder, schwächer, „sogenannt"[4]. Jedenfalls gehört für Origenes der Jak-Brief zur γραφή, und das heißt: er hat für ihn kanonisches Ansehen.

Übernahm er dieses Urteil schon von seinem Lehrer Clemens Alexandrinus († vor 215)? Nach Eusebius (KG VI, 14, 1) und Photius (Biblioth. cod. 109)[5] hat Clemens die Katholischen Briefe in seinen „Hypotyposen" ausgelegt. Merkwürdigerweise zitiert aber Clemens den Jak-Brief nie (sowenig wie 2 Petr). Wahrscheinlich war zu seiner Zeit die Bildung des Kanons noch nicht so weit fortgeschritten, daß er unseren Brief schon als γραφή sicher betrachten konnte[6]. Daß er ihn überhaupt nicht gekannt hat, ist aber wenig wahrscheinlich, weil ihn ja sein Schüler Origenes schon als kanonisch wertet.

Dionysius Alexandrinus († 264/265), Schüler des Origenes, schrieb einen Kommentar zum Jak-Brief und zitiert einmal Jak 1, 13 als Schriftwort: ὁ δὲ θεὸς πειράζων τοὺς πειρασμοὺς περιφέρει ὡς ἀπείραστος κακῶν. ὁ γὰρ θεός, φησίν, ἀπείραστός ἐστιν κακῶν (Interpretatio in Lucam, XXII, 46 [PG X, 1596])[7].

Athanasius (295–373) bringt durch den 39. Osterfestbrief vom Jahre 367 die ntl. Kanonbildung in Ägypten zum Abschluß. In seinem Kanonverzeichnis befindet sich auch der Jak-Brief (PG XXVI, 1176f).

Cyrillus Alexandrinus († 444) verfaßte einen Kommentar zu unserem Brief, von dem Fragmente erhalten sind (PG LXXIV, 1007–1012).

b) Palästina, Syrien und Kleinasien

Ein Zeugnis aus Palästina oder Syrien für kanonisches Ansehen unseres Briefes schon vor Origenes ist vielleicht der im 3. Jh. geschriebene pseudoklementinische Traktat Ad virgines[8], in dem es I, 11, 4 (Patr. Apost. II, 19f Funk-Diekamp) heißt: neque attendunt (sc. multi) ad id, quod dicit (Scriptura): ne multi inter vos sint doctores, fratres, neque omnes sitis pro-

---

[1] Vgl. ähnlich auch Select. in Ps. 65, 4 (PG XII, 1500): εὐθυμεῖ τις ἐν ὑμῖν, ψαλλέτω (Jak 5, 13), φησὶν ὁ ἀπόστολος.
[2] Im Kommentar zum Römerbrief (In Rom. t. IV LOMMATSCH 6, 286) bemerkt er: nec solus haec Paulus ... audi et Jacobum fratrem domini similia protestantem, cum dicit Jac 4, 4. Aber vielleicht stammt diese Titulatur von Rufinus (s. dazu MEYER, Rätsel, 40f).
[3] So MEYER, 39. Vgl. zum Sprachgebrauch des ORIGENES auch Comm. in Joan. I, 1, 2 (PREUSCHEN, 6): τῶν τοίνυν φερομένων γραφῶν καὶ ἐν πάσαις ἐκκλησίαις θεοῦ πεπιστευμένων εἶναι θείων (= AT). Fast hat hier φερόμενον den Sinn „überliefert".
[4] Bei EUSEBIUS wechselt φερόμενος häufig mit λεγόμενος (s. die Belege bei MEYER, 39, Anm. 4; vgl. z. B. KG III, 25).
[5] Vgl. ZAHN, Forschungen III, 65f.
[6] Vgl. dazu die klugen Erwägungen bei MEYER, 42–48.
[7] Dazu M. RICHARD in: RHE 33 (1937) 44–46.
[8] Vgl. dazu auch H. DÜNSING in: ZKG 63 (1950/51) 166–188.

phetae. Qui in verbis suis non praevaricatur, hic homo perfectus est, potens domare et subigere totum corpus suum (vgl. Jak 3, 1f).

Nach Eusebius von Caesarea († 339) soll „der erste der sogenannten Katholischen Briefe" von Jak, dem Bischof von Jerusalem, verfaßt sein. „Doch ist zu bemerken, daß er für unecht gehalten wird. Denn nicht viele von den Alten haben ihn und den sogenannten Judasbrief erwähnt … Doch ist uns bekannt, daß auch diese beiden Briefe in den meisten Kirchen öffentlich verlesen worden sind" (KG II, 23, 25). Nach KG III, 25, 3 gehört der Brief zu den ἀντιλεγόμενα, die dennoch bei den meisten in Ansehen stehen. Eusebius selbst erwähnt Jak 2, 19 und 5, 16 in seiner Abhandlung De ecclesiastica theologia (PG XXIV, 965 976) und zitiert ihn ausdrücklich als Schrift in seinem Psalmenkommentar (PG XXIII, 1244).

Wenn Eusebius unseren Brief unter den ἀντιλεγόμενα aufzählt, gibt er dabei wahrscheinlich die Meinung der antiochenischen Kirche wieder. Jedenfalls hat Diodor von Tarsus († vor 394), der lange Zeit als Lehrer und Klostervorsteher in Antiochien wirkte und den Ruhm der antiochenischen Exegetenschule begründete[1], die Katholischen Briefe in seinem (erhaltenen) Schrifttum nie verwendet[2].

Sein Schüler Theodor von Mopsuestia († 428) hat alle Briefe außer den paulinischen abgelehnt[3]; seine Gründe dafür sind nicht recht erkenntlich[4].

Für Cyrill von Jerusalem (Cat. IV, 36; PG XXXIII, 500), Epiphanius von Salamis (Adv. haer. 76, 5; PG XLII, 560), Amphilochius von Ikonium (PG XXXVII, 1597) gehört der Jak-Brief zu den inspirierten Schriften. Johannes Chrysostomus, obwohl Schüler des Diodor von Tarsus, hat einen Kommentar über unseren Brief geschrieben (PG LXIV, 1039–1052), ebenso Hesychius von Jerusalem (PG XCIII, 1389–1390).

B. Im syrischen Osten[5]

Die sogenannte Doctrina Addaei (entstanden um 400) scheint nur die Evangelien, die Apostelgeschichte und die Briefe des Paulus anzuerkennen. Auch Afrahat, „der persische Weise", zitiert nie aus den Katholischen Briefen. Auch das syrische Kanonverzeichnis aus der 2. Hälfte des 4. Jh. kennt die Katholischen Briefe nicht.

Ephräm der Syrer (306–373) zitiert in seinen Schriften den Jak-Brief häufig und betrachtet ihn als γραφή[6], doch fehlt noch die kritische Sichtung

---

[1] Altaner, Patrologie, 284.
[2] Vgl. E. Schweizer, Diodor von Tarsus als Exeget, in: ZntW 40 (1941) 51.
[3] Vgl. Leontius contra Nestorianos et Eutychianos, lb. III (PG LXXXVI, 1365 BC), dazu auch Th. Zahn, Das NT Theodors und der ursprüngliche Kanon der Syrer, in: NKZ 11 (1900) 788–805.
[4] Vgl. Leipoldt, Geschichte des ntl. Kanons I, 247.
[5] Vgl. dazu besonders W. Bauer, Der Apostolos der Syrer in der Zeit von der Mitte des vierten Jahrhunderts bis zur Spaltung der syrischen Kirche (Gießen 1903).
[6] Vgl. die Zitate bei Meinertz, Der Jakobusbrief und sein Verfasser, 180f; Meyer, Rätsel, 19–21.

derselben und die Scheidung des echten vom unechten Gut[1], so daß sich nichts Endgültiges sagen läßt[2]. Anderseits ist es vielleicht doch gerade dem überragenden Einfluß des syrischen Kirchenvaters zuzuschreiben, daß der Jak-Brief Aufnahme in die Peschitta gefunden hat. Oder verdankt er diesen Umstand dem Bischof Rabbula von Edessa (411–435), der in lebhaftem geistigem Austausch mit den Griechen stand?[3]

C. In der lateinischen Kirche

Im Kanon Muratori (Ende des 2. Jh.) fehlt der Jak-Brief; wohl kein Zufall (wie vielleicht das Fehlen von 1 Petr), sondern zusammenhängend mit der Tatsache, daß unser Brief ähnlich wie der Hebräerbrief in der abendländischen Kirche überhaupt erst spät kanonisches Ansehen bekam.

Irenäus († um 202) scheint den Jak-Brief gekannt und zitiert zu haben[4]; ob er ihn aber als γραφή wertete, läßt sich nicht erkennen.

Tertullian, der einen ziemlich gefestigten Kanonbegriff besitzt, scheint den Brief nicht gekannt zu haben, ebensowenig Cyprian und Laktanz.

Umstritten ist, ob Hippolyt von Rom († um 235) unseren Brief gekannt hat. Lagrange möchte es bejahen[5], Meyer dagegen verneinen[6].

Hilarius von Poitiers († 367) verwendet den Brief als Werk des Apostels Jak zum Schriftbeweis[7].

Ambrosiaster (um 375) zitiert Jak 5, 20 mit folgenden Worten[8]: Quomodo qui errantem converti facit remunerandus est, dicente Jacobo apostolo in epistola sua: qui converti fecerit peccatorem salvavit animam eius a morte et operiet multitudinem peccatorum (vgl. Jak 5, 20).

Vor allem durch die Tätigkeit und den Einfluß des Hieronymus[9] und des Augustinus[10] scheint auch im Abendland unser Brief allmählich kanonisches Ansehen erhalten zu haben. Doch hat Hieronymus bei seiner Revisionsarbeit offensichtlich auch für den Jak-Brief schon „altlateinische" Texte benutzt[11]. Auch Augustinus, der einen (leider verlorengegangenen)

---

[1] ALTANER, Patrologie, 308.
[2] Vgl. nur die kritische Stellungnahme zu den Jak-Zitaten des Ephräm bei BAUER, a. a. O. 44 ff.
[3] Vgl. MEYER, Rätsel, 22.
[4] Adv. haer. 1, 1: factores sermonum eius Christi facti (dazu vgl. Jak 1, 22); facti initium facturae (dazu Jak 1, 18); IV, 27, 2: ipse Abraham sine circumcisione et observatione sabbatorum credidit deo et reputatum est illi ad iustitiam et amicus dei vocatus est (dazu Jak 2, 23); IV 56, 4: lex libertatis (dazu Jak 1, 25; 2, 12).
[5] Le Canon d'Hippolyte et le fragment de Muratori, in: RB 42 (1933) 161–186.
[6] Rätsel, 14.
[7] De trinit. IV, 8 (PL X, 101): et Jacobus apostolus dixerit: ‚Apud quem non est demutatio' (vgl. Jak 1, 17).
[8] In Gal. 5, 10 (PL XVII, 366).
[9] Vgl. Epist. ad Paulinum 53, 8 (PL XXII, 548). Doch berichtet Hieronymus auch von Zweifeln an der Echtheit (De vir. ill. 2). Vgl. auch noch S. LYONNET, S. Jean Chrysostome et S. Jérôme sur Jacques, in: RScR 29 (1939) 335–351.
[10] Vgl. De doctr. christ. 2, 13 (PL XXXIV, 41).
[11] Siehe dazu § 9, 4.

Kommentar zum Jak-Brief geschrieben hat[1], bezeugt ausdrücklich die Kanonizität desselben im 2. Buch „De doctrina christiana"[2], gebraucht ihn wie alle anderen Schriften des NT und setzt sein apostolisches Ansehen voraus[3]. Er beklagt sich darüber, daß keine sorgfältige Übersetzung aus dem Griechischen vorliege[4]; er griff deshalb mit Hilfe von Mitbrüdern auf den griechischen Text zurück.

Das in seiner Echtheit umstrittene Decretum Gelasii Papae von der römischen Synode des Jahres 382 zählt alle 27 Bücher des NT auf.[5]

Papst Innozenz I. nennt in seiner Liste der kanonischen Schriften des NT in seinem Brief an Bischof Exuperius von Toulouse vom Jahre 405 auch den Jak-Brief. Damit hatte sich das kanonische Ansehen unseres Briefes in der römischen Kirche für immer durchgesetzt.

Fragt man nach den Gründen, die die kanonische Geltung des Jak-Briefes im Abendland so lange verzögert haben, so ist vielleicht die „Beschlagnahme" des Jak durch das häretische Judenchristentum die Ursache gewesen[6]. Dazu kam noch die allgemeine Unsicherheit in der Anwendung des altkirchlichen kanonkritischen Prinzips gerade gegenüber den sogenannten Katholischen Briefen: ob genuin apostolisch — im historischen Sinn — oder nicht. Erst der überragende Einfluß des Athanasius, Hieronymus und Augustinus in Verbindung mit dem gerade im 4. Jh. regen Verkehr zwischen Ost und West brachte die endgültige Festigung des ntl. Kanons mit seinen 27 Schriften.

II. M. LUTHERS URTEIL ÜBER DEN JAKOBUSBRIEF[7]

Im Zusammenhang seiner reformatorischen Glaubensentscheidung wurde für Luther auch der Jak-Brief zum Problem, was zur theologischen Kritik an diesem führte. Die wichtigsten Zeugnisse sind folgende:

Aus den Vorreden zur sogenannten Septemberbibel (erschienen am 21. Sept. 1522 bei Melchior Lotther in Wittenberg)[8]:

---

[1] Vgl. Retr. II, 58 (CSEL 36, 169).
[2] II, 13 (PL XXXIV, 41): totus autem canon Scripturarum ... his libris continetur: ... et una Jacobi ...
[3] Vgl. dazu P. BERGAUER, Der Jakobusbrief bei Augustinus, 16 25–28.
[4] Retr. II, 58 (CSEL 36, 169): ... non diligenter ex graeco habebamus interpretatam; BERGAUER, 36.
[5] Vgl. dazu WIKENHAUSER, Einleitung in das NT, 39.
[6] TH. ZAHN (Einleitung in das NT I, 88f) findet die späte „kanonische" Anerkennung des Briefes „nicht verwunderlich, wenn man erwägt, daß der ntl. Kanon die Zusammenfassung der in der heidenchristlichen Kirche eingebürgerten gottesdienstlichen Vorlesebücher aus apostolischer Zeit ist, und wenn man anerkennt, daß der Jk an die noch wesentlich jüdische Gemeinde um d. J. 50 gerichtet war".
[7] Vgl. auch G. KAWERAU, Die Schicksale des Jakobusbriefes im 16. Jahrhundert, in: Ztschr. f. kirchl. Wissenschaft u. kirchl. Leben 10 (1889) 359–370; J. LEIPOLDT, Geschichte des ntl. Kanons II, 60–88; M. MEINERTZ, Luthers Kritik am Jakobusbrief nach dem Urteil seiner Anhänger, in: BZ 3 (1905) 273–286; M. LACKMANN, SOLA FIDE, 106–109; G. EICHHOLZ, Jakobus und Paulus, 10–16; W. MAURER, Luthers Verständnis des ntl. Kanons, in: Fuldaer Hefte 12 (Berlin 1960) 47–77 (bes. 60–77).
[8] WA, DB 7, 384f.

§ 7. Stellung im Kanon

„Vorrhede auff die Episteln Sanct Jacobi vnnd Judas.
Die Epistel Sanct Jacobi, wie woll sie von den allten verworffen ist, lobe ich vnd halt sie doch fur gutt, darumb, das sie gar keyn menschen lere setzt vnd Gottis gesetz hart treybt, Aber das ich meyn meynung drauff stelle, doch on ydermanns nachteyl, acht ich sie fur keyns Apostel schrifft, vnnd ist das meyn ursach.

Auffs erst, das sie stracks widder Sanct Paulon vnnd alle ander schrifft, den wercken die rechtfertigung gibt, vnd spricht, Abraham sey aus seynen wercken rechtfertig worden, da er seynen son opffert, So doch sanct Paulus Ro. 4. da gegen leret, das Abraham on werck sey rechfertig worden, alleyn durch seynen glauben, vnnd beweyßet das mit Mosi Gen. 15. ehe denn er seynen son opffert, Ob nu dißer Epistel woll mocht geholffen, vnd solcher rechtfertigung der werck eyn glos funden werden, kan man doch sie darynn nit schutzen, das sie den spruch Mosi Gen. 15. (wilcher alleyn von Abrahams glawben vnd nicht von seynen wercken sagt wie yhn Paulus Ro. 4. furet) doch auff die werck zeucht, Darumb diser mangel schleust, das sie keyns Apostel sey.

Auffs ander, das sie will Christen leutt leren, vnnd gedenckt nicht eyn mal ynn solcher langer lere, des leydens, der aufferstehung, des geysts Christi, er nennet Christum ettlich mal, aber er leret nichts von yhm, sondern sagt von gemeynem glawben an Gott, Denn das ampt eyns rechten Apostel ist, das er von Christus leyden vnnd aufferstehen vnd ampt predige, vnnd lege des selben glawbens grund, wie er selb sagt Johan. 18. yhr werdet von myr zeugen, Vnd daryn stymmen alle rechtschaffene heylige bucher vber eyns, das sie alle sampt Christum predigen und treyben, Auch ist das der rechte prufesteyn alle bucher zu taddelln, wenn man sihet, ob sie Christum treyben, odder nit, Syntemal alle schrifft Christum zeyget Ro. 3. vnnd Paulus nichts denn Christum wissen will. 1. Cor. 2. Was Christum nicht leret, das ist nicht Apostolisch, wens gleich Petrus odder Paulus leret, Widerumb, was Christum predigt, das ist Apostolich (sic!), wens gleych Judas, Annas, Pilatus vnd Herodes thett.

Aber diser Jacobus thutt nicht mehr, denn treybt zu dem gesetz vnnd seynen wercken, vnd wirfft so vnordig eyns yns ander, das mich dunckt, es sey yrgent eyn gut frum man gewesen, der ettlich spruch von der Aposteln Jungern gefasset, vnnd also auffs papyr geworffen hat, oder ist villeicht aus seyner predigt von eynem andern beschrieben, Er nennet das gesetz, eyn gesetz der freyheyt, so es doch sanct Paulus eyn gesetz der knechtschafft, des zorns, des tods vnd der sund nennet.

Vber das, furet er die spruch Sanct Petri, Die liebe bedeckt der sund menge, Item demutiget euch vnter die hand Gottis, Item Sanct Paulus spruch Gal. 5. den Geyst gelust wider den hasß, So doch Sanct Jacobus zeytlich von Herodes zu Jerusalem, fur S. Peter todtet war, das woll scheynet, wie er lengst noch S. Peter vnd Paul gewesen sey.

Summa, Er hat wollen denen weren, die auff den glawben, on werck sich verliessen, vnd ist der sach mit geyst, verstand, vnd wortten zu schwach gewesen, vnd zureysset die schrifft, vnd widerstehet damit Paulo vnd aller schrifft, wils mit gesetz treyben außrichten, das die Apostel mit reytzen zur lieb außrichten. Darumb will ich yhn nicht haben ynn meyner Bibel ynn der zal der rechten hewbtbucher, will aber damit niemant weren, das er yhn setz vnd hebe, wie es yhn gelustet, denn es viel guter spruch sonst drynnen sind, Eyn man ist keyn man ynn welltlichen sachen, wie solt denn dißer eyntzeler, nur alleyn, widder Paulum vnnd alle andere schrifft gellten?"

Schon in der allgemeinen Vorrede zur Septemberbibel (gegen Schluß) hat Luther im Vergleich mit dem Johannesevangelium, den Paulusbriefen („sonderlich die zu den Romern, Galatern, Ephesern") und dem 1. Petrusbrief über den Jak-Brief so geurteilt[1]: „Darumb ist sanct Jacobs Epistel eyn rechte stroern Epistel gegen sie, denn sie doch keyn Euangelisch art an yhr hat."

Aber schon in den Resolutiones Lutherianae super propositionibus suis Lipsiae disputatis (August 1519)[2] finden sich kritische Äußerungen über den Jak-Brief: Quod autem Iacobi Apostoli epistola inducitur „Fides sine operibus mortua est", primum stilus epistolae illius longe est infra Apostolicam majestatem nec cum Paulino ullo modo comparandus, deinde de fide viva loquitur Paulus. Nam fides mortua non est fides, sed opinio. At vide theologos, hanc unam autoritatem mordicus tenent, nihil prorsus curant, quod tota alia scriptura fidem sine operibus commendet: hic enim mos eorum est, una abrepta oratiuncula textus contra totam scripturam cornua erigere.

In seinen Predigten über den von ihm sehr geschätzten 1. Petrusbrief, gehalten wohl 1522[3], äußert Luther sich auch kritisch über den Jak-Brief: „Darauß kan man aber urteylen, was eyn rechtschaffen Christlich leere odder predig sey. Denn wenn man wil das Evangelium predigen, so muß es kurtz umb sein von der aufferstehung Christi. Wer das nicht predigt, der ist keyn Apostel. Denn das ist das hewbtstück unßres glawbens. Und das sind die rechtschaffen edlisten bücher, die solchs am meysten leren und treyben ... Darumb kan man wol spüren, das die Epistel Jacobi keyn rechte Apostolisch Epistel ist. Denn es stehet schyr keyn buchstab darynne von dießen dingen."

Besonders scharf urteilt Luther in den Tischreden[4]: „Epistolam Jacobi ejiciemus ex hac schola, denn sie soll nichts, nullam syllabam habet de Christo. Er nennet auch Christum nicht eins, nisi in principio. Ich halt, daß sie irgendein Jude gemacht hab, welcher wol hat hören von Christo läuten aber nicht zusammenschlagen. Und weil er hat gehöret, daß die Christen so sehr auf den Glauben an Christum dringen, hat er gedacht: Herr, du willst ihnen begegnen und schlecht die opera treiben, wie er denn thut. De passione et resurrectione Christi sagt er nicht ein Wort, das doch aller Apostel Predigt

---

[1] WA, DB 6, 10.
[2] WA 2, 425/10 ff; Leipoldt II, 71.
[3] WA 12, 268/17 ff; Leipoldt II, 71.
[4] WA, TR 5, 157; Leipoldt II, 74. Vermutlich auf 1542 zu datieren.

ist gewest. Dazu ist da kein ordo noch methodus; itzt sagt er von kleidern, bald vom Zorn, fellet immer von einem aufs andere. Er gibt ein Gleichniß: sicut corpus non vivit sine anima, ita fides nihil est sine operibus. Ei Maria, Gottes Mutter, wie eine arme similitudo ist das! Confert fidem corpori, cum potius animae fuisset comparanda. Das haben auch die Alten gesehen, ideo non pro catholica habita."— Man vergleiche dazu noch eine ähnliche Äußerung[1]: „Jeckel wollen wir schier aus der Bibel stoßen hier zu Wittenberg, denn er redet nichts von Christo, ne una quidem syllaba nisi in principio et praeludio. Videtur contradicere Paulo nec de evangelio nec de lege recte loquitur. Ich halt es sei ein Jud gewest..."[2]

Auch 1543 noch weist Luther eine Berufung auf Jak zurück: „non est tanta eius auctoritas, ut propterea doctrina fidei relinquatur et discedatur ab autoritate reliquorum apostolorum et totius scripturae"[3].

Diese scharfen, sehr distanzierenden Urteile Luthers über den Jak-Brief hängen offensichtlich mit seiner reformatorischen Entscheidung zusammen[4]. Denn noch in seiner Römerbriefvorlesung von 1515/16 bilden Jak und Paulus keine sich ausschließenden Gegensätze: Igitur quando b. Jacobus et Apostolus dicunt ex operibus hominem justificari, contra falsam intelligentiam disputant eorum, qui fidem sine operibus suis sufficere putabant, cum Apostolus non dicat, quod fides sine suis propriis operibus, sed sine operibus legis justificat. Igitur justificatio requirit non opera legis, sed vivam fidem, que sua operatur opera (Ficker II, 85 f). Die einseitige Entscheidung Luthers für Paulus brachte — notwendigerweise — auch ein neues kanonkritisches Prinzip mit sich, insofern nun „kanonisch" identisch wird mit „apostolisch", wobei aber der Begriff „apostolisch" nicht historisch gemeint ist — im Sinne einer apostolischen Verfasserschaft —, sondern kerygmatisch im Sinne von „Christum predigen und treyben" (s. oben Vorrede zur Septemberbibel). Das ist nun das Kriterium, nach dem alle Schrift zu werten ist, „der rechte prufesteyn alle bucher zu taddelln, wenn man sihet, ob sie Christum treyben, odder nit... Was Christum nicht leret, das ist nicht Apostolisch, wens gleich Petrus odder Paulus leret, Widerumb, was Christum predigt, das ist Apostolisch, wens gleych Judas, Annas, Pilatus vnd Herodes thett". „Apostolisch" ist m. a. W. nichts anderes als „Evangelium"[5]: „Evangelium aber heysset nichts anders, denn ein predig und geschrey von der genad und barmhertzigkeytt Gottis, durch herrren Christum mit seynem todt verdienet und erworben"[6], so daß Luther auch gegenüber den Synoptikern

---

[1] WA, TR 5, 414.
[2] Vgl. dazu auch TR 5, 382: „Ich werde einmal mit dem Jeckel den offen heizen. Possumus eum ornare et excusare, sed profecto difficulter."
[3] Vgl. K. Holl, Luther (Tübingen ⁶1932) 561.
[4] Zur Beurteilung des Jak-Briefes im Altprotestantismus vgl. G. Kawerau u. M. Meinertz (s. Anm. 7, S. 42); I. Döllinger, Die Reformation III (Regensburg 1848) 356–363; M. Meinertz, Der Jakobusbrief und sein Verfasser, 236–250. „In der Ablehnung des Briefes haben die Schüler den Meister noch übertroffen" (W. Bieder in: ThZ 5 [1949] 94, Anm. 3).
[5] Vgl. auch Maurer, a. a. O. 62–69; Eichholz, Jakobus und Paulus, 13 f.
[6] WA 12, 259/5ff.

sagen kann: „Drumb sind S. Paulus Epistel mehr eyn Evangelion denn Mattheus, Marcus und Lucas" (ebd.).

Luthers Reduzierung des Evangeliums auf Sündenvergebung[1] mußte notwendig zu einem kanonkritischen Prinzip — zum „rechten prufesteyn" — werden, das in der gegenwärtigen Diskussion um die Geltung des ntl. Kanons weiterwirkt[2]. So findet auch W. G. Kümmel den kanonkritischen Grundsatz Luthers „zweifellos richtig"[3] und stellt der äußeren, historisch gegebenen Grenze des Kanons kritisch eine „innere" Grenze gegenüber, die durch die „zentrale Christusverkündigung" bestimmt sei.[4] Und Schammberger betont gegen die „Vermittlungstheologie" Schlatters (und schon Melanchthons): „Luther hat hierüber ein für allemal das Wesentliche gesagt. Es gibt keine ‚Gemeinschaft des Jacobus mit Paulus', wie sie auch jetzt wieder Schlatter behauptet"[5]. Andere evangelische Theologen denken jedoch anders, so in jüngster Zeit etwa Georg Eichholz in seiner Schrift „Jakobus und Paulus": „Das im Zeichen des Gehorsams gelebte Leben darf nicht ausfallen. Das schärft Jakobus ein" (S. 48). Solche Sätze sind als Zeichen der Hoffnung zu werten.

Die formgeschichtliche Betrachtung des biblischen Schrifttums hat den Blick nicht bloß für die „Redaktion", sondern — in erster Linie sogar — für die „Tradition" geschärft. Wenn ein ntl. Brief in einer paränetischen Tradition steht, so ganz besonders der Jak-Brief. Dies hat ein für allemal der große Kommentar von M. Dibelius ins Bewußtsein gebracht. Nun gibt es für die Paränesen des Jak-Briefes nicht bloß „Parallelen" im AT, im spätjüdischen Schrifttum und in der heidnisch-hellenistischen Ethik, sondern ganz besonders auch in der Predigt Jesu (s. § 8). Zur Predigt Jesu von der Gottesherrschaft gehört nicht bloß die Ankündigung der letzten Zeit der Geschichte, wofür auch unser Brief Zeugnis ablegt (vgl. 5, 1–11), nicht bloß die Offenbarung Gottes als des Vaters[6], sondern eine verschärfte, Gehorsam heischende Bekanntgabe des Willens Gottes durch den Messias Jesus (Bergpredigt!)[7]. Da entsteht aber die Frage: Gehört diese letzte Bekanntgabe des Willens Gottes nicht auch zum Evangelium? Die Frage muß bejaht werden, wenn das Anliegen Jesu überhaupt begriffen sein will. Und wenn der Jak-Brief nun in einer ganz besonderen Weise die ethischen Forderungen

---

[1] Vgl. Leipoldt II, 68.
[2] Vgl. zu dieser Diskussion etwa F. Mussner in: LThK ²VI, 89f; H. Küng, Der Frühkatholizismus im NT als kontroverstheologisches Problem, in: ThQ 142 (1962) 385–424; F. Mussner, „Evangelium" und „Mitte des Evangeliums", in: Gott in Welt (Festschr. f. K. Rahner) (Freiburg 1964) I, 492–514.
[3] ZThK 47 (1950) 292.
[4] Vgl. auch ders., Einleitung in das NT (Feine-Behm¹²) 302.
[5] Die Einheitlichkeit des Jakobusbriefes, 31.
[6] Vgl. besonders H. Schürmann, Das hermeneutische Hauptproblem der Verkündigung Jesu, in: Gott in Welt (s. Anm. 2) I, 579–607.
[7] Vgl. auch H. Braun, Spätjüdisch-häretischer und frühchristlicher Radikalismus II (Die Synoptiker) (Tübingen 1957); E. Neuhäusler, Anspruch und Antwort Gottes. Die Lehre von den Weisungen innerhalb der synoptischen Jesusverkündigung (Düsseldorf 1962).

Jesu zur Geltung bringt, wie sich zeigen läßt, so muß doch wohl gesagt werden, daß er dadurch in Wahrheit „Christum treibet"[1]. Luther selbst lag die fides viva stets am Herzen, und die an Paulus orientierte Kreuzespredigt muß selbstverständlich ein Hauptinhalt der christlichen Predigt für immer bleiben. Dennoch darf Jesu und des Jak Verkündigung des Willens Gottes nicht zum „Gesetz" abgestempelt werden, gegen das der „Glauben" ausgespielt wird. Das wäre gegen den Willen des Herrn der Kirche, in dessen Dienst auch der Herrenbruder Jak steht (Jak 1, 1). Darum muß der Jak-Brief weiterhin im Kanon bleiben, wenn das ganze Evangelium in der Kirche zur Geltung kommen soll. Wenn die Kirche „sich auf Paulus allein spezialisierte und den Juden Jak mit seiner prophetisch harten Forderung zur irdischen Tat der Liebe, zur Veränderung der sozialen Struktur, sein Wehe gegen die Reichen, seine Tat- und Werkreligion übersähe, wäre sie nicht mehr allgemein" (H. U. v. Balthasar)[2].

§ 8. Der Jakobusbrief und die Ethik Jesu

1. DAS GEMEINSAME MATERIAL[3]

G. Kittel schreibt über den Jak-Brief: „Es gibt keine Schrift des NT außer den Evangelien, die so mit Anklängen an Herrenworte gespickt ist wie er." Außer der Stelle über den Eid (5, 12; Mt 5, 34 ff) zählt Kittel in unserem Brief „noch mindestens 25 weitere erwähnenswerte Anklänge an Herrenworte". Eine ganze Reihe der von ihm angeführten Parallelen muß jedoch von vornherein ausscheiden, da sie in Wirklichkeit keine sind, so etwa Jak 1, 2 (πᾶσαν χαράν) verglichen mit Mt 5, 11 f (χαίρετε καὶ ἀγγαλιᾶσθε); Jak 1, 4 (ἵνα ἦτε τέλειοι) verglichen mit Mt 5, 48 (ἔσεσθε οὖν ὑμεῖς τέλειοι). Aber folgende Stellen können herangezogen werden:

---

[1] Siehe Näheres unter § 8, 2.
[2] Juden, Christen, Deutsche (hrsg. von H. J. Schultz) (Stuttgart 1961) 177.
[3] Vgl. auch Mayor, LXXXII–LXXXIV; Spitta, Der Brief des Jakobus, 155–183; Schlatter, Der Brief des Jakobus, 9–29; Chaine, LXIV–LXIX; G. Kittel in: ZntW 41 (1942) 84–94; M. H. Shepherd in: JBL 75 (1956) 40–51; E. Lohse in: ZntW 48 (1957) 9–13; F. Gryglewicz, L'Épître de St. Jacques et l'Évangile de St. Matthieu, in: Roczniki Teologiczno-Kanoniczne 8 (1961) 33–55; W. D. Davies, The Setting of the Sermon on the Mount (Cambridge 1964) 401–414.

Jak	Ev	Quellen-lage[1]	B[2]
1, 5	αἰτείτω ... καὶ δοθήσεται αὐτῷ (vgl. auch noch 4, 3)	Mt 7, 7 (Lk 11, 9)	Q	B
1, 6	αἰτείτω δὲ ἐν πίστει, μηδὲν διακρινόμενος	Mt 21, 21 (Mk 11, 23f)	Mk	
1, 17	πᾶσα δόσις ἀγαθή ... ἄνωθεν ... ἀπὸ τοῦ πατρὸς τῶν φώτων	Mt 7, 11 (Lk 11, 13)[4]	ὁ πατὴρ ὑμῶν ὁ ἐν τοῖς οὐρανοῖς δώσει ἀγαθά	Q	B
1, 22	γίνεσθε δὲ ποιηταὶ λόγου καὶ μὴ ἀκροαταὶ μόνον	Mt 7, 24 (Lk 6, 47)[5]	πᾶς ... ὅστις ἀκούει μου τοὺς λόγους τούτους καὶ ποιεῖ αὐτούς	Q	B
1, 23	εἴ τις ἀκροατὴς λόγου ἐστὶν καὶ οὐ ποιητής	Mt 7, 26 (Lk 6, 49)	πᾶς ὁ ἀκούων μου τοὺς λόγους τούτους καὶ μὴ ποιῶν αὐτούς[6]	Q	B
2, 5 ff	Die Erwählung der Armen durch Gott (vgl. auch 1, 9f)	Mt 5, 3 (Lk 6, 20)	Seligpreisung der Armen[7]	Q	B
2, 6	οὐχ οἱ πλούσιοι ... ἕλκουσιν ὑμᾶς εἰς κριτήρια	Lk 18, 3	ἐκδίκησόν με ἀπὸ τοῦ ἀντιδίκου μου[8]	SLk	B
2, 13	ἡ γὰρ κρίσις ἀνέλεος τῷ μὴ ποιήσαντι ἔλεος· κατακαυχᾶται ἔλεος κρίσεως	Mt 5, 7	μακάριοι οἱ ἐλεήμονες, ὅτι αὐτοὶ ἐλεηθήσονται[9]	SMt	B

---

[1] Q = Logienquelle; S = Sondergut. [2] B = innerhalb der Bergpredigt (Mt 5–7).
[3] Vgl. auch noch Mt 17, 20 (Senfkornglaube!) = Lk 17, 5 (Q), dazu noch das Gleichnis vom bittenden Nachbarn Lk 11, 5–8, in dem es um die Gewißheit der Erhörung geht (J. JEREMIAS, Die Gleichnisse Jesu [Göttingen ⁶1962] 157–159).
[4] Statt ἀγαθά liest Lk πνεῦμα ἅγιον: „This is a significant indication that, in the gospel traditions generally symbolized by Q, James is closer to the Matthean interpretation" (SHEPHERD, Epistle of James and Gospel of Matthew, 45); doch bedarf dies noch einer eigenen, sorgfältigen Untersuchung und Nachprüfung.
[5] Vgl. auch noch Lk 11, 28; Röm 2, 13; 1 Joh 3, 7. [6] SHEPHERD (46) weist auch noch auf das Gleichnis von den zwei ungleichen Söhnen hin (Mt 21, 28–32), in dem es ja auch um Hören und Verwirklichung geht.
[7] Zu Jak 2, 3b kann noch auf Lk 14, 13 verwiesen werden („wenn du ein Mahl gibst, lade die Armen . . . ein").
[8] Immerhin eine gewisse Berührung in der Thematik. Vgl. auch Mk 12, 40 = Lk 20, 47.
[9] Vgl. auch noch Mt 18, 23–35 (S): Gleichnis vom unbarmherzigen Knecht.

§ 8. Der Jakobusbrief und die Ethik Jesu

2, 14–26	Heilsbedeutung der Liebeswerke		Mt 25, 31–46	Jesu Rede vom Weltgericht	SMt
3, 1–12	Wider die Verderblichkeit der Zunge		Mt 12, 36f	Über jedes unnütze Wort muß Rechenschaft abgelegt werden	SMt
3, 12	μὴ δύναται ... συκῆ ἐλαίας ποιῆσαι ἢ ἄμπελος σῦκα	Mt 7, 16b (Lk 6, 44b)	μήτι συλλέγουσιν ἀπὸ ἀκανθῶν σταφυλὰς ἢ ἀπὸ τριβόλων σῦκα	Q	B
3, 18	καρπὸς δὲ δικαιοσύνης ἐν εἰρήνῃ σπείρεται τοῖς ποιοῦσιν εἰρήνην	Mt 5, 9	μακάριοι οἱ εἰρηνοποιοί, ὅτι υἱοὶ θεοῦ κληθήσονται	SMt	B
4, 4	μοιχαλίδες, οὐκ οἴδατε ὅτι ἡ φιλία τοῦ κόσμου ἔχθρα τοῦ θεοῦ ἐστιν	Mt 6, 24 (Lk 13, 13)	οὐδεὶς δύναται δυσὶ κυρίοις δουλεύειν ... οὐ δύνασθε θεῷ δουλεύειν καὶ μαμωνᾷ[1]	Q	B
4, 9	[ταλαιπωρήσατε καὶ] πενθήσατε καὶ κλαύσατε· ὁ γέλως ὑμῶν εἰς πένθος μετατραπήτω [καὶ ἡ χαρὰ εἰς κατήφειαν]	Lk 6, 25b	οὐαί, οἱ γελῶντες νῦν, ὅτι πενθήσετε καὶ κλαύσετε	SLk	
4, 10	ταπεινώθητε ἐνώπιον κυρίου καὶ ὑψώσει ὑμᾶς	Mt 23, 12 (Lk 14, 11; 18, 14)	ὅστις ταπεινώσει ἑαυτὸν ὑψωθήσεται	Q	
4, 13–15	Plänemacherei für „morgen"	Mt 6, 34	μὴ οὖν μεριμνήσητε εἰς τὴν αὔριον[2]	SMt	B
4, 17	εἰδότι οὖν καλὸν ποιεῖν καὶ μὴ ποιοῦντι, ἁμαρτία αὐτῷ ἐστιν	Lk 12, 47	... ὁ δοῦλος ὁ γνοὺς τὸ θέλημα τοῦ κυρίου αὐτοῦ καὶ μὴ ἑτοιμάσας ἢ ποιήσας πρὸς τὸ θέλημα αὐτοῦ δαρήσεται πολλάς	SLk	
5, 1	ἄγε νῦν οἱ πλούσιοι, κλαύσατε ὀλολύζοντες ἐπὶ ταῖς ταλαιπωρίαις ὑμῶν ταῖς ἐπερχομέναις	Lk 6, 24	οὐαὶ ὑμῖν τοῖς πλουσίοις, ὅτι ἀπέχετε τὴν παράκλησιν ὑμῶν[3]	SLk	

---

[1] Zur Bezeichnung μοιχαλίδες vgl. noch Mt 12, 38; 16, 4.   [2] „an exposition of the gospel teaching on anxiety" (SHEPHERD); vgl. auch Mk 8, 36 parr; Lk 12, 13–21 (Gleichnis vom törichten Bauern).
[3] Vgl. auch Lk 16, 25 (aus dem Gleichnis vom reichen Prasser).

Einleitung

Jak		Ev	Quellenlage	B
5, 2	τὰ ἱμάτια ὑμῶν σητόβρωτα γέγονεν	Mt 6, 20 (Lk 12, 33b)	Q	B
5, 5	ἐτρυφήσατε ἐπὶ τῆς γῆς καὶ ἐσπαταλήσατε	Lk 16, 19	S^{Lk}	
5, 5	Reicher Prasser!			
5, 7	Geduldiges Warten auf die Parusie	Mk 4, 26–29	S^{Mk}	
5, 9a	μὴ στενάζετε, ἀδελφοί, κατ' ἀλλήλων, ἵνα μὴ κριθῆτε (vgl. auch 1,20!)	Mt 5, 22 (vgl. auch 7, 1!)	S^{Mt}	B
5, 9b	ἰδοὺ ὁ κριτὴς πρὸ τῶν θυρῶν ἕστηκεν	Mk 13, 29 parr	Mk	
5, 10	ὑπόδειγμα λάβετε ... τῆς κακοπαθίας καὶ τῆς μακροθυμίας τοὺς προφήτας	Mt 5, 12b (Lk 6, 23b)	Q	B
5, 12	Schwurverbot	Mt 5, 33–37	S^{Mt}	B
5, 17	Eliasbeispiel (Regen!)	Lk 4, 25	S^{Lk}	
5, 19f	Zurückführung eines Irrenden	Mt 18, 15 (Lk 17, 3)	Q	

---

[1] Vgl. dazu auch W. Pesch, Zur Exegese von Mt 6, 19–21 und Lk 12, 33–34, in: Bib 41 (1960) 356–378; Pesch meint allerdings (376): „Jak 5, 2–3 hat vielleicht noch nichts mit dem Logion Jesu zu tun, eher sind die [von Pesch] zitierten jüdischen Parallelen beiden bekannt gewesen."
[2] Dazu F. Mussner, Die Botschaft der Gleichnisse Jesu (München ²1964) 98. [3] Vgl. dazu Exkurs über das Eidverbot.
[4] Vgl. dazu auch W. Trilling, Hausordnung Gottes. Eine Auslegung von Mt 18 (Die Welt der Bibel, Bd. 10) (Düsseldorf 1960) 43f.

Diese Übersicht läßt folgendes erkennen:
a) Das gemeinsame Gut bezieht sich fast ausschließlich auf die Ethik (christliche Lebenslehre).
b) Ein Großteil der Gemeinsamkeiten gehört in der evangelischen Überlieferung der Logienquelle (Q) an.
c) Darüber hinaus findet sich Parallelmaterial vor allem im Sondergut des Mt, dazu noch einiges im Sondergut des Lk.
d) Ein Großteil des gemeinsamen Gutes findet sich im Mt-Ev innerhalb der Bergpredigt (B).

Welche Schlüsse dürfen daraus gezogen werden? Gewiß nicht der, daß Jakobus das Mt-Ev gekannt habe. Es zeigt sich ja deutlich bei Jak eine durchaus selbständige und freie Verwertung des gemeinsamen Gutes, das eine literarische Abhängigkeit nicht zuläßt[1]. Auch eine direkte Abhängigkeit von der Logienquelle darf nicht postuliert werden, da es eine „Logienquelle" im literargeschichtlichen Sinn doch wahrscheinlich nie gegeben hat. Anderseits findet sich aber so viel gemeinsames Gut in Jak und Q, daß auf seiten des Jak eine Kenntnis jener ethischen Tradition, wie sie in der Logienquelle gesammelt ist, schwerlich bestritten werden kann. Zwar findet sich gewiß zur ethischen Didache unseres Briefes viel Traditionsgut auch schon im AT, dennoch läßt der Brief zu deutlich ein ethisches Ideal erkennen, das jenem Jesu, besonders in der Bergpredigt, sehr nahesteht. Was Jak lehrt, ist Geist vom Geiste Jesu![2]

Für die Abfassungszeit dürfen aus den Gemeinsamkeiten keine voreiligen Schlüsse gezogen werden. Denn das ethische Material aus der überlieferten Predigt Jesu konnte auch später noch in selbständiger und freier Weise in der christlichen Unterweisung verwendet werden[3]. Eher könnte man schon

---

[1] Eine Kenntnis des Mt-Ev durch Jak, wie sie Shepherd und Gryglewicz annehmen, kann nicht nachgewiesen werden, vielmehr nur gemeinsames Traditionsgut. Es gilt hier dasselbe wie für die Didache, in der auch eine ev. Tradition verarbeitet ist, die der des Mt verwandt, aber nicht mit ihr identisch ist; vgl. H. Köster, Synoptische Überlieferung bei den Apostolischen Vätern (TU 65) (Berlin 1957) 159–241; E. Lohse in: ZntW 48 (1957) 10–12; J.-P. Audet, La Didachè. Instructions des Apôtres (Paris 1958) 166–186; R. Glover, The Didache's Quotations and the Synoptic Gospels, in: NTSt 5 (1958/59) 12–29. Gryglewicz sieht direkte Abhängigkeit des Jak-Briefes vom griechischen Mt-Ev, dessen hebräischer Urtext schon vor dem Jahr 50 verfaßt sei(!); er stützt sich dabei (vgl. 43–54) auf bestimmte Wendungen und Begriffe, die eine literarische Abhängigkeit erkennen ließen, so Jak 1, 5f: Mt 7, 1; 21, 21–23 (ἐν πίστει); Jak 1, 22: Mt 7, 24 (ποιητὴς λόγου); Jak 3, 10: Mt 15, 18f (ἐξέρχεσθαι, στόμα); Jak 3, 12: Mt 7, 15f (σῦκα); Jak 4, 10: Mt 18, 3f; 23, 12 (Erniedrigung—Erhöhung); Jak 5, 2f: Mt 6, 19f (θησαυρίζειν, σής, βρῶσις); Jak 5, 12: Mt 5, 34–36 (Eidverbot); Jak 5, 15: Mt 12, 31f (ἀφεθήσεται αὐτῷ). Diese Wendungen und Begriffe erklären sich ohne weiteres durch die gemeinsame zugrunde liegende Tradition. Bei literarischer Abhängigkeit vom griechischen Mt hätte Jak den Text seiner Quelle in einem wenig wahrscheinlichen Maße abgewandelt.
[2] Vgl. auch A. Wikenhauser, Einleitung in das NT, 348: „Die ethische Höhenlage des Briefes, die diejenige der atl. Weisheitsliteratur weit übertrifft, ist nur aus der starken Einwirkung der Lehre Jesu verständlich."
[3] Das ist vor allem das Ergebnis der Untersuchungen Kösters (vgl. bes. 261–266), das jedoch noch einer kritischen Nachprüfung bedarf.

Rückschlüsse auf den geographischen Raum ziehen: gerade die vielen und verhältnismäßig engen Berührungen mit dem Mt-Ev verweisen die „zwölf Stämme in der Diaspora", an die der Brief gerichtet ist, in den Raum der „Kirche des Matthäus", vielleicht also in den palästinensisch-syrischen Raum[1]. Shepherd (50f) macht darauf aufmerksam, daß auch bestimmte Auffassungen über die Kirchenordnung in unserem Brief stark auf eine judenchristliche Gemeinschaft in Palästina und Syrien hinweisen, so die betonte Erwähnung von „Lehrern" (3, 1), das Auftauchen von „Ältesten" (5, 14), die Eulogien (3, 9), Gebet und Psalmengesang (5, 13), die eigentümliche Formulierung in 2, 7 („sein guter Name ist angerufen über euch"), die Bezeichnung der Adressaten (1, 1), die Ölsalbung (5, 14), das gegenseitige Sündenbekenntnis (5, 16). Das Frömmigkeitsideal des Briefes berührt sich in vieler Hinsicht mit dem der Gemeinde des Matthäus[2].

2. OB DER JAKOBUSBRIEF „CHRISTUM LEHRET"?

Luther hat sein kanonkritisches Urteil über den Jak-Brief nicht bloß deswegen gefällt, weil der Brief den Werken den Vorzug vor dem Glauben gebe (s. dazu § 7, II)[3], sondern weil er nicht in der richtigen Weise „Christum lehrt". Dieser Kritik gegenüber entsteht aber die Frage: Was heißt eigentlich „Christum lehren"? Es scheint ein Vorurteil zu sein, zu meinen, das heiße nur: ausdrücklich von seinem Kreuzestod, seiner Auferstehung und seiner Wiederkunft reden. Diese Forderung wäre und ist ein tragisches und folgenschweres Mißverständnis der Botschaft Jesu und des Ev. Denn die Lehre Jesu ist weithin auch Ethik — gerade die älteste Schicht in der ev. Überlieferung zeigt es! Man muß sagen, daß mindestens die Hälfte der Predigt Jesu ethische Stoffe bietet: konkrete, praktische Lebenslehre, positive Forderung, Imperative, Paränese. Dies ist nicht minder bei Jak der Fall. Wer sich die ethischen Forderungen Jesu zu eigen macht, sie an die Kirche weitervermittelt und sie selbst in ihr laut erhebt, der „lehret Christum". Dies hat Jak wie kein anderer ntl. Hagiograph getan.

Die Ethik des Jak-Briefes ist zudem nicht eine Ethik neben der Ethik Jesu oder gar ein Rückfall in die rabbinische Kasuistik. Für Jak gibt es keine tausend Wenn und Aber, sondern nur die klare und eindeutige Forderung nach Hilfe, nach Vergebung, nach Geduld, nach „eschatologischer" Ausrichtung des ganzen Lebens. So entspricht es der Lehre Jesu, wie sie uns vor allem in der Bergpredigt überliefert ist. Auf Jak hören heißt darum

---

[1] Vgl. auch SHEPHERD, 47–51.
[2] Vgl. dazu etwa J. GNILKA, Die Kirche des Matthäus und die Gemeinde von Qumran, in: BZ, NF 7 (1963) 43–63.
[3] Dabei unterstellt Luther sogar: „Aber diser Jacobus thutt nicht mehr, denn treybt zu dem gesetz vnnd seynen wercken" (Vorrede zur Septemberbibel), während in Wirklichkeit Jak nur zu den Werken der Liebe „treybt" (vgl. auch Exkurs über „Das Werk bei Paulus und Jakobus"), weil es ihm wie Luther um eine fides viva geht.

auf Jesus hören! Beiden geht es um die Verwirklichung des Wortes![1] So gehört gerade der Jak-Brief zu jenen Schriften im NT, die in ganz besonderer Weise Christum treiben und lehren[2].

§ 9. Die textgeschichtliche Bezeugung[3]

1. Papyri[4]

𝔓[20]: Reste von Jak 2, 19 – 3, 2; 3, 4–9 (von 3, 3 nur 1 Wort); verwandt mit B, ℵ, C. Ägyptischer Text (jedoch verschieden von 𝔓[54]); 3. Jh.

𝔓[23]: Jak 1, 10–12 15–18 (verwandt mit B, ℵ, C); Anfang 3. Jh.

𝔓[54]: Jak 2, 16–18 21–23 24/25/26; 3, 2–4 (verwandt mit B, ℵ, C); 5./6. Jh.

𝔓[74] (Bodmer XVII): Fast vollständiger Text des Briefes[5] (Jak 1, 1–6 8–19 21–23 25; 1, 27 – 2, 15 18–22; 2, 25 – 3, 1 5–6 10–12 14; 3, 17 – 4, 8 11–14; 5, 1–3 7–9 12–14 19–20). Die Handschrift entstand nach dem Urteil des Herausgebers im 6. oder 7. Jh. und enthält außer dem Jak-Brief auch den Text der Apg, 1–2 Petr, 1–3 Joh und Jud; „une onciale épaise, du type égyptien" (Kasser). Ihre Abweichungen vom Nestle-Text sind folgende (mit textkritischem Apparat)[6]:

---

[1] Man denke nur an die wichtige Rolle, die das „Tun" (ποιεῖν), also die Verwirklichung, in der Predigt Jesu spielt (s. dazu H. Braun, Spätjüdisch-häretischer und frühchristlicher Radikalismus II, 29–33) und vergleiche damit die Forderung des Jak-Briefes, ποιηταὶ λόγου bzw. ἔργου zu werden! Vgl. auch Kommentar zu 1, 22.

[2] Das NT versteht unter „Christum treiben" offensichtlich auch dies: ein Leben nach dem Willen des Herrn führen. Das geht z. B. bes. deutlich aus der interessanten Formulierung in Eph 4, 20 hervor: ὑμεῖς δὲ οὐχ οὕτως ἐμάθετε τὸν Χριστόν. Das bezieht sich auf Grund des Kontextes eindeutig auf das Ethos! „Christum lernen" heißt christlich leben. „Die Leser haben Christus als die Verkörperung des christlichen Lebensideals erlernt (nicht kennengelernt)" (J. Schmid, Der Epheserbrief des Apostels Paulus [Freiburg 1928] 158); vgl. auch Kol 1, 28; 2, 6 (die ethische Unterweisung der christlichen Gemeinde bedeutet Christus „verkündigen" und „überliefern"!). Was der Jak-Brief fordert, ist nichts anderes als ein „Christum lernen", indem man das Leben nach den Forderungen der Bergpredigt gestaltet. So gesehen, kann man nicht gut von einem „Fehlen der eigentlich christlichen Botschaft im Jk." sprechen (so Kümmel, in: Einleitung in das NT [Feine-Behm[12]] 302); denn die Bergpredigt gehört zu ihr!

[3] Vgl. vor allem J. H. Ropes, The Text of the Epistle of St. James, in: JBL 28 (1909) 103–129; ders., Kommentar, 74–84; C. R. Gregory, Textkritik des NT I (1909) 96–105 (Majuskeln), 263–294 (Minuskeln); H. v. Soden, Die Schriften des NT in ihrer ältesten erreichbaren Textgestalt hergestellt I/3 B (Göttingen ²1911) 1840–98; M.-J. Lagrange, Critique textuelle (II: La Critique Rationnelle) (Paris 1935) 529–578.

[4] Vgl. G. Maldfeld, in: ZntW 42 (1949) 245f 251; K. Aland, Kurzgefaßte Liste der griech. Handschriften des NT I (Berlin 1963) 30–33.

[5] Hrsg. von R. Kasser in: Bibliotheca Bodmeriana (Cologny-Genève 1961) (mit genauer Beschreibung des Codex).

[6] Dabei werden die Minuskeln meist nur in Auswahl angeführt.

Einleitung

𝔓⁷⁴	Nestle-Text

1, 9   τω υψ[ει] 429, 1611 syrʰ   εν τω υψει
1, 19   ιστε δε Α   ιστε
1, 22   μονον [ακ]ροατε ʰ) 𝔎   ακροαται μονον¹
1, 25   μακαριος   ουτος μακαριος
1, 27   υπερασπιζειν αυτου[ς]   ασπιλον εαυτον τηρειν
2, 3b   καθο]υ ω[δε ℵ P 𝔎, viele Mi-   καθου
         nusk., syrᵖ
2, 6   ουχι [δ]ε²   ουχ
2, 6   υμα[ς ℵ* A 218 s Vg   υμων
2, 7   και³ A Ψ 33 al. syrʰ   ουκ
2, 11   εγε]νου Α 33 αποστατης Α   γεγονας παραβατης
2, 12   λογου   νομου
2, 13   κατακαυχασ[θω]⁴   κατακαυχαται
         Α 33 1175 1739 323
2, 18   διξω⁵ σοι 𝔎, Minusk.   σοι δειξω
2, 18   την πιστι[ν] μου Α Ψ, viele Mi-   την πιστιν
         nusk., ff s arm copt
2, 20   κενη   αργη⁶
3, 5   ωσ]αυτως Α 162 808   ουτως
3, 6   η σ]πιλου[σα και φλογιζο]υ[σα]   η σπιλουσα ολον το σωμα και φλογι-
         . . . (fehlt)   ζουσα
3, 11   το[ν θ]υμ[ον]   το πικρον
3, 17   μεστη καρπων   και καρπων
3, 18   σ[πει]ρετε εν [ειρηνην   εν ειρηνη σπειρεται
4, 5   κατωκισεν (= κατωκησεν⁷ K L P,   κατωκισεν εν
         viele Minusk., latt syr)
4, 12   νομοθετη[ς] 𝔎 Ψ, viele Minusk.,   νομοθετης και κριτης
         it, Vg, syr
4, 13   ενιαυτον ενα Α 𝔎 syr   ενιαυτον
4, 14   ποια] γαρ A P 𝔎, viele Minusk.,   ποια
         lat
5, 3   ο χρυσο[ς υ]μων [κα]τιωτε κ[αι   ο χρυσος υμων και ο αργυρος κατιωται
         ο αργυρος] Α 33
5, 8   μακροθυμησατε ουν ℵ L 453 255   μακροθυμησατε
         syrᵖ
5, 19   απο τ[η]ς οδου (+ αληθειας   απο της αληθειας
         ℵ 33 81 al. bo arm syrᵖ)
5, 20   ο επιστ[ρ]εψας Ψ ff sa   γινωσκετε οτι ο επιστρεψας

---

¹ B 206 214 1518 2147 ff s Vg arm copt.
² ουχι allein lesen C* A Ψ, Minuskeln.
³ Zu Beginn des Verses.
⁴ Vgl. 1, 9! ⁵ Ittazismus.
⁶ B ℵ* 323s ff s Vg arm sa; die übrigen lesen νεκρα.
⁷ Ittazismus. Oder handelt es sich um Haplographie (εν)?

§ 9. Die textgeschichtliche Bezeugung

Folgende Beobachtungen sind bemerkenswert:

a) Von den angeführten, vom Nestle-Text abweichenden LAA finden sich elf auch im Codex Alexandrinus (A). Das darf als Anzeichen genommen werden, daß $\mathfrak{P}^{74}$ (Jak) zur selben Texttradition gehört, d. h., $\mathfrak{P}^{74}$ steht im Jak-Brief einem Text nahe, der vor allem in Ägypten verbreitet war.

b) Auffällig ist eine Reihe von Sonder-LAA, so vor allem in 1, 27; 2, 12 und 3, 11 (s. nähere Besprechung jeweils im Kommentar).

2. Majuskeln[1]

B, ℵ, A, C (bis 4, 2 πολεμεῖτε): „neutraler" (ägyptischer) Text.
Ψ, P, K, L: Koine-Text (nur P geht teilweise mit den Zeugen des ägyptischen Texts zusammen)[2].

3. Wichtige Minuskeln

6 33 (steht P nahe) 42 69 81 104 326 (verwandt mit 33) 1175 1739.

4. Vetus Latina[3]

ff(Corbeiensis; vollständiger Text des Briefes; steht B nahe, jedoch mit 21 Abweichungen)[4], s(Bobbiensis; Jak 1, 1 – 2, 10 16 – 3, 5 13 – 5, 11 19), m(Speculum Pseudo-Augustini; Jak 1, 19f 26f; 2, 13–17 26; 3, 1–8 13; 4, 1 7 10–13; 5, 1–3 5), p(Perpinianus).

5. Übrige Übersetzungen

Sahidisch, akhmimisch, bohairisch, armenisch, äthiopisch, Syro-Peschitta, Syro-Philoxeniana, Syro-Heraclea, Syro-Palaestiniana (Jak 1, 1–12), Vulgata[5].

6. Zusammenfassung

a) Die Textgeschichte des Briefes ist kaum mehr völlig aufzuhellen. Das Dunkel darüber wird durch $\mathfrak{P}^{74}$ noch größer.

---

[1] Genaue Beschreibung der Hauptmajuskeln s. bei ROPES in: JBL 28 (1909) 108–118.

[2] Zu den übrigen wenigen Majuskeln mit Textresten des Briefes und Verbesserungen des Textes s. bei ROPES, ebd. 106 114f.

[3] Zur Beschreibung der angeführten Zeugen s. v. SODEN, Schriften, I/3 B, 1883 bis 1887; H. VOGELS, Handbuch der Textkritik des NT (Bonn ²1955) 96 100f.

[4] Vgl. J. WORDSWORTH, The Corbey St. James (ff) and its Relation to Other Latin Versions and to the Original Language of the Epistle, in: Studia Biblica I (Oxford 1885) 113–123 (ff beruhe auf einer anderen Übersetzung des aramäischen Originals!); W. SANDAY, Some Further Remarks on the Corbey St. James (ff), ebd. 233–263. Der Text ist abgedruckt bei J. E. BELSER, Kommentar zu Jak, 206–210 und zuletzt in: Vetus Latina. Die Reste der altlateinischen Bibel, fasc. 26, 1. Liefg. (Freiburg 1956). Zu den (sekundären) Sonderlesarten des ff s. v. SODEN, 1886f.

[5] Zur Vulgata des Jak-Briefes s. Näheres bei J. E. BELSER, Die Vulgata und der griechische Text im Jakobusbrief, in: ThQ 90 (1908) 329–339; LAGRANGE, Critique Textuelle II, 552–555; CHAINE, Kommentar, CIX–CXII. Text mit Varianten s. bei A. MERK, NT Graece et Latine.

b) Es gibt keinen „westlichen" Text für den Brief. Dies rührt davon her, daß der Brief im 2. Jh. noch kaum bekannt war.

c) Den besten Text scheint auch für den Jak-Brief der Codex Vaticanus zu bieten[1].

§ 10. Zur Gliederung des Briefes

Schon M. Luther bemerkte über den Jak-Brief, er „wirfft so vnordig eyns yns ander"[2]. Harnacks Meinung lautet nicht weniger unfreundlich: „. . . unserem Schriftstück fehlt jede Disposition. Es ist eine formlose und bunte Sammlung von Diskalien, Trostreden, Prophetien, Strafpredigten usw., die am Schluß in einige praktisch-kirchliche . . . Ermahnungen ausmündet. Doch kommt es auch hier nicht zu einer Ordnung . . . Kaleidoskopartig wechseln die Bilder . . . und über gänzlich mangelnden Zusammenhang hat man sich in allen Capiteln mit Ausnahme des zweiten zu beschweren."[3] Grafe urteilt ähnlich: „Allein Jak. faßt sich nicht nur knapp; seine Darlegungen lassen auch die wünschenswerte Geschlossenheit vermissen. Lose, vielfach ohne allen erkennbaren Zusammenhang werden die einzelnen Aussagen aneinandergereiht. Schon äußerlich zeigt sich das in dem auffallenden Mangel an Verbindungswörtern."[4] Auch nach M. Dibelius entbehrt der Jak-Brief „auf weite Strecken hin des gedanklichen Zusammenhangs völlig"[5]; Dibelius erklärt diesen Umstand „aus der literarischen Art der Paränese", die eben Spruch an Spruch reihe[6].

Andere urteilen anders. So hat z. B. Weiß[7] gegen Grafe die Durchsichtigkeit des Gedankenganges und die planvolle Verfolgung des Zweckes in ihm hervorgehoben[8]. Und schon geraume Zeit vorher hat E. Pfeiffer[9] den beachtlichen Versuch vorgelegt, in Jak 1, 19 den Schlüssel zur Gliederung des Briefes zu erkennen. Seine Anregungen nahm dann der Jesuit H. J. Cladder auf[10], der sie selbständig weiterentwickelte. Er sieht nach der Einleitung (1, 2–8) und im allgemeinen Teil (1, 9–25) in 1, 26f die Ankündigung des Themas, das dann in umgekehrter Reihenfolge in drei Teilen (2, 1–11; 2, 12–26; 3, 1–14) behandelt wird. Auch in den folgenden drei Abschnitten (3, 15–18; 4, 1–3; 4, 4–8a) sieht er nochmals die gleichen Themen, wieder in umgekehr-

---

[1] Vgl. dazu bes. Ropes in: JBL 28 (1909) 108–111 128.
[2] Vorrede auf die Episteln S. Jakobi und Judä vom Jahre 1522 (WA, DB 7, 386).
[3] Geschichte der altchristl. Literatur bis Eusebius II/1 (Leipzig 1897) 487.
[4] Stellung und Bedeutung des Jakobusbriefes, 10.
[5] Der Brief des Jakobus, 7. Nach H. Windisch (3) besteht der Brief „aus zwölf lose zusammengefügten Spruchreihen (darunter einige wenige Abhandlungen)".
[6] Grafe vermutet sogar (11): „Er scheint sich geradezu Sammlungen für seine schriftstellerische Produktion angelegt zu haben."
[7] Der Jakobusbrief und die neuere Kritik, in: NKZ 15 (1904) 391–439.
[8] Ähnlich auch schon J. Tielemann, ebd. 5 (1894) 580–611; ders., Zum Verständnis und zur Würdigung des Jakobusbriefes, ebd. 44 (1933) 256–270.
[9] Der Zusammenhang des Jakobusbriefes, in: ThStK 23 (1850) 163–180.
[10] Die Anlage des Jakobusbriefes, in: ZKTh 28 (1904) 37–57; ders., Der formale Aufbau des Jakobusbriefes, ebd. 295–330.

ter Reihenfolge behandelt. Darauf folgen noch Schlußmahnungen. J. Belser schloß sich der Auffassung Cladders weithin an[1].

A. Meyers Anschauung über den Aufbau des Briefes ist bedingt durch seine These, daß hinter dem Jak-Brief eine jüdische Grundschrift stehe, deren ursprüngliche Gedankenordnung eine in der Reihenfolge der Namen des Patriarchen Jakob und seiner 12 Söhne gegebene allegorische Deutung ihrer Namen gewesen sei (s. o. unter § 5). In modifizierter Form (unter Ablehnung der Grundschriftthese) wurde die Anschauung Meyers von dem Jesuiten G. Hartmann aufgenommen[2]. Nach ihm hat Jak seine Paränese an die in Gn 29, 32 – 35, 18 gegebenen Erklärungen des Namens der 12 Söhne Jakobs angeknüpft, „indem er jedesmal die Inhaltsdeutung wie ein Stichwort benutzt, zu dem er dann . . . einiges ausführt" (64). Entsprechend sei der Aufbau des Briefes: I (1, 2–18): Ruben („Der Herr hat angesehen mein Elend")[3]; II (1, 19–25): Simeon („Es hat gehört Jahwe"); III (1, 26–27): Levi („Er wird mir zugetan sein"); IV (2, 1–11): Juda („Ich will rühmen den Herrn"); V (2, 12–26): Dan („[Gott hat mir] Recht geschafft"); VI (3, 1–18; 4, 1–12): Naphthali („Ich habe Kämpfe Gottes gekämpft gegen meine Schwester und habe obsiegt"); VII (4, 13–17): Gad („Wohlan! Glückauf!"); VIII (5, 1–3): Aser („Mich werden glücklich preisen"); IX (5, 4–6): Issachar („Meinen Lohn hat mir Gott gegeben"); X (5, 7–11): Zebulon („Ertragen wird mich mein Mann"); XI (5, 12): Joseph („Hinzufügen möge der Herr"); XII (5, 13–20): Benjamin („Sohn meiner Leiden").

Anscheinend ergibt sich dadurch „die völlige Einheitlichkeit des Briefes" (69). Die Frage ist nur, ob die Namenallegorese tatsächlich hinter dem Brief steht. Dies wurde von der Kritik mit Recht bezweifelt[4].

M. Rustler hat in seiner (ungedruckten) Wiener Dissertation „Thema und Disposition des Jakobusbriefes" einen Vorschlag vorgelegt, der Beachtung verdient. Nach ihm behandelt der Brief ein einheitliches Thema[5]: „Die christliche Lösung der sozialen Spannungen". „Die damit aufgeworfene Frage wird in drei Hauptteilen beantwortet: zuerst grundlegend-dogmatisch (1, 2–27), dann praktisch-moralisch (2, 1 – 3, 12), schließlich endgültig-eschatologisch (3, 13–5, 20)." Doch damit nicht genug. Denn jeder dieser drei Hauptteile zerfällt nach Rustler „in drei Abschnitte, von denen die zwei ersten sich jeweils wie These und Antithese gegenüberstehen, während der dritte als Synthese dazu aufgefaßt werden kann. Die beiden antithetischen Abschnitte jedes Hauptteiles bilden stets die beiden Glieder eines oft bis in kleinste Einzelheiten gehenden Parallelismus membrorum. Ebenso zeigen die drei synthetischen Abschnitte sehr bemerkenswerte Verwandtschaften untereinander."

---

[1] Die Epistel des hl. Jakobus, 21 f.
[2] Der Aufbau des Jakobusbriefes, in: ZKTh 66 (1942) 63–70.
[3] Übersetzung nach HARTMANN.
[4] Siehe o. unter § 5. Zur Kritik an den Thesen MEYERS und HARTMANNS vgl. auch noch W. BIEDER in: ThZ 5 (1949) 95, Anm. 6.
[5] RUSTLER, 18.

Nun kann man natürlich alle Äußerungen des Briefes unter dem „sozialen" Aspekt betrachten, aber man muß es nicht. Der Brief selbst zwingt nicht dazu. Um nur einiges zu nennen: Warum sollen die πειρασμοί, wie Rustler (35) meint, nur „Schikanen aller Art" gegen die Armen von seiten der Reichen sein? Warum soll Kap. 3 des Briefes unter „sozialem" Aspekt stehen? Was haben die Schlußmahnungen (5, 12–20) mit dem sozialen Problem zu tun? Was aber an der These Rustlers richtig zu sein scheint, ist dies, daß die überlieferte „Armenfrömmigkeit" im Brief eine viel größere Rolle spielt, als man bisher gesehen hat. Ihr Schema ist es, das manche Abschnitte des Briefes gedanklich mehr miteinander verbindet, als etwa Dibelius erkannt hat.

Zuletzt hat M. Gertner eine interessante Hypothese für einen durchgehenden Gedankengang des Briefes vorgelegt[1]. Nach ihm basiert er auf einer Midrasch-Homilie über Os 10, 2 („geteilt ist ihr Herz")[2] nach dem Muster von Ps 12, 1–5 (die Überschrift nicht mitgezählt) und im Anschluß an ihn (da der Psalm selber ein Midrasch über Os 10, 2 sei). Der Brief sei allerdings „de-midrashided"; darum würde die Prophetenstelle nicht ausdrücklich zitiert. So würde es midraschischen Techniken entsprechen (290; vgl. auch 268–271). Die fünf Kapitel des Briefes würden genau den ersten fünf Versen des Psalmes entsprechen (289): Kap. 1 (πίστις)[3] = Ps 12, 1 (אֱמוּנִים); Kap. 2 (Glaube und Werke) = Ps 12, 2 (חֶלְקוֹת); Kap. 3 (Zunge) = Ps 12, 3 (גְּדֹלוֹת לָשׁוֹן מְדַבֶּרֶת); Kap. 4 (Feindschaft gegen Gott) = Ps 12, 4 (מִי אָדוֹן לָנוּ); Kap. 5 (Bedrückung der Armen) = Ps 12,5 (שֹׁד עֲנִיִּים). Damit nicht genug; denn die Motivfolge des Kap. 1 sei außerdem Ps 12, 1–5 entnommen, und jene des Kap. 5 ebenso, nur in umgekehrter Reihenfolge.

Nun spielen das Thema „geteiltes Herz" und die Motive von Ps 12, 1–5 im Jak-Brief gewiß eine Rolle – der Psalm ist ja wieder ein Ausdruck der atl. Armenfrömmigkeit! Dennoch ist nicht einzusehen, daß die fünf Kapitel wirklich nach Ps 12, 1–5 entwickelt seien. Vor allem entspricht Kap. 2 des Briefes (arm und reich; Glaube und Werke) keineswegs dem Inhalt von Ps 12, 2 („Lüge reden sie einer zum andern, gleisnerische Worte mit falschem [geteiltem] Herzen sprechen sie"). So ist auch Gertners Hypothese nicht überzeugend[4].

Im vorliegenden Kommentar ist keine gedankliche Einheit des Briefes

---

[1] Midrashim in the New Testament, in: JSS 7 (1962) 267–292 (für Jak s. bes. 283–291).
[2] Die Übersetzung ist allerdings umstritten; Nötscher (Echter-Bibel) übersetzt Os 10, 2: „ihr Verstand ist abhanden".
[3] In den Klammern wird jeweils das entscheidende Stichwort des Kapitels bzw. des Ps-Verses (nach der Auffassung Gertners) genannt.
[4] „Einheitlichkeit" im Jak-Brief glauben auch zu erkennen H. Schammberger, Die Einheitlichkeit des Jakobusbriefes im antignostischen Kampf (der Titel der Schrift sagt schon, worin Schammberger sie sehen möchte); J. B. Souček, Zu den Problemen des Jakobusbriefes, in: EvTh 18 (1958) 460–468 (Souček sieht sie vor allem in der Forderung des Briefes nach tatkräftiger „Lebenssolidarität der Gemeinde" gegenüber den Neigungen zu „einer fortschreitenden Verinnerlichung, Individualisierung und auch Theoretisierung" [466]).

gesucht, aus der Überzeugung heraus, daß es keine gibt. Was den Brief „zusammenhält", ist der entschlossene Wille seines Verfassers, die Leser in einem Christentum der Tat zu erhalten, sie zu „integrierten"¹, „vollkommenen" Christen zu machen, wobei er offensichtlich vom Ideal der „Armenfrömmigkeit" geleitet ist, ohne deswegen „Konventikelethik" (Dibelius)² bieten zu wollen. Jak ist ein Feind jeglicher διψυχία und ein Eiferer für die ὁλοκληρία. Von diesem Ideal ist der Brief vom Anfang bis zum Schluß beseelt³. Und dieses Ideal verbindet Jak mit den Propheten und mit Jesus (und auch mit den Essenern)⁴.

Die 15 Hauptüberschriften im vorliegenden Kommentar versuchen jeweils den Inhalt eines Abschnittes zu bezeichnen, womit jedoch nicht gesagt sein will, daß nicht häufig gedankliche Beziehungen zum vorausgehenden oder nachfolgenden Abschnitt vorhanden sind. Es sind gewiß häufig ideelle Verklammerungen da, aber es fehlt dem Brief eine durchgehende, konsequent aufgebaute Disposition. Unsere Überschriften dienen der stärkeren Bewußtmachung dessen, was der Brief mit seinen Paränesen bei seinen Lesern jeweils erreichen will.

---

[1] Vgl. den Terminus ὁλόκληρος in Jak 1, 4 (dazu Kommentar).
[2] Der Brief des Jakobus, 48.
[3] Vgl. auch P. J. du Plessis, ΤΕΛΕΙΟΣ, 233 f; A. Schlatter, Der Glaube im NT, 450: „Der Zielgedanke, den Jakobus der Gemeinde vorhält, heißt: Vollendung, τέλειον, ein ganzes Wesen."
[4] Dies hat zweifellos M. Gertner richtig gesehen (vgl. bes. 290 f).

AUSLEGUNG

I. Die Grußüberschrift (1, 1)

1, 1 *Jakobus, Gottes und des Herrn Jesus Christus Knecht, grüßt die zwölf Stämme in der Zerstreuung.*

Dem Schema des antiken Briefformulars folgend, nennt der Verfasser seinen Namen und eine aufs erste vage Bezeichnung der Adressaten. Die „offene" Anschrift stand vielleicht auf dem Begleitschreiben des Briefes, und sie noch zu besitzen wäre für die genauere Bestimmung des Adressatenkreises eine große Erleichterung.

Der Verfasser heißt Ἰάκωβος = יַעֲקֹב („er wird nach der Ferse greifen ...": 3. masc. sg. impf. qal von עקב = an der Ferse packen)[1]. Jak bezeichnet sich zunächst als δοῦλος θεοῦ. Das entspricht altorientalischer und atl.-jüdischer Gepflogenheit[2]. Vor allem werden die Großen des Alten Bundes δοῦλοι θεοῦ genannt, so Moses (4 Kg 18, 12; 2 Esr 19, 14; Ps 104, 26; Dn 9, 11; Mal 4, 6; Josephus, Ant. V § 39); David (2 Sm 7, 4; Ps 88, 4 21; u.ö.); Josue (Ri 2, 8 [δοῦλος κυρίου]); Abraham (Ps 104, 42); Zorobabel (Agg 2, 23); der Patriarch Jakob (Gn 32, 10; Is 41, 8; 48, 20; Jer 26, 27; Ez 28, 26; SDt [zu 3, 24]: „Jakob nannte sich selbst Knecht, wie es heißt Gn 32, 11. Und der Heilige, gepriesen sei er, nannte ihn Knecht, wie es heißt Is 48, 8"). Auch die Propheten sind die „Knechte" Gottes (Am 3, 7; Jer 44, 4). Nach Josephus (Ant. VII § 367) ist es der Beruf der Priester, „bei Tag und Nacht für Gott Knechte zu sein". Es gehörte im Judentum „zum festen Bestandteil der religiösen Rede, daß ein Beter vor Gott von sich als Knecht sprach" (G. Jeremias).

Im NT werden in Apg 16, 17 Paulus und seine Begleiter als „Knechte des höchsten Gottes" bezeichnet (vgl. auch 4, 29). Der Apostel nennt sich auch selbst δοῦλος Χριστοῦ [Ἰησοῦ] (Röm 1, 1; Gal 1, 10; Phil 1, 1) bzw. δοῦλος θεοῦ (Tit 1, 1): wohl unter dem Einfluß des atl. Sprachgebrauchs und im Wissen um sein auf Gottes Wahl beruhendes Dienstverhältnis zu Christus: fast „Ehrenbezeichnung" und „Amtsbegriff"[3].

---

[1] L. Köhler, LexVTL, s. v. עקב.
[2] Vgl. H. Lietzmann (HandbNT, 8) zu Röm 1, 1; K. H. Rengstorf in: ThWb II, 264–280; G. Sass, Zur Bedeutung von δοῦλος bei Paulus, in: ZntW 40 (1941) 24–32 (einschließlich des atl. Sprachgebrauchs); H. Cazelles in: J. B. Bauer, Bibeltheol. Wb II, 717–721; K. H. Schelkle, Die Petrusbriefe, Der Judasbrief (zu 1 Petr 2, 16; Jud 1); W. Zimmerli in: ThWb V, 658f; J. Jeremias: ebd. 677–680; G. Jeremias, Der Lehrer der Gerechtigkeit (Stud. z. Umwelt des NT, 2) (Göttingen 1963) 304f („Knecht Gottes" als Selbstbezeichnung des „Lehrers der Gerechtigkeit" in Qumran).
[3] Vgl. G. Sass, 26 30f.

Auch Jak nennt sich (in christlicher Erweiterung der atl. Formel) „Gottes und des Herrn Jesus Christus Knecht" (vgl. auch 2 Petr 1, 1; Jud 1); der Genitiv Χριστοῦ ist dabei schon Appellativum und nicht mehr Amtsname für Jesus. War der Verfasser des Briefes der Herrenbruder Jak, so ist es auffällig, daß er sich den Adressaten nicht als solcher vorstellt, obwohl er ihnen unter diesem Titel doch sehr wahrscheinlich bekannt war. Vielleicht soll mit δοῦλος sein besonderes Dienstverhältnis zu Gott und Jesus zum Ausdruck gebracht werden, was wiederum die im Brief vorgetragenen paränetischen Anliegen stärker auch als Wunsch und Willen Gottes und Jesu erscheinen läßt[1]. Die δοῦλος-Formel kann ja als Demuts- und Hoheitsbezeichnung zugleich verstanden werden: Demutsbezeichnung Gott und Jesus gegenüber, Hoheitsbezeichnung (Ehrentitel) den Adressaten gegenüber, denen sich Jak damit als beauftragter und erwählter Vertreter, „Minister" Gottes und Jesu vorstellt[2].

Der Brief ist an „die zwölf Stämme in der Diaspora" gerichtet. Wie ist diese Formulierung zu verstehen? Wörtlich oder „pneumatisch"? „Pneumatisch" würde bedeuten, daß mit der Bezeichnung der Adressaten als „die zwölf Stämme in der Diaspora", besonders mit der lokalen Bestimmung ἐν τῇ διασπορᾷ, diese als solche charakterisiert sein sollen, die in der Welt leben wie „in der Diaspora", d. h. wie in der Fremde, während ihre wahre Heimat im Himmel ist (vgl. auch 1 Petr 1, 1 [„Petrus, Apostel Jesu Christi, an die auserwählten Beisassen der Diaspora von Pontus, Galatien, Kappadozien usw."[3]]; 2, 11; Hebr 11, 13 [von den atl. Glaubenshelden: „Sie haben (die Verheißung) nur von fern gesehen und freudig begrüßt und damit bekannt, Fremdlinge und Pilger auf Erden zu sein"]; 13, 14; Phil 3, 20 [„Unsere Heimat ist im Himmel"]; Justin [Dial. c. Tr. 113, 3: Ἰησοῦς Χριστὸς τὴν διασπορὰν τοῦ λαοῦ ἐπιστρέψει])[4]. Jak würde dann die Adressaten schon im Briefeingang auf ihre geistliche „Diasporaexistenz" aufmerksam machen, für die die Welt nicht die wahre Heimat ist (vgl. 1, 27; 4, 5).

Diese gewiß recht eingängige Erklärung scheint dennoch den wahren Sinn der Adressatenangabe nicht zu treffen. Die Bestimmung des kirchen- und theologiegeschichtlichen Ortes unseres Briefes (s. Einleitung § 4) läßt doch an ganz bestimmte Gemeinden denken, denen der Herrenbruder Jak von Jerusalem aus einen Brief mit wichtigen Anliegen schreibt. Er schreibt ihn in griechischer Sprache, d. h., er wendet sich sehr wahrscheinlich an christliche Gemeinden, die außerhalb Palästinas leben. Das Land außerhalb Palästinas ist aber nach technischem Sprachgebrauch für einen Juden

---

[1] SCHLATTER macht noch auf die auffällige, dem regierenden Nomen δοῦλος vorangestellten Genitive θεοῦ καὶ κυρίου Ἰησοῦ Χριστοῦ aufmerksam. „Im Titel wird durch die Stellung der Ton auf die gelegt, denen Jakobus als Knecht eigen ist und dient" (77).
[2] Vgl. auch J. ZIEGLER zu Is 42, 1 (Echter-Bibel, AT). Zur späteren Bezeichnung des Jak als „Oblias" (= Abdias) s. Einleitung § 1, S. 3, Anm. 6.
[3] WINDISCH z. St.: „Durch die Erwählung Gottes (sind sie) der irdischen Gesellschaft entfremdet und in ein Gefühl der Heimatlosigkeit versetzt worden."
[4] Dazu K. L. SCHMIDT in: ThWb II, 102–104; SCHELKLE zu 1 Petr 1, 1; BILLERBECK II, 490.

„Diaspora". Die Adressaten wohnen in der Diaspora, von Jerusalem aus gesehen. Dies scheint gemeint zu sein.

Warum aber bezeichnet Jak die Leser als „die zwölf Stämme"? Dies kann nicht wörtlich gemeint sein, selbst wenn der Brief an Juden geschrieben wäre. Denn das Judentum existierte als Zwölf-Stämme-Verband schon seit 722 v. Chr. nicht mehr. Deshalb wird zu den eschatologischen Taten des Messias die Wiederherstellung Israels als Zwölf-Stämme-Verband gehören (vgl. Os 2, 2; Jer 3, 18; Ez 37, 19 24; Sir 36, 13 MT; PsSal 17, 28 44 [μακάριοι οἱ γενόμενοι ἐν ταῖς ἡμέραις ἐκείναις ἰδεῖν τὰ ἀγαθὰ Ἰσραὴλ ἐν συναγωγῇ φυλῶν, ἃ ποιήσει θεός])[1]. Diese Hoffnung sieht Jak offensichtlich in der christlichen Gemeinde schon erfüllt: sie ist für ihn das Zwölf-Stämme-Volk, das eschatologische Israel in der messianischen Heilszeit. Vgl. dazu den Bericht der Apg (15, 16), nach welchem der Herrenbruder Jak (!) die prophetische Verheißung von der Wiederherstellung der verfallenen Hütte Davids in der Gemeinde des Messias Jesus schon in Erfüllung gehen sieht[2]. So scheint es sicher zu sein, daß Jak in den christlichen Adressaten seines Briefes das wahre Israel in seiner eschatologischen Wiederherstellung sieht, wie es vor allem judenchristlicher Geschichtsbetrachtung entsprach[3].

Der Infinitiv χαίρειν (sc. vielleicht λέγει) ist griechische Grußformel[4]. Schon im Briefeingang zeigt sich so das merkwürdige Ineinander von Jüdischem (Semitischem) und Griechischem in unserem Brief.

V 1 darf vom ursprünglichen Textbestand des Briefes nicht als sekundär getrennt werden. Denn schon zwischen den VV 1 und 2 findet sich die auch sonst beliebte Stichwortverbindung (χαίρειν – χαράν)[5].

II. Die angefochtene Existenz des Gläubigen (1, 2–18)

Stichwort- und Wortfelduntersuchung lassen die VV 1, 2–18 als ein einigermaßen zusammengehöriges Ganzes erkennen. Es ist da die Rede von der Bewährung des Glaubens der Leser (vgl. in V 3 τὸ δοκίμιον ὑμῶν τῆς πίστεως, dazu in V 12 δόκιμος γενόμενος), die ihrer Vollendung und Vervollkommnung dienen soll (vgl. in V 4 ἔργον τέλειον und ἵνα ἦτε τέλειοι, in V 17 δώρημα τέλειον) und die vor allem in den πειρασμοί erfolgt, die über den Gläubigen kommen (V 2). Aus dem Hinweis auf die segenbringenden „Versuchungen" könnte der Leser den falschen Schluß ziehen: diese kommen von Gott!

---

[1] Vgl. E. L. Dietrich, שוב שבות (BZAW 40) (Gießen 1925), 47.
[2] Vgl. dazu F. Mussner, Die Idee der Apokatastasis in der Apg, in: Lex tua veritas (Festschr. f. Hubert Junker) (Trier 1961) 293–306 (299–301).
[3] Dies hat W. Trilling am Mt-Ev nachgewiesen: Das wahre Israel. Studien zur Theologie des Matthäusevangeliums (Leipzig 1959).
[4] Siehe Näheres bei Lietzmann zu Röm 1, 1; dazu Apg 15, 23; 23, 26; Blass-Debr §§ 389; 480, 5; Belege aus den Papyri bei Moulton-Milligan s. v. χαίρω.
[5] Vgl. auch Dibelius (16). Schlatter macht zudem auf die rhythmische Übereinstimmung der Überschrift mit dem Brief aufmerksam und sieht darin einen Beweis, daß die Überschrift schon immer zum Brief gehört hat.

Dieser Schluß wird von Jak entschieden zurückgewiesen (V 13f). Gott ist vielmehr nur Geber guter Gaben (V 17). Dabei weisen die Ausdrücke δόσις und δώρημα zurück auf V 5, in dem vom „Geben" Gottes schon die Rede ist. Zu diesem Vorstellungskreis gehört aber auch, daß der Mensch ein Empfangender (vgl. λαμβάνειν in den VV 7 und 12) und von Haus aus ein Mangelwesen ist (vgl. λείπεσθαι in V 4f). Diese Mängel kann nur Gott beheben, der es auch sicher tut, wenn der Mensch ihn darum „bittet" (V 5), und zwar in gläubigem, keinen Zweifel zulassendem Vertrauen (VV 6–8). So bewährt sich der Glaube nicht bloß in Versuchungen, sondern auch im mit Vertrauen erfüllten Gebet. Das Bittgebet des Gläubigen soll sich dabei vor allem auf die „Weisheit" richten, nicht auf irdischen Reichtum, der doch vergeht (VV 9–12).

Was also die VV 2–18 innerlich verbindet, ist das Thema der angefochtenen Existenz des Gläubigen, die aber gerade als solche sich radikal eschatologisch verstehen und ausrichten soll. Im einzelnen lassen sich folgende Unterthemen erkennen: 1. Von der Bewährung des Glaubens zur Vollkommenheit (1, 2–4); 2. Vertrauensvolles Gebet um Weisheit (1, 5–8); 3. Vom „Ruhm" des Armen und des Reichen (1, 9–11); 4. Der große Makarismus auf die Standhaftigkeit mit Theodizee (1, 12–18).

1. VON DER BEWÄHRUNG DES GLAUBENS ZUR VOLLKOMMENHEIT (1, 2–4)

1, 2 Für lauter Freude erachtet es, meine Brüder, wenn ihr in mannigfache Versuchungen geratet, 3 da ihr erkennen sollt, daß eure Bewährtheit im Glauben Standhaftigkeit bewirkt. 4 Die Standhaftigkeit aber soll ein vollendetes Werk besitzen, damit ihr vollkommen und ohne Fehl seid, in keinem Punkt zurückbleibend.

1, 2f Obwohl ἡγήσασθε Imperativ ist, ist ihm das Prädikatsobjekt πᾶσαν χαράν vorangestellt. Damit erreicht Jak einen klaren Stichwortanschluß an seinen vorausgehenden Gruß (χαίρειν – χαράν)[1] und unterstreicht zugleich die Freude, der er ohnehin schon durch das attributive πᾶσαν starke Betonung gegeben hat. Er nennt die Adressaten „meine Brüder" (so auch in 2, 1 14; 3, 1 10 12; 5, 12 19)[2] und bringt ihnen dadurch seine Verbundenheit mit ihnen zum Bewußtsein, die die eigene Angefochtenheit nicht aus-, sondern einschließt. Die Anrede war schon im Judentum viel verbreitet[3], gehört aber auch längst zum christlichen Predigtstil[4].

---

[1] Vgl. auch IGNATIUS, Ad Eph. (Grußüberschrift): ἐν ἀμώμῳ χαρᾷ χαίρειν.
[2] Nur „Brüder" (ohne μου) in 4, 11; 5, 7 9 10; „meine geliebten Brüder" in 1, 16 19; 2, 5.
[3] BILLERBECK I, 276.
[4] Näheres bei H. v. SODEN in: ThWb I, 145f; H. THYEN, Der Stil der Jüdisch-Hellenistischen Homilie, 88–90; K. H. SCHELKLE, Die Petrusbriefe (zu 1, 22); DERS. in: RAC II, 631–640; R. SCHNACKENBURG, Die Johannesbriefe, 118f; H. KOSMALA, Hebräer – Essener – Christen, 44–50.

ὅταν mit Konjunktiv (περιπέσητε) hat die Bedeutung: „dann, wenn", besonders bei einer öfter wiederkehrenden Handlung[1]: wenn ihr immer wieder von Versuchungen befallen werdet. Der Konjunktiv Aorist steht bei ὅταν dann, „wenn die Handlung des Nebensatzes der des Hauptsatzes vorangeht" (W. Bauer), d. h., die „Freude" der Angefochtenen besteht nicht in der Freude über Versuchungen als solche, sondern über jene Anfechtungen, die zwar immer wieder kommen, aber auch immer wieder bestanden worden sind. Die Wahl des Verbums περιπίπτειν zeigt an, daß die mannigfachen Versuchungen nicht gesucht werden, sondern einen überfallen, auf einen zukommen. Gerade diese Erfahrung könnte die Angefochtenen verwirren, wenn nicht gar zu einer Glaubenskrisis führen, und vielleicht war solche zur Klage gewordene Erfahrung der Anlaß für Jak, dieses Thema in seinem Brief zu behandeln. Er denkt darüber sehr positiv und begründet diese Anschauung für seine Leser. Das Partizip γινώσκοντες hat ja wohl, wie häufig die Partizipien in der rabbinischen Paränese, imperativischen[2] und hier zugleich begründenden Sinn: „denn wisset"; begründet soll die Freude über die bestandenen Versuchungen werden. Das ὅτι nach γινώσκοντες hat deklarative Bedeutung: Die verschiedenartigen πειρασμοί sind ein „Erprobungsmittel" für den Glauben, das Standhaftigkeit bewirkt (vgl. auch 1 Petr 1, 7). Man sieht deutlich, daß schon jetzt ein Grundanliegen des Jak zur Sprache kommt: Mit einer Nur-Glaubens-Existenz ist es nicht getan; der Glaube muß eine Bewährungsprobe ablegen, und zwar mehr als einmal, immer wieder (ὅταν).

Der Leser erfährt allerdings nicht, welche konkreten πειρασμοί Jak im Auge hat — erst in V 14 ist an jene gedacht, die aus der ἐπιθυμία des Menschen stammen. Die Verwendung von ποικίλοις (statt πολλοῖς) läßt jedenfalls, zumal in seiner betonten Nachstellung, an die große „Mannigfaltigkeit" der Anfechtungen denken. Das Verwirrende an ihnen besteht aber weniger in ihrer Vielzahl denn in der bitteren Erfahrung, daß sie auf den verschiedensten Lebensgebieten sich zeigen[3]. Jak folgt offensichtlich einem traditionellen, vielfach variierten Schema mit dem Grundthema „Freude im Leiden bzw. in der Versuchung", das sich sowohl in der urchristlichen Paränese wie im spätjüdischen Schrifttum findet[4] (vgl. Mt 5, 11f par; 2 Thess 1, 4f; 2, 4; Röm 5, 3; 2 Kor 8, 2; Hebr 10, 32–36; 1 Petr 1, 6f; 2, 20; ApkBarsyr 48, 50; 52, 6f)[5]. Vielleicht darf aus der Verwendung des Terminus περιπίπτειν geschlossen werden, daß Jak mit den „Versuchungen" auf keinen Fall solche meint, die Gott selbst nach atl. Anschauung zum

---

[1] BauerWb s. v.
[2] Vgl. D. Daube in: E. G. Selwyn, The First Epistle of St. Peter, 467–488; W. D. Davies, Paul and Rabbinic Judaism, 329.
[3] Vgl. das unmittelbare Nebeneinander und die Unterscheidung von ποικίλος und πολύς in 3 Makk 2, 6 (Gott prüfte den Pharao „durch mannigfache und viele Plagen"); 4 Makk 7, 4 und wiederholt im Hirten des Hermas (BauerWb s. v. ποικίλος).
[4] Selwyn, a. a. O. 442f; W. Nauck, Freude im Leiden, in: ZntW 46 (1955) 68–80.
[5] Vgl. auch 1 QS X, 17 („Wenn Bedrängnis losbricht, will ich ihn loben und bei seiner Hilfe jubeln zuhauf"); PsSal 10.

Urheber haben, um Glauben und Treue von Menschen und Völkern zu prüfen (vgl. etwa Gn 22, 1; Ex 15, 25; 16, 4; Dt 8, 2; 13, 4; 2 Chr 32, 31; Jdt 8, 25–27; Weish 3, 4–6); περιπίπτειν läßt eher an eine Falle denken, in die jemand gelockt wird, um ihn zu Fall zu bringen. Außerdem weist Jak den Gedanken einer Versuchung durch Gott selbst in V 13 ausdrücklich zurück. Da andererseits diese „Versuchungen" dennoch „ein Erprobungsmittel für den Glauben" sind, sind sie gewiß nach der Anschauung des Jak von Gott zugelassen. Gott enthebt den Gläubigen nicht der gefährlichen Situation, in die er in der Welt gestellt ist; er steht in einer Kampfsituation zwischen Gott und Satan, zwischen Gut und Böse, in der er sich entscheiden muß[1].

Die „Freude" des Gläubigen liegt darin begründet, daß überstandene Anfechtungen als Prüfungsmittel des Glaubens die ὑπομονή bewirken, zwar nicht auf einmal, sondern allmählich: das liegt in dem Präsens κατεργάζεται. Das substantivierte Adjektiv τὸ δοκίμιον hat die Bedeutung: „(konkretes) Prüfungsmittel"[2]. Wie das Feuer des Schmelztiegels ein Prüfungsmittel für Gold und Silber ist (vgl. Ps 11 [12], 7; Sir 2, 5; Spr 27, 21a), so sind es die πειρασμοί für den Glauben: durch sie werden seine Echtheit und Festigkeit geprüft und von allem zweiflerischen und wankelmütigen Wesen geläutert (vgl. auch VV 6–8; Spr 17, 3; 1 Petr 1, 7)[3], so daß er ausdauernd und leidensfähig wird (ὑπομονή). Aus der verbalen Formulierung ὑπομένειν πειρασμόν in 1, 12 geht deutlich hervor, daß Jak die ὑπομονή weniger als ein positives Erleiden denn ein aktives Widerstehen versteht[4]. Die ὑπομονή ist für ihn die sieghafte Ausdauer bis zum Ende (wie sie sonst der Martyrer zeigt). Wenn Jak den Glauben auch nicht näher beschreibt (etwa als christlichen)[5], so sieht er ihn doch ganz deutlich in seiner eschatologischen Spannung; denn

---

[1] Vgl. auch K. G. Kuhn, Πειρασμός – ἁμαρτία – σάρξ im NT und die damit zusammenhängenden Vorstellungen, in: ZThK 49 (1952) 200–222 (bes. 200–207).
[2] BauerWb; Liddell-Scott s. v.; Blass-Debr § 263, 2.
[3] Offensichtlich wendet Jak hier wieder einen traditionellen Topos der Mahnrede (ähnlich wie 1 Petr 1, 7) auf den Glauben an. Daß die Verwendung des Ausdrucks δοκίμιον an dem Vorgang des Läuterungsprozesses orientiert ist, dem Edelmetalle im Schmelztiegel unterworfen werden, scheint 1 Petr 1, 7 zu bestätigen. Vgl. auch Did 16, 5 (Anwendung des Topos auf die Verfolgungszeit unter dem Antichrist); 1 QH V, 16 („Um dich mächtig zu erweisen an mir vor den Menschen, hast du wunderbar an dem Armen gehandelt, brachtest ihn in den Schmelzofen wie Gold, in Werken des Feuers, und wie Silber, geläutert im Blasebalgofen, zu siebenfacher Reinigung"); TestJos II, 7 (ἐν δέκα πειρασμοῖς δόκιμον ἀπέδειξέ με καὶ ἐν πᾶσιν αὐτοῖς ἐμακροθύμησα). Zum Bild vom „Schmelztiegel" im AT vgl. auch W. Wichmann, Die Leidenstheologie (Stuttgart 1930) 8f.
[4] Vgl. auch Hauck, Dibelius z. St.
[5] Auffällig ist bei der Formulierung τὸ δοκίμιον ὑμῶν τῆς πίστεως einmal die völlig gleiche Wortfolge wie in 1 Petr 1, 7 (festgeprägter Ausdruck oder literarische Abhängigkeit?), zum anderen die Stellung des Pronomens ὑμῶν, das die meisten Ausleger zum folgenden τῆς πίστεως ziehen, Schlatter dagegen mit τὸ δοκίμιον zusammendenkt: die πειρασμοί sind „euer Prüfungsmittel", d. h. von Gott euch zugedachtes Mittel, den Glauben zu erproben. „Ein Geschulter hätte für das, was Jakobus wollte, gesagt: τὸ δοκίμιον ὑμῶν τὸ τῆς πίστεως" (Schlatter). Bei den Textzeugen B³ ff² fehlt τῆς πίστεως; sicher sekundär.

Begriffe wie ὑπομονή und nachher τέλειοι und ὁλόκληροι, dann in 2, 15 der Hinweis auf das Gericht („Kann der Glaube ihn retten?") weisen auf das „Kommende"[1].

Auch die Verbindung von πειρασμός mit ὑπομονή entspricht spätjüdischer Tradition; vgl. Jub 19, 8 („Dies ist die zehnte Versuchung, mit der Abraham versucht wurde, und er wurde als gläubig und geduldigen Geistes erfunden"; vgl. auch 17, 18); TestJos 2, 7 („In zehn Versuchungen [πειρασμοῖς] fand er mich erprobt, und in ihnen allen erwies ich Langmut; denn ein großes Heilmittel ist die Langmut, und viel Gutes gewährt die Geduld [ὑπομονή]"); PsSal 16, 14f; 4 Makk passim.

1, 4 Der Begriff ὑπομονή („Ausdauer") am Ende des V 3 enthält in sich schon einen Hinweis auf ein Ziel und Ergebnis. Und so nimmt Jak den Begriff in einem Kettenschluß, wie ihn sowohl die Bibel wie das Profangriechische kennen[2], wieder auf und nennt in einer damit verbundenen Klimax — vgl. das steigernde δέ — das Ziel der ὑπομονή: sie soll „ein vollkommenes Werk besitzen", zu dem Zweck: „damit ihr vollkommen und voll ausgestattet seid". Die Termini τέλειος und ὁλόκληρος sind nicht synonym; ὁλόκληρος zielt auf Vollständigkeit[3], τέλειος auf Vollendung. „Im ὁλόκληρος fehlt keine Tugend, die in einem Christen sein soll, im τέλειος ist keine Tugend nur in ihren schwachen Anfängen, sondern alle haben eine gewisse Zeitigung und Reife erreicht" (Trench)[4].

Wegen des Übergangs von den im Weisheitsstil beliebten abstrakten Begriffen der Kettenreihe zur konkret-persönlichen Aussage des ἵνα-Satzes will Dibelius mit Recht unter dem „vollkommenen Werk", das die ὑπομονή besitzen soll, die Leser selbst verstehen: „Das vollkommene Werk seid ihr", also die Christen in ihrer τελείωσις durch die ὑπομονή[5]. Wann und wo soll

---

[1] Vgl. Näheres im Exkurs über den Glaubensbegriff des Briefes.
[2] Vgl. Os 2, 23ff; Am 3, 3ff; Röm 5, 3ff; 8, 23f; 10, 14ff 17; 2 Petr 1, 5ff. Belege aus dem Profangriechischen bei O. MICHEL, Der Brief an die Römer (zu 5, 3); BAUERWb s. v. ὑπομονή; BLASS-DEBR § 493, 3. Vgl. auch das apokryphe Herrenwort (Oxyr. Pap. 654): „Nicht ruhen wird, wer da sucht, bis er gefunden hat; hat er gefunden, so wird er in Staunen geraten; ist er in Staunen geraten, wird er zur Herrschaft gelangen; ist er zur Herrschaft gelangt, so wird er ausruhen."
[3] Vgl. W. FOERSTER in: ThWb III, 765f. Abzulehnen ist sicher der Vorschlag H. PREISKERS, der ὁλόκληρος mit „unverletzt" übersetzen möchte (durch Leiden innerlich „unverletzt" hindurchgehen); vgl. ThBl 13 (1934) 230.
[4] Synonyma des NT, 50 (vgl. überhaupt 47–50). Vgl. auch PHILO, De Abr. 177 (Abraham wurde seine πρᾶξις als παντελής καὶ ὁλόκληρος angerechnet); 33 (Noe wird in der Schrift „vollkommen" genannt, weil er „nicht eine Tugend, sondern alle Tugenden besessen ... hat"). Weiteres Material bei SPITTA z. St.
[5] BEDA denkt bei der Vollendung der Ausdauer an „den festen Glauben an eine zukünftige Vergeltung"; BELSER meint: Die Ausdauer muß vollkommen sein, „so daß sie, was sie tut, ganz und völlig tut"; nach BARDENHEWER wird von Jak „auf die Notwendigkeit guter Werke neben dem Glauben hingewiesen"; CHAINE versteht das „vollkommene Werk" als „l'ensemble des vertus qui rendent l'homme parfait"; SCHLATTER denkt an die Vollendung des Werkes im Leiden und sieht darin ein typisch judenchristliches Thema, aber Jak gebe über das vom Menschen zu vollbringende Werk „keine Bestimmung".

denn wohl die Ausdauer „ein vollkommenes Werk" ihren Besitz nennen können? Es scheint, daß Jak dabei, wie so oft, an das kommende Leben denkt, zu dem man nicht mit einem „halben" Werk erscheinen soll. Der eschatologische Klang der Termini ὑπομονή, τέλειος, ὁλόκληρος ist unüberhörbar. Der „Perfektionismus" des Jak ist ein eschatologischer! Eine innerweltliche Vollendung im Sinn des stoischen Humanismus kennt er nicht[1]. Von der „Ausdauer" zu reden hat für ihn nur Sinn, wenn da ein eschatologisches Ziel klar vor Augen steht (vgl. V 12!). Es ist ein Appell an die Leser (Imperativ ἐχέτω), dafür zu sorgen, daß die Ausdauer zuletzt „ein vollkommenes Werk" besitze[2], nicht als Selbstzweck, sondern zu ihrer eigenen Vollendung (ἵνα ἦτε . . . !)[3]. Jak redet gewiß in „Gemeinplätzen"[4] und doch mit großem Ernst. Der eschatologische Perfektionismus resultiert bei ihm aus seiner Forderung nach einem entschiedenen Christentum. „Vollkommenheit" ist für ihn kein stoisches Ideal![5] Es geht ihm in 1, 2–4 nicht um die sittliche Bewährung, sondern um die Glaubensbewährung, um das Durchhalten der gläubigen Existenz, und das heißt für Jak jener Existenz, die von der von Gott selbst aufgetanen Zukunft lebt und nach ihr unentwegt Ausschau hält[6].

Der Schluß des V 4 (ἐν μηδενὶ λειπόμενοι) umschreibt nur „negativ" das vorausgehende τέλειοι καὶ ὁλόκληροι. Vielleicht ist es nur angefügt, um ein Stichwort zur Fortsetzung der Katene zu haben.

2. VOM VERTRAUENSVOLLEN GEBET UM WEISHEIT (1, 5–8)

1, 5 Wenn aber einer von euch Mangel hat an Weisheit, so soll er sie erbitten von Gott, der allen in schlichter Weise gibt und nicht schilt, und sie wird ihm gegeben werden. 6 Er soll aber bitten im Glauben, ohne den geringsten Zweifel. Denn wer zweifelt, gleicht einer Meereswoge,

---

[1] Die Grenze gegenüber jeglichem innerweltlich-natürlichen Perfektionismus liegt darin, „daß der Christ unter dem πειρασμός bleibt" (S. Wibbing, Tugend- und Lasterkataloge, 127).
[2] Estius: „Patientia vestra ne deficiat, sed opus suum perducat usque ad finem; sic enim erit opus absolutum atque perfectum et re et fructu."
[3] In dem von A. Böhlig bekanntgegebenen Hymnus aus einer Jak-Apk der Nag-Hammadi-Schriften (s. dazu NT 5 [1962] 211) heißt es (deutlich im Nachklang von Jak 1, 4): „Denn deine Gnade lebt in mir, der Eros, ein Werk einer Fülle (πλήρωμα) zu tun." Hier ist der Ton nicht mehr eschatologisch, sondern eher moralisch. In Jak 1, 4 dagegen ist ἔργον nicht moralisch gemeint („Leistung"), sondern als „Werk", das der Vollendung bedarf (ähnlich etwa einem Bau).
[4] Man denke nur an die Rolle, die die Idee der „Vollkommenheit" im Spätjudentum spielte (Philo, Qumran), aber auch in der Predigt Jesu (vgl. dazu etwa F. Mussner in: Bibeltheol. Wb. II, 1164–70, mit Literatur).
[5] Freilich wäre Jak der letzte, der das angegebene eschatologische Ziel („Vollkommenheit") nicht als ein je und je schon zu erstrebendes Ziel betrachten und hinstellen würde. Das tut jeder Prediger.
[6] P. J. du Plessis (ΤΕΛΕΙΟΣ, 235) sieht die Forderung des V 4 schon im Zusammenhang mit der Glaubensforderung von V 6 und der Schilderung des „zwei-

die vom Wind bewegt und hin und her getrieben wird. 7 Denn nicht glaube jener Mensch, daß er irgend etwas vom Herrn empfangen werde: 8 ein Mann mit geteilter Seele, wankelmütig auf all seinen Wegen.

1, 5   Jak gelingt es vorzüglich, mit Hilfe der Katene einen formalen Anschluß an das Vorausgehende zu finden (λειπόμενοι – λείπεται). Gelingt ihm aber auch eine innere, organische Weiterführung seiner Gedanken? Allzu unerwartet und gedanklich unbegründet scheint die Aufforderung zur Bitte um „Weisheit" aufzutauchen. Nach Sir 4, 17 ist es zwar gerade die Weisheit, die ihre Söhne in πειρασμοί prüft. Ob Jak von dort inspiriert ist? Das ist durchaus möglich, zumal auch das Weisheitsbuch einen engen Zusammenhang von παιδεία, d. h. der strengen Zucht, in die Gott sein Volk nimmt, und der Weisheit kennt (vgl. bes. 1, 4f; 3, 11)[1]; dazu nennt es zweimal πειράζειν zusammen mit παιδεύειν (3, 5; 11, 9) und interpretiert beide Male diesen erzieherischen πειρασμός als ein δοκιμάζειν (vgl. 3, 6; 11, 10). Dazu findet sich in der Tradition der Weisheitsliteratur ein enger Zusammenhang von Weisheit und Vollkommenheit. So verkündet Weish 9, 6: „Denn selbst wenn einer als vollkommen (τέλειος) gälte unter den Menschensöhnen, **wenn deine Weisheit mangelt, wird er für nichts erachtet werden**"[2], und im selben Zusammenhang wird gesagt, daß man die Weisheit sich nicht selbst erwerben könne, daß sie vielmehr eine Gabe Gottes sei, die man im Gebet von Gott erflehen müsse (vgl. 7, 7 15; 8, 21; 9, 4; Spr 2, 6; Sir 39, 6). So scheint keineswegs ein gänzlich unmotivierter Gedankensprung vom Spruch der VV 3–4 zu jenem der VV 6–8 vorzuliegen; Jak verarbeitet vielmehr eine ganze Reihe von zusammengehörigen Elementen der atl.-jüdischen Spruchweisheit und stellt sie in den Dienst seiner Paränese. Spezifisch Christliches wird dabei nicht sichtbar.

Wie in Weish 9, 1ff in der Bitte um Weisheit Gott mit dem Schöpfungsattribut versehen ist, so wird auch in Jak 1, 5 Gott mit einem ausdrücklichen Attribut versehen („der allen schlicht und ohne zu schelten gibt"), mit dem Jak auf die Gewißheit der Erhörung der Bitte um Weisheit hinweisen will: Gott hat eine offene Hand, die gern und ohne Aufhebens gibt! Er ist nicht wie jener „Tor", der „statt eines Auges sieben hat. Er gibt wenig und schimpft (ὀνειδίσει) viel und reißt seinen Mund auf wie ein

---

seeligen Mannes" von V 8; d. h., „das vollkommene Werk" ist für DU PLESSIS dort erreicht, wo Glaube und Werke eine lebendige Einheit bilden. Das sei das spezifisch Christliche gegenüber dem atl. Ideal der „Vollkommenheit".

[1] Vgl. dazu G. ZIENER, Die theologische Begriffssprache im Buche der Weisheit (Bonn 1956) 99–104.

[2] Auf Weish 9, 6 hat schon SPITTA hingewiesen. DIBELIUS dagegen lehnt eine Vermittlung des Übergangs von V 4 zu V 5 bei Jak durch Weish 9, 6 ab. Zwar geht es an der Stelle aus dem Weisheitsbuch nicht um den Zusammenhang von „Prüfungen" und „Vollkommenheit", wohl aber um jenen von „Vollkommenheit" und Weisheit. Nach 1 QS IX, 18f gehört es zur Aufgabe der „Weisen" (vgl. IX, 12), in der Gemeinschaft ihre übrigen Mitglieder „zu unterweisen in wunderbaren, wahren Geheimnissen ..., daß jeder vollkommen wandle ..."

Herold" (Sir 20, 14f; vgl. auch 7, 10; 41, 22; Did 4, 7; Barn 19, 11). Gott gibt „einfach", „einfältig" (ἁπλῶς): Von „Einfalt" wird in der biblischen Überlieferung vor allem im Hinblick auf das Auge gesprochen[1]. So scheint die eben zitierte Stelle aus Sir 20, 14f den Hintergrund von Jak 1, 5 zu bilden. Während der Tor „mit sieben Augen" gibt, d. h. mit allen möglichen Nebenabsichten, ist Gottes Geben vorbehaltlos, ohne Absicht, einmotivig, nicht rechnerisch[2].

Die Verheißung des Briefes, daß Gott die Bitte sicher erhören wird, findet sich schon in Jer 29, 13 und vor allem in der Lehre Jesu (vgl. Mt 7, 7 par[3]; 18, 19; 21, 22 par; dazu noch Joh 14, 13f; 15, 7; 16, 23; Jer 29, 13 MT = 36, 12 LXX). Gerade das passivische δοθήσεται, das sich mit dem vorausgehenden aktivischen διδόντος stößt, macht es wahrscheinlich, daß Jak hier einer festgeprägten Tradition folgt, die möglicherweise auf Jesus zurückgeht[4].

1, 6 Wie Jesus in dem bei Mk 11, 24 = Mt 21, 22 überlieferten Logion den vertrauensvollen Glauben (πιστεύετε) als Voraussetzung für die Gebetserhörung durch Gott betont, so auch Jak, vielleicht bewußt wieder dieser Tradition folgend: αἰτείτω δὲ ἐν πίστει (V 6a). Die Partikel δέ macht sofort darauf aufmerksam, daß es mit einem bloßen Bitten nicht getan ist; die Bitte muß „vielmehr" mit Glauben verbunden sein; sonst erhört Gott die Bitte um Weisheit nicht[5]. Was Jak unter πίστις hier versteht, macht das beigefügte μηδὲν διακρινόμενος sichtbar: es ist jener „selbstverständliche", Berge versetzende Glaube, der keinen Zweifel aufkommen läßt, vielmehr mit dem unbedingten Vertrauen auf die Erhörung der Bitte verbunden ist. Solcher Glaube ist aber gerechtfertigt durch die Wesensart Gottes selbst, wie sie V 5 gezeigt hat. πίστις ist also hier nicht Bekenntnisglaube, den Jak später (2, 14–26) im Auge hat, sondern „Fiduzialglaube". Das zeigt einmal der Kontext mit seinem ausgeführten Hinweis auf die falsche Haltung des

---

[1] Vgl. C. Edlund, Das Auge der Einfalt (Kopenhagen-Lund 1952).
[2] Vgl. auch noch Röm 12, 8. — H. Riesenfeld will ἁπλῶς mit πᾶσιν verbinden und weiß dafür viele Belege zu bringen (ConiNeot XI [1944] 33–41); doch wird auf Grund von Sir 20, 14 (und Herm [m] II) ἁπλῶς besser zum Verbum διδόναι gezogen. Zur Trennung des Partizips διδόντος von seiner Nebenbestimmung πᾶσιν ἁπλῶς vgl. Blass-Debr § 474, 5a. — Auch zur griechischen „Ethik des Gebens" gehören die φιλοφροσύνη und ἁπλότης" (H. Almqvist, Plutarch und das NT, 130, mit guten Belegen). Für C. Spicq (RB 67 [1960] 217f) ist ἁπλῶς in Jak 1, 5 = ἀμεταμελήτως („unbekümmert"); Vg: affluenter, ff: simpliciter.
[3] Vgl. auch das in der Lk-Parallele (11, 9a) unmittelbar vorhergehende Gleichnis vom bittenden Freund (11, 5–8), das ebenfalls die Gewißheit der Erhörung behandelt (J. Jeremias, Die Gleichnisse Jesu [Göttingen ⁶1962] 157–159).
[4] Der Imperativ αἰτείτω (mit nachfolgendem καί und Futur) verliert infolge des schon vorausgehenden εἰ-Satzes den konditionalen Sinn, den er grammatisch haben kann („Wenn du bittest, wird dir gegeben werden"); s. dazu Beyer, Semitische Syntax, 238ff), aber der Nachsatz kann als finaler Nebensatz empfunden werden (ebd. 241): „(Bitte), damit dir gegeben wird."
[5] Formal wird der Gedanke wieder mit Hilfe der Katene weitergeführt (Anschlußwort: αἰτείτω), die hier jedoch keine Steigerung bedeutet, vielmehr eine nähere Verdeutlichung der notwendigen Beschaffenheit des Bittgebetes.

Zweifelns und des Zweiflers, dann die offenbare Tatsache, daß Jak hier ein traditionelles Motiv verarbeitet (Mk 11, 24 par!)[1].

V 6b nimmt das Stichwort διακρίνεσθαι in Form der Katene wieder auf und begründet nun (vgl. γάρ) vom Menschen her die verkehrte Haltung des Zweiflers, die Jak mit Hilfe eines geläufigen Bildes[2] veranschaulicht: er gleicht der vom Winde hin und her geworfenen Meereswoge. Ob Jak bei dem gebrauchten Bild mehr an die Brandung oder an das Wogen des Meeres denkt[3], ist für die Auslegung nicht sonderlich von Belang. Das tert. comp. scheint für ihn jedenfalls der Mangel eines festen Standes zu sein: Wie die Welle des Meeres bald hierhin, bald dorthin geschaukelt, bald in die Tiefe, bald in die Höhe, jetzt ans Ufer und dann wieder zurückgeworfen wird — man beachte dabei den rhythmischen Gleichklang der Termini ἀνεμιζομένῳ und ῥιπιζομένῳ —, so ist für Jak auch der διακρινόμενος ein Mensch, der in einem inneren Widerstreit zwischen Vertrauen und Mißtrauen Gott gegenüber lebt, hin und her geworfen von allerlei Bedenken, Einwänden und angeblichen „Erfahrungen", statt sich mit kindlichem Vertrauen in die Arme Gottes zu werfen. So macht das von Jak gebrauchte Bild jetzt noch deutlicher, was er eigentlich unter einem διακρινόμενος versteht; das ist nicht ein Mensch, der Schwierigkeiten „intellektueller" Art Gott gegenüber hat, sondern einer, der in Widerstreit mit sich selbst lebt[4], dessen Seele dadurch zerrissen ist; ein Mann mit zwei Seelen in der Brust[5]. Wirklicher Glaube verträgt sich damit nicht.

1, 7 Hatte die Partikel γάρ zu Anfang des V 6b begründet, warum der „Zweifler" keinen wirklichen Glauben an Gottes unbedingte Erhörungsbereitschaft hat, so hat das γάρ zu Beginn des V 7 entweder ebenfalls begründende oder beteuernde Bedeutung („ja fürwahr")[6], je nachdem man ἄνθρωπος ἐκεῖνος nur auf ὁ διακρινόμενος des V 6b oder auch noch auf den Bittsteller des V 6a bezieht. Zwar ist mit dem ἄνθρωπος ἐκεῖνος, auf dem ein abwertender Ton liegt[7], unmittelbar der „Zweifler" gemeint, aber eben, wie der Kontext zeigt, im Hinblick auf sein Bittgebet (vgl. den Ausdruck

---

[1] Diese Tradition ist dann in ähnlicher, aber noch viel ausführlicherer Weise verarbeitet in Herm (m) IX.
[2] Vgl. die Belege bei DIBELIUS und WINDISCH z. St.
[3] Vgl. dazu die Kommentare.
[4] Diese Bedeutung hat das mediale διακρίνεσθαι (streiten, mit sich selbst in Streit sein; Bedenken tragen; im Urteil schwanken; zaudern); vgl. BAUERWb, PAPEWb s. v.; Mt 21, 21 (ἐὰν ἔχητε πίστιν καὶ μὴ διακριθῆτε); Röm 4, 20.
[5] In der Popularphilosophie wird besonders die Unbeständigkeit des Volkes mit dem Meere verglichen, das von dem jeweils gerade wehenden Wind hin und her bewegt wird, ohne eine feste Meinung zu haben, so bei DIO CHRYSOSTOMUS, Or. 32, 23 (δῆμος ἄστατον κακὸν καὶ θαλάττῃ πανθ' ὅμοιον ὑπ' ἀνέμου ῥιπίζεται). PHILO vergleicht in De gigant. 51 den inneren Kampf des Menschen mit dem stürmischen Meer (DIBELIUS z. St.). Vgl. auch das in Sir 33, 2 (MT) gebrauchte Bild: Wer das Gesetz ablehnt, „wankt wie im Sturm ein Schiff"; Eph 4, 14 (κλυδωνιζόμενοι καὶ περιφερόμενοι παντὶ ἀνέμῳ τῆς διδασκαλίας).
[6] Vgl. BLASS-DEBR § 452, 2.
[7] Vgl. Lv 20, 3 5; Mk 14, 21 par; CHAINE z. St.

λαμβάνειν, der dem αἰτεῖσθαι des V 6a korrespondiert!)¹. Den V 6b faßt man dann am besten als Parenthese, durch die das Wesen des Zweiflers in einem Bild charakterisiert werden soll. Der Gedankengang ist dann der: Jede Bitte an Gott – das „jede" steckt in dem von den Textzeugen ℵ C* und einigen anderen zu Unrecht weggelassenen τι – muß mit gläubigem Vertrauen verbunden sein; „denn" die Bitte des Zweiflers wird von Gott² nicht erhört! Das γάρ zu Beginn des V 7 hat also begründende Funktion. Jak aber formuliert diesen Begründungssatz imperativisch (μὴ οἰέσθω), entsprechend dem paränetischen Grundcharakter seines Briefes, und erreicht damit eine starke Wirkung: es wäre geradezu eine Illusion, ohne πίστις von Gott die Erhörung einer Bitte zu erwarten. Das „meinen" (οἴσθαι) hat nichts mit dem gläubigen Vertrauen (πίστις) zu tun!

1, 8 In einer Apposition, wie sie sich ähnlich auch in 3, 2 6 und 4, 12 findet, wird der zwischen Vertrauen und Mißtrauen hin- und herschwankende Zweifler als ein ἀνὴρ δίψυχος gebrandmarkt³. Der Terminus ἀνήρ mag zunächst gewählt sein, um eine Wiederholung von ἄνθρωπος zu vermeiden; doch mag ἀνήρ, ähnlich wie in 1, 23; 2, 2 und 3, 2, auch aus Gründen des paränetischen Stils verwendet sein, der „von Männern ausgebildet und in erster Linie für Männer zugeschnitten ist" (Windisch z. St.)⁴. δίψυχος begegnet nochmals in 4, 8 und ist eine ähnliche Bildung wie δίγλωσσος (Sir 5, 9c) oder διπρόσωπος (TestAs 2, 5); wörtlich: „zweiseelig", sachlich: die Geteiltheit des Herzens⁵. Der Begriff ist vielleicht eine essenische Bildung⁶ und spielt zusammen mit dem „Weg"-Motiv eine große Rolle auch im Schrifttum des nachapostolischen Zeitalters (Pastor Hermae; 1 und

---

¹ Deshalb lag es grammatisch näher, das Pronomen ἐκεῖνος statt οὗτος zu verwenden, weil es sich auf Entfernteres bezieht, nachdem inzwischen von etwas anderem – von der Wesensart des Zweiflers – die Rede war (vgl. auch Mt 7, 25 27; Blass-Debr § 291, 3). In 3, 2 dagegen gebraucht Jak das Pronomen οὗτος (τέλειος ἀνήρ), bezogen auf das unmittelbar vorhergehende τις.
² παρὰ τοῦ κυρίου bezieht sich auf Gott, nicht auf Christus; das wird sowohl durch das vorausgehende παρὰ ... τοῦ θεοῦ (V 5) wie auch durch 3, 9; 4, 10 15; 5, 4 10 11 nahegelegt.
³ Während Hort-Westcott das Komma vor ἀνήρ streichen und dieses als das Subjekt zu λήμψεται nehmen, setzt die Vg^{clem} mit der Min. 33, syr^h vor ἀνήρ einen Punkt und faßt so den V 8 als eigenen Satz (vir duplex animo inconstans est in omnibus viis suis).
⁴ Vgl. auch 1, 12 (μακάριος ἀνήρ); Ps 1, 1 mit Ps 31 (32), 2.
⁵ Vgl. dazu auch C. Edlund, Das Auge der Einfalt, 63f; O. J. F. Seitz, Antecedents and Signification of the Term ΔΙΨΥΧΟΣ, in: JBL 66 (1947) 211–219; W. I. Wolverton, The Doubled-Minded Man in the Light of Essene Psychology, in: ATR 38 (1956) 166–175; Seitz, Afterthoughts on the Term ‚DIPSYCHOS', in: NTSt 4 (1957/58) 327–334.
⁶ Vgl. 1 QH IV, 14 („sie suchen dich mit ‚doppeltem' Herzen und stehen nicht in deiner Wahrheit fest"); dazu schon Ps 12, 3; 78 (77), 37; Os 10, 2 („Ihr Herz ist geteilt") und die Qumranforderung, „mit ganzem Herzen umzukehren" (1 QS V, 8f; Damask XV, 9 12; 1 QH XVI, 17), „mit ganzem Herzen Gott zu suchen und zu lieben" (1 QH XIV, 26; XV, 10; Damask I, 10) und ihm „mit ganzem Herzen zu dienen" (1 QH XVI, 7).

2 Clem)¹. Er formuliert das Gegenteil jenes atl.-spätjüdischen Ideals der Ungeteiltheit und Ganzheit der Hingabe an Gott und seinen Weg, wie es vorzüglich in atl. Wendungen wie תָּם־לֵבָב („ganzherzig") zum Ausdruck kommt und in dem Wort von Dt 18, 13 zusammengefaßt ist: „Du sollst ganz und ungeteilt, ganzherzig, Jahwe, deinem Gott, gehören"; vgl. auch 6, 5; Ps 101, 2 4 6; 18, 24; Sir 1, 28 („verhalte dich zur Furcht des Herrn nicht unaufrichtig, und nahe ihr nicht mit zwiespältigem Herzen", ἐν καρδίᾳ δισσῇ); 2, 13; Weish 1, 1 f. Die Seele des Zweiflers ist „zwiegeteilt", weil er zwischen Vertrauen und Mißtrauen ständig hin und her schwankt.

In einer zweiten Apposition umschreibt Jak die Haltung des Zweiflers nochmals mit anderen Worten: ἀκατάστατος ἐν πάσαις ταῖς ὁδοῖς αὐτοῦ. In Is 54, 11 LXX ist ἀκατάστατος Übersetzung des hebräischen סֹעֲרָה (Part. Pual fem. von סער) = vom Sturm auf dem Meere herumgetrieben². So fügt sich die Charakterisierung des Zweiflers als ἀκατάστατος gut an den im V 6 sich findenden Vergleich desselben mit der vom Wind hin und her geworfenen Meereswoge an und scheint von dort inspiriert zu sein. Ist nun ἐν πάσαις ταῖς ὁδοῖς αὐτοῦ als ein ausgesprochener Hebraismus anzusprechen (vgl. Ps 90 [91], 11; 144 [145], 17; Jer 16, 17; Apg 14, 16), so ist auch die Verbindung des „Weg"-Motivs mit der Forderung nach „Eindeutigkeit" („Vollkommenheit") ganz im Sinn biblisch-jüdischer Überlieferung; vgl. etwa Gn 17, 1; Ps 101 (100), 2 6; 119 (118), 1 f; Spr 2, 7; 13, 6; 28, 18; 1 QS I, 8; III, 9 f; IX, 9. Der Zweifler geht nicht den geraden Weg des Vertrauens, sondern er wechselt die Wege ständig und gleicht so einer vom Sturm bald hierhin, bald dorthin geworfenen Meereswoge. Die Entschiedenheit des von Jak vertretenen und geforderten Christentums kommt schon in dieser Paränese deutlich zum Vorschein.

3. VOM „RUHM" DES ARMEN UND DES REICHEN (1, 9–11)

1, 9 Es rühme sich aber der Bruder, der ohne Ansehen (arm) ist, seiner Höhe, 10 der Reiche aber seiner Niedrigkeit, weil er wie die Blume des Grases vergehen wird. 11 Denn aufging die Sonne zusammen mit der Hitze und brachte das Gras zum Verdorren, und seine Blume fiel ab, und die Schönheit ihres Aussehens verschwand. So wird auch der Reiche in seinen Unternehmungen dahinwelken.

In den beiden atl. Armenpsalmen 49 (48) und 73 (72) wird dem Armen das Glück der Reichen zum Problem, ja geradezu zur Anfechtung (vgl. 49, 6 f; 73, 1–14 21 f). Die Lösung sieht der Sänger darin, daß die Reichen ja doch „auf schlüpfrigen Grund" gestellt sind (73, 18a): „Wie sind sie zunichte im

---

[1] SEITZ vermutet (JBL 63 [1944] 131–140), daß sowohl von Jak wie von den Apostolischen Vätern ein spätjüdisches Apokryphon verwertet sei, in dem das Motiv der „Doppelseeligkeit" eine wichtige Rolle spielte (unter besonderem Verweis auf 1 Clem 23, 2; 2 Clem 11, 2).
[2] KOEHLER, LexVTL s. v.

Nu, verschwunden, dahin vor Schrecken wie ein Traum, der beim Erwachen vergeht!" (73, 19f; vgl. 49, 12–15), während der Arme aus der Unterwelt zu Gott entrückt wird und bei ihm sein Teil für ewig ist (49, 16; 73, 23–26). So verwandelt sich die Trauer und die Angefochtenheit des Armen in Freude!

Dieses Grundschema der Armenpsalmen wurde im Judentum vielfach abgewandelt[1]; auch Jak tut es, zum erstenmal in 1, 9–11, und er nimmt dabei die Aufforderung zur Freude vom V 2 mit dem Begriff καυχᾶσθαι im V 9 wieder auf. Hat er dort alle Brüder zur Freude ermuntert, so jetzt „den armen Bruder".

1, 9 Die Aufforderung zur Freude wird mit einem weiterführenden δέ wieder aufgenommen. „Sich zu rühmen" ist an und für sich die Art der Reichen (vgl. 4, 16; Ps 48, 7b LXX καὶ ἐπὶ τῷ πλήθει τοῦ πλούτου αὐτῶν καυχώμενοι)[2], doch Jak fordert den ταπεινός dazu auf. Sicherlich wählt er den Terminus καυχᾶσθαι mit Bedacht, um zum Bewußtsein zu bringen, wer wirklich Grund hat, „sich zu rühmen", und wer nicht. Freilich verliert dadurch der Begriff καυχᾶσθαι den Beigeschmack der stolzen Überheblichkeit, den die Ruhmsucht des Reichen an sich hat, und wird zum Ausdruck der mächtigen Freude, die den Armen erfassen soll (ähnlich wie in Jer 9, 23; Ps 31, 11 LXX; 149, 5 LXX καυχήσονται ὅσιοι ἐν δόξῃ καὶ ἀγαλλιάσονται ἐπὶ τῶν κοιτῶν αὐτῶν).

Aufgefordert zum Jubel wird von Jak „der arme Bruder" (ὁ ἀδελφὸς ὁ ταπεινός). Der Artikel vor ἀδελφός hat generische Bedeutung — die Aufforderung geht jeden Armen in der Gemeinde an, während die Nachstellung des Attributs ὁ[3] ταπεινός den Zweck hat, den Armen vom Reichen, von dem unmittelbar nachher die Rede ist, stärker abzuheben[4]. ταπεινός heißt eigentlich „niedrig, unbedeutend, unbekannt, demütig"[5], aber als Gegensatz zu πλούσιος bekommt es den Sinn „arm", wie häufig schon in der Septuaginta als Übersetzung des hebräischen עָנִי (עָנָו), אֶבְיוֹן, דָּל. Der Reiche ist eben der, der über Macht und Ansehen in der Öffentlichkeit verfügt, während der Arme den „kleinen Mann" darstellt, der nichts zu sagen hat, ja häufig von den Reichen unterdrückt wird (vgl. Jak 2, 6)[6]. Gerade ihn fordert Jak zu dem auf, was sonst der Reiche tut: „sich zu rühmen", und zwar ἐν τῷ ὕψει αὐτοῦ. In Job 5, 11 wird Gott gepriesen, der den armen und notleidenden Bauern durch Regen eine reiche Ernte beschert und sie so „zur Höhe (εἰς ὕψος) bringt"; auch in Is 24, 4 und Prd 6, 10 (בְּמָרוֹם) hat מָרוֹם die Bedeutung:

---

[1] Siehe Exkurs über die „Armenfrömmigkeit" des Briefes.
[2] Vgl. auch Jer 9, 22 μὴ καυχάσθω ὁ πλούσιος ἐν τῷ πλούτῳ αὐτοῦ.
[3] In 𝔓74 B 471 fehlt der Artikel.
[4] „Gehobene Charakteristik" (RADERMACHER, Grammatik, 116).
[5] BAUERWb s. v. Eine eingehende Untersuchung der von dem Stamm ταπειν- gebildeten Wortgruppe in der Profangräzität und in der griechischen Bibel liegt vor bei ST. REHRL, Das Problem der Demut in der profan-griechischen Literatur im Vergleich zu Septuaginta und NT (Aevum Christianum, 4) (Münster 1961). Die ursprüngliche Bedeutung von ταπεινός = gedrückt (ebd. 24).
[6] Reichtum und Ehre gehören eng zusammen (vgl. 3 Kg 3, 13; 1 Chr 29, 12 28; Spr 24, 4; Ä. WOCKEN, Der Reiche im AT, in: TrThZ 62 [1953] 53; dazu noch Exkurs über die „Armenfrömmigkeit" des Briefes.

(soziale) „Höhe". Im Armenpsalm 73 ist mit diesem Begriff das überlegene, hochmütige Reden der Reichen gekennzeichnet. Wenn Jak das arme Gemeindemitglied auffordert, „sich in seiner Höhe zu rühmen", so ist dabei der Begriff ὕψος rein religiös verstanden. Den Kommentar zum Verständnis liefert der Brief selber in 2, 5: Weil die Armen durch den Glauben reich geworden und Erben des verheißenen Reiches sind, sind sie jetzt schon von Gott auf eine „Höhe" emporgehoben und werden es erst recht einmal in der eschatologischen Zukunft, der gegenüber die „Höhe" des Reichen nichts ist. So nimmt Jak auf seine Weise die erste Seligpreisung der Bergpredigt auf.

1, 10 Der einen starken Ton tragende Imperativ καυχάσθω, der sich nun an den Reichen richtet, darf nicht ironisch, sondern muß als eine echte, ernst gemeinte Paränese an die reichen Mitglieder der Gemeinde verstanden werden; denn um solche handelt es sich, wie sich aus dem formalen Aufbau der VV 9 und 10a ergibt: καυχάσθω δὲ ὁ ἀδελφός

a) ὁ ταπεινὸς ἐν τῷ ὕψει αὐτοῦ

b) ὁ δὲ πλούσιος ἐν τῇ ταπεινώσει αὐτοῦ[1].

Es handelt sich um die reichen Gemeindemitglieder, die Jak auffordert, sich ihrer ταπείνωσις zu rühmen. ταπείνωσις kann das „Erniedrigtwerden", die „Demütigung" oder auch den Zustand der Niedrigkeit oder Erniedrigung bedeuten[2]. Der folgende Blick auf den Tod des Reichen läßt an die kommende „Erniedrigung" denken, deren sich die Reichen aber jetzt schon rühmen sollen. So werden sie vor falscher Selbstüberschätzung und Verachtung der Armen bewahrt bleiben. Das ist freilich ein seltsames „Sichrühmen", aber nur eine Konsequenz einer radikal eschatologischen Wertung des Daseins, die stets „die letzten Dinge" im Auge behält[3]. Und nur so kann diese Paränese an die reichen Mitglieder der Gemeinde neben den harten Urteilen stehen, die der Brief später über die Reichen fällt (2, 6f; 5, 1ff)[4].

Mit dem ὅτι-Satz des V 10b wird nun die ταπείνωσις des Reichen begründet: „Er wird wie die Blume des Grases vergehen": gebildet an Is 40, 6f[5],

---

[1] In formaler Hinsicht vgl. auch noch Prd 10, 6:
      ἐδόθη ὁ ἄφρων ἐν ὕψεσι μεγάλοις
      καὶ πλούσιοι ἐν ταπεινῷ καθήσονται.
1 Sm 2, 6: κύριος πτωχίζει καὶ πλουτίζει
      ταπεινοῖ καὶ ἀνυψοῖ.

[2] BauerWb s. v.

[3] Vgl. auch 1 Tim 6, 17–19.

[4] Die Minuskel 614 fügt ein πίστει vor ταπεινώσει ein: „Der Reiche rühme sich im Glauben durch seine Demut", wohl mit dem Gedanken dazu: damit er einst gerettet werde! Diese LA bedeutet eine Abschwächung des Jak-Textes; denn damit geht die paradoxe Spannung zwischen dem „Sichrühmen" und der ταπείνωσις verloren.

[5] πᾶσα σὰρξ χόρτος, καὶ πᾶσα δόξα ἀνθρώπου ὡς ἄνθος χόρτου· ἐξηράνθη ὁ χόρτος καὶ τὸ ἄνθος ἐξέπεσεν. In der Umgebung dieses Textes erscheinen auch die Begriffe ταπείνωσις (40, 2) und ταπεινοῦν (40, 4). Vgl. ferner Is 37, 27; 51, 12; Job 14, 1f; Ps 37, 20 (in 4 QpPs 37, III, 7f wird der vergehende „Rauch" auf die [heidnischen] Befehlshaber bezogen, „die sein heiliges Volk bedrücken"); 90(89), 5f; 103 (102), 15f.

nur bei Jak eingeschränkt auf die Reichen. Das Verbum παρέρχεσθαι („vorübergehen") sieht in Verbindung mit dem Bild von der Blume des Grases das Leben des Reichen als ein rasches Aufblühen; aber in dem Futur παρελεύσεται (statt eines Präsens oder gnomischen Aorists) steckt dazu noch etwas „Prophetisches": Es klingt fast wie eine Drohweissagung an den Reichen, und zwar an ihn selbst und nicht etwa an seinen Reichtum; denn das Subjekt zu παρελεύσεται ist der πλούσιος.

1, 11 begründet (γάρ) den raschen „Vorübergang" der Blume des Grases: Die Sonne des Orients mit ihrer Gluthitze[1] — σὺν τῷ καύσωνι kann sich aber auch auf den heißen, alles ausdörrenden Ostwind beziehen[2] — trocknet das Gras vollständig aus, und so fällt die Blüte rasch ab, und „die Schönheit seines Aussehens" geht verloren. Die Aoriste ἀνέτειλεν[3], ἐξήρανεν, ἐξέπεσεν und ἀπώλετο sind gnomisch: Der Erzähler berichtet etwas, was er schon oft in seinem bisherigen Leben beobachtet hat[4]. Das αὐτοῦ hinter τοῦ προσώπου bezieht sich im Text auf die Blume; Cod. B und einige andere lassen das Pronomen weg und gewinnen auf diese Weise eine Verallgemeinerung des Satzes: Die Schönheit jeglichen Antlitzes (auch des Menschen) vergeht einmal.

Mit dem οὕτως-Satz wird der Vergleich (vgl. ὡς in dem ὅτι-Satz des V 10b) auf den Reichen angewendet, und zwar in einem Urteil, das sich nun nicht bloß auf den christlichen Reichen bezieht, sondern auf jeden[5]. Umstritten ist die Bedeutung von πορείαι[6]. Heißt es „Geschäftsreisen"[7] (allgemeiner: „Unternehmungen") oder „Weg" = „Wandel"[8] (דֶּרֶךְ)? Der Plural und 4, 13 (πορευσόμεθα εἰς τήνδε τὴν πόλιν) lassen an die erste Bedeutung denken: Es ist an jenen Reichen gedacht, der sich (typisch jüdisch?) ständig auf Handels- und Geschäftsreisen befindet und dabei nur seinen Gewinn im Auge hat (vgl. 4, 13). Unfehlbar erreicht ihn dabei eines Tages das Todeslos; „er wird verwelken" wie die Blume des Grases[9].

Der V 11 zeigt im übrigen den Verfasser des Briefes wieder als besonderen Meister des wirkungsvollen Rhythmus. Hatte die vorausgehende Paränese in retardierendem Rhythmus geschlossen (ἐν πάσαις ταῖς ὁδοῖς αὐτοῦ), so auch jene des V 11: ἐν ταῖς πορείαις αὐτοῦ μαρανθήσεται.

---

[1] Vg: cum ardore; vgl. auch Mt 20, 12; Gn 31, 40 (חֹרֶב).
[2] Vgl. Is 42, 7; Ez 17, 10; Jon 4, 8; Os 12, 2; 13, 5; dazu noch CHAINE z. St.
[3] Zu ἀνέτειλεν . . . ὁ ἥλιος vgl. auch Gn 32, 31; Mk 4, 6.
[4] RADERMACHER, Grammatik, 155.
[5] Aber Jak sagt nichts über das „ewige Schicksal" des Reichen, sondern erinnert nur an seine irdische Todverfallenheit, deren der Reiche, ob christlich oder nicht, eingedenk sein soll (vgl. auch Lk 12, 16–21).
[6] Vgl. die Kommentare und BAUER, MOULTON-MILLIGAN, s. v.   [7] Vg: itineribus.
[8] „das ganze irdische Tun und Treiben des Reichen" (BISPING).
[9] Auch in 1 Petr 1, 24 wird Is 40, 6f fast wörtlich zitiert. Doch besteht zwischen dort und Jak 1, 11 sicherlich keine literarische Abhängigkeit, sondern in beiden Fällen wird ein traditioneller Topos der atl. Mahnrede verwendet, in 1 Petr zudem in einem ganz anderen Zusammenhang (als Gegensatz zu dem ewigen Bestand des Wortes Gottes). In Henäth 96, 6 wird er ähnlich gebraucht wie in Jak 1, 11

EXKURS

Die „Armenfrömmigkeit" des Jakobusbriefes

1. Die Texte und ihre wesentlichen Aussagen

1, 9–11: a) Der Brief setzt „arm" und „demütig" (ταπεινός) gleich, wie der antithetische Parallelismus in den VV 9f mit seinem Gegensatz ταπεινός – πλούσιος zeigt.
b) Der Brief arbeitet mit dem Schema Erniedrigung – Erhöhung (und umgekehrt).
c) Der Brief versteht das Schema Erniedrigung – Erhöhung (und umgekehrt) eschatologisch.

1, 27: Forderung, sich der Witwen und Waisen in ihrer Not anzunehmen (vgl. dazu auch das Beispiel in 2, 15f).

2, 5–7: a) „Erwählung" der Armen durch Gott für die Heilsgüter.
b) Bedrückung der Armen und Rechtsverdrehung zu ihren Ungunsten durch die Reichen.
c) Schmähung des „Namens", der über den Armen angerufen ist, durch die Reichen.

5, 1–6: Scharfe Gerichtsandrohung gegen die Reichen, die die Armen unterdrücken (mit Gleichsetzung des Armen mit dem „Gerechten" im V 6).

5, 7–11: Mahnung an die „Brüder" zum geduldigen Ausharren bis zum Tag der Parusie und des Endgerichts.

Die Berücksichtigung des Schemas der „Armenfrömmigkeit" läßt erkennen, daß die zuletzt genannten Abschnitte (5, 1–6 und 5, 7–11) auf Grund ihrer Motivwelt eine Einheit bilden (vgl. dazu die Auslegung).

2. Die „Armenfrömmigkeit" des Alten Testaments und des Spätjudentums[1]

Nach dem Gottesspruch in Lv 25, 23: „Mein ist das Land, ihr seid Gäste bei mir und Beisassen", sind alle Israeliten in gleicher Weise Nutznießer des „Erbbesitzes" Jahwes (= Kanaan). Deshalb haben wenigstens im Sabbat-

---

(„Ihr [die Reichen] werdet verwelken und vertrocknen"), aber in einer Reihe von eschatologischen Weherufen. Jak verwertet also den überlieferten Topos in selbständiger Weise, jedoch in sachlichem Anschluß an die traditionelle Weisheitslehre (vgl. die Armen-Pss 49 und 73; Weish 5, 8f; Sir 11, 18f; Lk 12, 16–21; Abot IV, 4a: Rabbi Levitas aus Jabne sprach: „Sei so demütig wie möglich. Denn was der Mensch zu erwarten hat, ist Moder" [dazu Sir 7, 17]; 1 QM XV, 10f).

[1] Literatur (Auswahl): P. Van den Berghe, 'ANI et 'ANAW dans les Psaumes, in: Le Psautier (OBL IV) (Löwen 1962) 273–295; H. Bruppacher, Die Beurteilung der Armut im AT (Zürich 1924); A. Causse, Les „Pauvres" d'Israël, in: EHPHR 3 (Paris 1922); J. Ellul, Der Arme, in: EvTh 11 (1951/52) 193–209; A. Gelin, Les Pauvres de Yahvé (Paris 1953); J. Gnilka in: BZ, NF 7 (1963) 57f;

jahr auch die Besitzlosen ein Mitrecht auf den Ertrag des Ackerbodens (Ex 23, 10f; Lv 25, 2–7); sonst steht ihnen die Nachlese auf Feldern, in Öl- und Weinberg zu (Lv 19, 9f; Dt 24, 19–22). Im Jobeljahr soll jeder wieder in seinen alten Grundbesitz kommen und aus der Schuldknechtschaft entlassen werden (Lv 25, 8–17). Gott schützt Witwen und Waisen (Ex 22, 21–23); er fordert Gerechtigkeit für den Armen im Rechtsstreit (23, 3 6); dem Armen darf kein Zins auferlegt werden (22, 24). Das Dt sieht eine ideale Sozialordnung für Israel vor; nach 15, 4 soll es im Land Jahwes keinen Armen geben, aber nach 15, 11 werden die Bedürftigen dennoch nicht aus dem Land verschwinden; „darum gebiete ich dir: du sollst weit auftun deine Hand für deinen bedrückten und bedürftigen Stammesbruder im Land". „Arm" ist also im Pentateuch ganz wirtschaftlich-sozial verstanden. Die Hilfe für den Armen ist Gottesrecht. Der Arme hat einen Anspruch auf die Hilfe seiner Volksgenossen[1].

In der Königszeit wurde die Sozialordnung des Volkes immer mehr verlassen, und Reichtum sammelte sich in den Händen des Königs, seiner Minister und Günstlinge. Die Propheten müssen für das Recht der Armen gegen die übermütigen und gewalttätigen Reichen eintreten. Sie geißeln die unersättliche Gier der Reichen. „Wünschen sie Felder, sie rauben sie, und Häuser, sie nehmen sie weg. Gewalt wenden sie an gegen den Mann und sein Haus, gegen den Herrn und seinen Besitz" (Mich 2, 2; vgl. auch 3, 1–3). „Ja, Frevler finden sich in meinem Volk, sie lauern geduckt wie Vogelsteller. Fallen stellen sie auf und fangen Menschen. Wie ein Korb, gefüllt mit Vögeln, sind ihre Häuser gefüllt mit Betrug. Darum sind sie mächtig und reich; fett sind sie und feist ... sie sprechen der Waise kein Recht, die Sache der Armen entscheiden sie nicht" (Jer 5, 26–28). „Wehe denen, die Haus an Haus reihen und Feld an Feld fügen, bis kein Platz mehr da ist und ihr allein Besitzer im Land geworden seid!" (Is 5, 8.) „Wehe denen, die Gesetze voll Unheil erlassen ..., um die Geringen vom Gericht zu verdrängen und den Armen meines Volkes das Recht zu rauben, daß sie Witwen ausbeuten und die Waisen ausplündern" (10, 1f). „Man bekämpft den Gerechten, nimmt Lösegeld an, drängt weg die Armen im Tore" (Am 5,12).

Auch bei den Propheten ist „arm" weithin noch ein sozialer Begriff. Religiöse Färbung gewinnt er aber in den Psalmen, in denen es zur Identifizierung des gewaltsam Unterdrückten (Armen) mit dem Demütigen vor Gott

---

A. George, Art. Pauvre, in: DictBibleSuppl VII (Paris 1963) 387–406; F. Hauck - E. Bammel in: ThWb VI, 885–915; H.-J. Kraus, 'Ani und 'Anaw, in: Psalmen (Neukirchen [2]1961) I, 82f; A. Kuschke, Arm und Reich im AT, in: ZAW, NF 16 (1939) 31–57; E. Kutsch in: RGG [3]I, 622–624; J. Maier, Die Texte vom Toten Meer II, 83-87; E. Neuhäusler, Anspruch und Antwort Gottes. Zur Lehre von den Weisungen innerhalb der synoptischen Jesusüberlieferung (Düsseldorf 1962) 146–158; E. Percy, Die Botschaft Jesu, 40–108; J. van der Ploeg, Les Pauvres d'Israël et leur piété, in: OTS 7 (1950) 236–270; J. Schmid, Art. Armut, in: LexThK [2]I, 878–881; M. Stenzel, Art. Armut, in: BThWb I, 84–87.

[1] „Der Begriff עָנִי enthält einen Rechtsanspruch, den selbstverständlichen Anspruch aller Bundesglieder auf den ihnen zustehenden Anteil am ‚Erbland'" (Kuschke, 50).

kommt (so in den Pss 37; 45; 146, 8f; 147, 6)[1]. Der „Arme" ist in den Klageliedern der Psalmen der Verfolgte und Rechtlose, „der vor den gewalttätigen Feinden ... Zuflucht bei Jahwe sucht und seine verlorene Sache Gott als dem gerechten Richter anheimstellt" (vgl. Pss 9, 19; 10, 2 8 9 10 14; 18, 28; 35, 10; 74, 19)[2]. „Denn ein Bluträcher ist (Gott), und er denkt an sie; nicht vergißt er den Schrei der Armen. Jahwe war mir gnädig, sah mein Elend, und er, der mich aufhob, erhöht aus den Pforten des Todes ... Denn nicht für immer wird der Arme vergessen, entschwindet der Elenden Hoffnung auf ewig" (Ps 9, 13 14 19). „In Hoffart verfolgen Frevler den Armen ... Er lauert darauf, den Armen zu fangen ... Stehe auf, Jahwe, erhebe deine Hand, vergiß nicht die Geringen! ... Das Begehren der Armen hast du vernommen, Jahwe; machst fest ihr Herz, neigst dein Ohr, um Recht zu schaffen Waisen und Bedrückten, daß nicht ferner Gewalt übt ein Mensch von der Erde" (Ps 10, 2a 9b 12 17 18)[3]. Diese Klagelieder der Armen sind deutlich nach dem Schema Erniedrigung – Erhöhung aufgebaut: der von den reichen und mächtigen „Feinden"[4] bedrängte und verfolgte Arme wird von Gott gerettet und „erhöht", während jene von ihm erniedrigt werden. Das Schema begegnet auch in den Pss 37; 49 und 73. Während im Ps 37 die Rettung des von den reichen Frevlern Bedrückten noch irdisch verstanden wird, glaubt der Arme in Ps 49 (V 16: „Doch Gott kauft mich los aus der Gewalt der Unterwelt, ja, er entrückt mich") und Ps 73 an eine Rettung in die ewige Gemeinschaft mit Gott (V 26: „Mag Fleisch und Herz mir schwinden, mein Teil ist Gott für ewig").

Die früher von manchen vertretene Anschauung, daß „die Armen" in der nachexilischen Zeit eine Art von religiöser „Partei" im Judentum darstellten, wird heute weithin abgelehnt. Vielmehr ist mit Kuschke zu sagen: „In dem עָנִי und רָשָׁע treten sich ... zwei ‚Arten' oder ‚Typen' entgegen, die sich sowohl im äußeren Gehabe wie in ihrer sozialen und religiösen Gesinnung weithin wesensfremd sind."[5] Der „Arme" wird nicht einfach identisch mit dem „Frommen". Auch in Soph 3, 12 („Ich lasse in deiner Mitte ein demütiges und armes Volk nur, und diese, Irsaels Rest, vertrauen dem Nahmen Jahwes") ist zunächst eine Drohung Gottes gegen die „übermütigen Prahler" (vgl. V 11) ausgeprochen: nur die Armen werden das kommende Gericht überstehen und den Ausgangspunkt der neuen Heilsgemeinde Israels bilden; denn die Armen haben die richtige sittliche Haltung Jahwe gegenüber (vgl. V 13). Weil der Arme im Gegensatz zum „Frevler" in der rechten Weise zu Gott steht, alles Heil nur von ihm erwartet und seiner Hilfe sich stets gewiß weiß, „demütigen Geistes" ist[6], stellt er gewisser-

---

[1] Vgl. Kuschke, 52.
[2] H.-J. Kraus, Psalmen I, 82 (Exkurs 3).   [3] Übersetzung nach Kraus.
[4] Vgl. zu den „Feinden" den Exkurs 2 bei Kraus, 40–43 (Die Feinde des Einzelnen).
[5] A. a. O. 57. Zu einem ähnlichen Ergebnis kommt Kraus (83): „Die Gruppe der ‚Armen' repräsentiert weder im massiven Sinne eine Partei, noch stellt sie im vergeistigten Sinne eine Menschenart dar, deren Frömmigkeitstyp zum Symbol erhoben worden wäre."
[6] Besonders in Is III (Is 56–66) sind die Armen und Demütigen gleichgesetzt (vgl. Näheres bei J. Maier, Die Texte vom Toten Meer II, 85).

maßen den Idealtyp des Frommen dar, wird er zum Typ der wahren Glaubenshaltung. In diesem Sinn kennt das Alte Testament, speziell das nachexilische Schrifttum, so etwas wie eine spezifische „Armenfrömmigkeit".

Diese im Alten Testament entwickelte Frömmigkeit war im Spätjudentum besonders in Qumran lebendig, was zweifellos mit der Entstehung dieser Gemeinde zusammenhängt, da nämlich ihr Gründer, der „Lehrer der Gerechtigkeit", vom „Frevelpriester" und dessen Anhängern verfolgt wurde[1]. Die wohl auf den Gründer der Gemeinde zurückgehenden Hodajoth[2] legen Zeugnis davon ab. Hier ist das Kontrastschema Erniedrigung – Erhöhung in großartiger Weise konsequent durchgeführt, so in 1 QH II, 31–35 („Ich preise dich, Herr! Denn dein Auge [wacht] über mein Leben, und vor dem Eifer der Lügendeuter rettest du mich. Aus der Rotte derer, die glatte [Lehren] suchen, hast du die Seele des Armen erlöst. Dem sie planten, den Garaus zu machen, sein Blut zu vergießen wegen des Dienstes an dir, nur weil sie [nicht wissen], daß von dir aus mein Schritt. Sie machten mich zur Verachtung und Schande im Mund aller, die nach Täuschung suchen. Aber du, o Gott, hast geholfen der Seele des Elenden und Geringen aus der Hand eines Stärkeren"); IV, 17f („Es eilen wider mich starke Frevler mit ihren Drangsalen, und den ganzen Tag bedrücken sie meine Seele. Du aber, mein Gott, kehrst den Sturmwind zu Stille, und das Leben des Armen hast du gerettet . . ."); V, 20–22 („Gepriesen seist du, Herr! Denn du hast nicht verlassen die Waise, und den Geringen hast du nicht verachtet. Denn deine Macht ist [grenzenlos], und deine Ehre ohne Maß, und Wunderhelden dienen dir. Mit den Elenden [bist du], wenn ihre Füße versinken, . . . um emporzuführen aus dem Getümmel zumal alle die ‚Armen der Gnade'"). Die Gleichung: der „Arme" = der „Demütige" (der um seine Sünden weiß und das Heil nur von der Gnade Gottes erhofft), ist in den Hodajoth vollkommen durchgeführt.

In 1 QS ist nie von „Armen" die Rede, aber in X, 19 sagt der Beter: „Nach sündhaftem Vermögen habe ich kein Verlangen." Vermögen als solches wird nicht verworfen (vgl. IX, 8, wo vom „Vermögen der Männer der Heiligkeit" die Rede ist), nur darf es „nicht mit dem Vermögen der Männer des Trugs vermischt werden" (ebd.). In der Damaskusschrift finden sich scharfe Worte gegen den Reichtum (vgl. etwa IV, 17; VIII, 7; XIX, 19). Nach 1 QM werden im letzten, heiligen Krieg die Scharen Belials „durch die Armen deiner Erlösung" gefällt (XI, 8f). „Denn in die Hand der Armen lieferst du aus [die Fein]de aller Länder und in die Hand derer, die im Staube knien . . ." (XI, 13): hier wieder die Gleichsetzung von „Armen" und „Demütigen" vor Gott (vgl. auch XI, 10; XIV, 7). Nach 4 QpPs 37, III, 10f wird „die Gemeinde der Armen" „in Besitz nehmen den hohen Berg Israels", während „die Gewalttäter . . . ausgerottet und vertilgt wer-

---

[1] Vgl. etwa 4 QpPs 37 (dazu H. STEGEMANN in: Rev. de Qumran 4 [1963] 235–207); 1 QpHab XII, 2 („Die Deutung des Wortes geht auf den Frevelpriester, daß man ihm vergelten wird sein Tun, das er an [den] Armen getan hat"); XII, 6 16.
[2] Vgl. G. JEREMIAS, Der Lehrer der Gerechtigkeit (Göttingen 1963) 168–267.

den auf ewig". Diese Armen sind nach 1 QpHab V, 4 die „Erwählten" Gottes (vgl. auch IX, 12; X, 13). In diesen Texten von Qumran ist ähnlich wie in den Psalmen die Armut „nicht ein Zustand, sondern eine Haltung" (Maier, II, 87); „Armut" ist weithin ein religiöser Begriff geworden[1].

3. Vergleich mit dem Jakobusbrief[2]

Es gibt kaum ein Element der atl.-spätjüdischen Armenfrömmigkeit, das nicht auch im Jak-Brief begegnet. Hier wie dort kommt es zur Gleichsetzung von „arm" mit „demütig" und „gerecht". Hier wie dort finden sich Drohungen gegen die gottlosen Reichen. Und hier wie dort begegnet das eschatologisch bestimmte Schema Erniedrigung (des Armen durch die mächtigen und gottlosen Reichen) – Erhöhung (des Armen durch Gott und Vernichtungsgericht über die Reichen). Die Armen sind die Erwählten Gottes! Auch im Qumranschrifttum findet sich dieses Schema; was aber die Anschauungen des Briefes von jenen in Qumran, speziell der „Kriegsrolle", unterscheidet, ist dies, daß Jakobus alle Hilfe für die unterdrückten Armen vom Herrn allein erwartet (5, 2 ff; 5, 7 ff) und nichts von einem endzeitlichen heiligen Krieg der Armen gegen die reichen Gottlosen und Söhne Belials weiß. Dies jedoch entspricht auch der Anschauung der atl. „Armenpsalmen". Darum ist die Armenfrömmigkeit unseres Briefes auch keine proletarische, sondern eine durch und durch religiös bestimmte, sosehr das soziale Moment auch mitwirkt, insofern die Armen im Brief weithin — nicht immer! — als wirklich Arme in wirtschaftlicher Hinsicht und die Reichen als wirklich Reiche verstanden werden (man denke nur an das Beispiel von 2, 2 ff und an den Abschnitt 4, 13 – 5, 6). Das „Christliche" an der Armenfrömmigkeit des Briefes besteht vor allem in der eschatologischen Erwartung: Hilfe kommt vom wiederkommenden Herrn (5, 7 ff); auf ihn sollen die Armen mit Geduld und Zuversicht harren.

Schwierig ist die Frage zu beantworten: Wie weit stehen hinter der Armenfrömmigkeit des Briefes konkrete Erfahrungen aus der Abfassungszeit? Wurden die armen Mitglieder der christlichen Gemeinden von mächtigen und gottlosen Reichen in der Tat verfolgt? Zunächst darf bei der Beantwortung dieser Fragen nicht vergessen werden, daß Jakobus mit den übernommenen Schemata der Armenfrömmigkeit arbeitet, dazu noch mit den rhetorischen Mitteln der Diatribe, was ihren wirkungsvollen Einsatz überaus begünstigt und beim Leser den Eindruck höchster „Aktualität" erzeugt. Das läßt aber erkennen, daß es ihm zunächst weniger um An-

---

[1] Maier formuliert sehr gut (II, 87 zu 1 QH V, 22): „‚Arm' ist Niedrigkeitsprädikat, Bekenntnis der Nichtigkeit des menschlichen Unvermögens, und ‚Gnade' ist Gottes Heilshandeln in Erbarmen über den Nichtigen, Unwürdigen, dieses besteht in der Vergebung, der unverdienten Erwählung und Hilfe, in der eschatologischen Erlösung." Doch kann man nicht mit K. Schubert sagen (Die Gemeinde vom Toten Meer [München-Basel 1958], 78), daß die Armut des Qumranfrommen „eine charismatische Begabung" sei.

[2] Vgl. auch Dibelius, Jak, 37–44; Meyer, Rätsel, 146–149.

prangerung konkreter Ereignisse in den Gemeinden geht als vielmehr um überdeutliche Hinweise auf ein von ihm geliebtes und gefordertes „Ideal", nach welchem „Armsein und Christsein zusammenfallen" (Dibelius). Er sieht offensichtlich dieses Ideal in den Gemeinden durch die Aufnahme von Reichen bedroht[1], und seine Invektiven gegen diese haben deutlich auch den Sinn von Mahnungen an sie, ihr bisheriges Leben aufzugeben und dem Ideal der Armenfrömmigkeit nachzueifern (man vgl. nur die unmittelbare Anrede an die Reichen in 5, 1!), weil Gott die Armen als Erben seines Reiches erwählt hat. Reiche und vermögende Mitglieder der christlichen Gemeinde hat es sehr früh gegeben; deshalb können aus den Invektiven gegen die Reichen im Brief keine Schlüsse etwa auf eine späte Abfassungszeit gezogen werden[2]. Das „Ideal" hat vielmehr überzeitliche Bedeutung, weil es zur rechten Haltung vor Gott verhilft. Dies aber liegt Jak besonders am Herzen[3].

Es ist also zweifellos auch ein seelsorgerliches Interesse, das Jak das Problem „arm und reich" nach den überlieferten Schemata und doch in so leidenschaftlichem Ton, der seine ganze persönliche Beteiligung an der Frage zeigt, behandeln läßt. Reichtum ist nicht Zeichen besonderer Auserwähltheit durch Gott, sondern umgekehrt die allergrößte Gefahr für das „Seelenheil". Was sollen die Reichen mit ihrem Vermögen tun? Das sagt ihnen Jak sehr eindeutig: den Armen, Witwen und Waisen helfen! So können sie ihre Seelen „retten". Darum steht in gewisser Hinsicht auch die Abhandlung über die Rechtfertigung in 2, 14–26 im Dienste des Ideals seiner „Armenfrömmigkeit", weil das rechtfertigende „Werk" ja die konkrete Hilfe für den Armen meint. Sonst ist der Glaube „nutzlos".

Dennoch bleibt trotz der Beobachtung, daß Jak seine Armenfrömmigkeit an Hand des überlieferten Schemas vorträgt, das Problem: Steht denn hinter Fragen wie in 2, 6 („Vergewaltigen euch die Reichen nicht, und schleppen nicht gerade sie euch vor die Gerichtshöfe?") nicht doch eine bestimmte geschichtliche Erfahrung der christlichen Gemeinden? Diese Frage wird ja mit dem Hinweis auf das „Schema" nicht befriedigend beantwortet.

Der geschichtliche Hintergrund der „schematischen" und doch so leidenschaftlichen Äußerungen über „arm und reich" im Jak-Brief würde sofort merkwürdig greifbare Konturen annehmen, wenn mit den „Reichen", die die armen Mitglieder der christlichen Gemeinde verfolgen, die Juden gemeint wären, die nach Ausweis des Neuen Testament (Apg; Paulusbriefe) die besonderen Gegner der jungen Kirche waren (vgl. Stefanusgeschichte, bes. Apg 7, 52; Hinrichtung Jakobus' des Älteren; die Erfahrungen des Apostels Paulus, dazu als sehr frühes Zeugnis etwa 1 Thess 2, 14–16: „Seid[4]

---

[1] „Die Einstellung der Gemeinde ist von einer Identifizierung mit den Armen weit entfernt, und der Verfasser kann nur hoffen, sie zu einer Solidarität mit den Unterdrückten zurückzulenken" (Bammel in: ThWb VI, 910/29 ff; vgl. auch noch Schnackenburg, Sittliche Botschaft, 293).
[2] Bammel (ebd. 910f) („Produkt der Spätzeit").
[3] So sieht im wesentlichen auch Dibelius die Dinge.
[4] Übersetzung nach H. Schürmann (Geistliche Schriftlesung, Nr. 13).

ihr doch in die Nachfolge der Gemeinden Gottes getreten, die im jüdischen
Land in Christus Jesus sind: Ihr erlittet dasselbe von euren Landsleuten,
wie sie von den Juden. Die haben auch den Herrn Jesus getötet und
(vorher schon) die Propheten, und auch uns haben sie verjagt ...
und so machen sie das Maß ihrer Sünden voll (jetzt wie) immerdar. Über
sie gekommen aber ist (nun schon) der Gotteszorn[1], (der) dem Ende zu-
(drängt)."[2] Im Gleichnis vom großen Gastmahl (Lk 14, 15–24) scheint der
Zusammenhang zu zeigen, „daß die in den betreffenden Abschnitten genannten Reichen die jüdischen Gegner Jesu sind" (Hauck)[3]. Offensichtlich
wird dabei von Lukas „der kollektivistische Begriff des Reichen, der die
prophetische Kritik bestimmte ..., aufgenommen"[4]. Und Bammel vermutet, daß in dem in Lk 14–19 verarbeiteten alten Traditionskomplex das
Thema „arm und reich" „eine beherrschende Rolle gespielt" haben muß.
„Indem über den Reichen, der als Repräsentant des Judentums erscheint ...,
das Wehe ausgerufen wird, vermag sich der hinter der Schrift stehende Kreis,
der sich selbst mit den Armen, Verlorenen, Kleinen, Witwen, Sündern usw.
gleichsetzt, von diesem jüdischen Mutterboden zu distanzieren."[5] Ist das
richtig und wendet man es auf den Jak-Brief an, dann würden die Invektiven gegen die Reichen und die „Erfahrungen" der Armen mit ihnen auf
einmal einen sehr konkreten geschichtlichen Hintergrund bekommen: „die
Armen" sind der erwählte Rest Israels (vgl. Soph 3, 12!), die christliche Gemeinde, die von den „Reichen", mit denen in Wirklichkeit die Juden gemeint sind, verfolgt und vor die Gerichtshöfe geschleppt wird, und die den
geheiligten Namen, der über die Christen bei der Taufe angerufen wurde,
schmähen. Es wäre nicht das erste Mal, daß geschichtliche Vorgänge in die
vorgegebenen Formen der „Armenfrömmigkeit" eingekleidet werden. Auch
in den Kommentaren und Psalmen von Qumran ist dasselbe geschehen,
und schon im AT. Es bleiben freilich manche Züge in den Äußerungen der
Armenfrömmigkeit unseres Briefes, die nicht von diesem Hintergrund (Verfolgung der christlichen Gemeinden durch Juden) her ihre Erklärung finden,
wie etwa der in 2, 2ff abgehandelte „Fall". Denn daß mit dem goldberingten und prächtig gekleideten Reichen gerade ein Jude gemeint sei, ist wenig
wahrscheinlich. Hier zeigt sich vielmehr die schon oben genannte Tendenz
des Briefes, das in der Armenfrömmigkeit sich zeigende Ideal erneut ins
Bewußtsein der Adressaten zu bringen und sie von den verderblichen Wegen, auf die der Reichtum nur allzuleicht führt, zurückzuhalten oder wieder
abzubringen. Man könnte sagen: das überlieferte „Schema" der Armenfrömmigkeit dient dazu, die konkrete geschichtliche Erfahrung im Licht
desselben zu sehen und zu deuten, zugleich aber auch dazu, das religiöse

---

[1] Ausweisung aus Rom unter Kaiser Claudius?
[2] Vgl. dazu auch E. BAMMEL, Judenverfolgung und Naherwartung. Zur Eschatologie des ersten Thessalonicherbriefes, in: ZThK 56 (1959) 294–315 (bes. 305f).
[3] ThWb VI, 326/19f.
[4] Ebd.
[5] Ebd. 907/23ff; vgl. ähnlich HAUCK, ebd. 326/19f.

Ideal dieser Frömmigkeit den Lesern des Briefes wieder leuchtend vor Augen zu stellen. Diese doppelte Funktion hat das Schema auch in Qumran zu erfüllen gehabt.

4. Vergleich mit der Predigt Jesu[1]

Jesus, der selber aus einer armen Familie stammte (vgl. Lk 1, 52f; 2, 7 24), hat die Armen seliggepriesen (Lk 6, 20), wobei sicher an wirklich Arme gedacht ist. Ihnen wird das Evangelium verkündet (Mt 11, 5 = Lk 7, 22; vgl. auch 4, 18). Jesus hat zwar den Besitz nicht grundsätzlich abgelehnt — dafür läßt sich kein Spruch anführen, vgl. im Gegenteil Mt 20, 15; 24, 45 ff; Gleichnis vom Unkraut im Weizen, vom Herrn des Weinbergs, von den anvertrauten Pfunden —, aber er ruft den Reichen sein „Wehe" entgegen (Lk 6, 24) und spricht von der Schwierigkeit des Eingangs der Besitzenden in das Reich Gottes (Mk 10, 23 ff par). Mammonsdienst und „Gottesdienst" vertragen sich nicht miteinander (Mt 6, 24 par). Reichtum erstickt nur allzuleicht das Wort Gottes (Mk 4, 19) und gefährdet die eschatologische Existenz (vgl. Mt 6, 19f par; Mk 8, 38 par; Lk 12, 15–21: Gleichnis vom törichten Großbauern). Das Reich Gottes ist nach Jesus jene kostbare Perle und jener Schatz im Acker, die den irdischen Besitz wesenlos machen (Mk 13, 44 ff). Allzu große Sorge um diesen ist heidnisch, da Gott dem alles „hinzugibt", der sein Reich sucht (Mk 6, 13–34 par). Besonders der Jünger, den Jesus in seine Nachfolge ruft, muß bereit sein, auf alles zu verzichten (vgl. Lk 14, 33; Mt 10, 9f; Mk 1, 18 20 par; 10, 21 par. 28 ff par). Und Jesus fordert Hilfe für den notleidenden Nächsten (Lk 16, 9: „Macht euch Freunde mit dem ungerechten Mammon!"; 10, 25–37: Gleichnis vom barmherzigen Samariter; 16, 19–21: Gleichnis vom reichen Prasser und armen Lazarus, in dem das alte Schema Erniedrigung – Erhöhung des Armen sich wieder zeigt). Und wer ein Gastmahl gibt, soll dazu die Armen, Krüppel, Lahmen und Blinden einladen (Lk 14, 13)[2].

Die „Armenfrömmigkeit" des Jak-Briefes hat enge Berührungen mit

---

[1] Vgl. auch E. Bammel in: ThWb VI, 902–908 910f; F. Hauck, ebd. 325f; R. Koch, Die Wertung des Besitzes im Lukasevangelium, in: Bib 38 (1957) 151–169; F. Mussner, Art. Eigentum, in: LexThK ²III, 735–737 (weitere Literatur); W. Sattler, Die Anawim im Zeitalter Jesu Christi, in: Festgabe für A. Jülicher (Tübingen 1927) 15; J. Schmid, Das Evangelium nach Markus (RegNT II), 194–196 (Jesu Stellung zum Reichtum); R. Schnackenburg, Sittliche Botschaft, 91–100 (Lit.).

[2] Auffällig ist, daß besonders der lukanische Jesus das Thema „arm und reich" so eingehend behandelt. Zweifellos hängt das mit der Vorliebe des dritten Evangelisten für das „ebionitische" Ideal zusammen; dennoch kann man nicht sagen, daß Lukas die Predigt Jesu über arm und reich verfälscht habe. Schnackenburg vermutet (Sittliche Botschaft, 99): „Der Grund für diese Einstellung des dritten Evangelisten dürfte neben seiner persönlichen Frömmigkeit vor allem in seiner engen Berührung mit gewissen Kreisen der Jerusalemer Urgemeinde zu suchen sein, die arm waren und sich vielleicht auch ‚Arme' mit einem religiösen Akzent nannten" (vgl. Röm 15, 26; Gal 2, 10).

der Predigt Jesu, wie sie eben skizziert wurde. Die Armen sind für Jak und Jesus die Erben des Reiches Gottes. Beide schleudern den Reichen ihr „Wehe" entgegen. Beide warnen vor der gierigen Habsucht der Reichen. Beide denken im Schema Erniedrigung – Erhöhung des Armen. Beide fordern konkrete Hilfe am notleidenden Nächsten und vertreten einen „entschränkten" Begriff des „Nächsten"[1]. Jak führt nur das überlieferte Schema der Armenfrömmigkeit konsequenter als Jesus durch, bes. im Hinblick auf die Unterdrückung des Armen durch den Reichen. Jesus trägt seine Lehre gern in Form von Gleichnissen vor, Jak dagegen liebt drastische Beispiele, die er in Form von fingierten „Fällen" bietet und im rhetorischen Stil der Diatribe vorlegt. So sind es im wesentlichen nur Stilunterschiede, die der Vergleich zwischen Jesus und Jak erkennen läßt. In der Sache gehen beide weithin miteinander. Doch ist die Abneigung des Jak gegen die Reichen fast noch größer als jene Jesu. Dies mag mit der Situation der Urgemeinde und ihren Erfahrungen zusammenhängen, die das überlieferte Schema der atl. Armenfrömmigkeit und die hinter ihm stehende religiöse Überzeugung im Licht der durchgemachten Verfolgungen deuten ließ, ähnlich wie auch in Qumran. Diese Erfahrungen mögen auch im lukanischen Traditionsmaterial einen gewissen Niederschlag gefunden haben (s. o.).

---

4. DER GROSSE MAKARISMUS AUF DIE STANDHAFTIGKEIT MIT THEODIZEE (1, 12–18)

1, 12 Heil dem Mann, der eine Versuchung durchsteht, weil er als ein Bewährter empfangen wird den Kranz des Lebens, den (Gott) verheißen hat denen, die ihn lieben.
13 Keiner, der versucht wird, soll sagen: Von Gott werde ich versucht! Denn Gott ist unversucht vom Bösen, versucht aber selbst niemanden.
14 Jeder wird vielmehr versucht, indem er von seiner eigenen Begierde angezogen und geködert wird. 15 Dann empfängt die Begierde und gebiert eine Sünde, die Sünde aber, die vollendet (ans Ziel gelangt) ist, gebiert den Tod.
16 Laßt euch nicht verführen, meine geliebten Brüder: 17 Jede gute Gabe und jedes vollkommene Geschenk stammt von oben, herabsteigend vom Vater der Lichter, bei dem es keine Veränderung oder Verfinsterung durch Wendung gibt. 18 Kraft seines Willens hat er uns geboren durch das Wort der Wahrheit, damit wir gewissermaßen Erstlingsfrucht seiner Schöpfungen seien.

---

[1] Vgl. F. Mussner, Der Begriff des „Nächsten" in der Verkündigung Jesu, in: TrThZ 64 (1955) 91–99; H. Greeven in: ThWb VI, 314–316.

Hatte Jak seinen Brief im V 2 begonnen mit einer Aufforderung an die von allerlei Versuchungen geplagten Brüder zur Freude, hatte er dann im V 9 auch den Armen und den Reichen zu rühmender Freude ermuntert, so schließt er nunmehr ab mit einem Makarismus, in dem er das Thema „Peirasmoi" nochmals aufgreift, aber es nun stärkstens eschatologisch gestaltet. So erreicht er einerseits eine ausgezeichnete Inclusio (entsprechend dem semitischen Stil)[1] zu den Eingangsversen 2 und 3 (μακάριος → πᾶσαν χαράν, πειρασμόν → πειρασμοῖς, δόκιμος → δοκίμιον), während die VV 2–12 tatsächlich als ein zusammengehöriger Sinnabschnitt erkennbar sind. Anderseits gelingt ihm eine abschließende Steigerung, weil der Makarismus ausgesprochen eschatologisch motiviert ist. Das Thema „Peirasmoi" läßt aber auch den Gedanken ihrer Herkunft entstehen; dies wiederum veranlaßt ihn, in den VV 13–18 eine kleine Theodizee zu bieten.

1, 12 (Der Makarismus) Der Heilsruf μακάριος bildet zusammen mit der Verheißung des Lebenskranzes einen passenden Gegensatz zum unmittelbar vorhergehenden μαρανθήσεται: Hinfälligkeit – ewiger Bestand! Im übrigen folgt der Makarismus sowohl der Form wie auch dem Inhalt nach der Tradition[2].

Zur Form vgl. etwa Ps 1, 1 (μακάριος ἀνήρ, ὅς . . .); 33 (34), 9; 83 (84), 6; 93 (94), 12[3]; 111 (112), 1; Is 52, 2; Spr 8, 34; Sir 14, 1 und die Makarismen Jesu; zum Inhalt besonders Weish 3, 5f; Dn 12, 12 Theod. (μακάριος ὁ ὑπομένων); 1 Petr 3, 14[4]; ExR 31, 1 („Selig der Mensch, der in seiner Versuchung feststeht"); 4 Makk 7, 22; Henslav 66, 6 (A); Herm (v) II, 2, 7 (μακάριοι ὑμεῖς ὅσοι ὑπομένετε τὴν θλίψιν); Thomas-Ev 58 („Jesus sagte: Selig der Mensch, der gelitten hat; er hat das Leben gefunden"); Tertullian, De bapt. 20 (als angebliches Herrenwort: „Niemand kann das Himmelreich erlangen, der nicht durch Versuchungen ging"). Die eschatologische Perspektive in den Makarismen, wie sie auch in Jak 1, 12 begegnet, zeigt sich besonders in der spätjüdischen Apokalyptik.

Jak denkt in 1, 12 nicht an einen bestimmten Peirasmos (etwa Glaubensprüfungen), sondern an jeglichen (Fehlen des Artikels!), besonders aber nun in sittlicher Hinsicht, wie die folgenden Verse zeigen. Der Makarismus wird begründet (ὅτι), und zwar eschatologisch: wer in einer Versuchung durchhält und sich so bewährt, „wird den Kranz des Lebens empfangen". Zur Vorstellung vom Lebenskranz vgl. schon Ps 21 (20), 4f („Krone von Feingold" in Verbindung mit der Lebensgabe, aber noch nicht eschatologisch

---

[1] Vgl. dazu bes. A. CONDAMIN in: RB 7 (1910) 212–214.
[2] Vgl. auch J. DUPONT, Les Béatitudes (Louvain ²1958); A. GEORGE, La „Forme" de béatitudes jusqu'à Jésus, in: Mél. Bibl. (Festschr. f. A. ROBERT) (Paris 1957) 398–403; E. NEUHÄUSLER, Anspruch und Antwort Gottes, 143–146; BERTRAM-HAUCK in: ThWb IV, 365–373.
[3] Hier steht ἄνθρωπος statt ἀνήρ, wie Cod. A und einige andere auch in Jak 1, 12 lesen; ebenso Spr 3, 13.
[4] Sollte es sich hier (und in Jak 1, 2–4 12) um irgendwelche Bestandteile aus einer Taufliturgie handeln? Vgl. M. E. BOISMARD in: RB 64 (1957) 161–183.

verstanden); Weish 5, 16 (Die Seligen werden das διάδημα τοῦ κάλλους empfangen, wiederum in V 15 in Verbindung mit der Lebensverheißung); Spr 4, 9; Zach 6, 14 LXX (στέφανος ἔσται τοῖς ὑπομένουσιν); Sir 6, 31; 1 Petr 5, 4 (τὸν ... τῆς δόξης στέφανον); 2 Tim 4, 8 (ὁ τῆς δικαιοσύνης στέφανος); Apk 2, 10 (δώσω σοι τὸν στέφανον τῆς ζωῆς); 3, 11; 4, 4 10; 6, 2; 9, 7; 12, 1; 14, 14; AscIs 9, 10–13; Herm (s) VIII, 2, 1; Abot VI, 7 („Groß ist die Tora. Denn sie gewährt denen, die sie befolgen, Leben in dieser Welt und in der zukünftigen Welt. Denn es heißt [Spr 4, 9]: Sie wird deinem Haupt einen lieblichen Kranz verleihen, mit einer prächtigen Krone wird sie dich beschenken").

Der Genitiv τῆς ζωῆς ist als Genitiv des Inhalts zu bezeichnen: Der „Kranz" für die Ausdauer in den Peirasmoi besteht im (ewigen) „Leben"[1]; er ist wohl als Siegeskranz verstanden[2]. Gott[3] hat ihn denen verheißen, die ihn lieben. Zu dem formelhaft klingenden τοῖς ἀγαπῶσιν vgl. auch 2, 5; Ex 20, 6; Dt 5, 10; 7, 9; Ri 5, 31; Ps 5, 11; Sir 1, 16; Röm 8, 28; 2 Tim 4, 8[4]. Der Makarismus in Jak 1, 12 ist also ganz offensichtlich nach einem überlieferten Schema gestaltet[5]; der Verfasser verfolgt mit ihm letzten Endes einen paränetischen Zweck: Harret aus! Es wird sich lohnen!

1, 13–18 (Die Theodizee) Gerade das Thema „Peirasmos" könnte bei den Lesern des Briefes, die die biblische Überlieferung kennen, den Gedanken erwecken, Gott selbst sei die Ursache der πειρασμοί (vgl. etwa Weish 3,5 ὅτι ὁ θεὸς ἐπείρασεν αὐτούς). Jak kennt natürlich selbst diese Überlieferung; deshalb geht er in einem Anhang auf das Problem ein und bietet eine Art von „Theodizee".

1, 13 Besonders aus der Abrahams- und Jobgeschichte, auf die im Brief ja verwiesen wird (vgl. 2, 21; 5, 11), könnte sich die Anschauung ergeben, daß Gott selbst als Ursache hinter den πειρασμοί stehe, die über den Menschen kommen[6]. Überdies könnte ein Christ sich auf die sechste Vaterunserbitte berufen. Und auf Grund der Selbsterfahrung, daß der „böse Trieb" mit

---

[1] Vgl. auch 1 Joh 2, 25.
[2] Vgl. K. BAUS, Der Kranz in Antike und Christentum (Theoph. II) (Bonn 1940) 174 u. passim; S. GRUNDMANN in: ThWb VII, 629/29 ff; H. KOSMALA, Hebräer – Essener – Christen, 247–249.
[3] Die Textzeugen CKLP syr^h ergänzen κύριος als Subjekt zu ἐπηγγείλατο, andere ὁ θεός bzw. deus.
[4] Vgl. noch TestSim 3, 6; Henäth 108, 8; PsSal 4, 29; 6, 9; 10, 4; 14, 1.
[5] C. SPICQ, Agape I (Paris 1958) 189: „Saint Jacques ignore le substantif ἀγάπη, mais il imploie trois fois le verbe ἀγαπάω, et toujours dans une acception religieuse strictement traditionnelle." SPICQ findet das Fehlen des Substantivs im Jak-Brief bedeutsam „au point de vue de l'évolution sémantique"; es begegnet bei den Synoptikern nur zweimal (Mt 24, 12; Lk 11, 42); Paulus dürfte es in den christlichen Sprachgebrauch eingeführt haben. Weist auch diese Beobachtung darauf hin, daß der Jak-Brief in einem judenchristlichen Milieu entstanden ist, in dem das Substantiv noch nicht gebräuchlich war?
[6] Vgl. auch Gn 22, 1; Ex 15, 25; Dt 6, 16; 13, 3; 33, 8; Jdt 8, 25f; Weish 1, 2; 3, 5; ExR 31, 1 („Es gibt kein Geschaffenes, das Gott nicht versucht"; BILLERBECK I, 822).

der „Natur" des Menschen unlösbar zusammenzuhängen scheint, lag und liegt es nur allzu nahe, den Schöpfergott für die ethischen Konflikte des Menschen verantwortlich zu machen und so sich selbst der Verantwortung zu entziehen[1]. Um solch gefährliche Anschauungen abzuweisen, entwickelt Jak eine kurze Theodizee, die den Gedanken, Gott sei der Urheber der πειρασμοί, entschieden zurückweist. Vielleicht war zunächst nur eine Ideenassoziation der unmittelbare Anlaß für Jak gewesen, das Problem im Anschluß an den Makarismus auf die Geprüften zu bringen. Das Anliegen ist aber theologisch sehr bedeutsam und wird im übrigen schon im AT ventiliert; vgl. Sir 15, 11f: „Sprich nicht, von Gott kommt meine Sünde; denn was er haßt, verursacht er nicht. Sprich ja nicht: Er hat mich zu Fall gebracht"; dazu auch 1 Chr 21, 1, wo 1 Sm 24, 1 stillschweigend korrigiert wird: Nicht Gott reizte David zur Volkszählung, sondern der Satan. Ähnlich war es auch nach Job 17, 16 „der Fürst Mastema", der Gott veranlaßte, Abraham zur Opferung des Isaak zu „versuchen" (vgl. Gn 22, 1–19). Philo weist einen Vorwurf gottloser Menschen gegen Moses zurück: οὐ γάρ, ὡς ἔνιοι τῶν ἀσεβῶν, τὸν θεὸν αἴτιον κακῶν φησὶ Μωϋσῆς, ἀλλὰ τὰς ἡμετέρας χεῖρας (Quod det. 112)[2].

So betont auch Jak: „Kein Versuchter sage: Von Gott (ἀπὸ θεοῦ) werde ich versucht!"[3] — der Ton liegt dabei auf θεοῦ[4]. Die Zurückweisung solch „blasphemischer" Meinung wird von Jak zunächst theologisch vom Gottesgedanken her begründet (vgl. γάρ): „Denn Gott ist unversuchbar vom Bösen." ἀπείραστος ist passives Verbaladjektiv[5]; mit der folgenden Partikel δέ wird ja ein neuer, „aktiver" Gedanke angeführt und keine tautologische Aussage gemacht — vgl. auch das betonte αὐτός—: Gott ist unversuchbar[6]; und er versucht selbst niemanden. κακῶν ist Gen. separ.: Das Böse ist Gott fremd[7]. Daraus resultiert notwendig das zweite Glied: darum versucht er auch niemanden, nämlich zum Bösen; denn mit dem κακῶν im ersten Glied können nur sittlich böse Taten gemeint sein, nicht Glaubenserprobungen, wie sie etwa Abraham und Job bestehen mußten[8]. Der separative Genitiv κακῶν bringt also gegenüber den atl. Aussagen über Gott als „Ver-

---

[1] SCHLATTER z. St.: „Es wäre Markion nicht möglich gewesen, eine Kirche zu sammeln, wenn sein Kampf gegen den Schöpfer nicht vielen das gesagt hätte, was auch sie dachten."
[2] Vgl. auch Herm (s) VI, 3, 5; PsClemHom III, 55, 2.
[3] Zum erstenmal Gebrauch der direkten Rede im Brief; vgl. auch 2, 3 16 18; 4, 13.
[4] Statt der Präposition ἀπό lesen א und einige Minuskeln ὑπό: keine besondere theologische Nuance, wie manche Ausleger meinen, sondern nur sprachgeschichtliche Erscheinung (vgl. BLASS-DEBR § 210, 2).
[5] BLASS-DEBR § 117, 1; BAUERWb s. v.; im Profangriechischen auch verwendet im Hinblick auf die „unberührte" Jungfrau (PAPE s. v.).
[6] Vg dagegen aktivisch: intentator malorum; 66: malorum temptator non est.
[7] BLASS-DEBR § 182, 2; Beispiele aus den Papyri bei MOULTON, Einleitung, 113, Anm. 1.
[8] AUGUSTINUS zu Joh 6, 5f (Sermo 71; PL 38, 453): est enim tentatio adducens peccatum qua Deus neminem tentat, et est tentatio probans fidem, qua et Deus tentare dignatur (zitiert bei CHAINE); Catene (CRAMER VIII, 5): εἰς βλαβήν. ἐπ' ἀγαθῷ γὰρ ἐπείρασε τὸν Ἀβραάμ.

sucher"¹ die nötige Unterscheidung; V 13 muß deswegen keine bewußte
„Korrektur des Herrengebets" sein, wie Windisch meint.

1, 14   Jetzt nennt Jak die wahre Herkunft der πειρασμοί. Sie gehen nicht
auf Gott, „vielmehr" (δέ) auf die eigene Begierde zurück. Das an der Spitze
des V 14 stehende ἕκαστος korrespondiert dem vorausgehenden οὐδένα und
duldet keine Ausnahme: „Jeder", ohne Ausnahme, wird von seiner „eigenen"
Begierde versucht. Mit ἰδίας ist der Quellgrund der Versuchungen ganz in
„jeden" selbst, in sein Inneres verlegt, aus dem die Begierden hervorgehen².
Fast erscheint hier die ἐπιθυμία als ein persönliches Wesen, das freilich aufs
engste mit dem Menschen verbunden ist (ἰδίας), dem aber der Mensch
dennoch nicht ohnmächtig ausgeliefert ist. Ihre Wirksamkeit im Menschen
äußert sich als ein ἐξέλκειν und δελεάζειν, als ein „fortreißen, ziehen" bzw.
als ein „ködern, verlocken"³. Die Begierde ist eine verführerische, unheim-
liche Macht; der Mensch unterliegt ihren Verlockungen leicht wie Fische dem
Köder. Obwohl also die Begierde aus dem Innern des Menschen quillt, ist sie
dennoch vom Ich des Menschen verschieden⁴, steht sie ihm gewissermaßen
gegenüber. Und die Aussagen, die der Brief über ihr Wirken macht, lassen
die ἐπιθυμία als eine Art Hure erscheinen, die mit ihren Reizen, ihren ἡδοναί
(vgl. 4, 1) den Menschen ködert, sich mit ihr einzulassen⁵. Vermutlich ist
Jak in seiner Anschauung über die ἐπιθυμία von der jüdischen Lehre vom
„bösen Trieb" (יֵצֶר הָרָע) geleitet, nach der dieser von Gott selbst
geschaffen ist⁶ und wie ein „fremder Gott" (אל גר) im Körper, näherhin
im „Herzen" des Menschen wohnt; aber es ist der Mensch selbst, der den
Trieb zum bösen Trieb macht⁷.

1, 15   Der Begriff ἐπιθυμία wird nun in einer klimaktischen Kettenreihe
wieder aufgenommen und in einer Genealogie, die zwar mythologischen
Klang an sich trägt, aber sicher nur als Kausalreihe gemeint ist, der Weg von
der Begierde über die Sünde zum Tod aufgewiesen. Der Zweck der Reihe ist,
einen düsteren Gegensatz zur Verheißung des „Lebenskranzes" an den in
den πειρασμοί Bewährten zu schaffen; den Gegensatz bildet der Tod, dem
jener verfällt, der der Begierde nachgibt. Das Mittelglied ἁμαρτία ist nötig,
weil noch nicht das Begehren als solches schon den Tod bringt, sondern erst

---

¹ Siehe Kommentar zu 1, 3 und Anm. 6, S. 86.
² Grammatisch gesehen ist ἰδίας betonter Ersatz des Reflexivpronomens (MAYSER,
Grammatik II/2, 52 73).
³ PHILO (Quod omn. prob. lib. 159): πρὸς ἐπιθυμίας ἐλαύνεται ἢ ὑφ'ἡδονῆς δελεάζεται.
⁴ Vgl. SCHLATTER z. St.
⁵ Vgl. auch EPIKTET (Handb. 34): „Tritt dann der verlockende Genuß an dich
heran, so gib acht, daß dich das Anmutige, das Reizende, das Verführerische nicht
zu Fall bringt."
⁶ Näheres zum „bösen Trieb" bei BILLERBECK IV, 466–483; W. D. DAVIES, Paul
and Rabbinic Judaism, 17–35; J. SCHMID, Art. Böser Trieb, in: LexThK ²II,
618–620 (weitere Literatur); R. MACH, Der Zaddik in Talmud und Midrasch,
26–31; G. STÄHLIN in: ThWb II, 911–928.
⁷ Siehe die Belege bei MACH, 27f.

jene Begierde, die „empfangen" hat (συλλαβοῦσα). ἐπιθυμία ist also im V 15 im Gegensatz zu V 14 „passivisch" genommen, wobei unausgesprochen bleibt, von wem die Begierde „empfängt". Da im V 14 die Begierde als eine Art Hure erscheint, die den Menschen verführerisch lockt, bleibt vermutlich auch V 15 bei dieser Vorstellung: Die „Hure" ἐπιθυμία „empfängt", wenn der Versuchte sich mit ihr einläßt, d. h. dem zustimmt, wozu ihn die Begierde verlocken will[1]. Hat sie schließlich „empfangen", „gebiert" sie eine Sünde[2]. Woher die Begierde im Menschen eigentlich stammt, darüber äußert sich der Brief nicht. Doch lassen die beiden VV 14 und 15 unwillkürlich an den Bericht der Genesis über den Sündenfall denken; nur ist die Begierde (vermutlich unter dem Einfluß der Lehre vom „bösen Trieb") zu einer Macht im Menschen selbst geworden. Es findet eine psychologische Interpretation der Sündenfallgeschichte statt; vgl. nur die Motivabfolge: Versuchung durch Lockung (V 14) — Einwilligung — Tod als Folge der Sünde (V 15)[3].

Die Sünde gebiert den Tod erst, wenn sie eine ἀποτελεσθεῖσα geworden ist, „wenn sie zur Vollendung, ans Ziel gelangt ist". Man muß von der konkreten Vorstellung ausgehen, die hinter dem Bild steht: die Hamartia ist gewissermaßen die Leibesfrucht der Begierde. Und erst wenn die Sünde, die Tochter der Begierde, selber reif geworden und zu ihrem vollen Wesen herangewachsen ist, gebiert sie den Tod[4]. Sachlich ist wohl an volle, freiwillige Tatsünde gedacht, die den Tod „gebiert": ἀποκυεῖν[5] wird normalerweise nur vom Gebären durch das Weib gebraucht[6].

Die Kettenreihe der VV 14f verfolgt in ihrer unerbittlichen Abfolge, deren Endglied der Tod ist, sicher in erster Linie paränetische Zwecke: Bewähre dich in der Versuchung, und du entscheidest dich für das Leben! Vielleicht ist Jak dabei von Sir 15, 11–17 beeinflußt; auch hier erscheint im V 17 die den Menschen zur Entscheidung aufrufende Alternative: „Vor dem Menschen liegt Leben und Tod; was er will, wird ihm gegeben werden."

1, 16 Der Vers verbindet die „negativen" Aussagen über Gott (V 13) mit den folgenden positiven; denn dazu dient der Imperativ μὴ πλανᾶσθε,

---

[1] Vgl. auch CHAINE z. St. („συλλαβοῦσα représente le consentement donné à la tentation").
[2] Zu den von der ἐπιθυμία gebrauchten Bildern vgl. auch PHILO, De cher. 57: „Wenn der Geist in uns . . . auf die Sinnlichkeit trifft und sich ihr nähert, wenn diese dann . . . empfängt (συλλαμβάνῃ) . . ., so wird sie, nachdem sie empfangen (συλλαβοῦσα), schwanger, bekommt sogleich Geburtswehen und gebiert (τίκτει) das größte der seelischen Übel, den Wahn"; De post. Caini 74: „Wenn jedoch diese Leidenschaft schwanger ging, gebar sie unter schlimmen Wehen Krankheiten und Schwächen..."
[3] Vgl. auch TestBenj VII, 1 (συλλαμβάνει ἡ διάνοια διὰ τοῦ Βελίαρ); ApkMos 19 („Sie [die Schlange] tat an die Frucht, die sie mir [Eva] zu essen gab, das Gift ihrer Versuchung, d. i. ihrer Begierde; denn die Begierde ist der Anfang aller Sünde").
[4] Vgl. auch Röm 6, 23 (τὰ γὰρ ὀψώνια τῆς ἁμαρτίας θάνατος).
[5] BAUER (Wb) plädiert für diese Akzentuierung (nicht ἀποκύειν); im Hinblick auf 1, 18 mit Recht.
[6] Vgl. das umfangreiche Material dazu bei C.-M. EDSMAN, Schöpferwille und Geburt Jac 1, 18, in: ZntW 38 (1939) 14–23.

der zwar auch zur rhetorischen Formelsprache der Diatribe gehört[1], aber seinen vollen Klang erst von dem תעה der Qumrantexte her erhält[2]: „Dieses Irren ist nicht ein zufälliges Verfehlen, meint also nicht eine moralische Qualität, sondern wer in diesem Irrtum befangen ist, steht unter der gottfeindlichen Macht der Finsternis" (Wibbing). Die Aufforderung μὴ πλανᾶσθε warnt vor gefährlicher Verblendung — sie besteht im Zusammenhang unseres Briefes konkret in der Annahme, Gott selbst sei die eigentliche Ursache der πειρασμοί und damit der bösen Taten des Menschen. Wer in solchem Irrtum lebt und ihn vertritt, sucht sich seiner Verantwortung vor Gott zu entziehen, indem er die Schuld an seinen Sünden Gott in die Schuhe schiebt; hinter solch gefährlicher Anschauung stünde zudem ein falscher Gottesbegriff. Deshalb legt Jak im folgenden dar, daß Gott Geber nur guter Gaben ist! Der Imperativ μὴ πλανᾶσθε verbindet also das negative mit dem positiven Stück der Theodizee. Jak redet dabei die Leser als seine „geliebten Brüder" an und unterstreicht mit dieser direkten Anrede die Wichtigkeit seiner Ausführungen. Es geht ja um den richtigen Gottesbegriff!

1, 17 „Jede gute Gabe und jedes vollkommene Geschenk stammt von oben"; darum kann, was letzten Endes den Tod bringt, wie Versuchung, Begierde und Sünde, nicht „von oben" stammen. Vielleicht bietet Jak mit dieser allgemeinen Aussage ein Zitat oder wenigstens eine Sentenz; dafür spricht einmal der formelhafte Appell μὴ πλανᾶσθε, der gern ein Sprichwort oder dergleichen einleitet[3], und die Beobachtung, daß das Versstück πᾶσα δόσις ἀγαθὴ καὶ πᾶν δώρημα τέλειον einen Hexameter zu bilden scheint[4]. Jak steht mit der in der Sentenz enthaltenen Überzeugung nicht allein da[5]. Die Herkunftsangabe ἄνωθεν wird von ihm sofort in einer partizipial konstruierten[6] Beifügung interpretiert: ἀπὸ τοῦ πατρὸς τῶν φώτων. Die Kopula ἐστιν

---

[1] Vgl. etwa EPIKTET IV, 6, 23 (μὴ πλανᾶσθε, ἄνδρες); von Paulus verwendet in 1 Kor 6, 9; 15, 33; Gal 6, 7. Näheres dazu s. bei H. GREEVEN, Jede Gabe ist gut, Jak. 1, 17, in: ThZ 14 (1958) 3–7.
[2] Dies hat S. WIBBING gezeigt: Die Tugend- und Lasterkataloge im NT, 116f.
[3] Nachweise bei H. GREEVEN in: ThZ 14 (1958) 3–7.
[4] Zum erstenmal erkannt von H. FISCHER, Ein Spruchvers im Jakobusbrief, in: Philologus 50 (1891) 377–379; vgl. auch W. H. P. HATCH, Note on the Hexameter in James 1, 17, in: JBL 28 (1909) 149–151 (in „perfekter" Form müßte er nach HATCH so lauten: πᾶσα δόσις τ'ἀγαθὴ καὶ πᾶν δώρημα τέλειον). GREEVEN betrachtet den Hexameter als einen Nominalsatz („Jede Gabe ist gut, und jedes Geschenk ist vollkommen"), zu dem ἄνωθεν κτλ. als eigener Satz die Begründung gebe. Warum soll aber jedes Geschenk unbedingt „vollkommen" sein? Außerdem vgl. die PHILO-Zitate der nächsten Anm., dazu noch BEYER, Semitische Syntax, 222f, nach dem die Adjektive ἀγαθή und τέλειον konditionalen Sinn haben („jegliche Gabe, so sie gut ist"; „jegliches Geschenk, so es vollkommen ist").
[5] Vgl. PHILO, De sacrif. Abr. et Caini 63: „Denn es gibt nichts Gutes, das nicht von Gott und göttlich ist"; De migr. Abr. 73: „Gott schenkt seinen Getreuen nichts Unvollkommenes, sondern alles reichlich und vollkommen"; GenR 51, 5 (zu Gn 19, 24): „R. Chanina sagte: Es kommt nichts Böses von oben herab."
[6] SCHLATTER: „Die Fassung der beiden Formeln in das Partizip verlegt das Herabsteigen nicht in einen einzelnen Zeitpunkt, sondern beschreibt es als beständig geschehend."

scheint nicht periphrastisch zum Partizip καταβαῖνον zu gehören, das letztere vielmehr Apposition zu „Gabe" und „Geschenk" zu sein, so daß mit Hort u. a. hinter der Kopula ein Komma zu setzen ist[1]. Für diese Auffassung spricht, daß es Jak nicht auf das „Herabsteigen" ankommt, sondern auf die Herkunft „von oben"[2] (vgl. auch 3, 17: ἡ . . . ἄνωθεν σοφία).

Gott wird als „der Vater der Lichter" bezeichnet, ganz deutlich im Hinblick auf die Erschaffung der Sterne, wie die Fortsetzung des V zeigt[3]. Zu φῶτες als Sterne vgl. Jer 4, 23; Ps 135 (136), 7 (τῷ ποιήσαντι φῶτα μεγάλα, dazu Gn 1, 14–18). Zum Ausdruck „Vater der Lichter" vgl. ApkMos 36. 38 [armenische (christlich überarbeitete?) Übersetzung] („Vater der Lichter"), dazu die analogen Bildungen in Job 38, 28 (ὑετοῦ πατήρ); Philo, De spec. leg. I, 96 (τῷ τοῦ κόσμου πατρί); De ebr. 81 (πατέρα τῶν ὅλων); TestAbr 7, 6 (πατὴρ τοῦ φωτός)[4]. Der Ausdruck „der Vater der Lichter" in Jak 1, 17 steht in einer eigentümlichen Beziehung zu „guter Gabe" und „vollkommenes Geschenk", wodurch φῶτα fast eine spirituelle Bedeutung erhält. Und darum geht es: Weil Gott „der Vater der Lichter" und damit des Lichtes ist[5], „Licht" aber Ausdruck des Guten ist, können von Gott auch nur gute Gaben kommen[6]. Jak schließt also vom Werk des Schöpfers, das gut ist (vgl. Gn 1, 18), auf das Wesen des Schöpfers, der als Vater des Lichtes nur gute Gaben geben kann[7]. Er weist damit jene gefährliche Anschauung, die Gott als Ursache des Bösen betrachtet, vom Schöpfungsgedanken her zurück. Alles „Dämonische" wird so vom Wesen Gottes ferngehalten.

Gott kann sich nicht ändern; denn bei ihm gibt es keine Veränderung (παραλλαγή) noch Schattenbildung durch Wendung (τροπῆς ἀποσκίασμα). Der Zusammenhang (Sternenlichter!) läßt bei den Termini παραλλαγή, τροπή, ἀποσκίασμα zunächst an technische Ausdrücke denken; doch läßt sich nur

---

[1] Vgl. Vg: desursum est, descendens a patre luminum; dagegen ff: desursum descendit a patre luminum.
[2] Vermutlich würde er sonst formulieren: ἔστιν ἄνωθεν καταβαῖνον. Vgl. 3, 15 (ἔστιν . . . ἄνωθεν κατερχομένη); dazu noch Gn 49, 25 (εὐλογίαν οὐρανοῦ ἄνωθεν); Dt 33, 13 MT („durch die Gabe des Himmels von oben").
[3] Ob dabei „an beseelte Sterne" gedacht sei, wie G. Schrenk annimmt (in: ThWb V, 1015), läßt sich nicht erkennen.
[4] Vgl. noch 1 QS III, 20 („Fürst der Lichter" = oberster Lichtengel); ähnlich Damask V, 17f.
[5] Vgl. auch noch Philo, De somn. I, 75 (πρῶτον μὲν ὁ θεὸς φῶς ἐστιν . . . καὶ οὐ μόνον φῶς, ἀλλὰ καὶ παντὸς ἑτέρου φωτὸς ἀρχέτυπον).
[6] Nach Philo (De Abr. 157 ff) kommt das Licht „von oben, vom Himmel, zu uns herab" als die „schönste aller Gaben".
[7] Schön wäre es, wenn W. Bieder in ThZ 5 (1949) 111 mit der Anschauung recht hätte, für Jak sei die „Gabe von oben" Christus! — G. Hartmann hat die nicht minder liebenswerte These vertreten, daß „unter Entlehnung des Wortes φῶτα aus Ps 135, 7 offenbar die Christen als Leuchten am Himmel der neuen Schöpfung gemeint sind; vgl. Mt 5, 14" (ZKTh 66 [1942] 64f); ähnlich auch der Glossator in Cod. Vat. 1971 (Staab: Bib 5 [1924] 343), der τῶν φώτων = τῶν ἁγίων versteht, und die Catene (Cramer VIII, 6): ἢ τὰς λογικὰς δυνάμεις φῶτα καλεῖ, ἢ τοὺς πεφωτισμένους διὰ Πνεύματος Ἁγίου. Auf Grund des unmittelbaren Kontextes leider wenig wahrscheinlich.

für τροπή ein Nachweis dafür erbringen[1]. Wahrscheinlich ist bei den drei Ausdrücken an den täglichen Verlauf der Sonne gedacht, der Tag und Nacht bedingt und einen ständigen „Wechsel" (παραλλαγή) zwischen Licht und Finsternis verursacht; macht sie die „Wende" (τροπή)[2] im Zenit, so werfen die von ihr beschienenen Gegenstände immer längere Schatten (ἀποσκίασμα)[3]. Während so die Sonne durch ihren Lauf einen täglichen Wechsel zwischen Licht und Finsternis und selbst am Tage Schatten verursacht[4], ist das beim „Vater der Lichter" nicht der Fall. Er bleibt unverändert, nämlich hinsichtlich seiner Eigenschaft, nur gute Gaben zu schenken. Das zu erweisen ist der Sinn der Theodizee des Jak[5].

1, 18 Der ideelle Zusammenhang dieses Verses mit V 17 und dem ganzen vorausgehenden Text läßt sich nicht ohne weiteres erkennen. Deshalb sei zunächst der Text analysiert. Das an der Spitze des Verses stehende Partizip βουληθείς scheint einen besonderen Ton zu tragen und Jak theologisch wichtig zu sein. Steht dahinter irgendeine Polemik? Man hat an eine antignostische Frontstellung gedacht[6]. In Wirklichkeit polemisiert Jak nur

---

[1] παραλλαγή heißt ganz allgemein „Veränderung"; als terminus technicus wird παράλλαξις („Abweichung") gebraucht (dazu PAULY-WISSOWA VI, 2346f).
[2] Vgl. Dt 33, 14 LXX (ἡλίου τροπῶν); Weish 7, 18 (τροπῶν ἀλλαγάς).
[3] Oder denkt Jak an die Sonnenfinsternis? Vgl. Sir 17, 31 LXX („Was ist heller als die Sonne? Doch selbst diese verfinstert sich").
[4] Vgl. auch Henäth 41, 8: „Denn die Sonne macht viele Wendungen zum Segen oder zum Fluch." — Durch die „popularisierende", ungenaue Verwendung der Termini dürfte das Auseinandergehen der Textbezeugung bedingt sein, was die Verbindung τροπή und ἀποσκίασμα angeht. Die von der großen Masse der Zeugen vertretene LA τροπῆς ἀποσκίασμα scheint bei anderen auf Bedenken gestoßen zu sein, da die sommerliche oder winterliche Sonnen-, „Wende" (τροπή) kein „Schattenwerfen" (ἀποσκίασμα) zu verursachen scheint. So lesen (recht sinnlos) B ℵ 𝔓23 τροπῆς ἀποσκιάσματος. Auch wenn man mit ROPES statt der Partikel ἤ den Artikel ἡ liest („Die Veränderung der Wende der Beschattung"), bleibt das Ganze recht dunkel. Die Min. 614 dreht das Genitivverhältnis um und liest τροπὴ ἀποσκιάσματος („Veränderung, die durch Verfinsterung bewirkt ist"), wobei DIBELIUS zwischen die beiden Genitive noch ein zweites ἤ einschiebt („der ohne Wechsel ist und weder Wende kennt noch Finsternis"). ff: modicum obumbrationis; HIERONYMUS: conversionis obumbraculum („Beschattung durch Umdrehung").
[5] Der V 17 spielt im Schrifttum des AUGUSTINUS die allergrößte Rolle; vgl. die Belege in: Vetus Latina 26/1 (zu Jak 1, 17). Im übrigen trifft sich Jak in der (biblischen) Anschauung von der Unveränderlichkeit Gottes (vgl. Ps 102 [101], 26f; Is 41, 4; 51, 6; Mal 3, 6) mit PHILO und der Stoa. Vgl. PHILO, Leg. all. II, 89 („Wie kommt man dazu, Gott zu vertrauen? Wenn man erfährt, daß alles andere sich wandelt, Gott aber allein unwandelbar ist"); De post. Caini 23 („Was nun unerschütterlich feststeht, ist Gott, das Bewegte aber die Schöpfung"); 29 („Gottes Eigenschaft ist Ruhe und Stillstand, die der Schöpfung aber Veränderlichkeit und jede Bewegung"); De opif. mundi 151 („Nichts in der Schöpfung ist beständig, alles Sterbliche muß vielmehr Wandlungen und Veränderungen erfahren"). PHILOS Lehre über die Unveränderlichkeit Gottes ist allerdings, im Unterschied zu Jak, aristotelisch interpretiert (Gott als der unbewegte Beweger!).
[6] So bes. SCHAMMBERGER, Einheitlichkeit, 58–63 (58f: „... V 18 ist der analoge kirchliche Gedanke, der dem gnostischen entspricht, daß aus dem πατὴρ τῶν φώτων die Äonen emaniert sind. Dazu kommt, daß auch das Wort βουληθείς in den

gegen die Meinung, die Gott zur Ursache der über die ἐπιθυμίαι nur allzuleicht zum Tode führenden πειρασμοί macht. Diese Anschauung, legt Jak in V 17 dar, ist gegen das Wesen Gottes. Nun nimmt er in V 18 den Gedanken von V 15b antithetisch wieder auf:
(V 15b) ἁμαρτία . . . ἀποκυεῖ θάνατον
(V 18) Gott dagegen ἀπεκύησεν ἡμᾶς . . . εἰς τὸ εἶναι . . .
Nur wird in der positiven Aussage in V 18b nicht etwa formuliert: εἰς ζωήν, sondern der Gedanke in einem ganzen Satz vorgelegt: „damit wir seien eine Erstlingsgabe seiner Schöpfungen". Mit ἀπαρχή wird ein terminus technicus der atl. Opfersprache eingeführt; die Erstlingsfrucht muß Gott als Weihegabe dargebracht werden. Sie ist Eigentum Gottes (s. u. unter d). In welcher Hinsicht aber sind für Jak die Christen „die Erstlingsgabe seiner Schöpfungen"? Noch deutlicher: Ist bei den κτίσματα an die „erste" Schöpfung gedacht, in der die Christen gewissermaßen die eigentliche (stellvertretende) Weihegabe der Menschheit an Gott darstellen, so daß ἀπαρχή qualitativ zu verstehen ist? Oder ist an die „zweite", eschatologische Schöpfung gedacht, in der die Christen (die Getauften) die „Erstlingsgabe" darstellen, den Anfang der neuen Schöpfung? Die Antworten auf diese Frage lauten in den Kommentaren sehr verschieden (s. Anm. 3, S. 96). Um zu einer Entscheidung zu kommen, muß sorgfältig vorgegangen und dazu die Hauptbegrifflichkeit des V 18 näher ins Auge gefaßt werden.

a) βουληθείς. Das Verbum βούλεσθαι hat einen recht differenzierten Bedeutungsgehalt[1]: mit Überlegung sich entschließen, wollen, lieber wollen, vorziehen, begehren, wünschen, wählen, sich entscheiden. Teilweise wird es von (ἐ)θέλειν unterschieden, teils überschneidet es sich damit. Für Jak 1, 18 ist besonders der Sprachgebrauch des Philo aufschlußreich; denn auch Philo bringt das Zeitwort βούλεσθαι in Zusammenhang mit dem Schöpfungswerk Gottes, so in De opif. mundi 16 (βουληθεὶς τὸν οὐρανὸν κόσμον . . . δημιουργῆσαι); 44 (ἐβουλήθη γὰρ ὁ θεὸς δολιχεύειν τὴν φύσιν ἀπαθανατίζων τὰ γένη); 77 (βουληθεὶς γενόμενον αὐτὸν [= Mensch] μηδενὸς ἀπορῆσαι); 138 (βουλόμενος . . . κάλλιστον ὀφθῆναι τὸν πρῶτον ἄνθρωπον); De plant. 14; De conf. lingu. 166; 196 (βούλεται δὲ ὁ φυτουργὸς θεός . . .). Dabei ist βούλεσθαι immer, ähnlich wie in Jak 1, 18, mit dem Infinitiv konstruiert[2]. Es meint den freien, souveränen Schöpferwillen, Entschluß, Ratschluß[3]. Das darf auch für Jak 1, 18 festgehalten werden. Gott schafft aus freiem Entschluß (die Werke der Schöpfung wie der Erlösung); so steht βουληθείς auch in

---

Zusammenhang der Widerlegung gut paßt. Es gibt den Unterschied von dem gnostischen πατὴρ τῶν φώτων an. Mit Schwegler ist am besten an eine Polemik gegen den göttlichen Emanationsprozeß zu denken").
[1] Vgl. G. SCHRENK in: ThWb I, 628–631; P. JOÜON, Les verbes βούλομαι et θέλω dans le N.T., in: RechScR 30 (1940) 227–238.
[2] ThWb I, 631, Anm. 55.
[3] Vgl. auch Hebr 6, 17; 2 Petr 3, 9; dazu noch A. SCHLATTER, Wie sprach Josephus von Gott?, 26 43 (Contra Ap. II § 192); Ps 113, 11 (πάντα, ὅσα ἠθέλησεν, ἐποίησεν); 134, 6; Sir 21, 13 (ἡ βουλὴ αὐτοῦ ὡς πηγὴ ζωῆς); Job 23, 13. Weitere Beispiele aus den Vätern und der Gnosis bei EDSMAN, Schöpferwille und Geburt, 28–44.

einem gedanklichen Gegensatz zur Begierde (VV 14f), die, so sie einmal empfangen hat, gewissermaßen naturnotwendig zur Geburt von Sünde und Tod führt[1].

b) ἀπεκύησεν. Das Verbum ἀποκυεῖν ist ein Hapaxlegomenon im NT und wird nach Edsman[2] in der christlichen Literatur mit Ausnahme einer Stelle bei Clemens Alexandrinus[3] immer vom Gebären des Weibes gebraucht (s. auch o. Kommentar zu V 15), in Jak 1, 18 jedoch von einem maskulinischen Subjekt (Gott), eben in deutlicher Antithese zu V 15[4]. Daß Gott uns „geboren" hat, ist angesichts der johanneischen Formel γεννᾶσθαι ἐκ θεοῦ nicht anstößig[5]. Ob Jak die Aussage kosmologisch oder soteriologisch versteht, dazu s. u.

c) λόγῳ ἀληθείας. Die Verbindung von Wort und Wahrheit begegnet im AT wiederholt (Dt 22, 20; 2 Sm 7, 28; 3 Kg 10, 6; 17, 24; Pss 118, 43; 15, 2; Jer 23, 28; Dn 8, 26; Zach 8, 16; Spr 22, 21; Prd 12, 10 u. ö.). Im NT findet sich der Ausdruck bei Paulus, und zwar immer mit den Artikeln versehen (ὁ λόγος τῆς ἀληθείας), und meint hier die konkrete apostolische Verkündigung (das „Evangelium"), die die göttliche Wahrheit ans Licht bringt, so in 2 Kor 6, 7; Eph 1, 13; Kol 1, 5; 2 Tim 2, 15[6]. In Jak 1, 18 ist zunächst an das schöpferische Wort Gottes gedacht, das nach biblischer Anschauung eine reale, wirkkräftige, lebenverleihende Macht darstellt (vgl. Gn 1, 3; Pss 33, 6; 107, 20; 147, 15; Is 55, 11; Weish 18, 15; Sir 43, 26: „Durch sein Wort vollzieht er seinen Willen"); was aber mit ihm näherhin gemeint ist, wird weiter unten noch zu untersuchen sein.

d) ἀπαρχήν τινα. ἀπαρχή ist im AT terminus technicus der Opfersprache: die Erstlingsfrucht von Mensch, Tier und Pflanze, die Gott geopfert werden muß und sein Eigentum ist (Ex 23, 16 19; 34, 16; Nm 18, 18; Lv 27, 26; Dt 14, 23; 15, 19–23; u. ö.). Ist Israel nach Ex 4, 22 „der erstgeborene Sohn" Jahwes, so nach Dt 7, 6 Gottes besonderes „Eigentumsvolk" und nach Jer 2, 3

---

[1] Vg gibt βουληθείς wieder mit voluntarie; ff mit volens.
[2] Schöpferwille und Geburt, 14–23.
[3] Paedag. I, 6, 45 (STÄHLIN 116/30): τῷ οὖν γάλακτι, τῇ κυριακῇ τροφῇ, εὐθὺς μὲν ἀποκυηθέντες τιθηνούμεθα, εὐθὺς δὲ ἀναγεννηθέντες τετιμήμεθα τῆς ἀναπαύσεως τὴν ἐλπίδα . . .
[4] Vgl. auch Poimandres 12 (NOCK-FESTUGIÈRE 10): ὁ δὲ πάντων πατὴρ ὁ Νοῦς . . . ἀπεκύησεν Ἄνθρωπον αὐτῷ ἴσον.
[5] Vgl. auch Dt 32, 18a LXX (θεὸν τὸν γεννήσαντά σε); R. TANCHUMA (משפט 18, 10; SCHLATTER z. St.) zu Ex 4, 12: „Ich mache dich zu einer neuen Schöpfung, wie ein Weib, das schwanger ist in ihrem Leib und gebiert"; 1 QH IX, 35f: „Ja, du bist ein Vater für alle Söhne deiner Wahrheit und freuest dich ihrer wie eine liebende Mutter über ihr Kind"; PHILO, De ebr. 30f: „Den Demiurgen aber, der dieses Weltall gemacht hat, werden wir nun zugleich auch mit Recht den Vater des Geschaffenen nennen, die Mutter aber das Wissen des Schöpfers, mit dem Gott sich vereinte und in der er, nicht wie ein Mensch, die Schöpfung erzeugte; sie aber empfing die Samen Gottes und gebar nach vollendeten Wehen den einen und geliebten wahrnehmbaren Sohn, diesen Kosmos."
[6] Vgl. noch TestGad 3, 1 (λόγον ἀληθείας = πάντα νόμον ὑψίστου); PsSal 16, 10 (ἐν λόγοις ἀληθείας); OdSal 8, 8 („Hört das Wort der Wahrheit, und empfangt die Erkenntnis des Höchsten").

„Jahwes heiliger Besitz, seine Erstlingsfrucht" (ἀρχὴ γεννημάτων αὐτοῦ — wobei ἀρχή offensichtlich dasselbe wie ἀπαρχή bedeutet). NT[1]: Epaenetus ist „der Erstling (ἀπαρχή) Asiens für Christus" (Röm 16, 5); die Familie des Stephanas ist „die Erstlingsfrucht von Achaia" (1 Kor 16, 15); die 144 000 sind „die ἀπαρχή für Gott und das Lamm" (Apk 14, 4); Christus stand als „Erstling der Entschlafenen" von den Toten auf (1 Kor 15, 20)[2]. Der Ausdruck ἀπαρχή kann sowohl numerisch wie qualitativ gemeint sein und muß in Jak 1, 18 grammatisch als kollektiver Singular angesprochen werden.

e) κτίσματα. τὸ κτίσμα ist im Profangriechischen die Gründung (etwa einer Stadt oder eines Tempels)[3]; in der Septuaginta das von Gott Geschaffene, das Geschöpf (Weish 9, 2; 13, 5; 14, 11; Sir 36, 14; 38, 34; 3 Makk 5, 11), ebenso im NT (1 Tim 4, 4; Apk 5, 13; 8, 9)[4]. So ist sicher auch in Jak 1, 18 bei den κτίσματα an die von Gott geschaffenen Wesen gedacht; es fragt sich nur, ob an die erste oder die „neue", eschatologische Schöpfung.

Mit Sicherheit kann man sagen, daß Jak an die eschatologische Schöpfung, in der die Christen gewissermaßen die ἀπαρχή sind, denkt, denn in V 18 liegt deutlich ein fester Motivzusammenhang vor, der sehr wahrscheinlich seinen Sitz im Leben in der urchristlichen Taufpraxis hat[5]. Vgl. die ähnlichen „Tauftexte" in 1 Petr 1, 23 (ἀναγεγεννημένοι ... ἐκ σπορᾶς ... ἀφθάρτου διὰ λόγου ζῶντος θεοῦ); Kol 1, 10; Eph 2, 15; 4, 21–24; 5, 26 (καθαρίσας τῷ λουτρῷ τοῦ ὕδατος ἐν ῥήματι)[6]. Die Taufe ist nach dem NT (Wieder-) Geburt und Neuschöpfung[7]; sie wird in engstem Zusammenhang mit der gehorsamen Annahme des in der missionarischen Predigt vorgebrachten Wortes gesehen[8]. Darum darf „das Wort der Wahrheit" in Jak 1, 18 nicht etwa als Hinweis auf die Taufformel verstanden werden (so evtl. in Eph 5, 26), auf das in ihr vielleicht ausgesprochene ὄνομα Christi (vgl. Jak 2, 7!), sondern muß umfassender als das „Evangelium" genommen werden, das die Hörer einst (im Taufunterricht) vernommen haben

---

[1] Vgl. auch M. ALBERTZ, Die „Erstlinge" in der Botschaft des NT, in: EvTh 12 (1952/53) 151–155; G. DELLING in: ThWb I, 483f.
[2] Nach PHILO (De spec. leg. IV, 180) wurde das jüdische Volk „wie eine Art Erstlingsgabe [τις ἀπαρχή] des ganzen Menschengeschlechtes dem Schöpfer und Vater zugewiesen"; ExR 15, 6 (SCHLATTER zu Jak 1, 18): „Die Israeliten sind die Erstlingsgabe für Gott."
[3] LIDDELL-SCOTT s. v.
[4] Vgl. auch noch Herm (v) III, 9, 2; (m) 8, 1.
[5] Vgl. auch W. NAUCK, Die Tradition und der Charakter des ersten Johannesbriefes (WUNT 3) (Tübingen 1957) 90–94.
[6] Siehe auch die Tafeln bei SELWYN, I Peter, 390f.
[7] Vgl. zur Idee der Neuschöpfung in der Bibel G. SCHNEIDER, Neuschöpfung oder Wiederkehr (Düsseldorf 1961) (mit Literatur).
[8] Vgl. bes. Eph 1, 13 („Da ihr gehört habt das Wort der Wahrheit, das Evangelium von eurer Rettung, in dem ihr, zum Glauben gekommen, auch versiegelt worden seid mit dem verheißenen heiligen Pneuma"); Kol 1, 6; Röm 6, 17; Apg 2, 37f 41; 8, 12; 15, 7; 16, 14f 32f; 19, 5f; dazu noch H. SCHLIER, Der Brief an die Epheser (Düsseldorf ³1962) 67f. ESTIUS: verbum veritatis evangelicae ... verbum fide susceptum.

und das für sie zur lebenerweckenden und rettenden Macht wurde (vgl. auch 1, 21 und die dortige Auslegung)[1]. Die Gottesgeburt des Menschen hat zum Ziel (εἰς finale zu Beginn des V 18b), daß die Getauften „eine Art (τινα) Erstlingsfrucht seiner Geschöpfe seien": τινα scheint den Sinn „gewissermaßen" zu haben; Jak fügt es hinzu, um den übertragenen Sinn des von ihm gebrauchten Bildes bewußt zu machen[2]. Die Christen sind für Jak so der Anfang der neuen Schöpfung; vielleicht denkt Jak dabei speziell an die Judenchristen, die ja die ersten Glieder der neuen Gemeinschaft des Messias Jesus waren[3]; vgl. auch Hebr 12, 23.

Auffällig ist, weil gegen die sonstige Gepflogenheit des Briefes, daß das Pronomen αὐτοῦ vor κτισμάτων steht. Auf ihm muß also ein besonderer Ton liegen, und, wie es scheint, ein gegensätzlicher. Gott hat uns geboren (in der Taufe), damit wir die Erstlinge „seiner" Schöpfungen seien und nicht etwa „Kinder" der ἐπιθυμία und ἁμαρτία, die zum Tode gebiert (V 15). So zeigt sich nun aber auch der Zusammenhang des Peirasmos-Themas mit der Idee der Gottesgeburt der Getauften. Die πειρασμοί führen, so der Begierde nachgegeben wird, den Menschen zum Tode; die Bewährung in ihnen aber zu jenem „Leben", das für die Getauften als den Erstlingen der neuen Schöpfung von Gott vorgesehen ist. Wichtig für das Gesamturteil über die Theologie des Jak ist dabei die Betonung der freien Gnade Gottes (βουληθείς) und der Dat. instr. λόγῳ ἀληθείας, der eine naturhaft-magische Auffassung der Neugeburt des Menschen in der Taufe nicht zuläßt. Die Er-

---

[1] Ähnlich auch BISPING, BELSER u. a.; G. KITTEL in: ThWb IV, 118.
[2] Vgl. auch MAYSER, Grammatik II/2, 84/15 ff; BLASS-DEBR § 301, 1.
[3] Auch BISPING denkt an die καινὴ κτίσις, dabei näherhin an die Judenchristen; ähnlich BELSER. ESTIUS bemerkt: ex scripturis potest intelligi, de qua generatione loquatur Jacobus, nimirum de spirituali, qua nascimur fidei dei, de qua et Paulus 1 Kor 4, 15 dicens: per evangelium ego vos genui. CHAINE: „Il s'agit de la naissance surnaturelle de chrétiens et plus spécialement des Juifs chrétiens destinataires de l'Épître." DIBELIUS denkt an alle, „die jetzt Christen sind"; Jak spreche damit auch die Hoffnung aus, daß auch die anderen Menschen „noch zum Heile kommen werden". SCHLATTER sieht in den reif werdenden Erstlingen „die Nähe der Ernte" angekündigt (!). Mit einigen alten Auslegern (DIONYSIUS [non quomodo hominem primum formaverit, sed honorem quem ei dedit indicat et potestatem], ÖKUMENIUS, BEDA [ut ceteris quas cernimus creaturis simus meliores]) dachte dagegen SPITTA an die Erschaffung des Menschen, des Herrn (ἀπαρχή) der Schöpfung (Gn 1, 26–31); ähnlich auch HORT und die Catene (CRAMER VIII, 7): κτίσματα δὲ τὴν ὁρωμένην κτίσιν φησίν, ἧς τιμιώτερον τὸν ἄνθρωπον ἔδειξεν (mit Hinweis auf die Verheißung in Röm 8, 19–22). Vgl. zum Ganzen auch L. E. ELLIOTT-BINNS, James I. 18: Creation or Redemption? (NTSt 3 [1956/57] 148–161), der an die erste Schöpfung denkt, in der der Mensch das Haupt darstellt, aber betont, daß Jak 1, 18 schon sehr früh im Sinne der Wiedergeburt verstanden werden konnte. Was ELLIOTT-BINNS übersieht, ist der „formgeschichtliche" Gesichtspunkt (Taufunterricht!).

Vgl. auch noch 1 QH XI, 13f; 1 QS IV, 20 25 („Er wird den Geist der Wahrheit über ihn [den Menschen] sprengen wie Reinigungswasser", was nach IV, 25 zum Vorgang der „neuen Schöpfung" gehört); vgl. dazu Näheres bei F. MUSSNER, Beiträge aus Qumran zum Verständnis des Epheserbriefes, in: Ntl. Aufsätze (Festschr. f. J. SCHMID) (Regensburg 1963) 194f.

wählung zum „Erstling" beruht völlig auf dem freien Anruf durch die freie Gnade Gottes. Gerade in der knappen Theodizee von 1, 13–18 begegnet in besonders eindrucksvoller Weise der klare Gottesbegriff des Briefes.

EXKURS

Das Gottesbild des Briefes

1. Statistisches

Gott(-Vater) wird 16mal mit (ὁ) θεός bezeichnet — Christus nie; 8mal mit κύριος — Christus 6mal (1, 1; 2, 1; 5, 7 8 14 15); 3mal mit πατήρ (davon einmal als πατὴρ τῶν φώτων 1, 17). Dazu kommen noch als Gottesprädikate νομοθέτης und κριτής (4, 12). Das θεός- bzw. κύριος-Prädikat begegnet einige Male in atl. Zitaten (2, 23; 3, 9; 4, 5; 5, 5 11b) und überlieferten formelhaften Wendungen, wie δικαιοσύνη θεοῦ (1, 18), ἐνώπιον κυρίου (4, 40), ἐν τῷ ὀνόματι κυρίου (5, 10, vgl. auch 5, 14 → Christus). Sicher ist es Zufall, daß das θεός-Prädikat bis einschließlich 4, 8 erscheint, dann nur noch das κύριος-Prädikat.

2. Das Wesen Gottes

Eine Selbstverständlichkeit für Jak ist der Monotheismus, den er selbst den Dämonen zuspricht (vgl. 2, 19). Aber obwohl Gott der Schöpfer („Vater") des Alls ist (1, 17) und insofern ein Urgegensatz zwischen Gott und der Welt für Jak nicht denkbar ist und obwohl der Mensch nach Gottes Bild erschaffen ist und Gott sein Pneuma in ihm wohnen läßt (vgl. 3, 9; 4, 6), besteht für den wirklich Gläubigen „Feindschaft zur Welt" (4, 5; vgl. 1, 27), wobei aber „Weltliebe", wie aus 4, 1–4 deutlich hervorgeht, in der ungeordneten Hinneigung und amoralischen Verfallenheit an die Welt und ihre Begierden besteht. Das hat mit gnostischer Weltbetrachtung nichts zu tun.

Gottes Wesen ist frei von jeglicher Dämonie; Gott ist vielmehr in seinem Wesen und Wirken lauter und „eindeutig": er gibt ohne Berechnung (ἁπλῶς: 1, 5). Er versucht niemanden zum Bösen, weil das Böse selbst an ihn nicht heranreicht (ἀπείραστος: 1, 13); er ist nicht launenhaft und „wetterwendisch" wie die heidnischen Götter, von ihm kommen nur gute Gaben (1, 17).

In freier Souveränität erschafft Gott auch die neue, eschatologische Schöpfung, und zwar durch sein mächtiges Wort (1, 18). Weil er der Herr ist, darum soll der Gläubige sich ihm freudig „unterwerfen" und „nahen" (4, 7) und ihn auch in seinen Lebensplänen ganz über sich Herr sein lassen (4, 13f). Den Demütigen gibt Gott seine Gnade, und zwar noch „größere

Gnade", als es die Schöpfungsgnade war (4, 6). Gott ist den Seinen der „nahe Gott" (vgl. 4, 7b), der das vertrauensvolle Gebet erhört (1, 5; 5, 15–17), barmherzig und gütig ist (5, 11) und die Sünden vergibt (5, 15).

Gott liebt die soziale Gerechtigkeit (vgl. 1, 27), haßt und rächt soziales Unrecht (5, 4–6). Deshalb erwählte er auch die Armen zu Erben seines Reiches (2, 5) und verlangt Ehre und Sorge für den Armen in seiner Gemeinde (2, 3–5 15f).

In seiner Hand liegt die Zukunft des irdischen (4, 15) und des kommenden Lebens (4, 12). Wie er der Gesetzgeber ist, so ist er auch der Richter (4, 12)[1]. Sein strenges Gericht richtet sich vor allem gegen die unsozial eingestellten und dem gewissenlosen Lebensgenuß verfallenen Reichen (5, 1–6), ferner gegen jenen Scheinglauben, der meint, auf die Werke der Liebe verzichten zu können (2, 14), und gegen jegliche Art von Lieblosigkeit gegen den Nächsten (2, 9–12; 5, 9). Jenen aber, die sich in den Anfechtungen und Prüfungen des Lebens bewähren und Gott lieben, schenkt er einst den Kranz des Lebens (1, 12).

So ist Gott nach dem Jak-Brief vornehmlich der Herr, der Vater, der Richter, und damit der lebendige Gott, der nicht „jenseits" seines Werkes steht, sondern an ihm lebhaft „beteiligt" ist. Dieses bestimmte Gottesbild entspricht dem Gottesbild der Propheten und Jesu. Auch im Gottesbild zeigen sich so die klaren theologischen Konturen des Briefes.

III. Von der Verwirklichung des Wortes (1, 19-27)

Die neue Spruchreihe steuert nun mit Energie auf das besondere Anliegen des Briefes hin: ein Christentum der Tat. Steht sie in einem Zusammenhang mit dem ersten großen Abschnitt des Briefes? Ein solcher kann höchstens erkannt werden, wenn man die neue Spruchreihe versteht als „Sätze ethischer Konsequenz für das Handeln des Christen . . ., die in der Tradition urchristlicher Taufunterweisung ihren Ort haben" (W. Nauck)[2]. Darauf weist vor allem der V 21 hin (s. Kommentar). Die Gottesgeburt, das eingepflanzte Wort verpflichten!

Es fehlt dem Abschnitt jedoch ein wohlgeordneter Aufbau. Doch lassen sich drei Unterabschnitte mit jeweils zusammengehöriger Thematik erkennen: Zunächst werden in den VV 19–21 die richtigen Voraussetzungen für die geforderte Verwirklichung des Wortes auf seiten des Hörers genannt. Daran schließt sich die energische Aufforderung, entschiedene „Täter des Wortes" zu sein (VV 22–25). Schließlich wird in den VV 26f das Wesen wahrer Frömmigkeit dargelegt, wie Jak es versteht.

---

[1] Vgl. auch Exkurs über die Eschatologie des Briefes.
[2] Die Tradition und der Charakter des ersten Johannesbriefes, 93.

1. DIE RICHTIGEN VORAUSSETZUNGEN AUF SEITEN DES HÖRERS (1, 19–21)

1, 19 Wisset, meine geliebten Brüder: Es sei aber jeder Mensch schnell zum Hören, langsam zum Reden, langsam zum Zorn! 20 Denn Manneszorn bewirkt nicht Gottes Gerechtigkeit. 21 Deshalb legt ab jeden Schmutz und (jedes) Übermaß von Bosheit; in Gelassenheit nehmet an das eingepflanzte Wort, das eure Seelen zu retten vermag.

Der V 19 bietet sich dreigliedrig dar (ἔστω δὲ πᾶς ἄνθρωπος: a) ταχὺς εἰς τὸ ἀκοῦσαι, b) βραδὺς εἰς τὸ λαλῆσαι, c) βραδὺς εἰς ὀργήν). Im V 20 wird für das dritte Glied des V 19 (βραδὺς εἰς ὀργήν) die Begründung gegeben (γάρ). V 21 fordert mit einem Imperativ zur sanftmütigen Annahme des rettenden Wortes auf. So sind wichtige Voraussetzungen genannt, um das Wort richtig verwirklichen zu können.

1, 19 In dem Streit der Ausleger, ob ἴστε Indikativ[1] oder Imperativ ist, plädieren wir für den letzteren, da der Jak-Brief der Brief der Imperative ist und ein Indikativ zudem hier wenig Sinn hätte[2]. Jak will mit ihm erneut die Aufmerksamkeit seiner Leser, die er wieder als seine geliebten Brüder anredet, erregen für das, was er ihnen nun zu sagen hat. Dabei scheint sich aber ἴστε mit dem folgenden Imperativ ἔστω zu stoßen, was offensichtlich von jenen Textzeugen empfunden wurde, die anstelle eines ἴστε ein ἔστω lesen[3] (und damit die mit V 19 beginnenden Paränesen in ein Konsekutivverhältnis zum vorausgehenden V 18 bringen). Die Schwierigkeit fällt weg, wenn man ἴστε zusammen mit der Anrede als eine Aufforderung zur Aufmerksamkeit für das Folgende faßt, wobei statt des Punktes hinter ἀγαπητοί besser ein Doppelpunkt zu setzen ist. „Wisset ... : es sei aber jeder ..." Das gut bezeugte δέ hinter ἔστω[4] scheint nicht adversativ, sondern kopulativ verstanden werden zu müssen;[5] mit ihm wird angezeigt, daß jetzt mit einer neuen Paränese fortgefahren wird[6].

Jak fordert die Leser auf, „rasch im Hören" zu sein, „langsam aber im Sprechen"[7], „langsam zum Zorn". Die asyndetische Reihung der drei Glieder wirkt eindrucksvoll. Das dritte Glied mit seinem Hinweis auf den Zorn läßt klar erkennen, daß es beim „Hören" nicht sofort um das Hören des

---

[1] Vg (scitis) sah.
[2] Der Imperativ ἴστε begegnet ähnlich in Eph 5, 5 und Hebr 12, 17 (dazu Blass-Debr § 99, 2).
[3] KLP Ψ al. 𝔓74 liest hinter ἴστε noch die Partikel δέ.
[4] A 33 81 lesen καὶ ἔστω; ohne eine Partikel: KAP2 arm aeth.
[5] Vgl. Mayser, Grammatik II/3, 125f (M. führt 126/26 ff ein Beispiel aus einem Privatbrief an, in dem viele imperativische Sätze durch kopulatives δέ aneinandergereiht sind).
[6] Nach Dibelius dagegen „kann das δέ aus einem älteren Zusammenhang mit übernommen sein". Wenig wahrscheinlich.
[7] In formaler Hinsicht vgl. dazu Abot V, 12: Der Schüler ist oft „ein Rascher zum Hören und ein Rascher zum Vergessen".

„Wortes" (Gottes) geht, sondern zunächst um das (geduldige) Hinhören auf den anderen. Deshalb ist damit auch die Aufforderung verbunden, „langsam zum Reden" zu sein. βραδύς hat hier wohl den Sinn: abwartend; so wird dann auch das rasche, zornige Lospoltern gegen den anderen vermieden (3. Glied). Jak nennt also zunächst wichtige Regeln für das Gemeinschaftsleben, die freilich dann zugleich ebenso wichtige Voraussetzungen für das richtige Hören des „Wortes" sind, wie der Zusammenhang mit V 21 zeigt. Und schon wird ein besonderes Anliegen des Briefes sichtbar: jene tätige Übung der Nächstenliebe, die vor allem auch die Zungensünden vermeidet (vgl. V 26)[1].

1, 20 Der V 20 bringt die Begründung für die Mahnung, langsam zum Zorn zu sein. Im Zorn fällt man nämlich nur allzu rasch ein ungerechtes Urteil über seinen Mitmenschen, und so wirkt er nicht die Gerechtigkeit Gottes[2]. Die δικαιοσύνη θεοῦ äußert sich nach dem AT als die geoffenbarte Bundessatzung Gottes, die das ganze Leben in Israel ordnen und es auf den Willen Gottes hin ausrichten will; die Gerechtigkeit Gottes „wirkt" der, der den Bundessatzungen Gottes entspricht[3]. „Was der Mensch zu wirken hat, das ist Gottes Rechtsnorm und Gottes Rechtsforderung" (Schrenk)[4]; der Zorn wirkt sie nicht, wie Jak feststellt. Er begründet das nicht näher. Die Gottesgerechtigkeit „wirkt" vor allem, wer seine Gebote hält[5]. Der Zornige verletzt aber das Gebot der Nächstenliebe, das Jak besonders am Herzen liegt, und so wirkt er eben nicht Gottes Gerechtigkeit, sondern zerstört die gottgewollte Gemeinschaftsordnung. Jak denkt und formuliert hier ganz atl.-jüdisch[6].

Hat Jak mit den VV 19f konkrete Vorgänge in den Gemeinden im Auge? Vielleicht denkt er schon an die „Kriege und Kämpfe" bei ihnen, auf die er in 4, 1ff ausdrücklich zu sprechen kommt. Da ist es ihm wichtig, die Ge-

---

[1] Jak scheint mit dem dreigliedrigen Spruch des V 19 ältere (semitische) Spruchweisheit zu übernehmen; vgl. den Semitismús πᾶς ἄνθρωπος (כָּל־אָדָם) = πάντες, dazu Sir 5, 11 („Sei schnell bereit zum Hören, und mit Bedachtsamkeit gib Antwort"); Prd 7, 9; Spr 13, 3; 29, 20; PsSal 16, 10b; Rabbinisches bei BILLERBECK III, 753; Hellenistisches bei DIBELIUS z. St. (z. B. DIO CHRYSOSTOMUS, Or. 32 p. 301 γίνου πρὸς ὀργὴν μὴ ταχύς, ἀλλὰ βραδύς) und H. ALMQVIST, Plutarch und das NT, 130f („Die ganze spätantike Philosophie bekämpfte den Zorn").
[2] Zum Ausdruck ἐργάζεσθαι δικαιοσύνην vgl. auch Ps 15 (14), 2; Apg 10, 35; Hebr 11, 33.
[3] Vgl. etwa ThWb II, 176–214 (QUELL/SCHRENK); G. v. RAD, Theologie des AT I, 368–380.
[4] ThWb II, 202 (zu Jak 1, 20).
[5] G. v. RAD I, 378.
[6] Vgl. auch Abot V, 11: „Schwer zu erzürnen und leicht zu besänftigen, das ist ein Frommer; leicht zu erzürnen und schwer zu besänftigen, das ist ein Gottloser." Die Warnung vor dem Zorn spielt in der jüdischen und ntl. Ethik eine große Rolle; s. dazu Näheres in: ThWb V, 394f 414 418f 420–422; für das NT vgl. vor allem Mt 5, 22; Röm 12, 19; Eph 4, 26 30; 6, 4; Kol 3, 8; 1 Tim 2, 8; Tit 1, 7; Apk 11, 18; dazu noch Did 3, 2; 15, 3; 1 Clem 13, 1; 63, 2 usw.; für das Spätjudentum etwa TestDan 4, 3 (ὑμεῖς μὴ κινεῖσθε εἰς ὀργήν); 1 QS IV, 10; V, 25. Weisheit und Zorn schließen sich aus (ThWb V, 395); dazu nochmals Anm. 1.

meinden.zum geduldigen Hinhören auf den anderen und zur Sanftmut zu ermahnen.

1, 21 Die neue Aufforderung, allen Schmutz usw. abzulegen, steht in einem Kausalkonnex (vgl. διό) mit V 20: weil der Zorn Gottes Gerechtigkeit nicht bewirkt, „deshalb" legt jeden Schmutz ab! Nun kann man sich aber (mit E. Kamlah) nicht des Eindrucks erwehren, daß „die Anweisung, alle Schlechtigkeit abzulegen, als Antithese zum Zorn viel zu allgemein"[1] ist. Eine formgeschichtliche Betrachtung des V 21 läßt erkennen, daß in ihm typische Topoi der apostolischen Mahnrede, näherhin der urchristlichen Taufparänese begegnen[2]. Dafür ist schon einmal die Folgerungspartikel διό kennzeichnend[3], dann das Verbum ἀποτίθεσθαι, das häufig mit Lastern der heidnischen Vergangenheit verbunden wird[4], ferner der Umstand, daß als Objekt des „Ablegens" oft eine Ganzheit (πᾶς) genannt wird[5].

„Der ganze Schmutz"[6] und „das Übermaß der Bosheit", die „abgelegt" werden sollen, bezogen sich im Zusammenhang der Taufparänese auf die heidnische Vergangenheit. Auf diese Taufermahnung greift Jak zurück[7], weil ihre Forderungen immer wieder neu verwirklicht werden müssen[8].

Auch die zweite, positive Mahnung, „in Sanftmut das eingepflanzte Wort anzunehmen", scheint in modifizierter Weise der überlieferten Taufparänese entnommen zu sein[9]. Durch ihre Wiederholung im Brief bekommt der Imperativ δέξασθε Intensivcharakter: Nehmt das euch bei der Taufe einst eingepflanzte Wort wirklich, in aller Konsequenz und vor allem ἐν πραΰτητι an, ohne zornige Widerrede[10], ohne sich dagegen trotzig aufzubäumen[11]. πραΰτης steht deutlich in Antithese zum vorausgehenden ὀργή.

---

[1] Die Form der katalogischen Paränese im NT, 35, Anm. 5.
[2] Vgl. auch Jak 1, 18–21 mit 1 Petr 1, 22 – 2, 2; dazu M. E. BOISMARD, Quatre hymnes baptismales dans la première épître de Pierre (Paris 1961) 105f; SELWYN, I Peter, 394 (Tafel VI).
[3] Vgl. KAMLAH, Die Form der katalog. Paränese, 35.
[4] Vgl. Röm 13, 12 (τὰ ἔργα τοῦ σκότους); Kol 3, 8 (ὀργήν, θυμόν, κακίαν); Eph 4, 22 (τὸν παλαιὸν ἄνθρωπον); 4, 25 (τὸ ψεῦδος); Hebr 12, 1 (ὄγκον); 1 Petr 2, 1 (πᾶσαν κακίαν); dazu noch 1 Clem 13, 1; 2 Clem 1, 6; PHILO, De post. Caini 48; KAMLAH, 185–188.
[5] Vgl. Kol 3, 8; Hebr 12, 1; 1 Petr 2, 1; A. VÖGTLE, Die Tugend- und Lasterkataloge im NT (Ntl. Abh. 16, 4/5) (Münster 1936) 218–220.
[6] ῥυπαρία ist ursprünglich der Schmutz des Kleides (vgl. Jak 2, 2), wird aber auch übertragen gebraucht, bes. in der Form des Adjektivs (Belege bei BAUERWb und LIDDELL-SCOTT s. v.; BONACCORSI II, 309).
[7] Das Partizip ἀποθέμενοι hat wieder imperativischen Sinn.
[8] Vgl. auch 1 Petr 2, 1 f.
[9] Vgl. auch die Tafeln IV und V bei SELWYN, 390f.
[10] Vgl. auch 1 Petr 2, 8 („Sie stoßen sich am Wort" = sie nehmen Ärgernis daran); in formaler Hinsicht auch noch Sir 3, 17a (τέκνον, ἐν πραΰτητι τὰ ἔργα σου διέξαγε).
[11] Vgl. auch Lk 8, 13 (das Wort „mit Freude" annehmen); Apg 17, 11 („mit ganzer Bereitschaft"). Die Wendung vom „Annehmen des Wortes" ist schon im AT vorbereitet (Spr 4, 10: „Höre, mein Sohn, und nimm meine Worte an, so werden dir zahlreich die Jahre des Lebens"; Jer 9, 19; Zach 1, 6); im NT vgl. noch Apg 7, 38; 8, 14; 11, 1; 1 Thess 1, 6; 2, 13.

Hat man den „Sitz" für die Paränese des V 21 in der Taufermahnung erkannt — der sich im übrigen auch durch den Zusammenhang mit V 18 nahelegt —, dann läßt sich auch die Frage leichter beantworten, was mit dem „eingepflanzten Wort" denn eigentlich gemeint sei: es ist das im Taufunterricht eingepflanzte Wort. Näherhin kann dann damit nur die Bekanntgabe der christlichen Grundwahrheiten gemeint sein, die nicht bloß christologisch-soteriologischen, sondern auch ethischen Inhalts sind[1].

„Das eingepflanzte Wort"[2] wirkt wie eine feste Größe; es darf wohl mit der urapostolischen Paradosis identifiziert werden, die im Taufunterricht vermittelt wurde (vgl. Anm. 1). Dieses eingepflanzte Wort macht zugleich den Willen Gottes bekannt. Es ist der λόγος ἀληθείας von V 18. Was Jak alles zu seinem Inhalt zählen würde, wissen wir nicht. Weil das Wort „eingepflanzt" ist, soll es Frucht tragen, was vom Verhalten jener abhängt, in die es eingepflanzt ist (vgl. auch Mk 4, 13–20).

Dem eingepflanzten Wort spricht Jak heilbringende Kraft zu (δυνάμενον σῶσαι). Der Begriff σῴζειν wird im NT auch sonst in Zusammenhang gebracht mit der Überführung aus der Sphäre des Todes in die des Lebens (im natürlichen und „übernatürlichen" Sinn); vgl. Mk 3, 4; 5, 23; 8, 35; Mt 8, 25; 14, 30; 16, 25; Lk 6, 9; 8, 50; 9, 24; 19, 10; 1 Kor 1, 18; 5, 5; 2 Kor

---

[1] Vgl. auch Röm 6, 17 (τύπος διδαχῆς, dazu J. KÜRZINGER, ΤΥΠΟΣ ΔΙΔΑΧΗΣ und der Sinn von Röm 6, 17f, in: Bib 39 [1958] 156–176 [175: „Es muß also für die ganze Kirche schon zu seiner Zeit eine formelhafte Zusammenfassung der wichtigsten Glaubenswahrheiten in Gebrauch gewesen sein"]); 16, 17 (παρὰ τὴν διδαχὴν ἣν ὑμεῖς ἐμάθετε); 1 Kor 15, 1–5; Eph 4, 20 (ἐμάθετε τὸν Χριστόν, dazu H. SCHLIER, Der Brief an die Epheser [Düsseldorf ³1962]: „Das μανθάνειν τὸν Χριστόν zerlegt sich ... einmal in das Hören der Missionspredigt ... und in das Entgegennehmen der entfaltenden Belehrung"); Phil 2, 16 (λόγον ζωῆς ἐπέχοντες); 4, 9 (ἃ καὶ ἐμάθετε καὶ παρελάβετε καὶ ἠκούσατε); Kol 1, 6; 3, 1–4, 6; 1 Thess 1, 9f; 2, 9; 4, 1f; 2 Thess 2, 15 (τὰς παραδόσεις ἃς ἐδιδάχθητε); 3, 6; 1 Tim 4, 16; Tit 2, 12–14; 2 Tim 3, 14; Hebr 5, 11 – 6, 2; 1 Petr 1, 13–21; 1, 22 – 2, 10; 3, 18–22; 4, 5; 1 Joh 3, 1–11; Lk 1, 4 (ὧν κατηχήθης λόγων, dazu H. SCHÜRMANN, Evangelienschrift und kirchliche Unterweisung. Die repräsentative Funktion der Schrift nach Lk 1, 1–4, in: Miscellanea Erfordiana (Leipzig 1962) 48–73 [52–54]). Eine Monographie über die ntl. (prä- und postbaptismale) Taufunterweisung, ihre Bezeichnungen und ihren Inhalt, steht noch aus.

[2] Der Terminus ἔμφυτος ist ein Derivat von ἐμφύειν; „eingepflanzt" wurde das Wort im missionarischen Taufunterricht (vgl. bes. 1 Kor 3, 6 ἐγὼ ἐφύτευσα); man erinnert sich auch an Mk 4, 15 („Der Sämann sät das Wort"). Zu den Worten in Prd 12, 11 („Die Worte der Weisen gleichen Ochsenstacheln und fest sitzenden Nägeln die Sätze der Sammlungen, gegeben vom einzigen Hirten") bemerkt R. Eleazar b. Az.: „Nicht beweglich gleich dem Stachel sind die Worte der Lehre, sondern fest wie der Nagel, jedoch nicht unverändert wie dieser, sondern eingepflanzt und gleich Pflanzungen wachsend und sich mehrend" (zitiert bei HAUCK z. St.). SCHLATTER zitiert aus JOSEPHUS (Contra Ap. II § 169): Moses τὴν περὶ θεοῦ πίστιν ἐνέφυσεν ἀμετακίνητον. JUSTIN (Apol. II, 8, 1) spricht von dem „dem gesamten Menschengeschlecht eingepflanzten Logoskeim"; in der altkirchlichen Auslegung von Jak 1, 21 wurde teilweise mit diesem Gedanken operiert, so von ÖKUMENIUS, THEOPHYLAKT und DIONYSIUS. Doch daran denkt Jak sicher nicht.

2, 15f; 2 Thess 2, 10; Jud 5; Jak 4, 12 (s. z. St.); 5, 20¹. Speziell bringt der johanneische Christus sein „Wort" in Zusammenhang mit der Lebensbegabung des Menschen (Joh 5, 24; 8, 51). Jak spricht von der „Rettung der Seelen"²: ψυχή (שֶׁפֶנ) ist hier im Sinn der atl. Anthropologie pars pro toto „Mensch" oder gleichbedeutend mit „Leben"³. Die „Rettung" ist Rettung des Menschen aus dem göttlichen Gericht ins ewige Leben. Warum dies das eingepflanzte Wort vermag, führt Jak nicht aus. Das wissen die Leser ohnehin aus der Katechese.

Für das Gesamturteil über die Theologie des Jak ist es von großer Bedeutung, hier zu ersehen, daß er nicht bloß den „Werken", sondern dem „Wort" rettende Kraft zuschreibt. Aber die Aufforderung zur „Annahme" des von Gott in die Welt eingepflanzten Wortes läßt für die freie Entscheidung des Menschen Raum und macht erst so freie Tat möglich. Weil das Wort den Willen des Menschen bewegen will, darum wird aus seiner gläubigen Annahme „ein tätiges Verhalten des Menschen und bekommt es das Merkmal der Pflicht" (Schlatter). Damit das Wort seine rettende Macht ausüben kann, muß es vom Menschen in gute Taten umgesetzt werden. Dadurch ist das Wort jeder Heilsmagie und jeglichem Heilsmechanismus entzogen.

2. SEID TÄTER DES WORTES! (1, 22–25)

1, 22 Werdet ferner Worttäter, nicht bloß Hörer allein, die sich selbst betrügen. 23 Denn wenn einer (nur) Worthörer und nicht Täter ist, gleicht dieser einem Mann, der sein natürliches (äußerliches) Gesicht im Spiegel betrachtet. 24 Denn er betrachtete sich und ging weg, und sogleich vergaß er, wie er aussah. 25 Wenn er aber, nachdem er hineingeschaut hat in das vollkommene Gesetz der Freiheit, darin auch verharrt, (und) nicht ein vergeßlicher Hörer geworden ist, sondern ein Werktäter, dieser wird selig sein durch sein Tun.

Die Verse legen dar, was gläubige Annahme des Wortes im konkreten Leben des Christen bedeutet. Sie besteht für Jak in der Verwirklichung des Wortes im Alltag. Ein bloßes „Hören" des Wortes lehnt er mit Jesus ab, weil dies religiöse Selbsttäuschung bedeuten würde. Da er im V 24 das Wesen dieser Selbsttäuschung in einem Bild ausführlich darlegt, könnte man bei-

---

[1] Vgl. dazu W. Wagner, Über ΣΩΖΕΙΝ und seine Derivate im NT, in: ZntW 6 (1905) 205–235 (bes. 211f 229). Vgl. auch Barn 19, 10 (man soll sich Mühe machen εἰς τὸ σῶσαι ψυχὴν τῷ λόγῳ); Herm (s) VI, 1, 1.
[2] Für die Verbindung von σῴζειν mit ψυχή im AT vgl. etwa Gn 19, 17; 32, 30; Job 33, 38; Pss 30 (31), 7; 71 (72), 13; 108 (109), 31; dazu im NT Mt 16, 25.
[3] Vgl. auch J. Schmid, Der Begriff der Seele im NT, in: Einsicht und Glaube (Festschr. f. G. Söhngen) (Freiburg 1962) 117–131 (bes. 123f); BauerWb s. v. ψυχή; J. Fichtner, Seele oder Leben in der Bibel, in: ThZ 17 (1961) 305–318; H. A. Brongers, Das Wort NPŠ in den Qumranschriften, in: Rev. de Qumran 4 (1963) 407–415; G. Dautzenberg, Sein Leben bewahren. ψυχή in den Herrenworten der Evangelien (München 1966) 11–48.

nahe den VV 22–25 die Überschrift geben: Warnung vor religiöser Selbsttäuschung. Doch bringt die Überschrift: „Seid Täter des Wortes!" das positive Anliegen des Briefes besser zum Ausdruck.

1, 22 Gläubige, wirkliche „Annahme" des Wortes zeigt sich für Jak in seiner Verwirklichung. Die Partikel δέ hinter dem Imperativ γίνεσθε muß beachtet werden. Denn gerade sie läßt erkennen, daß „Annahme" des Wortes und tätige Verwirklichung desselben für Jak nicht dasselbe sind. Er kennt offensichtlich drei Stufen: das Wort hören, es gläubig annehmen, es in die Tat umsetzen. Auch mit dem gläubigen „Annehmen" des eingepflanzten Wortes ist es noch nicht getan („Gewiß, ich lasse das Wort jederzeit als Wort Gottes gelten", so könnte jemand sagen), „vielmehr" (δέ) fordert Jak seine Leser auf: „Seid[1] Täter des Wortes!"[2] Schon die Verbindung von λόγος mit ποιητής läßt erkennen, an welchen λόγος Jak dabei denkt; λόγος ist offenbar für ihn in diesem Zusammenhang — im Unterschied etwa zu V 18 — vor allem das Gebot, der Willensausdruck Gottes, sein sittlicher Anspruch an den Menschen[3]. Der „Täter des Wortes" ist für ihn ein ποιητής ἔργου (V 25), ja ein ποιητής νόμου (4, 11). Ist der Ausdruck ποιητής λόγου schon ganz „ungriechisch" formuliert — im klassischen Griechisch ist der λόγων ποιητής der Redner und Schriftsteller[4]—, so entspricht er auch sachlich ganz atl.-jüdischer Mentalität: Der Wille Gottes wird verkündet, um „getan" zu werden; vgl. etwa Ex 24, 3 (πάντας τοὺς λόγους οὓς ἐλάλησεν κύριος, ποιήσομεν καὶ ἀκουσόμεθα)[5]. Und so wichtig dem rabbinischen Judentum das Studium der Tora ist, dennoch wird auch von ihm verkündet: „Nicht das Studieren ist Hauptsache, sondern das Tun" (Abot I, 17; vgl. auch III, 9b 17b; V, 14; VI, 4b)[6]. Paulus schreibt in Röm 2, 13: „. . . nicht die das Gesetz hören, sind bei Gott gerecht, sondern die es tun, werden gerecht gesprochen werden" (vgl. auch Lv 18, 5; Gal 3, 12). Und Jesus? Nach seiner Verkündigung ist es eine Selbstverständlichkeit, daß der Wille Gottes vor allem „getan" werden muß; ein bloßes „Hören" ist vor Gott völlig wertlos (vgl. etwa Mt 5, 19; 7, 26f). Das ποιεῖν spielt in der synoptischen Tradition eine ganz bedeutende Rolle; es „ist die so gut wie einzige Vokabel, mit welcher die Synoptiker das dem Menschen von Gott gebotene Tun ausdrücken"

---

[1] γίνεσθε = ἔστε (vgl. Mt 6, 16); Vg: estote.
[2] C² 88, 915 u. a. lesen νόμου statt λόγου: wahrscheinlich Angleichung an 4, 11 (vgl. auch Sir 19, 20; 1 Makk 2, 67; Röm 2, 13; 1 QS II, 15 23; 1 QpHab VII, 11; VIII, 1; XII, 4f; 4 QpPs 37, II, 15 23).
[3] SPITTA denkt an „die synagogale Gesetzesvorlesung"; BELSER an das „Evangelium", dessen „Vorschriften und Satzungen" erfüllt werden sollen, ähnlich HAUCK. Eine scharfe Unterscheidung zwischen „atl." und „ntl." Wort Gottes ist in Jak 1, 22 gar nicht möglich (vgl. auch MARTY z. St.).
[4] Vgl. WINDISCH z. St. (mit Belegen). ποιεῖν im Sinn der ethischen Verwirklichung = hebr. עשׂה (vgl. etwa Gn 6, 22: „und Noe tat, wie ihm Gott befohlen hatte").
[5] Vgl. auch die vielen Belege bei H. BRAUN in: ThWb VI, 467f.
[6] JOSEPHUS, Ant. XX § 44 (οὐ γὰρ ἀναγινώσκειν σε δεῖ μόνον αὐτούς [= die Gesetze], ἀλλὰ καὶ πρότερον τὰ προστασσόμενα ποιεῖν . . .); PHILO, De praem. 79; BILLERBECK III, 84–88 753.

(H. Braun)[1]. Auch der johanneische Christus fordert das „Tun" des Willens Gottes, wie er ihn selbst „tut" (4, 34; 7, 17; 9, 31; 15, 14). Jak geht also in der Forderung nach der Verwirklichung des Willens Gottes mit Jesus völlig eins. Und worin konkretisiert sich für ihn das „Tun" des Wortes? Nicht in einer legalistisch-kasuistischen „Toraverschärfung", sondern in den Werken der Nächstenliebe, wie sich bald zeigen wird. Wie Jesu „Toraverschärfung" eine strengere und verinnerlichte Bindung an den Willen Gottes bedeutet, die sich in erster Linie im Verhalten gegenüber dem Nächsten auswirkt[2], so auch bei Jak.

Jak hat das erste (positive) Glied des Imperativs vorangestellt und läßt ihm das negative („und nicht bloß Hörer")[3] folgen, weil er sich über die „Nur-Hörer" weiter äußern will. Diese „täuschen sich selbst"[4] (παραλογίζεσθαι)[5], nicht hinsichtlich der Rettung ihrer Seelen (so Dibelius), sondern über das Wesen wahrer Frömmigkeit (vgl. V 26 Beginn).

1, 23–25 Jak entlarvt nun den Nur-Hörer mit Hilfe eines Vergleichs. Vielleicht folgt er dabei einer Tradition; vgl. Mt 7, 26f (καὶ ὁ πᾶς ὁ ἀκούων μου τοὺς λόγους τούτους καὶ μὴ ποιῶν αὐτοὺς ὁμοιωθήσεται ἀνδρὶ μωρῷ ...); Abot III, 17b („Wem ist jener gleich, der mehr Weisheit als Werke hat? Einem Baum ..."). Der Vergleich soll den V 22 begründen (γάρ), d. h., er soll begründen, warum das bloße Hören des Wortes ohne eine Umsetzung in die Tat fruchtlose Selbsttäuschung ist. Der Nur-Hörer und Nicht-Täter[6] gleicht einem Mann, der sein Antlitz, das ihm von seiner Geburt, seiner Abstammung her gegeben ist (τῆς γενέσεως)[7], kurz im Spiegel betrachtet, dann aber wieder seinen Geschäften nachgeht und dabei vergißt, wie beschaffen er war[8]; er hat es ja schon oft im Spiegel gesehen, und es hat ihn weiter nicht berührt. Der Hinweis auf den „Spiegel" in ethischen Zusammenhängen ist nichts Außergewöhnliches; man findet ihn etwa auch bei Seneca[9]. Aber Jak

---

[1] Radikalismus, II, 30, Anm. 1 (mit vielen Belegen).
[2] Siehe dazu das Material in: ThWb VI, 475f.
[3] Nach Beyer (Semit. Syntax, 126, Anm. 4) ist die Formulierung καὶ μὴ ἀκροαταὶ μόνον „gut semitisch".
[4] ἑαυτούς = ὑμᾶς αὐτούς (vgl. auch Apg 15, 29; dazu Bonaccorsi I, 392f).
[5] ff 66 dagegen lesen: aliter consiliantes (vgl. auch Scholion in 103 und 463 το παραλογιζομενοι εαυτους αντι του λογιζομενοι καθ εαυτους φησιν).
[6] Grammatisch ist in dem εἴ-τις-Satz die Negation οὐ (statt μή) auffällig. Doch werden Einzelwörter, vor allem bei Gegensätzen (wie an unserer Stelle), mit οὐ negiert (Blass-Debr § 426).
[7] Andere verstehen hier γένεσις = „Natur" oder „Dasein"; s. die Kommentare und das Material bei Bonaccorsi II, 311. Vg: vultum nativitatis.
[8] Die Unterschiede in den Tempora (Aorist κατενόησεν, Perfekt ἀπελήλυθεν, Aorist ἀπελάθετο) dürfen nicht gepreßt werden. Vgl. auch W. Dittenberger, Sylloge Inscr. Graec. (Hildesheim ⁴1960) Nr. 1173: καὶ ἀνέβλεψεν καὶ ἐλήλυθεν καὶ ηὐχαρίστησεν; Mk 4, 7; Apg 17, 32; Hebr 11, 17; Radermacher, Grammatik, 154.
[9] Inventa sunt specula, ut homo ipse se nosceret. Multa ex hoc consecuta, primo sui notitia, deinde et ad quaedam consilium. Formosus ut vitaret infamiam, deformis ut sciret redimendum esse virtutibus quidquid corpori deesset (Natur. quaest. I, 17, 4); Chaine z. St.

geht es zunächst nicht um Selbsterkenntnis wie bei Seneca, sondern um die oberflächliche Flüchtigkeit, mit der jemand sein Antlitz im Spiegel betrachtet. Doch ist zu beachten, daß Jak in V 23b vom Betrachten des (äußeren) „Antlitzes" spricht, in V 24a dagegen vom „Sich-selbst-Betrachten" (ἑαυτόν). Noch deutlicher wird diese Hinwendung vom äußeren „Antlitz" auf die Person des Betrachtenden in V 24b in dem ὁποῖος, das sich auf den Betrachter selbst und nicht mehr bloß auf sein (äußeres) Antlitz bezieht, noch genauer gesagt: auf seine Art, sein Wesen, seinen Charakter (ὁποῖος = wie beschaffen). Offensichtlich wirkt also auf die Gestaltung der Bildhälfte des Vergleichs schon die Sache ein, auf die es Jak in seinem Zusammenhang ankommt. Er denkt ja dabei an die Hörer des Wortes, wahrscheinlich sogar des in der Predigt vorgebrachten Wortes. Der Nur-Hörer geht von der Predigt nach Hause und vergißt sogleich, „wie beschaffen er ist", obwohl er Gelegenheit hatte, sich im „Worte" wie in einem Spiegel selbst zu betrachten und daraus die Konsequenzen für sein praktisches Verhalten zu ziehen. V 25 bestätigt diese Auffassung; denn Jak kehrt hier wieder zur Sache selbst zurück, d. h. zu dem Thema Hören und Tun, legt sie aber in genauer (z. T. antithetischer) Parallelität zum vorausgehenden Vergleich dar. Bild- und Sachhälfte bedürfen einer sorgfältigen Analyse.

Bildhälfte (VV 23 f)	Sachhälfte (V 25)
1. (ἀνὴρ) κατανοοῦν τὸ πρόσωπον τῆς γενέσεως αὐτοῦ bzw. ἑαυτόν	1. παρακύψας
2. ἐν ἐσόπτρῳ	2. εἰς νόμον τέλειον τὸν τῆς ἐλευθερίας
3. (antithetisch) ἀπελήλυθεν καὶ εὐθέως ἐπελάθετο	3. (vgl. δέ) παραμείνας οὐκ ἀκροατὴς ἐπιλησμονῆς γενόμενος
4. (Zielantithese) οὐ ποιητής (V 23)	4. (vgl. ἀλλά) ποιητὴς ἔργου

Ad 1 Statt κατανοεῖν in der Bildhälfte sagt Jak in der Sachhälfte παρακύπτειν. Gewiß ist dieser Ausdruck angeregt durch das vorher gebrauchte Bild vom „Betrachten im Spiegel"[1], unterstreicht aber gegenüber κατανοεῖν ganz anders die beharrliche Mühe, die das Hineinschauen in das vollkommene Gesetz der Freiheit vom Menschen fordert[2]. Παρακύπτειν heißt ja wörtlich: sich vorbeugen, nämlich um etwas genau zu sehen und zu erkennen[3]. Das Hineinschauen in den Spiegel des „Wortes" ist wesentlich

---

[1] Vgl. BauerWb s. v. παρακύπτειν; Gn 26, 8; Spr 7, 6 (ἀπὸ γὰρ θυρίδος ἐκ τοῦ οἴκου αὐτῆς εἰς τὰς πλατείας παρακύπτουσα); Sir 21, 23; Joh 20, 5 11; 1 Petr 1, 12.
[2] Das Part. Aor. (καὶ) παραμείνας hat konditionalen Sinn: „Wenn aber jemand, nachdem er in das vollkommene Gesetz der Freiheit hineingeblickt hat, auch dabei bleibt ..." (vgl. Beyer, Semitische Syntax, 270).
[3] Schlatter z. St.: „Vermutlich ist bei παρακύψας an die Haltung des aufmerksam und eifrig Lesenden gedacht, der sich herab zur Torarolle beugt." Zum metaphorisch gebrauchten παρακύπτειν bei Jak vgl. auch Plutarch, Fragm. inc.

schwieriger als das rasche und unverbindliche Betrachten des Antlitzes in einem Metallspiegel. Denn das Wort drängt zu Entscheidung und Tat!

Ad 2 Dem „Spiegel" in der Bildhälfte entspricht in der Sachhälfte das „vollkommene Gesetz der Freiheit". Was ist mit letzterem gemeint? Das atl. Gesetz? Das Evangelium? Beides zusammen als die eine sittliche Norm des Handelns? Zweifellos geht es für Jak um eine Norm des Handelns. Denn der παρακύψας und παραμείνας ist der ποιητής ἔργου, der identisch ist mit dem ποιητής λόγου. Also ist der νόμος τέλειος τῆς ἐλευθερίας identisch mit dem λόγος ἔμφυτος[1]. Um welches „Werk" es sich aber handelt, geht aus den folgenden VV 26 f und den Ausführungen in 2, 1–13 deutlich genug hervor: es sind die Werke der Nächstenliebe, besonders die Hilfe an den Armen und Bedrückten. Den Wesensinhalt des „vollkommenen Gesetzes der Freiheit" sieht Jak sicher ausgesprochen in dem „königlichen Gesetz gemäß der Schrift: Du sollst deinen Nächsten lieben wie dich selbst" (vgl. 2, 8), das auch Jesus dem Gebot der Gottesliebe gleichgeordnet hat (Mt 22, 39). Darum läßt sich sagen, daß es beim „vollkommenen Gesetz der Freiheit" weder nur um das atl. Gesetz (im jüdischen Verstande) noch nur um das „Evangelium" (im Sinn der Bergpredigt oder gar des Apostels Paulus) geht, sondern um den Willen Gottes, der sowohl nach atl. wie nach ntl. Ethik fordert, dem Nächsten Gutes zu tun. Das Gebot Gottes ist für Jak eines (vgl. 2, 10); er kennt keinen Gegensatz zwischen „Gesetz" und „Wort"[2], zwischen der atl. Offenbarung des heiligen Willens Gottes und der Predigt Jesu. Darüber denkt Jak konsequent „judenchristlich" (vgl. auch Mt 5, 17). Das Evangelium ist für ihn „Gesetz"!

Fast könnte man meinen, für Jak sei das Christentum überhaupt kein „Neuheitserlebnis" gewesen. Oder doch? Dann lag es auf einer anderen Ebene als etwa für Paulus. Hatte Paulus Christus vor allem als den großen Befreier von der alle in den Todeskerker der Hamartia einsperrenden Macht des Gesetzes erfahren und verkündet (vgl. Gal 3, 22 f) und steht deshalb das Kreuz im Mittelpunkt seiner Botschaft, so hat Jak offenbar Christus vor allem als den erfahren, der Gottes Liebesgebot zum zentralen Thema seiner ethischen Verkündigung gemacht hat und so zum Vollender des Gesetzes wurde[3]. Die Überzeugung des Jak dürfte geschichtlich damit zusammenhän-

---

49 (VII, 156): εἰς κάτοπτρον κύψας θεώρει. καὶ εἰ μὲν καλὸς φαίνῃ, ἄξια τούτου πρᾶττε· εἰ δ'αἰσχρός, τὸ τῆς ὄψεως ἐλλιπὲς ὡράϊζε καλοκἀγαθίᾳ (ALMQVIST, Plutarch und das NT, 131).

[1] Vgl. auch DIBELIUS z. St.

[2] Hier sei SCHLATTER ausführlich zitiert, der zu V 25 bemerkt: „Ein Wort, das getan werden soll, ist ein Gesetz, und dieses Merkmal, Gesetz zu sein, ist dem göttlichen Wort immer eigen; denn Gott ist der Gesetzgeber, 4, 12, und es ist wie alles, was er ist, beständig. Es gibt also kein Wort Gottes, das nicht auch Gesetz wäre, und dies ist es gerade dann, wenn es die Rettung verkündet und schafft. Der Mensch hört also das Wort Gottes nur dann richtig, wenn er im Wort das Gesetz hört. Es muß seinen Willen ansprechen und ihn durch seine Heiligkeit binden, so daß er den ihm geltenden göttlichen Willen vernimmt."

[3] „La loi parfaite est pour lui la loi chrétienne qui perfectionne la loi mosaïque, et forme un tout avec elle" (CHAINE zu 1, 25). Diese „Einheit" des atl. und ntl. „Gesetzes" geht besonders aus der Kennzeichnung des νόμος als eines νόμος

gen, daß er viel stärker aus der Überlieferung der vorösterlichen Predigt Jesu zu leben scheint[1], während Paulus primär den gekreuzigten und auferstandenen Christus als das große Heilsereignis der Welt verkündet. Beides ist Evangelium! Jeder, Paulus sowohl wie auch Jak, treibt Christum auf seine Weise. Auf beide zu hören ist notwendig, wenn Christentum in seinem Wesen und in seiner Fülle begriffen werden soll.

Ist das eben Dargelegte richtig, dann versteht es sich von selbst, daß der attributive Genitiv τῆς ἐλευθερίας etwas anderes meint als der Begriff der „Freiheit" in der pln. Verkündigung. Für Paulus ist die Freiheit „une prérogative de la loi nouvelle" (Chaine), eine Folge des Kreuzes Jesu; sie besteht für ihn in der Freiheit des Christen vom jüdischen (ἔργα τοῦ νόμου!) und heidnischen (στοιχεῖα τοῦ κόσμου!) Heilsweg. Für Jak besteht die „Freiheit" des νόμος τέλειος, so geht aus dem Kontext hervor, in der in der liebenden Hinwendung zum Nächsten sich verwirklichenden Befreiung von aller Ichsucht. Dann ist aber zuzugeben, daß Jak eine Idee der Freiheit vertritt, für die sich gewisse Parallelen auch im stoischen Schrifttum und im Spätjudentum finden, so wenn etwa Seneca sagt: deo parere libertas est[2] oder Philo: ὅσοι δὲ μετὰ νόμου ζῶσιν, ἐλεύθεροι[3]. Besonders interessant ist in diesem Zusammenhang ein Spruch des R. Jehoschua b. Levi[4]: „Und sie (die Schrift) sagt: ‚Und die Tafeln waren ein Werk Gottes, und die Schrift war Gottesschrift, eingegraben auf die Tafeln.' Lies nicht: ‚eingegraben' (חָרוּת), sondern ‚Freiheit' (חֵרוּת). Denn es gibt für dich keinen Freien außer dem, der sich mit dem Studium der Tora beschäftigt." Die Gesetzestafeln Gottes sind nach dieser Interpretation[5] eine Schrift Gottes, „welche Freiheit bedeutet" (הוא חרות) und deshalb den, der sich mit der Tora beschäftigt, zur Freiheit führen kann. So führt auch nach Jak der νόμος τέλειος seinen Befolger zur Freiheit. Dabei ist nicht an die Freiheit von Sünde gedacht, vor der das „vollkommene Gesetz" den Menschen bewahren will, sondern — das zeigt V 25b: ποιητὴς ἔργου! — seine „Entlassung" und Befähigung zum wirklichen Tun des Willens Gottes, besonders in den Werken der Nächstenliebe. Das vollkommene Gesetz befähigt zum Christen, wie Jak im Anschluß an Jesus ihn versteht, wie das unvollkommene Gesetz des Alten Bundes zum Juden befähigt hat. Diesem „vollkommenen Gesetz" wird zwar nicht seine „Gesetzhaftigkeit" abgesprochen, aber es wird nicht als lästige Last empfunden. Auch das ist konsequent „jüdisch" gedacht[6].

ἐλευθερίας in 2, 12 hervor; denn 2, 8–11 zeigt eindeutig, daß mit dem „Gesetz der Freiheit" der Dekalog und seine Zusammenfassung im „königlichen Gesetz" des Liebesgebotes gemeint ist (s. auch Kommentar zu 2, 8–12).
[1] Vgl. auch Einleitung, § 8.
[2] De vita beata XV, 7. Jedoch ist zu beachten, daß für die stoischen Philosophen das Gesetz der Freiheit erkannt wird im Hinblick auf den λόγος τῆς φύσεως, für Jak dagegen im Hinblick auf das geoffenbarte Wort Gottes.
[3] Quod omnis probus liber sit, 45.
[4] Abot VI, 2b.
[5] Es handelt sich nicht um eine LA, sondern um eine Auslegung.
[6] Vgl. etwa N. OSWALD, Grundgedanken zu einer pharisäisch-rabbinischen Theologie, in: Kairos 5 (1963) 40–58 (bes. 51–54).

Jak scheint das Attribut τέλειον „heilsgeschichtlich" zu verstehen: er denkt an das durch Jesus vollendete Gesetz (Mt 5, 17!), das als νόμος τέλειος seine Befolger zur Freiheit führen kann. Vermutlich ist also das Attribut τέλειον im Hinblick auf das „unvollkommene" Gesetz des Alten Bundes beigefügt[1]. Das Fehlen des Artikels vor νόμον (vgl. auch 2, 8 11 12; 4, 11) zeigt nicht an, daß Jak „aus dem ‚Gesetz' eine Abstraktion macht. Für den Juden war der νόμος nur einmal vorhanden, wie Gott ein Einziger ist, und darum war das Wort auch ohne Artikel immer determiniert wie θεός, οὐρανός und γῆ. Ebenso sagten die Palästiner תּוֹרָה, ohne daß daraus irgendeine Unsicherheit über die Bedeutung des Wortes entstand" (Schlatter).

Man beachte auch noch, daß Jak in der Sachhälfte nicht sagt: Wer sich aber selbst genau betrachtet hat im vollkommenen Gesetz der Freiheit (wie er eigentlich formulieren müßte, wenn die Parallelität zur Bildhälfte konsequent durchgeführt sein soll), sondern: „ wer aber genau hineingeschaut hat in das vollkommene Gesetz der Freiheit"; es geht ihm also deutlich weniger um Selbsterkenntnis und Selbstverständnis (wie der Philosophie und der existentialen Interpretation des NT) als um die Aktivierung des Christen zur Tat als der Frucht des vollkommenen Gesetzes.

Ad 3   Dem raschen „Weggehen" in der Bildhälfte entspricht in der Sachhälfte antithetisch (vgl. δέ) das „Bleiben, Verharren". Worin soll man verharren? Nicht im vollkommenen Gesetz der Freiheit, sondern in seiner Betrachtung, im παρακύπτειν. Diese Deutung erfordert die Bildhälfte. Dort geht nämlich der Mann, der sich im Spiegel betrachtet hat, rasch wieder weg; der Mensch aber, der hineingeschaut hat in das vollkommene Gesetz, soll nicht mehr weggehen, sondern immerdar in dasselbe hineinschauen, damit er ständig sehe, wie es ihn fortwährend zur Tat aufruft, auf ein tatkräftiges Handeln drängt[2] und kein bloßes, kurzweiliges Hören duldet, das schnell wieder vergißt, was der Wille Gottes erheischt. Der Gen. qual. ἐπιλησμονῆς weist dabei zurück auf das Verbum ἐπελάθετο im V 24[3].

Ad 4   (Zielantithese) ἀλλὰ ποιητὴς ἔργου bildet den bewußten Gegensatz

---

[1] H. PREISKER (Das Ethos des Urchristentums [Gütersloh ²1949] 133) versteht τέλειον dagegen eschatologisch; nach ihm hat das vollkommene Gesetz der Freiheit „sein Verankertsein im τέλος . . . und gehört zur τέλος-Wirklichkeit im Unterschied zu dem auf Erden gegebenen zeitbedingten mosaischen Gesetz". Solche Ideen waren Jak fremd. Für P. I. DU PLESSIS (ΤΕΛΕΙΟΣ, 237f) ist νόμος in Jak 1, 25 „an inclusive concept", da νόμος die ethischen Forderungen des AT und NT zusammenschließe; und das „vollkommene Gesetz der Freiheit" sieht er darin, daß in der von Jak geforderten Einheit von Glauben und Werken kein Konflikt mehr zwischen Gesetz und Freiheit bestehe.
[2] Vgl. schon Jos 1, 8: „Dieses Gesetzbuch komme dir nicht aus dem Mund! Tag und Nacht halte darüber Betrachtung, damit du darauf achtest, genau so zu handeln, wie es darin geschrieben steht!" Die Tora drängt auf Handeln, und deshalb soll man für ihr Studium nach Abot I, 15 (Schammaj) feste Stunden ansetzen.
[3] An wen ist beim ἀκροατὴς ἐπιλησμονῆς gedacht? Vermutlich nicht nur an den stummen Hörer der „Predigt", sondern auch an jenen, der als Lehrer des vollkommenen Gesetzes der Freiheit sich in dasselbe täglich hineinbückt, aber selber keine Konsequenzen daraus für sein eigenes Tun zieht (vgl. Mt 23, 3f).

zum οὐ ποιητής des V 23[1]. Zum Hören muß die Tat kommen, sonst ist das Christentum Selbsttäuschung. KLP Ökum. Theoph. haben vor V 25b ein οὗτος eingefügt, zerstören aber damit etwas den Gedankengang des Jak; denn die mit dem οὗτος-Satz eingeleitete Folgerung für den παρακύψας und παραμείνας bringt erst der abschließende Makarismus in V 25c. V 25b ist noch keine Folgerung, sondern eine asyndetisch angeschlossene Erläuterung dessen, was es heißt, wenn einer wirklich in das vollkommene Gesetz der Freiheit hineingeschaut hat und darin auch verharrt: das führt ihn eben notwendig zur Tat!

Der Makarismus in V 25c[2] schließt den Abschnitt der VV 22–25 ab[3]. Das Futur ἔσται läßt ihn als eschatologisch erkennen (vgl. auch 1, 12)[4]: Heil wird dem Tatchristen widerfahren[5], nämlich einst beim göttlichen Gericht. Jak denkt und motiviert eschatologisch[6].

3. FALSCHE UND WAHRE FRÖMMIGKEIT (1, 26f)

1, 26 Wenn aber jemand meint, er sei fromm, nicht (aber) seine Zunge im Zaum hält, vielmehr sein Herz betrügt, dessen Frömmigkeit ist wertlos. 27 Reine und unbefleckte Frömmigkeit bei Gott, dem Vater, besteht darin: aufzusuchen Waise und Witwen in ihrer Bedrängnis, sich selbst unbefleckt zu bewahren vor der Welt.

Für Jak ist wahre Frömmigkeit ein Christentum der Tat. Was er darunter versteht, erfährt der Leser nun unmittelbar. Zwar erschöpft sich in dem, was der Brief dafür nennt, nach der Meinung des Jak gewiß nicht die ganze Frömmigkeit, wie seine übrigen Paränesen ja zeigen, aber das Angeführte muß ihm besonders am Herzen liegen. Es sind wichtige Beispiele wahrer bzw. falscher Frömmigkeit. Er spricht jetzt im V 26 von „eitler Frömmigkeit" im Hinblick auf eine unbeherrschte Zunge und im V 27 von „reiner und unbefleckter Frömmigkeit", und dafür nennt er zwei Beispiele: soziale Gesinnung und Distanz zur Welt. Aus dem Zusammenhang ergibt sich, daß es Jak bei diesen Themen offensichtlich um die besondere Verwirklichung „des Wortes" geht.

---

[1] Der Gen. ἔργου „unterstreicht nur noch besonders ποιητής" (PREISKER) und steht sicher schon im Hinblick auf die späteren Ausführungen des Jak über die Heilsbedeutung der ἔργα.
[2] Vgl. zu ihm auch Is 56, 2 (μακάριος ἀνὴρ ὁ ποιῶν ταῦτα); Joh 13, 17; SENECA, Ep. 75, 7 (non est beatus qui scit illa, sed qui facit).
[3] Im 𝔓74 fehlt zu Beginn des Makarismus das οὗτος.
[4] Vgl. auch H. KOSMALA, Hebräer–Essener–Christen, 427; HAUCK in: ThWb IV, 371f.
[5] Vgl. auch Lk 11, 28. Die Präposition ἐν (τῇ ποιήσει) ist Ersatz für den Dat. instr. ποίησις ist ein ntl. hapax leg., begegnet aber zweimal in der Septuaginta (Sir 19, 20 [ποίησις νόμου]; 51, 19).
[6] Vgl. auch Exkurs über die Eschatologie des Briefes.

1, 26 „Eitle Frömmigkeit": Jak setzt dafür einen beispielhaften Fall (εἴ τις wie in 1, 5 23)¹; er nennt „einen", der sich selbst „fromm zu sein dünkt"². Das folgende, negierte Partizip χαλιναγωγῶν³ hat konditionale Bedeutung⁴: „Wenn jemand fromm zu sein meint, aber (wenn er dabei) seine Zunge nicht beherrscht . . ." Das zweite Partizip ἀπατῶν ist mit dem ersten durch ἀλλά verbunden; da aber kein wirklicher Gegensatz vorhanden ist, kann die Partikel nach der Negation μή nur die Bedeutung haben: „sondern nur"⁵: „Wenn einer glaubt, fromm zu sein, (aber dabei) seine Zunge nicht im Zaum hält, ‚sondern nur' sich selbst täuscht, dessen Frömmigkeit ist nichtig."⁶ Das heißt, dort ist für Jak keine wahre Frömmigkeit, sondern liegt religiöse Selbsttäuschung vor, wo die Zunge nicht beherrscht wird⁷. Von dieser „Selbsttäuschung" war auch schon im V 22 die Rede.

Polemisiert Jak gegen jemand Bestimmten? Warum bringt er die Scheinfrömmigkeit gerade mit Unbeherrschtheit der Zunge in Zusammenhang? Später wird er ausdrücklich vor Lehrsucht warnen, ebenfalls unter Hinweis auf die furchtbaren Übel, die gerade von der Zunge ausgehen (vgl. 3, 1 ff; 3, 13 ff). Er sieht die Gemeinden erfüllt von Kämpfen und Streitigkeiten (vgl. 4, 1ff), und offensichtlich spielt dabei der religiöse Streit eine wichtige Rolle. So könnte schon in 1, 26 auf religiöse Streitgespräche angespielt sein, die angeblich von frommem Eifer, wahrer „Frömmigkeit" zeugen, in Wirklichkeit auf religiöser Selbsttäuschung beruhen. Die religiöse „Energie" wird darin verpufft. Derartige „Frömmigkeit" ist „nichtig" (μάταιος), und d. h. für Jak „nutzlos" und „tot" (vgl. 2, 20 26)⁸; sie hat vor Gott und für die Rechtfertigung vor ihm keinen Wert! Wer in Streitreden das Wesen der Frömmig-

---

¹ Jene Textzeugen, die hinter εἰ (zu Beginn des V 26) ein δέ lesen (CP 33 1175 1739 al. ff s Vg syrᵖ boh), heben den Spruch gegen den vorhergehenden Makarismus ab, um so den Gegensatz zwischen einem „Worttäter" und einem sich täuschenden Frömmler stärker ins Bewußtsein zu bringen.

² δοκεῖν hat hier die Bedeutung: sich dünken, wähnen, in der Meinung, in dem Wahn leben (vgl. auch Mt 3, 9; Joh 5, 39; Gal 6, 3; 1 Kor 3, 18).

³ Statt χαλιναγωγῶν liest B χαλινῶν, was dieselbe Bedeutung hat.

⁴ Vgl. dazu BEYER, Semitische Syntax, 196 ff.

⁵ Vgl. auch MAYSER, Grammatik II/3, 118.

⁶ Eigentlich würde man, besser formuliert, erwarten: οὗτος ἀπατᾷ τὴν καρδίαν ἑαυτοῦ καὶ μάταιός (ἐστιν) αὐτοῦ ἡ θρησκεία. „Aber das ἀλλὰ ἀπατῶν καρδίαν ἑαυτοῦ will ein rhythmischer Kontrapunkt sein zu μὴ χαλιναγωγῶν γλῶσσαν ἑαυτοῦ" (BO-NACCORSI z. St.).

⁷ Zu χαλιναγωγεῖν (= am Zaum halten, zügeln) vgl. auch 3, 2 (σῶμα); Rhet. Gr. I, 425, 19 (ἵππον); LUKIAN, Tyrranic. 4 (τὰς τῶν ἡδονῶν ὀρέξεις); Herm (m) XII, 1, 1 (τὴν πονηρὰν ἐπιθυμίαν); BAUERWb s. v.; H. D. BETZ, Lukian von Samosata und das NT, 193, Anm. 2. Der Terminus fehlt im übrigen NT und in der Septuaginta. — Zu θρησκός (θρησκεία) vgl. BAUERWb s. v.; K. L. SCHMIDT in: ThWb III, 155–159; SCHLATTER, Wie sprach Josephus von Gott?, 77; SCHOEPS, Judenchristentum, 363. θρησκεία = der Gottesdienst, der Kult (vgl. Kol 2, 18), die Religion (vgl. Apg 26, 5: „unsere Religion"). In Jak 1, 26f hat das Substantiv θρησκεία nur die Bedeutung „Frömmigkeit", weil auch das Adjektiv in V 26 „fromm" (und nicht mehr) bedeutet.

⁸ Vgl. auch Tit 3, 9 (μωρὰς δὲ ζητήσεις καὶ γενεαλογίας . . . περιΐστασο· εἰσὶν γὰρ ἀνωφελεῖς καὶ μάταιοι).

keit sehen möchte, täuscht sich selbst, indem und weil er sich nur allzuleicht von den wahren Forderungen der Religion dispensiert¹. Hat Jak dabei die die Einheit der christlichen Gemeinde bedrohenden Streitereien zwischen Judenchristen und Paulus (Paulinisten) im Auge (vgl. Gal 2, 4–14; Apg 15)? Die Frage kann nicht ohne weiteres von der Hand gewiesen werden. Eine solche Polemik ist gewiß „zu keiner Zeit unangebracht" (darin hat Dibelius recht), paßt aber vorzüglich in die Zeit der urchristlichen Mission, wie aus dem NT selbst hervorgeht. Die urchristliche Mission war von heftigen Auseinandersetzungen begleitet, wie die Paulusbriefe (und auch die Apg) bezeugen. Der Streit ging häufig von judenchristlicher Seite aus, und so ist es durchaus möglich, daß Jak die Streithähne zur Räson rufen will. Das konnte er sich als anerkanntes Oberhaupt der Judenchristen leisten. Das NT schildert den Herrenbruder als einen Mann, der auf Ausgleich und Frieden bedacht war (vgl. Gal 2, 9; Apg 15, 13–21; 21, 17–25)². Sein eigener Brief bestätigt dies.

1, 27 Mit sofortiger Wiederaufnahme des Schlußterminus aus V 26 (θρησκεία) und asyndetisch angeschlossen — was die rhetorische Wirkung erhöht³ — stellt der neue Vers der „nichtigen" Frömmigkeit die wahre „vor Gott und dem Vater"⁴ gegenüber, die von Jak als „rein und unbefleckt" bezeichnet wird (καθαρὰ καὶ ἀμίαντος)⁵. Für die atl. Religion ist alles „unrein", „was mit fremdem Kult zusammenhängt und damit Jahwe zuwider ist" (Hauck)⁶, und nach Ez 22, 26 ist es strenge Pflicht der Priester, dem Volk über den Unterschied von rein und unrein immer wieder Belehrungen zu geben. Auch die Propheten haben die Vorstellungen von einer Verankerung des Heils im Dinglichen nie preisgegeben⁷, was sie aber kritisieren, ist die Unterbewertung der sozialen Pflichten im Vergleich mit den kultischen (vgl. etwa Is 1, 10–27; Am 5, 21–26; Os 6, 6; 8, 12f; Jer 7, 21f; 33, 8; Ps 51, 4; Sir 34, 21–27; 35, 1–5). Ob allerdings hinter Jak 1, 27 derartige „Kultkritik" steht, ist zweifelhaft⁸. Dem Zusammenhang nach geht es einfach um die alltägliche Umsetzung des Wortes in die Tat; darin „realisiert" sich reine

---

¹ Vgl. auch O. Bauernfeind in: ThWb IV, 528.
² Vgl. auch Einleitung, § 2.
³ Die Zeugen A 70 83 123 al., syrᵖ setzen γάρ ein, ff sah δέ: logisch beides möglich, aber die Rhetorik verwässernd.
⁴ Vgl. zu dieser Wendung auch 3, 9 (τὸν κύριον καὶ πατέρα); 1 Kor 15, 24; Eph 5, 20; 1 Chr 29, 10; Weish 2, 16; Sir 23, 1 4; Philo, Leg. alleg. II, 67 (ὑπὸ τοῦ θεοῦ τοῦ πατρός).
⁵ Vgl. auch Philo, Leg. alleg. I, 50 (τῆς καθαρᾶς καὶ ἀμιάντου φύσεως); Plutarch, Perikl. 39, 2 (βίον ἐν ἐξουσίᾳ καθαρὸν καὶ ἀμίαντον διαφυλάττειν).
⁶ ThWb III, 419/12. Vgl. auch G. v. Rad, Theol. des AT I, 271–278.
⁷ G. v. Rad I, 278.
⁸ G. Delling meint: „Offenbar ist in der Umwelt des Verfassers die Teilnahme am christlichen Gottesdienst weithin nur noch Sache der bloßen Form und des leeren Scheins; daher seine Warnung. Aber es ist deutlich, daß mit einer solchen These der christliche Gottesdienst der Gefahr ausgesetzt ist, seines Sinnes überhaupt beraubt und durch eine bloße Ethik ersetzt zu werden" (Der Gottesdienst im NT [Göttingen 1952] 23).

und unbefleckte Frömmigkeit, die vor Gott gilt¹. Den Gegensatz zu ihr bildet nach V 26 nicht die (kultische) „Schön-" und „Vielrednerei", sondern die Unbeherrschtheit der Zunge. Das bezieht sich zwar, wie wir zu erkennen glauben, auf den religiösen Bereich, aber nicht speziell auf den kultischen. Deshalb wäre es abwegig, mit Dibelius zu sagen: „So haben wir den Spruch auf dem Boden eines vom jüdischen Gesetz freigewordenen Christentums zu verstehen." Es geht vielmehr um Forderungen, die schon im AT energisch erhoben werden, z. B. Sir 4, 10: „Sei wie ein Vater für die Waisen und die Stelle des Gatten vertritt bei den Witwen" (vgl. auch Is 1, 10–17; 58, 6f; Jer 5, 28; Ez 22, 7; Zach 7, 10)². Witwen und Waisen hatten keinen Vertreter ihrer Rechtsansprüche und waren so der Willkür ihrer mächtigen und reichen Prozeßgegner ausgeliefert (vgl. auch Lk 18, 2–8: Gleichnis vom gottlosen Richter). Natürlich geht es nicht bloß um Witwen und Waisen im strengen Sinn; diese sind vielmehr, wie schon im AT, „Typ der Hilf- und Wehrlosigkeit" (J. Jeremias)³. Was Jak so apodiktisch und unbeschränkt fordert⁴, ist die Hilfe an jenen, die an Not und ungerechter Gewalt— beides wird in dem ἐν τῇ θλίψει αὐτῶν zum Ausdruck kommen— leiden.

Die zweite Forderung, in der „reine und unbefleckte Frömmigkeit" ihr wahres Wesen zeigt, besteht nach V 27c in der Distanz zur „Welt". Der Versteil ist asyndetisch an V 27b angeschlossen, grammatisch ebenso wie V 27b von V 27a abhängig. ἄσπιλος = fleckenlos, makellos, ohne Fehl, zunächst im kultischen Sinn (vgl. 1 Petr 1, 19), dann aber meist übertragen im sittlichen Sinn gebraucht (vgl. 1 Tim 6, 14; 2 Petr 3, 14). Der Terminus τηρεῖν weist auf Dauer⁵. Was Jak fordert, ist eine dauernde Distanz des Christen zur „Welt"⁶, κόσμος ähnlich wie in 4, 4 „dualistisch" verstanden — wenn auch gewiß nicht in gnostischem Sinn —: nicht die Schöpfung ist damit gemeint, sondern die den irdischen Genüssen und dem Reichtum verfallene Welt⁷.

---

¹ παρὰ (= לִפְנֵי) τῷ θεῷ καὶ πατρί: gut „jüdisch" formuliert (vgl. 1 Chr 29, 10; Weish 2, 16; 3 Makk 5, 7; SCHLATTER, Wie sprach Josephus von Gott?, 14).
² Vgl. auch noch die Anordnung in Damask VI, 16f: „Nicht zu berauben die Elenden seines Volkes, so daß Witwen ihre Beute werden und sie die Waisen hinmorden"; Barn 20, 2; Polyk 6, 1; Herm (m) VIII, 10.
³ Die Gleichnisse Jesu (⁶1962) 153.
⁴ Hinter αὕτη ἐστίν könnte grammatisch ebenso mit einem Imperativ (ἐπισκέπτεσθε) weitergefahren werden. „Aber der Infinitiv spricht deutlicher aus, daß die Vorschrift unbeschränkt gilt" (RADERMACHER, Grammatik, 180).
⁵ Vgl. auch 1 Tim 5, 22 (σεαυτὸν ἁγνὸν τηρεῖν); 2 Kor 11, 9; Weish 10, 5 (καὶ ἐτήρησεν αὐτὸν ἄμεμπτον θεῷ).
⁶ Der 𝔓⁷⁴ bietet statt ἄσπιλον ἑαυτὸν τηρεῖν ἀπὸ τοῦ κόσμου die interessante, singuläre LA ὑπερασπίζειν αὐτούς (= Waisen und Witwen) ἀπὸ τοῦ κόσμου. Witwen und Waisen müssen „vor der Welt", d. h. wohl vor den Mächtigen dieser Welt, geschützt werden. Das Verbum ὑπερασπίζειν („schützen") findet sich im NT nicht, wohl aber ziemlich oft in der Septuaginta; hingewiesen werden kann auf Spr 2, 7f („Er hält für die Redlichen Hilfe verborgen, ist ein Schild für alle, die rechtschaffen wandeln, indem er hütet die Pfade des Rechtes und den Weg seiner Frommen schützt"). Jedenfalls unterstreicht die LA des 𝔓⁷⁴ die sozialen Pflichten ganz entschieden und sieht in ihnen geradezu das Wesen wahrer Religion.
⁷ Ähnlicher Gebrauch von „Welt" in Eph 2, 2; Tit 2, 12; 2 Petr 1, 4; 2, 20; 1 Joh

Dieses Frömmigkeitsideal ist sehr nüchtern und „praktisch", fern jeglichem theoretisierenden und schöngeistigen Christentum. Es ist geschöpft aus den besten Traditionen des Judentums[1] und aus dem Geist der Bergpredigt.

IV. Personenkult und kommendes Gericht (2, 1-13)

Unvermittelt kommt Jak auf ein neues Thema zu sprechen, das aber mit seinem Verständnis von wahrer Frömmigkeit wesentlich zusammenhängt (Sorge um die Armen!)[2], jedoch nicht als nähere Entfaltung der in 1, 27b gestellten Forderung verstanden werden kann. Denn jetzt behandelt er einen „Fall", der den falschen Personenkult in der Gemeinde entlarvt, und auf diese Weise will er die dem Armen von Gott selbst verliehene Ehre zur Geltung bringen. Jak begnügt sich diesmal nicht mit einer kurzen Paränese, sondern behandelt den „Fall" sehr lebhaft und ausführlich.

Der Aufbau ist folgender: Eingangsparänese, die das Thema nennt (V 1); der „Fall" (VV 2f); Frage und Appell an die Adressaten, die als unmittelbare Hörer vorgestellt sind (VV 4f); drei weitere Fragen an sie, die immer die Antwort ja erheischen (VV 5b–7); lehrhafte Erörterung grundsätzlicher Art (VV 8–11), die aber in V 9 das Stichwort „Personenkult" aus V 1 wieder aufnimmt; Schlußmahnung mit eschatologischer Begründung (VV 12f).

Daß Jak gerade jetzt auf das Problem des Personenkults, der Parteilichkeit zu sprechen kommt, dazu mag Sir den Anstoß gegeben haben, jenes Buch, das überhaupt den stärksten atl. Einfluß auf die Paränesen unseres Briefes ausgeübt zu haben scheint. Es heißt dort in 35, 15b–17: „Denn der Gott des Rechtes ist er, und es gibt bei ihm keine Parteilichkeit. Er nimmt nicht Partei gegen den Armen ... Er läßt das Rufen der Waise nicht unbeachtet, noch die Witwe bei ihren vielfachen Klagen." Auch hier findet sich also ein enger Zusammenhang zwischen Sorge für Waise und Witwen und Unparteilichkeit gegen die Armen[3].

2, 1 Meine Brüder, nicht mit Ansehen der Personen besitzt den Glauben an unseren Herrn Jesus Christus der Herrlichkeit. 2 Wenn nämlich eintritt in eure Versammlung ein goldberingter Mann in prächtigem Gewand, eintritt aber (gleichzeitig) auch ein Armer in schmutzigem Kleide, 3 ihr wendet aber euren Blick dem zu, der das prächtige

---

2, 14f; Henäth 48, 7; 108, 8; TestIss 4, 6 (WINDISCH z. St.). TACITUS, Germ. 19 (nemo illic vitia ridet, nec corrumpere et corrumpi saeculum vocatur). — Die Präposition ἀπό (τοῦ κόσμου) hat hier separative Bedeutung (vgl. MAYSER, Grammatik, II/2, 381).
[1] Vgl. auch noch RGG ³I, 617–619 (Art. Armenpflege).
[2] BEDA: quia mandata domini eleemosynis pauperum docuerat implenda, vidit illos econtra, quod pauperibus erat propter aeterna praemia faciendum, divitibus potius propter terrena accommoda fecisse, ideoque eos prout erant digni redarguit.
[3] Vorausgeht in Sir die „Kultkritik" (vgl. 34, 21ff)!

Gewand trägt, und sprecht (zu ihm): Du da, setz dich schön hier nieder, und zu dem Armen sagt: Du da, bleib hier stehen, oder setze dich unten an meinen Schemel, 4 habt ihr da nicht bei euch selbst Unterscheidungen getroffen und wurdet Richter von schlechter Gesinnung? 5 Hört, meine geliebten Brüder: Hat nicht Gott die Armen im Sinn der Welt erwählt als Reiche im Glauben und als Erben des Reiches, das er verheißen hat denen, die ihn lieben? 6 Ihr aber habt dem Armen die Ehre genommen! Sind es nicht die Reichen, die euch gewalttätig behandeln, und sind es nicht sie, die euch vor Gerichtshöfe schleppen? 7 Sind nicht sie es, die den guten Namen lästern, der über euch angerufen wurde? 8 In der Tat, wenn ihr das königliche Gesetz erfüllt gemäß der Schrift: ‚Du sollst deinen Nächsten lieben wie dich selbst', handelt ihr gut. 9 Wenn ihr aber auf das Ansehen der Person Rücksicht nehmt, eine Sünde bewirkt ihr, überführt vom Gesetz als Übertreter! 10 Denn wer nur immer das ganze Gesetz hält, aber in einem einzigen (Gesetz, Gebot) anstößt (fehlt), ist aller schuldig geworden (hat sich gegen alle verfehlt). 11 Denn der gesagt hat: Du sollst nicht ehebrechen, hat auch gesagt: Du sollst nicht töten! Wenn du zwar nicht die Ehe brichst, tötest aber, bist du ein Gesetzesübertreter geworden. 12 So redet und so handelt als solche, die durch das Gesetz der Freiheit gerichtet werden! 13 Denn das Gericht (ist) unbarmherzig gegen den, der kein Erbarmen übt. Es rühmt sich Erbarmen gegen Gericht!

2,1 Die immer wieder begegnende Anrede „meine (geliebten) Brüder", mit der auch diese Paränese eingeleitet wird, enthält stets einen herzlichen und eindringlichen Appell an die Adressaten. Es folgt in imperativischer Form (vgl. ähnlich 1, 19 22; 3, 1 u. ö.) eine Mahnung (μὴ ἔχετε)[1], den christlichen Glauben nicht mit Personenkult zu verbinden[2]. Die Substantivbildung προσωπολημψίαι findet sich ebensowenig wie das Verbum προσωπολημπτεῖν (vgl. 2, 9) in der Septuaginta und im Profangriechischen[3]. Es scheint sich um christliche Wortbildungen zu handeln, entstanden im Anschluß an das atl. πρόσωπον λαμβάνειν (נָשָׂא פָנִים, vgl. Lv 19, 15; Dt 10, 17; Mal 2, 9 u. ö.)[4]. Im NT begegnet das Substantiv sonst nur im pln. Schrifttum (vgl. Röm 2, 11; Kol 3, 25; Eph 6, 9)[5]. Es wäre abwegig, daraus den Schluß auf irgendeine litera-

---

[1] CHAINE faßt (mit MEINERTZ u. a.) den Vers als Fragesatz und nimmt deshalb ἔχετε indikativisch. Dagegen spricht aber μή, weil doch eine bejahende Antwort auf diese Frage erwartet würde, also οὐκ stehen müßte (vgl. VV 5b 6 7).
[2] Zur Präposition ἐν (προσωπολημψίαις) in adverbieller Funktion vgl. MAYSER, Grammatik II/2, 397. — Zur gut griechischen (vgl. PASSOW s. v.) Wendung ἔχειν (τὴν) πίστιν vgl. auch 2, 14 18; 3, 14; Mk 4, 40; 11, 22; Mt 21, 21; Lk 17, 6; Apg 14, 9; 1 Tim 1, 19; Röm 14, 22; 1 Kor 13, 2; Herm (m) V, 2, 3; XI, 9; 4 Makk 16, 22.
[3] Vgl. BAUERWb s. v. προσωπολημπτέω.
[4] Vgl. auch die rabbinischen Belege bei SCHLATTER z. St.
[5] Der Terminus προσωπολήμπτης in Apg 10, 34.

rische Abhängigkeit des Jak von Paulus zu ziehen; der Terminus stammt aus
der paränetischen Tradition des Urchristentums[1]. Der Plural προσωποληµψίαι
dient (wie ähnliche abstrakte Ausdrücke) „nicht selten zur Bezeichnung
konkreter Erscheinungsformen"[2].

Derartige Fälle von Personenkult in den Gemeinden sind für Jak unvereinbar mit dem „Glauben an unseren Herrn Jesus Christus der Herrlichkeit".
Da die Hypothese einer christlichen Interpolation des Briefes abzulehnen
ist, gehört (ἡµῶν) Ἰησοῦ Χριστοῦ zum ursprünglichen Text (gegen Spitta,
Massebieau, Meyer, Windisch). Wie ist aber dann der nachklappende Genitiv τῆς δόξης zu verstehen?[3] Als „freischwebende Apposition" (so Bengel
[„ut ipse Christus dicatur ἡ δόξα"], Mayor): „unseres Herrn Jesus Christus,
der die Herrlichkeit ist"?[4] Als Gen. obj. („Glaube an die Herrlichkeit unseres Herrn Jesus Christus"): so Min. 614 und syr^p (auch Zahn, v. Hofmann)[5]?
Als Gen. qualit., der „unseres Herrn Jesus Christus" herrliches Wesen ausdrücken soll (unter Verweis auf ähnliche Genitivverbindungen des Briefes,
wie ἀκροατὴς ἐπιλησμονῆς in 1, 25, κριταὶ διαλογισμῶν πονηρῶν in 2, 4)[6]?
Diese letztere Auffassung vertreten u. a. Ropes, Chaine[7] und Dibelius, und
sie scheint in der Tat die Auffassung des Briefes am richtigsten wiederzugeben[8]. Jedenfalls bildet der Hinweis auf Jesus Christus, den Doxakyrios der
christlichen Gemeinde, einen wirksamen Kontrast zum Personenkult in jeglicher Form: wer solchen betreibt, tut, als ob nicht mehr Jesus „der Herr
der Herrlichkeit" der christlichen Gemeinden sei, sondern ein anderer oder
andere: die goldberingten Reichen in ihren glänzenden Gewändern, deren
Eintritt in die gottesdienstliche Versammlung der Gemeinde von den Vertretern des Personenkults fast wie eine Epiphanie des Kyrios Jesus gefeiert wird. Der Personenkult setzt so die weltliche Doxa der Reichen an die
Stelle der allein geltenden Doxa Jesu und ist darum mit dem christlichen
Glauben unvereinbar.

2, 2f   Ein kraß wirkendes Beispiel, als „Fall" geschildert, soll diese Unvereinbarkeit begründen und veranschaulichen. Die lebhafte Schilderung des
Falles darf nicht zu der Meinung verführen, er sei in der Tat in einer Ge-

---

[1] In Eph 6, 9 und Kol 3, 25 erscheint der Terminus jeweils in „Haustafeln", die
z. T. vorpaulinische Paränese bieten dürften (vgl. auch Dibelius zu Jak 2, 1).
[2] Blass-Debr § 142.
[3] Vgl. dazu auch das ausführliche Referat bei Ropes, Schegg, Chaine, Dibelius,
Meyer (Rätsel 119f) und J. Brinktrine, Zu Jak 2, 1, in: Bib 35 (1954) 40–42.
[4] Ähnlich auch W. Bieder in: ThZ 5 (1949) 99, Anm. 99 („τῆς δόξης . . . bezeichnet das Wesen des Kyrios Jesus Christus als der Schekinah Gottes").
[5] Bardenhewer meint dazu übertreibend: „Damit würde der Wortstellung Hohn
gesprochen und auch der Gegenstand des Christenglaubens verschoben."
[6] Vgl. auch noch Lk 16, 8f; 18, 6; Hebr 9, 5 (Χερουβὶν δόξης).
[7] „la gloire est considérée comme son attribut essentiel"; Chaine erwägt auch
noch die Möglichkeit eines liturgischen Ausdrucks unter Verweis auf 1 Kor 2, 8;
Eph 1, 17; Apg 7, 2.
[8] Brinktrine bringt sprachliche Analoga aus dem Syrischen und bezieht den
Genitiv τῆς δόξης auf τοῦ κυρίου; er übersetzt: „den Glauben an den glorreichen
Herrn Jesus Christus".

meinde so oder ähnlich vorgekommen¹. Die Schilderung des „Falles" gehört zum Stil und ist von der gemeinten Sache zu unterscheiden². Damit ist nicht gesagt, daß nicht konkrete Anlässe in den Gemeinden vorlagen, die Jak bestimmten, die Sache auf diese Weise zu behandeln. Das ist sogar sehr wahrscheinlich, da er sonst kaum darauf zu sprechen käme. Die wirklich vorgekommenen Fälle von Personenkult in einen fingierten, kraß wirkenden Fall zu kleiden vermeidet einerseits eine unnötige Verletzung der Adressaten, gibt anderseits aber dem Jak gute Gelegenheit, seine Anliegen so deutlich wie möglich zu machen. Die Adressaten werden mit Hilfe des Stils möglichst persönlich mit dem „Fall" befaßt. So spricht Jak von „eurer" συναγωγή. Was ist mit συναγωγή gemeint? Die Versammlung oder der Versammlungsraum der Gemeinde? Beides kann συναγωγή bedeuten³. Weil Jak bei der Schilderung des Falles vor allem das Geschehen, die Handlungen im Auge hat, liegt es näher, an die Gemeindeversammlung zu denken⁴.

Kurz der „Fall" selbst. Es kommt da in eine christliche Gemeindeversammlung (unerwartet, überraschend?) „ein goldberingter⁵ Mann in prächtigem Kleid"⁶, also auf den ersten Blick ein Reicher. Ist er als Mitglied der Gemeinde oder als ein ἄπιστος bzw. ἰδιώτης (im Sinn von 1 Kor 14, 23) gedacht? Das ist Jak vermutlich ziemlich gleichgültig; ihm kommt es einzig und allein auf die Reaktion der Gemeinde an. Gleichzeitig mit dem Reichen tritt auch ein Armer in seinem zerschlissenen, abgetragenen Gewand in die Versammlung ein. Der Blick der Versammelten richtet sich spontan auf den Reichen (ἐπιβλέψητε), während sie den Armen kaum eines Blickes würdigen⁷. Die Partikel δέ hinter ἐπιβλέψητε zeigt gut dieses gegensätzliche

---

¹ Wie etwa Bisping annimmt.
² Das hat vor allem Dibelius überzeugend nachgewiesen (vgl. 120–122), unter Hinweis auf die Rhetorik des Epiktet („Zur Technik der Diatribe gehört es bei Epiktet oft, Fälle zu erfinden, in denen das zu Beweisende drastisch zur Darstellung gelangt"). Für fingierten Fall auch Schegg, Belser, Bardenhewer, Hauck („Beispiel") und die meisten Ausleger.
³ Vgl. BauerWb s. v. Jedenfalls können die Christen in ihrer Versammlung über die Plätze verfügen (vgl. V 3); sie verfügen also wohl über das Hausrecht im Versammlungsraum (vgl. Dibelius z. St.). Herm (m) XI, 9 (ὅταν οὖν ἔλθῃ ὁ ἄνθρωπος ὁ ἔχων τὸ πνεῦμα τὸ θεῖον εἰς συναγωγὴν ἀνδρῶν δικαίων); Epiphanius, Haer. XXX, 18 (συναγωγὴν δὲ οὗτοι [= die Ebioniten] καλοῦσι τὴν ἑαυτῶν ἐκκλησίαν). Dürfen aus der Verwendung des Terminus συναγωγή in Jak 2, 2 Schlüsse auf judenchristliches Milieu gezogen werden? Vgl. bes. noch Th. Zahn, Einleitung in das NT I, 60.
⁴ So auch v. Soden, Ropes, Meinertz, Hauck, Michl, H. Kosmala (Hebräer – Essener – Christen, 350) u. a.; anders (Versammlungsraum) L. Rost in: PJ 29 (1933) 53–66 (bes. 54f), Schegg, Belser. Vg s: in conventu; ff: in synagogam.
⁵ Vgl. auch Epiktet I, 22, 18 (ἥξει τις γέρων πολιὸς χρυσοῦς δακτυλίους ἔχων πολλούς). Zu den Ringsitten nach der Bibel und der Antike s. Pauly–Wissowa, 2. R. (R–Z), I, 807–841 (Ganschinietz); ferner G. Humbert, Anulus aureus: Dict. des Antiqu. I (1877), 296ff; Th. Mommsen, Römisches Strafrecht III/1 (1887) 51 ff; HaagBibLex 99–101 1432 f; H. D. Betz, Lukian von Samosata und das NT, 197f.
⁶ λαμπρός: ist damit die toga candida gemeint? Vgl. auch Lk 23, 11 (dazu P. Joüon in: RechScR 26 [1936] 80–85).
⁷ Schlatter bemerkt dazu: „Absichtlich läßt Jakobus den Armen mit einem

Verhalten der Gemeinde an[1]. Die Schilderung wird durch die Verwendung der direkten Rede äußerst lebhaft. Der Reiche wird sofort von der Gemeinde aufgefordert, doch einen guten Sitzplatz einzunehmen (σὺ κάθου ὧδε καλῶς)[2], während man dem Armen nur einen Stehplatz zuweist (σὺ στῆθι ἐκεῖ)[3] oder höchstens einen Platz auf dem Fußboden unten an einem Schemel oder einer Fußbank (ὑποπόδιον)[4]. Den Gipfel der entehrenden Behandlung des Armen bringt das Personalpronomen μου hinter ὑποπόδιον zum Ausdruck: der Sprecher heißt den Armen unten an seinem eigenen Schemel Platz nehmen und erhöht sich so selbst über den Armen.

So weiß Jak die ganze Situation überaus anschaulich und eindrucksvoll zu schildern[5].

---

beschmutzten Kleid in die Versammlung kommen. Er idealisiert die Armut nicht, sondern zeigt ausdrücklich auf das hin, was den Verkehr mit den Armen peinlich macht. Dem jüdischen Empfinden macht der schmutzige Rock in der Synagoge noch besondere Schwierigkeiten: denn die sabbatlichen Versammlungen ehrten den Sabbat durch den Sabbatrock."

[1] ℵ AK pm. lat lesen statt δέ ein καί vor ἐπιβλέψητε, vielleicht Parataxe statt Hypotaxe: „Wenn ihr, falls ein Reicher und ein Armer zugleich in eure Versammlung kommen, nur auf den Reichen seht und zu ihm sagt..." (vgl. Beyer, Semitische Syntax, 270); „aber auf eine solche Logik kommt es dem Verfasser garnicht an. Er führt seinen Hörern eine konkrete Situation plastisch vor Augen, die in der sog. ‚enumerativen Redeweise' ihr sprachliches Äquivalent findet, in der die einzelnen Etappen sukzessiv dargelegt werden" (E. Pax, Die syntakt. Semitismen, 156).

[2] Nach Mt 23, 6 hatten die Schriftgelehrten in den jüdischen Synagogen Ehrenplätze (dazu Billerbeck I, 915f). Vielleicht ist in Jak 2, 3 an einen derartigen Ehrenplatz gedacht, der dem Reichen zugewiesen wird.

[3] Vielleicht steckt auch noch eine Bevorzugung des Reichen in dem gegensätzlichen ὧδε – ἐκεῖ.

[4] Dibelius (auch Hauck) weist auf die allerdings erst aus dem 3. Jh. nach Christus stammende Synagoge von Kapharnaum, die an der Seite zwei fortlaufende, übereinanderliegende steinerne Wandbänke enthielt. „Auch hier hätte ein auf dem Boden Sitzender mit dem Kopf die Füße dessen erreicht, der auf der oberen Bank saß." In den älteren Synagogen war es aber anders: „Sitzgelegenheiten gab es in den alten Synagogen nur wenige; sie waren in der Mauer eingelassen. Die Gemeinde saß meist auf Matten auf dem Fußboden" (E. L. Ehrlich, Kultsymbolik im AT und im nachbiblischen Judentum [Stuttgart 1959] 89). Man muß sich hüten, derartige Einrichtungen auch für die christlichen Versammlungsräume anzunehmen; über deren Einrichtung wissen wir für diese frühe Zeit nichts. — B³P syr^h arm sah und viele Min. lesen abmildernd ἐπί (statt ὑπό): „auf dem Schemel", während A 33 syr August. noch ein τῶν ποδῶν (Vg: sub scabello pedum meorum) hinzufügen, wodurch die Vorstellung wieder anders wird: man sitzt auf Stühlen (oder Bänken), die Füße auf Schemeln (Fußbänken); auf einem solchen Schemel soll der Arme Platz nehmen, zu Füßen eines Gemeindemitglieds.

[5] Aus dem „Fall" große Schlüsse auf die soziologische Struktur der christlichen Gemeinden zur Abfassungszeit des Briefes zu ziehen oder aus der Erwähnung von Armen und Reichen im Brief gar Anhaltspunkte für die Abfassungszeit desselben gewinnen zu wollen würde nach Dibelius auf Verwechslung des paränetischen Beispiels mit einer historischen Angabe beruhen; doch s. noch Anm. 1, S. 121. Interessant ist, wie der von Jak behandelte „Fall" später als Motiv für eine kirchliche Regel gedient hat; vgl. Didask XII (E. H. Achelis - J. Fleming in: TU, NF X, 2/70, 19 ff [Leipzig 1904]): „Wenn aber ein armer Mann oder eine arme Frau kommt... und es ist kein Platz da für solche, so schaffe ihnen Platz von ganzem Herzen, o

2, 4 Jak geht nun in den Hauptsatz über und richtet in sehr wirkungsvoller Weise eine erste Frage an die Adressaten, die dadurch an dem „Fall" noch stärker persönlich beteiligt werden. Die Fragepartikel οὐ läßt als Antwort nur ein Ja erwarten (Vg: nonne). Wenn die Adressaten so handeln würden, wie eben im „Fall" angenommen war, oder in der Tat ähnlich gehandelt haben: οὐ διεκρίθητε ἐν ἑαυτοῖς¹. In 1, 6 begegnete das Verbum διακρίνεσθαι in der Bedeutung „zweifeln". Hier scheint aber eine andere Bedeutung vorzuliegen. διακρίνειν (-εσθαι) heißt auch: urteilen, einen Unterschied machen². οὐ διεκρίθητε ἐν ἑαυτοῖς muß dann übersetzt werden: „Habt ihr da nicht Unterscheidungen bei euch selbst gemacht", wobei jedoch noch zu überlegen ist, was mit ἐν ἑαυτοῖς gemeint ist. Es könnte heißen: „unter euch", nämlich unter euch, den Gemeindemitgliedern, habt ihr Unterschiede gemacht (zwischen Armen und Reichen)³; dann müßte daraus gefolgert werden, daß der Reiche und der Arme in dem vorher verhandelten „Fall" als Mitglieder der christlichen Gemeinde gedacht sind (oder als solche, die in die christliche Gemeinde aufgenommen werden wollen)⁴. Wahrscheinlicher aber ist es, daß ἐν ἑαυτοῖς bedeutet: „in eurem Innern"⁵ — das Urteil wird ja nicht offen ausgesprochen —, und der Hinweis auf die „schlimmen Erwägungen", die „schlimme Gesinnung" im V 4b scheint diese Auffassung zu bestätigen⁶. Man kommt zu keinen sicheren Ergebnissen, und schon die alten Übersetzungen gehen auseinander⁷. Jedenfalls haben sich die, die im angenommenen Fall am Armen und Reichen so gehandelt haben, gewissermaßen als Richter (κριταί) aufgeworfen, und zwar in einem der göttlichen Entscheidung genau entgegengesetzten Sinn, wie der folgende Vers klarmacht. „Gott ist ein gerechter Richter und huldigt keiner Person" (PsSal 2, 18).

2, 5 Die Aufforderung „Höret, meine geliebten Brüder!" klingt beschwörend: Überlegt doch, was ein derartiges Handeln bedeutet: Es bildet genau das Gegenteil zur Gesinnung und zum Handeln Gottes (ὁ θεὸς ... ὑμεῖς δέ)! Die höchste Instanz, der erwählende und liebende Gott, handelt genau umgekehrt. Dies wird wieder in Form eines Fragesatzes gesagt, auf den es nur die Antwort ja gibt (Fragepartikel οὐχ). Gott hat gerade „die Armen erwählt" (ἐξελέξατο). ἐκλέγεσθαι ist ein wichtiger Terminus der biblischen

---

Bischof, selbst wenn du auf dem Boden sitzen müßtest, daß du nicht seist wie einer, der die Person ansieht, sondern daß bei Gott dein Dienst wohlgefällig ist."

[1] KLP Ökum., Theoph. und viele Min. lesen ein καί vor οὐ διεκρίθητε.
[2] Vgl. etwa PapeWb s. v. διακρίνειν. Moulton-Milligan notieren aus P. Lond. 46, 103: σὺ διέκρεινας τὸ δίκαιον καὶ τὸ ἄδικον. Hauck bemerkt gut: „διεκρίθητε muß mit ‚Personenansehen' in V 1 korrespondieren." Vgl. auch noch TestZab VII, 2 (ἀδιακρίτως πάντας σπλαγχνιζόμενοι).
[3] So etwa Bisping, Hauck, Marty.
[4] Windisch meint: „Die Besucher sind wohl beide Nichtgläubige."
[5] So etwa Schegg, Meinertz.
[6] Obwohl διαλογισμός auch juristischer terminus technicus in der Bedeutung „Entscheidung" sein kann; vgl. BauerWb s. v.; Blass-Debr § 166 („schlimm entscheidende Richter", vgl. auch ThWb II, 98; III, 944, Anm. 3).
[7] ff: diiudicati estis inter vos; s Vg: nonne iudicatis apud vosmetipsos; boh sah: „machtet ihr nicht Unterscheidung zwischen euch."

Tradition, in dem die Souveränität und freie Gnadenwahl Gottes zum Ausdruck kommen[1]. τῷ κόσμῳ kann als Dativ der interessierten Person[2], hier besser als Dativ der uninteressierten Person bezeichnet werden: die Armen sind „für die Welt" uninteressant[3], bedeuten für sie nichts[4]; Gott dagegen hat an ihnen Interesse, gerade sie hat er erwählt[5]. Es folgt ein erster attributiver Akkusativ, der sagt, wozu Gott die Armen erwählt hat: „zu Reichen im Glauben". Gottes Wahl bedeutet eine Umwertung jener Werte, wie sie vor der Welt gelten: Jetzt ist nicht mehr reich, wer goldene Ringe an den Fingern trägt und in prächtigen Kleidern einherschreitet, sondern wer von Gott erwählt ist. In der Formulierung πλουσίους ἐν πίστει ist der Gebrauch der Präposition ἐν etwas schillernd[6]; denn ἐν ist dabei zugleich ein ἐν instrumentale — die Armen werden durch den Glauben Reiche — und ein ἐν lokale (im übertragenen Sinn) — die Armen sind „im Bereich" des Glaubens Reiche; der Glaube gewährt schon jetzt geistliche, wahre und bleibende Reichtümer. Denn deutlich hat das erste Akkusativattribut gegenwärtige „Reichtümer" im Auge, während das zweite (κληρονόμους τῆς βασιλείας ...) das kommende Heilsgut meint, weil von „Erben" und „Verheißung" die Rede ist (vgl. ἐπηγγείλατο). Der Ausdruck „Erben des Reiches" erinnert an die Wendung κληρονομεῖν βασιλείαν (Mt 25, 34; 1 Kor 6, 9f; 15, 50; Gal 5, 21)[7]; aber auch in der Sache folgt Jak einer Tradition, die wohl auf Jesus selbst zurückgeht (vgl. die erste Seligpreisung nach Lk 6, 20: μακάριοι οἱ πτωχοί, ὅτι ὑμετέρα ἐστιν ἡ βασιλεία τοῦ θεοῦ)[8]. Der Relativsatz ἧς ἐπηγγείλατο τοῖς ἀγαπῶσιν αὐτόν geht allerdings über eine Beschränkung des kommenden Reiches auf die Armen hinaus und klingt universell; vermutlich stammt er aus der katechetischen Lehrüberlieferung (vgl. 1, 12!).

Jak bringt den Erwählungsterminus ἐκλέγεσθαι im Aorist (ἐξελέξατο); Gott hat also die Armen bereits zu Erben seines Reiches erwählt. Woran denkt Jak? An eine grundsätzliche Erwählung und Errettung der Armen durch Gott nach atl. Verheißung[9]? Oder schwebt ihm dabei die tatsächliche

---

[1] Vgl. ThWb IV, 147–181; Apg 13, 48; Gal 1, 15; Eph 1, 4; Kol 3, 12.
[2] Vgl. Moulton, Einleitung in die Sprache des NT, 115; Apg 7, 20 (ἀστεῖος τῷ θεῷ).
[3] Abzulehnen ist die Auffassung des Dativs τῷ κόσμῳ im Sinn von arm „an weltlichem Besitz" (so Schoeps, Judenchristentum, 350, Anm. 1).
[4] Die LAA ἐν τῷ κόσμῳ (322 pc.), τοῦ κόσμου (A² C² KLP) stellen Erleichterungen des nicht jedem gleich verständlichen Dativs τῷ κόσμῳ dar.
[5] Vgl. auch 1 Kor 1, 27f („... was der Welt töricht erscheint, hat Gott erwählt ... was in der Welt niedrig geboren ist und was nichts gilt, was überhaupt nichts ist, hat Gott erwählt").
[6] Vgl. auch Mayser, Grammatik II/2, 357/37 ff.
[7] Vgl. auch noch G. Dalman, Die Worte Jesu I, 102–104.
[8] Vgl. aber auch schon Is 61, 1, dazu noch Mt 11, 5 = Lk 7, 22; Lk 12, 32–34; 14, 21; 16, 19–31 (Gleichnis vom reichen Prasser und armen Lazarus); TestJud 25, 4 (οἱ πτωχοὶ πλουτισθήσονται).
[9] Vgl. bes. Soph 3, 12 („Ich lasse in deiner Mitte ein demütiges und armes Volk nur, und diese, Israels Rest, vertrauen dem Namen Jahwes"); Jer 20, 13 und jene Bitt- und Dankpsalmen, in denen eine Identifizierung zwischen Beter und Armen vollzogen ist (z. B. Pss 40, 18; 86, 1; 109, 22); dazu noch Ps 140, 13 („Ich weiß, Gott

Erwählung der Armen in der christlichen Gemeinde vor Augen? Wohl beides. Gerade die Urgemeinde in Jerusalem rekrutierte sich großenteils aus den Armen (vgl. Gal 2, 10; 2 Kor 8, 9; Apg 11, 29), aus deren Kreis auch Jesus, seine Sippschaft und die Apostel stammten[1].
Auch die Gemeinde in Korinth setzte sich hauptsächlich aus den „unteren" Schichten zusammen (vgl. 1 Kor 1, 26). Immerhin traten bald auch reiche und vornehme Leute der christlichen Gemeinde bei (z. B. der äthiopische Kämmerer: Apg 8, 27ff; der heidnische Hauptmann Cornelius von Caesarea: 10, 1ff; vgl. ferner 13, 7 12; 17, 34). Damit war die Gefahr von selbst gegeben, daß auch in die Gemeinde Jesu die in der Antike besonders starken Klassenunterschiede hineingetragen wurden und so die Heilsabsicht Gottes, der gerade die Armen erwählt hat, verdunkelt wurde. Jak war darüber nicht begeistert; er findet für die Reichen in den folgenden VV 6–7 sehr harte Worte.

Hat Gott gerade die Anawim für seine Heilsgemeinde erwählt und ihnen so die höchste Ehre erwiesen, so wird in dem vorgeführten „Fall" genau das Gegenteil an den Armen getan: ὑμεῖς δὲ ἠτιμάσατε τὸν πτωχόν. Zu ἀτιμάζειν vgl. Spr 14, 21 („Wer seinen Nächsten verachtet, sündigt; wer aber sich der Armen annimmt, Heil ihm!")[2]; Sir 10, 27 („Man darf einen verständigen Armen nicht verachten, und keinen gewalttätigen Mann ehren"). Der Artikel τόν vor πτωχόν ist anaphorisch; er weist zurück auf den „Armen" des V 2[3]; darum auch der Aorist ἠτιμάσατε, obwohl der Fall fiktiv ist. Jak sieht offensichtlich, daß den Reichen in den Gemeinden bereits zu großes Ansehen gewährt wird zuungunsten der Armen.

2, 6f Jak führt nun den Personenkult mit dem Reichen vollends ad absurdum, indem er die ganze Würdelosigkeit solchen Verhaltens den Lesern vor Augen stellt. Die direkte Anrede an sie hat jetzt nur noch Sinn, wenn er an ihre konkrete Erfahrung appellieren kann, der „Fall" also beinahe außer acht gelassen wird. Dieser Appell ist wieder in die Form eines Fragesatzes gekleidet, auf den es nur die Antwort ja gibt (οὐχ). „Behandeln euch die Reichen nicht gewalttätig?", so fragt er die Leser zunächst. Das dabei verwendete Verbum καταδυναστεύειν wird schon im AT (LXX) vom gewalttätigen Benehmen gegen Arme, Witwen und Waisen gebraucht (z. B. Weish 2, 10; 17, 2; Am 4, 1 [αἱ καταδυναστεύουσαι πτωχούς]; 8, 4; Hab 1, 4; Zach 7, 10; Mal 3, 5; Jer 7, 6 [ὀρφανὸν καὶ χήραν μὴ καταδυναστεύσητε]; 22, 3; Ez

---

vertritt die Sache des Bedrückten, das Recht der Armen"); 9, 19 („Ja, nicht ewig ist der Arme vergessen, die Hoffnung der Elenden ist nirgends verloren").

[1] Denkt Jak bei den „Armen" speziell an die Jerusalemer Judenchristen, die unter den Verfolgungen der Juden zu leiden haben? K. HOLL (Ges. Aufs. II, 60) hat ἅγιοι und πτωχοί als synonyme Benennungen der Jerusalemer Judenchristen angesehen; ähnlich auch H. LIETZMANN, Geschichte der alten Kirche I, 54 („Beide Bezeichnungen meinten das gleiche und schlossen die Hoffnung in sich, daß die Niedrigkeit und die Entbehrungen der traurigen Gegenwart bald durch überschwenglichen Glanz abgelöst und belohnt werden würde").

[2] Vgl. auch noch Spr 14, 31 („Wer den Geringen bedrückt, schmäht dessen Schöpfer; aber ihn ehrt, wer sich des Armen erbarmt").

[3] Vgl. BLASS-DEBR § 263.

18, 12 [πτωχὸν καὶ πένητα κατεδυνάστευσε]; 22, 7 29). καταδυναστεύειν ist also besonders ein häufiger Ausdruck der sozialen Strafpredigt der Propheten, die sich gegen die reiche Oberschicht des Volkes richtete[1]. Die Invektiven unseres Briefes gegen die Reichen erinnern an ähnliche Äußerungen der Propheten. „Jer 5, 26f werden die Angehörigen der Oberschicht ἀσεβεῖς genannt, die groß und reich geworden sind, weil sie erlistetes Gut zusammengebracht und das Recht übertreten haben. Mich 6, 11f wird ihnen die Verwendung falscher Gewichte, Lüge und Gewalttat vorgeworfen. Is 59, 9 scheinen Gottlose und Reiche als identisch. Aber diese Vorwürfe, die der Oberschicht immer wieder von den Propheten gemacht werden (Jer 5, 26–31; Ez 22, 6–13; Am 3, 10; 5, 7–12), sind stereotyp, d. h., sie richten sich nicht gegen den Einzelnen, sondern gegen die Klasse als solche" (Hauck)[2]. Auch die Äußerungen des Jak gegen die Reichen sind, wie V 6 zeigt, total verallgemeinernd (οἱ πλούσιοι!), und die zweite Aussage über sie („sie schleppen euch vor die Gerichtshöfe") zeigt, daß er die Reichen mit den gottlosen Mächtigen identifiziert. Das ermöglicht das übernommene Schema der „Armenfrömmigkeit" ohne weiteres. Aber solche Äußerungen können doch nur gemacht werden, wenn sie auf bestimmten Erfahrungen beruhen. Vermutlich sind es die Erfahrungen der Verfolgungen, denen die christlichen Gemeinden ausgesetzt waren und sind, speziell von jüdischer Seite; auf sie spielt Jak jetzt an[3]. Der V 7 läßt zudem erkennen, daß die gerichtlichen Verfolgungen der „Armen" um ihres Glaubens willen geschehen; denn gerade sie, die Reichen, sind es[4], die den guten Namen lästern, der über die Christen angerufen ist. Das kann nur der Name Jesu sein (vgl. auch Mt 10, 22: „Ihr werdet verhaßt sein bei allen um meines Namens willen"; Lk 6, 22; 21, 12). Nach Apg 4, 17 (vgl. auch 4, 18; 5, 28) wird es den Aposteln vom Hohen Rat der Juden unter Drohungen verboten, „überhaupt noch unter Berufung auf diesen Namen zu irgendeinem Menschen zu sprechen"[5]. Die Nennung des Namens Jesu über die Christen erfolgte bei der Taufe (vgl. etwa Apg 2, 38; 10, 48); dadurch wurden sie sein Eigentum, wie Israel das Bundesvolk wurde, weil der Name Jahwes über ihm ausgerufen worden ist (vgl. Jer 14, 9; Dt 28, 10)[6]. Israel ist damit Jahwes Eigentum[7]; ähnlich sind auch die Christen Eigentum

---

[1] Vgl. dazu auch ThWb VI, 39/18 ff (HAUCK); 322/1 ff (HAUCK/KASCH); 890/15 ff; 892/10 ff (BAMMEL).
[2] ThWb VI, 322/12 ff.
[3] Vgl. dazu Näheres im Exkurs über die „Armenfrömmigkeit" des Jak-Briefes.
[4] Das zweimalige αὐτοί (αὐτοὶ ἕλκουσιν . . . αὐτοὶ βλασφημοῦσιν) betont mit Nachdruck, daß es gerade die Reichen sind, die den Armen derartiges antun. Das geschieht im Hinblick auf das seltsame Verhalten der Gemeindemitglieder im vorher genannten „Fall": dort wird von ihnen gerade einer von den Reichen besonders geehrt!
[5] Vgl. auch W. HEITMÜLLER, Im Namen Jesu, 61: „Wenn die Behörde den Jüngern befiehlt, μὴ λαλεῖν ἐπὶ τῷ ὀνόματι Ἰησοῦ, so kümmert sie sich schwerlich um Grund oder Grundlage der Predigt, sondern um den Inhalt: sie will verhüten, daß dieser verhaßte Name immer wieder genannt und bekannt werde."
[6] Vgl. auch PsSal 9,9 („Du hast deinen Namen auf uns gelegt, o Herr").
[7] Vgl. dazu auch K. GALLING, Die Ausrufung des Namens als Rechtsakt in Israel, in: ThLZ 81 (1956) 65–70.

des Herrn Jesus, dessen Name bei der Taufe über ihnen ausgerufen worden ist[1]. Sein „schöner Name" wird von den Verfolgern der christlichen Gemeinde geschmäht, so wie Jesus am Kreuze von seinen Gegnern geschmäht wurde (vgl. Mt 27, 40, dazu Ps 109, 25)[2]. Die Gegner aber sind im überlieferten Schema der Armenfrömmigkeit die mächtigen Reichen[3]; so auch bei Jak. Dabei mag aber nicht bloß an Juden, sondern auch an Heiden gedacht sein[4]. Offensichtlich meint Jak nicht, daß die Christen wegen des Namens Jesu geschmäht werden, sondern dieser direkt, wie sich aus τὸ ἐπικληθὲν ἐφ' ὑμᾶς ergibt (vgl. auch 1 Kor 12, 3!). Dabei geht deutlich aus dem Text hervor, besonders aus dem ἐφ' ὑμᾶς, daß die Schmäher selber keine Christen sind; es sind ihre Gegner[5].

2, 8f Die Christen „entehren" aber nicht bloß mit der Bevorzugung des Reichen in ihrer Gemeindeversammlung den Armen, sondern verfehlen sich zudem noch gegen das ausdrückliche Gebot Gottes, der befohlen hat: „Du sollst deinen Nächsten lieben wie dich selbst" (Lv 19, 18). Die Partikel μέντοι zu Beginn des V 8 hat nicht konzessiven, sondern den Sinn von „aber"[6] und schließt den Vers gedanklich an die Schlußaussage des V 5 an („Ihr aber habt den Armen entehrt"): Wenn ihr „aber" im Armen euren Nächsten liebt, wie es Gottes Gebot vorschreibt, „handelt ihr gut". Wer dagegen mit den Reichen Personenkult treibt, vollbringt Sünde (V 9a). Die VV 8 und 9 stehen also in einem scharfen Gegensatz zueinander, und es ist lehrreich, sich diesen an Hand des Textes klarzumachen. Der Kontext läßt deutlich erkennen, daß für Jak der πλησίον, auf den sich Gottes Gebot bezieht, kein anderer als der Arme ist[7]. Armenliebe und Personenkult mit den Reichen schließen sich gegenseitig aus (καλῶς ποιεῖτε — ἁμαρτίαν ἐργάζεσθε)[8]! Jak könnte sich dabei auf Spr 14, 21 berufen: „Wer den Nächsten verachtet, sündigt; aber wer sich der Armen annimmt, Heil ihm!"; der Parallelismus membrorum

---

[1] Vgl. auch Herm (s) VIII, 1, 1, wo die Christen als οἱ κεκλημένοι τῷ ὀνόματι Χριστοῦ bezeichnet werden; VIII, 6, 4.
[2] Is 52, 5 (τὸ ὄνομά μου βλασφημεῖται ἐν τοῖς ἔθνεσιν).
[3] „schmähen" („lästern") gehört zum Vokabular des Schemas Erniedrigung – Erhöhung; vgl. z. B. Pss 69, 8 11 20; 74, 10 („Bis wann, o Gott, darf schmähen der Gegner, darf lästern der Feind deinen Namen auf ewig?") 18 22; 89, 52; 102, 9; 1 QH II, 35.
[4] DIBELIUS verweist auf die Herren der Magd in Philippi (Apg 16, 19) und auf die Silberschmiede in Ephesus (19, 24): reiche Leute, die sich durch die christliche Mission wirtschaftlich geschädigt fühlten.
[5] SOUČEK dagegen vertritt die These, daß die Reichen von 2, 6 selber Christen seien (EvTh 18 [1958] 465), unter Verweis auf 1 Kor 6, 1ff. Dagegen spricht aber doch sehr entschieden 2, 7 (sie lästern den Namen Jesu!). Nach BARDENHEWER sind die Lästerer „ohne Zweifel Juden" (unter Verweis auf Apg 18, 6; 26, 11; 1 Kor 12, 3 und die jüdischen Verwünschungen der Christen im Šᵉmone Esre).
[6] Ähnlich wie in Jud 8; BLASS-DEBR § 450, 1; BAUER Wb s. v.
[7] Vgl. auch H. MONTEFIORE, Thou shalt love the Neighbour as thyself, in: NT 5 (1962) 157–170 (163). — Zur Aufnahme und Entfaltung des „Hauptgebots" in der Urkirche vgl. R. SCHNACKENBURG, Die sittliche Botschaft des NT, 172–178.
[8] Die Wendung ἁμαρτίαν ἐργάζεσθαι ist im NT einmalig; vgl. dazu Mt 7, 23 (ἀνομίαν ἐργάζεσθαι).

zeigt, daß hier der „Nächste" der Arme ist. Das ist bei Jak auch der Fall. Dann sind aber die VV 6f eine Art von Parenthese, und die VV 8f führen das Thema Armenliebe — Personenkult mit den Reichen weiter.

Für Jak ist dieser Personenkult Sünde gegen das Gebot Gottes, das vorschreibt, den Nächsten im Armen zu lieben. Er zitiert zwar nicht eigens Lv 19, 15, aber dachte vermutlich daran, als er Lv 19, 18 einführte; dort heißt es ja: „Verübt kein Unrecht im Gericht, begünstige nicht den Geringen, und ergreife nicht Partei für den Großen, (sondern) richte deinen Nächsten in Gerechtigkeit!" Im angeführten „Fall" aber wurde „Partei für den Großen" ergriffen; der Arme wurde geringgeachtet. So wird das Gebot Gottes verletzt und jene, die so handeln, vom Gesetz „als Übertreter überführt" (V 9b). Das Gesetz tritt wie ein strenger Richter auf, das die Angeklagten vor Gericht als Übertreter desselben überführt[1].

Welchen Sinn aber hat im V 8 die Redeweise vom „königlichen" Gesetz? Der weitere Kontext zeigt, daß damit nicht „das" Hauptgebot im Sinn von Mt 12, 31 parr gemeint ist; denn im folgenden geht es nicht um das „Hauptgebot" und das Verhältnis der anderen Gebote zu ihm, sondern um die These, daß die Verletzung eines einzigen Gebotes eine unteilbare Totalverletzung des ganzen Gesetzes ist (s. den weiteren Kommentar). Darum scheint mit dem Ausdruck „königliches Gesetz" nur gesagt zu sein, daß das Gebot von Lv 19, 18 königlichen Rang unter den anderen Geboten hat[2]. Weil die Verächter des Armen sich gegen das „königliche Gebot" versündigen, sind sie vom Gesetz selber als Übertreter überführt, und zwar in einem grundsätzlichen, totalen Sinn, wie V 10 begründet.

2, 10 ὅστις γάρ ... : ein konditionaler Relativsatz, der eine allgemeine Aussage oder Annahme macht[3] und eigentlich noch die Partikel ἄν enthalten müßte, so er im Konjunktiv steht (wie in unserem Fall: τηρήσῃ)[4]. „Wenn nämlich einer", schreibt Jak, „das ganze Gesetz hält, aber in einem einzigen strauchelt[5] (vermutlich ist hinter ἑνί ein νόμῳ zu ergänzen), ist er aller schuldig geworden", und er denkt dabei vielleicht an Dt 27, 26 (ἐπικατάρατος πᾶς ἄνθρωπος, ὃς οὐκ ἐμμενεῖ ἐν πᾶσιν τοῖς λόγοις τοῦ νόμου ...); nur wer „alle" Gebote hält, wird nicht verflucht. Also, so scheint Jak zu schließen, gilt: Wer auch nur in einem einzigen Gebot sich verfehlt, ist „aller" schuldig geworden (vgl. πάντων, dazu das πᾶσιν von Dt 27, 26)[6]. Das Gesetz ist ein

---

[1] ὡς παραβάται = ὅτι ἐστὲ παραβάται.
[2] DIBELIUS verweist auf PHILO, der die Astronomie die βασιλὶς τῶν ἐπιστημῶν nennt (De congressu 50) oder die Frömmigkeit die βασιλὶς τῶν ἀρετῶν (De spec. leg. IV, 147). Was DIBELIUS sonst anführt, sind in Wirklichkeit keine vergleichbaren Analogien. K. L. SCHMIDT möchte annehmen, „daß es um Gott als den gesetzgebenden βασιλεύς geht" (ThWb I, 593).
[3] BLASS-DEBR § 380. Vg liest: quicumque autem.
[4] So die Textzeugen 𝔓74 SBC, während AKLP in das Futur verbessert haben (τηρήσει), wie es die klassische Zeit bevorzugt hat (s. RADERMACHER, Grammatik, 70).
[5] Zum Terminus πταίειν vgl. auch 3, 2 und K. L. SCHMIDT in: ThWb VI, 883–885.
[6] Vgl. auch Abot III, 8 (R. Dosethaj): „Wer eins von einem Lehrstück vergißt, dem rechnet man es an, als verwirkte er seine Seele."

unteilbares Ganzes. Diese etwas überraschende und eigenartige These wird im folgenden Vers näher begründet[1].

2, 11 Die Begründung erfolgt von dem einen Gesetzgeber her, der alle Gebote erlassen hat: „Denn der da sprach, du sollst nicht ehebrechen, der sagte auch: du sollst nicht töten." Weil die Übertretung irgendeines Gebotes sich immer gegen den Willen ein und desselben Gesetzgebers richtet, darum ist die Übertretung eines einzigen Gebotes eine Verletzung des gesamten Gesetzgebungswerkes. Der sittliche Wille Gottes ist einer, läßt sich nicht „teilen" und läßt deshalb auch keine Ausnahme zu! Wer sich daher gegen ein einziges Gebot verfehlt, verfehlt sich gegen das Ganze. Das scheint aufs erste außerordentlich rigoros zu sein, gründet aber in einer tiefen Einsicht in das sittliche Wesen Gottes. Auch die Rabbinen haben ähnliches gelehrt; vgl. ExR 31 (92c) zu Ex 22, 24 („Du sollst ihm [dem verarmten Israeliten] nicht wie ein Wucherer sein"): „Komm und sieh: Wer Zins leiht, übertritt alle Übertretungen, die es in der Tora gibt . . ." Noch häufiger begegnet die positive Umkehrung dieses Gedankens: „Wer ein Gebot hält, ist wie einer, der die ganze Tora gehalten hat" (so z. B. MidrSpr 1, 10 [22b])[2]. Der sittliche Wille Gottes ist ein unteilbares Ganzes; er kommt zum Ausdruck im Dekalog. Eines von seinen Geboten auszunehmen wäre ein Angriff gegen diese Einheit des heiligen Willens Gottes. Vor allem wer das „königliche Gebot" der Nächstenliebe übertritt, ist grundsätzlich ein παραβάτης νόμου geworden[3]; er hat nicht ein Einzelgebot übertreten, sondern die sittliche Ordnung Gottes überhaupt zerstört, die im heiligen Wesen Gottes ihren Grund hat. Die Einzelgebote sind nur Ausfluß des einen, unteilbaren sittlichen Willens des göttlichen Gesetzgebers. Derselbe, der gesagt hat: „Du sollst nicht ehebrechen", hat ja auch gesagt: „Du sollst nicht töten" (vgl. V 11a). Warum kommt Jak jetzt im Zusammenhang seines Hinweises auf das „königliche Liebesgebot'

---

[1] Vgl. auch Windisch z. St.: „ὅλον τὸν νόμον klingt, wie wenn Jac an alle Gebote der Thora, also ganz rabbinisch judaistisch dächte . . ., doch zeigt sich in dem Beispiel [des V 11], daß er auch hier nur die Sittengebote im Auge hat." Augustinus fragte Hieronymus über den Sinn von Jak 2, 10 (Ep. 167) und trägt dabei seine eigene Auffassung vor: Qui totam legem servaverit, si in uno offenderit, fit omnium reus, quia contra caritatem facit unde tota lex pendat; reus itaque fit omnium faciendo contra eam in qua pendent omnia, was Hieronymus anerkannte, ohne näher darauf einzugehen (Ep. 134; vgl. J. Schmid, SS. Eusebii Hieronymi et Aurelii Augustini Epistolae mutuae in Flor. Patr. 22 [Bonn 1930], 113–124). Ähnlich auch Catene (Cramer VIII, 11). Augustinus denkt also bei Jak 2, 10 noch zurück an den vorher geschilderten „Fall" starker Lieblosigkeit an einem Armen. Aber der Gedankengang des Jak ist anders, wie der folgende Begründungssatz zeigt; vgl. auch Thomas v. Aquin in: S. th. I/2, q. 73, 1 ad 1; Bardenhewer, z. St. Schlatter sieht in Jak 2, 10 eine eindeutige Absage des Jak gegen die rabbinische „Kompensationstheorie", „nach der sich Schulden durch Verdienste decken lassen".
[2] Auch nach stoischer Lehre ist der kein „vollkommener Mann", der nicht alle Tugenden übt; vgl. Plutarch, Mor. 1046F: οὔτε γὰρ ἄνδρα φησὶ (sc. Chrysippos) τέλειον εἶναι τὸν μὴ πάσας ἔχοντας τὰς ἀρετὰς οὔτε πρᾶξιν τελείαν, ἥτις οὐ κατὰ πάσας πράττεται τὰς ἀρετάς (Almqvist, Plutarch und das NT, 132, Nr. 304).
[3] Nach Röm 13, 8–10 ist im Liebesgebot das ganze Gesetz „erfüllt"!

gerade auf „Ehebruch" und „Mord" zu sprechen? Weil die Verweigerung der Nächstenliebe schon in der vorausliegenden Tradition als eine Art von Mord verstanden wurde; vgl. Sir 34, 26: „Es mordet den Nächsten, wer ihm den Unterhalt wegnimmt und Blut vergießt, wer dem Arbeiter den Lohn vorenthält"; TestGad 4, 6f: „Wie die Liebe selbst die Toten lebendig machen und die dem Tode Geweihten zurückrufen will, so möchte der Haß die Lebendigen töten und die kleinen Sünder nicht am Leben lassen; denn der Geist des Hasses wirkt in allem durch Engherzigkeit mit dem Satan zusammen zum Tode der Menschen.[1]" Und ist in den Augen des Jak das Buhlen mit den Reichen eine Art von (geistigem) „Ehebruch", dann hat er die Beispiele aus dem Dekalog (Ehebrechen und Töten) bewußt im Hinblick auf den „Fall" gewählt.

2, 12 Das rechte Reden und das rechte Tun sind die großen Anliegen des Jak. Das zweimalige οὕτως hat dabei die Bedeutung: „In diesem Sinn", wie es dem heiligen Willen Gottes entspricht, redet, d. h., ermahnt einander, und handelt. Denn[2] ihr werdet einst gerichtet werden, und zwar „durch das Gesetz der Freiheit"[3]. Der Ausdruck „Gesetz der Freiheit" begegnete in ähnlicher Weise schon in 1, 25 (s. dort)[4]; es ist auch hier die sittliche Offenbarung Gottes und Jesu gemeint, die den Menschen zur Freiheit führen kann und will und deren Hauptforderung im Liebesgebot besteht. Damit ist schon eindeutig gesagt, daß die Erfüllung des Liebesgebotes den entscheidenden Maßstab beim Gericht abgeben wird, wie es der Lehre Jesu entspricht (vgl. Mt 7, 19; 25, 31–46) und wie Jak es im folgenden Großabschnitt eingehend und leidenschaftlich darlegen wird.

2, 13 Der Vers macht wegen seiner Begrifflichkeit — von ἔλεος war ja im vorausgehenden keine Rede —, seines Inhalts und seiner formalen Struktur den Eindruck einer ziemlich festgeprägten Sentenz. Jak übernimmt sie und stellt sie ad vocem κρίνεσθαι neben V 12, wodurch freilich nun der Ausdruck ἔλεος interpretiert wird im Sinn des Liebesgebotes: liebe den Nächsten, d. h., sei barmherzig gegen den Armen! So ergibt sich aber auch ein organischer Übergang zum folgenden Text, in dem es ja um das Erbarmen mit den notleidenden Brüdern und Schwestern geht, das den Menschen „zu retten" vermag, nämlich beim Gericht (s. Kommentar). Eingeführt aber wird V 13 als Begründung (γάρ). Begründet wird die vorausgehende Gerichtsandrohung mit dem unausgesprochenen Zwischengedanken: man soll das Gericht

---

[1] Vgl. auch 1 Joh 3, 15 („Jeder, der seinen Bruder haßt, ist ein Menschenmörder"); R. Eliezer (um 90) sagt: „Wer seinen Nächsten haßt, gehört zu den Blutvergießern" (BILLERBECK I, 365). — G. KITTEL meint, Jak sei von der Tradition der Bergpredigt beeinflußt (vgl. Mt 5, 21f): „φονεύεις ist gewissermaßen in Anführungsstriche zu setzen: ‚Wenn du mordest' — nämlich: wenn du das tust, was der Herr ‚morden' genannt hat" (ZntW 41 [1942] 87).
[2] ὡς (διὰ νόμου . . .) hat hier begründenden Sinn.
[3] Das Fehlen der Artikel vor νόμου und ἐλευθερίας ist Semitismus.
[4] 𝔓⁷⁴ liest διὰ λόγου (statt νόμου) ἐλευθερίας, vermutlich mit Rückblick auf den ἔμφυτος λόγος von 1, 21.

fürchten; „denn" es wird unbarmherzig gegen den Unbarmherzigen sein (V 13a). So entspricht es der Lehre Jesu (Mt 5, 7; 18, 29 34; 25, 45f); vgl. aber auch schon Spr 17, 5; Sir 28, 4; Tob 4, 9–11; TestZab VIII, 3 (ὅσον γὰρ ἄνθρωπος σπλαγχνίζεται εἰς τὸν πλησίον αὐτοῦ, τοσοῦτον καὶ ὁ κύριος εἰς αὐτόν); Schabb 151b (R. Berabbi hat gesagt: „Wer sich der Geschöpfe erbarmt, dessen erbarmt sich der Himmel; wer sich aber der Geschöpfe nicht erbarmt, dessen erbarmt sich der Himmel auch nicht")[1].

Auch der abschließende Spruch (V 13b) κατακαυχᾶται ἔλεος κρίσεως klingt sentenzenhaft. Von den Bedeutungen von κατακαυχᾶσθαι[2] kommt hier „triumphieren" in Frage: „Barmherzigkeit triumphiert über Gericht!" Der Spruch will eine letzte Begründung und zugleich Mahnung an die Leser sein.

Diese Schlußausführungen des Briefes über das Thema Gesetz und Gericht bilden keinen bloßen Annex zur vorausgehenden Ablehnung des Personenkults, sondern ein wirkungsvolles Motiv mit eschatologischen Gedanken: Denkt an das Gericht, das sich nach dem Maße eurer eigenen Liebe und Barmherzigkeit richten wird.

Zurückschauend kann man feststellen, daß der vorgeführte „Fall" von Jak in einer Klimax der Motivation abgehandelt wird:
a) Die Behandlung des Armen ist eine „Entehrung" desselben, während Gott gerade den Armen ehrt;
b) sie ist daher eine grobe Verletzung des Liebesgebotes, das königlichen Rang hat, und deshalb des ganzen Gesetzes;
c) sie führt am Ende dazu, daß beim Gericht nach dem Maße strenger Gerechtigkeit gerichtet wird, wo doch eigentlich die Barmherzigkeit Gottes triumphieren möchte und sollte.

V. Die Bedeutung von Glauben und Werken für die Rechtfertigung des Menschen (2, 14-26)

Jak drängt unentwegt auf ein Christentum der Tat. Nun ist aber Christentum nicht bloß Tat, sondern auch Glaube. Im Glauben gründet das Christentum. Das weiß natürlich auch Jak. Er hat ja selbst in seinem Brief schon wiederholt von der πίστις gesprochen (1, 3; 2, 1)[3]. Er hat aber auch bereits im 2. Teil des Kap. 1 energisch gegenüber dem „Nur-Hörer" und „Nicht-Täter" den ποιητὴς ἔργου (2, 25) gefordert und damit schon jenes Stichwort genannt, das sein Verständnis von Christentum besonders kennzeichnet. Jetzt stellt er neben den „Nur-Hörer" und „Nicht-Täter" noch den „Glauben für sich", „den Glauben allein" und fordert ihm gegenüber einen Glauben, der sich in Werken bekundet und durch Werke als lebendig erweist und sich darin vollendet.

Man darf die Darlegungen des Briefes über die Bedeutung von Glauben

---
[1] Vgl. WINDISCH z. St. (mit weiteren spätjüdischen Belegen).
[2] Vgl. zu ihnen BAUERWb s. v.
[3] Vgl. auch Exkurs über den Glaubensbegriff des Briefes.

und Werken für die Rechtfertigung des Menschen nicht als einen isolierten Exkurs betrachten, den man ohne weiteres aus dem Kontext herauslösen könnte. Vielmehr ergeben sich diese Darlegungen mit einer gewissen inneren Notwendigkeit aus dem, was Jak in der ersten Hälfte des Kap. 2 schon gesagt hat. Es entspricht seiner Art, am Anfang eines Abschnittes gleich das Grundthema deutlich zu formulieren und es dann im folgenden in äußerst lebhafter Weise erst näher zu erörtern. So hat er in 2, 1 das Thema für die folgende Erörterung von 2, 2–13 genannt: „Meine Brüder, nicht mit Ansehen der Personen besitzt den Glauben an unseren Herrn Jesus Christus der Herrlichkeit!" Er zeigt dann an einem fingierten Fall, zu welchen Konsequenzen solcher Personenkult führt, weist ihn schärfstens zurück mit dem Hinweis auf die Erwählung der Armen durch Gott und auf die Sündhaftigkeit solchen Tuns, die Gottes strenges Gericht nach sich ziehen wird. Gerade dieser Hinweis auf das kommende Gericht am Schluß dieses 1. Abschnittes im Kap. 2 (2, 12f) bot einen willkommenen und passenden Anlaß, nun das Problem der Rechtfertigung, bei dem es ja konkret um die Frage der „Rettung" des Menschen aus dem Gericht Gottes geht (vgl. 2, 14b: „Kann der Glaube ihn retten?"), aufzunehmen und dabei nun Anliegen zu behandeln, die Jak ganz besonders am Herzen liegen und deren Behandlung durch die akute „theologiegeschichtliche" Situation erfordert war (s. Einleitung, § 4). In 2, 1 war dafür schon ein wichtiges Stichwort genannt worden: πίστις. Jak nimmt diesen Terminus für den 2. Abschnitt des Kap. 2 auf und legt an seiner Hand seine „Rechtfertigungslehre" vor. Dies geschieht wieder in sehr lebhafter Weise und mit den rhetorischen Mitteln der Diatribe.

2, 14–26 kann als der „zentrale" Abschnitt des Briefes betrachtet werden. Doch scheint das mehr der Eindruck der „Nachfahren" in der Neuzeit zu sein, deren Blick durch die Fragestellungen der Reformation für das Thema „Glauben und Werke" besonders geschärft worden ist. Für Jak selbst dürfte dieser Abschnitt, sosehr ihm seine Thematik selbstverständlich am Herzen liegt, einer unter den anderen Abschnitten seines Briefes sein, in denen er sein Grundanliegen, ein Christentum der Tat, durchgehend zur Sprache bringt, nur jetzt unter der speziellen Rücksicht auf das Verhältnis von Glauben und Werken im Rechtfertigungsvorgang. Mit derselben glühenden Leidenschaft spricht er etwa über die Geduld in den Anfechtungen, den Personenkult den Reichen gegenüber, die Verderblichkeit der Zungensünden usw. Der Brief will ein Ganzes sein und als solches betrachtet werden.

Jak behandelt das Thema Glauben und Werke und ihre Bedeutung für die Rechtfertigung des Menschen zunächst in lebhafter Auseinandersetzung mit einem τις (2, 14–20), wofür er dann noch die Begründung aus der Schrift bringt (2, 21–26).

1. DIE NUTZLOSIGKEIT EINES GLAUBENS OHNE WERKE
(2, 14–20)

2, 14 Was (ist) der Nutzen, meine Brüder, wenn einer sagt: Glauben habe ich, Werke jedoch nicht hat? Kann der Glaube ihn retten? 15 Wenn da (z. B.) ein Bruder oder eine Schwester sind, schlecht bekleidet und ohne die tägliche Nahrung, 16 einer aber von euch zu ihnen sagen würde: Ziehet hin in Frieden, wärmt und sättigt euch, nicht gebt aber ihnen den Bedarf für den Leib, was (wäre) der Nutzen? 17 So ist auch der Glaube, wenn er keine Werke aufweist, tot, für sich allein (gesehen). 18 Aber es wird einer (mit Recht) sagen: Du hast Glauben, und ich habe Werke . . . zeige mir deinen Glauben ohne die Werke, und ich werde dir zeigen aus meinen Werken den Glauben. 19 Du glaubst, daß es einen einzigen Gott gibt. Du tust recht (damit), auch die Dämonen glauben und zittern. 20 Willst du aber erkennen, du leerer Mensch, daß Glaube ohne die Werke nutzlos ist?!

2, 14 τί τὸ ὄφελος ist eine häufige Formel der Diatribe, die auch Paulus in 1 Kor 15, 32 gebraucht[1]. Um welchen „Nutzen" es geht, läßt der Zusammenhang erkennen: welchen Nutzen hat der Nur-Glaube, nämlich beim Gericht, von dem im V 13 schon die Rede war, und für die endzeitliche „Rettung", von der am Ende des V 14 gesprochen wird? Welchen Nutzen hat es in eschatologischer Hinsicht[2], wenn[3] jemand sagt: „Ich habe Glauben", aber Werke nicht hat? Man muß die Formulierung genau ins Auge fassen. Der „Gegner" sagt nicht: „Ich habe Glauben, aber keine Werke", sondern nur und sehr betont: „Ich habe Glauben", und Jak fügt dem hinzu: (Welchen Nutzen hat dieser Mann von seinem Glauben, wenn) „er aber Werke nicht hat"; ἔργα δὲ μὴ ἔχῃ ist ja von dem vorausgehenden ἐάν abhängig. Für Jak ist also dieser Mann, den er den Satz „Ich habe Glauben" in die Diskussion werfen läßt, einer, der keine Werke hat oder wenigstens keinen Wert auf sie legt und dabei meint, sein „bloßer" Glaube würde genügen, um ihn einst beim göttlichen Gericht zu retten. Der fingierte Gegner „sagt" (λέγῃ) das; ein Nur-Glaube ist ja nicht ohne weiteres offenkundig, sondern kann nur behauptet werden. Jak greift dabei die Formel auf, die er schon in 2, 1 verwendete: πίστιν ἔχειν, und schon diese formale Übereinstimmung dürfte erkennen lassen, daß ihm auch im V 14 jener Glaube vor-

---

[1] Vgl. Epiktet I, 4, 16; 2, 22; 6, 34; III, 7, 30; 24, 51 u. ö.; Philo, De post. Caini 86 (τί γὰρ ὄφελος λέγειν μὲν τὰ βέλτιστα, διανοεῖσθαι δὲ καὶ πράττειν τὰ αἴσχιστα); Sir 41, 14. — In BC* 99 fehlt der Artikel vor ὄφελος (s. Näheres bei Marty z. St., der selbst den Artikel für sekundär hält).

[2] Vg: quid proderit (Futur!), entsprechend dann auch: numquid poterit fides salvare eum.

[3] Beyer (Semitische Syntax, 80 [Anm.]) vermutet, daß in Jak 2, 14 bei ἐάν eine Gräzisierung vorliegt und eigentlich zu übersetzen ist: „Welchen Nutzen hat man davon, daß jemand sagt . . ." Für die Auslegung ohne Bedeutung.

schwebt, den er im V 1 näherhin als „Glauben an unseren Herrn Jesus Christus der Herrlichkeit", also als christlichen, charakterisiert hat. Hatte er im V 1 gefordert, den Glauben nicht zusammen mit Personenkult zu „haben", so fordert er jetzt, den Glauben zusammen mit den Werken zu „haben"[1]. Darum geht es in dem ganzen Abschnitt. Jak setzt sich dabei mit „irgendeinem" (τις) auseinander. Wer verbirgt sich dahinter? Nach unserer Auffassung (s. Einleitung, § 4) ein fingierter Vertreter des von Jak bekämpften Pseudopaulinismus, auf keinen Fall aber der Apostel Paulus selbst. Denn unmöglich kann das Pronomen αὐτόν am Ende des V 14, das sich auf den vorhergehenden τις zurückbezieht, den Apostel meinen[2]. Der Umstand jedoch, daß Jak in seinem Brief das Verhältnis von Glaube und Werken und ihre Bedeutung für die Rechtfertigung des Menschen so eingehend und leidenschaftlich ventiliert, läßt zur Genüge erkennen, daß die Anschauungen des Pseudopaulinismus bei den Adressaten des Briefes nicht unbekannt gewesen sind. Daß diese selbst von derartigen Meinungen infiziert sind, braucht deswegen nicht angenommen zu werden. Daß die Adressaten von Jak so lebhaft ins Gespräch gezogen werden — man vgl. nur wieder die Anrede ἀδελφοί μου, das ἐξ ὑμῶν im V 16, das ὁρᾶτε im V 24 —, gehört dem „Stil" an und darf deshalb nicht zu falschen Schlüssen verführen.

Die Einführung eines fingierten, „potentiellen" Gegners mit Hilfe eines indefinitiven τις gehört, rein formal gesehen, zum rhetorischen Stil der Diatribe. Es war aber auch Gepflogenheit, einen ganz konkret gemeinten Gegner mit τις einzuführen[3], und dies muß auch für unseren Brief angenommen werden[4]. Allerdings muß man statt „Gegner" besser sagen: gegnerische Anschauung. Die Thematik der Diskussion zwischen Jak und dem τις weist dabei deutlich genug auf die Probleme, die durch die Predigt des Paulus hervorgerufen worden sind. Die Einrede des „Gegners": „Ich habe Glauben" und des Jak gegensätzliche Betonung der Notwendigkeit von „Werken" für die eschatologische „Rettung" ist kaum denkbar ohne die Predigt des Paulus. Das Streitgespräch als solches ist natürlich fingiert; die Antwort auf die Einrede des τις gibt ja Jak, der Briefschreiber, selber.

Den Ruf des Gegners „Ich habe Glauben!" beantwortet Jak zunächst mit einer kurzen Frage (V 14b): „Kann der Glaube — der Artikel ἡ vor πίστις ist dabei nur wiederaufgreifender Artikel[5] — ihn retten?", und das

---

[1] Zum Ausdruck „Werke haben" vgl. auch Abot III, 1: שֶׁיֵּשׁ בְּיָדוֹ מַעֲשִׂים טוֹבִים („wenn jemand gute Werke zur Verfügung stehen"); ApkBarsyr 14, 12 („weil sie bei dir einen Schatz von Werken haben"); 4 Esr 7, 77; 8, 22; 13, 2.
[2] Vgl. auch Hauck z. St.
[3] Das läßt sich für Platon, Aristoteles, Plotin, Clemens Alex. u. a. belegen; s. dazu A. Knauber, Das katechetische Unternehmen des Clemens von Alexandrien (ungedr. Freiburger Diss.), Anm.-Bd. 649–652 (Anm. 3). Ich danke Herrn Kollegen Knauber für diesen wichtigen Hinweis. Vgl. auch Röm 3, 8; Gal 1, 7 9; ferner J. Schmid, Studien zur Geschichte des griechischen Apokalypse-Textes, 1. Teil (Text) (München 1955) 275.
[4] „Kein Leser konnte annehmen, daß mit der Formel ἀλλ' ἐρεῖ τις jemand anders eingeführt werde als ein Gegner des Jak" (Dibelius, 140).
[5] Vgl. Blass-Debr § 252. Beda: fides illa. Jak spricht mit seiner Frage dem

diese Frage einleitende μή läßt sofort erkennen, daß es für Jak auf sie nur
die Antwort „nein" gibt. Jak richtet seine Frage an die Adressaten, nicht
an den Gegner; denn sonst würde er vermutlich statt αὐτόν das Pronomen
σε gebrauchen. Der Terminus σῶσαι stellt dabei die gedankliche Verbindung
zu dem letzten Vers des vorausgehenden Abschnittes (V 13) her, wo vom
„Gericht" die Rede war, das den ereilt, der keine Barmherzigkeit gegen die
Armen geübt hat. In diesem μὴ ποιήσαντι (ἔλεος) liegt vielleicht sogar der
eigentliche und unmittelbare Anlaß, daß Jak nun auf die ἔργα zu sprechen
kommt; denn beim „Tun" geht es um „Werke"! Der μὴ ποιήσας ist ja einer,
der keine Werke aufzuweisen hat, der aber nach V 14 zu seiner eigenen Rechtfertigung die Ausrede versucht: Was brauche ich Werke, ich habe ja Glauben! Mit dieser Ausrede (oder besser: Einrede) setzt sich Jak auseinander.
Schon seine beiden Fragen im V 14 lassen seine Meinung über das Verhältnis von πίστις und ἔργα klar erkennen: Der Glaube besitzt nach Jak keine
den Menschen rettende Kraft vor dem göttlichen Gericht, wenn er sich nicht
in Werken als lebendig erwiesen hat. Zum näheren Erweis seiner Ansicht
bringt Jak einen Vergleich in Form eines fingierten „Falles", mit dessen
Hilfe er die Ansicht des „Gegners" über den Nur-Glauben als Rettungsmittel beim Gericht ad absurdum führt. V 14 hat somit, ähnlich wie 2, 1,
die Funktion der Themaangabe für den ganzen folgenden Abschnitt.

2, 15f Obwohl mit diesen Versen wieder ein „Fall" eingeführt wird, ähnlich wie oben in 2, 2ff — formal ebenso eingeleitet mit Hilfe der Konjunktion
ἐάν —, hat diesmal der Fall eine ganz andere Funktion. Er soll nicht als ein
Beispiel für werklosen Glauben dienen, sondern als Vergleich, an dem die
Nutzlosigkeit eines Glaubens ohne Werke aufgezeigt wird[1]: wie Notlei-
dende[2] keinen Nutzen von wohlgemeinten frommen Redensarten („Geht
hin in Frieden!")[3] haben, „so" (vgl. οὕτως zu Beginn des V 17) nützt auch
der werklose Glaube nichts für die Rettung beim göttlichen Gericht[4]!

Der eingeführte Fall ist im übrigen deutlich genug und bedarf keiner langen Auslegung[5]. Gerade aber aus dem Umstand, daß er als Vergleich dienen

---

Gegner den Glauben nicht ab; auch gebraucht er das Wort „Glaube" hier nicht
ironisch, wie G. Schwarz meinte (Jak 2, 14—26 erklärt: ThStK 64 [1891] 704—737
[709]); dazu Näheres bei Belser, 121f. Jak denkt vielmehr an den Glauben
„allein"; vgl. ff: numquid potest fides eum sola salvare.

[1] Vgl. auch Belser, Dibelius z. St.

[2] Ihre Bezeichnung als „Bruder" und „Schwester" läßt erkennen, daß Jak dabei
an Mitglieder der christlichen Gemeinde denkt.

[3] Der jüdische Abschiedsgruß (vgl. Richt 18, 6; 1 Sm 1, 17; 20, 42; 29, 7; 2 Sm
15, 9; Jud 8, 35; Jub 18, 16; Mk 5, 34; Apg 16, 36).

[4] Beda: sicut verba sola pietatis nudum vel esurientem non recreant, sinon et
cibus praebeatur ac vestis, ita fides verbotenus servata non salvat.

[5] Im Unterschied zu V 14 ist die Frage τί τὸ ὄφελος am Ende des V 16 nicht „eschatologisch" gemeint; im V 16 wird vielmehr nach dem „Nutzen" des lieblosen Verhaltens, wie es der „Fall" schildert, für die Notleidenden gefragt. — Die Textzeugen AK 17 33 39 syrp lesen zu Beginn des V 16 statt eines δέ das parataktische
καί (εἴπῃ), das konditionalen Sinn hat: „Wenn jemand von euch, falls ein Bruder
oder eine Schwester nichts anzuziehen oder zu essen hat, zu ihnen sagt..." (vgl.
Beyer, Semit. Syntax, 270). Zweifellos wirkt die Parataxe in dieser dem Leben

muß, kann mit Sicherheit geschlossen werden, daß es sich bei ihm nicht um einen konkreten „Gemeindefall" handelt; er ist vielmehr ad hoc gebildet, freilich aus der Vorliebe des Jak für die Armen und im Anschluß an Forderungen des AT und Jesu; vgl. etwa Is 58, 7 („Besteht [das wahre Fasten] nicht darin, dein Brot den Hungrigen zu brechen und arme Obdachlose ins Haus zu lassen? Wenn du einen Nackten siehst, daß du ihn kleidest . . .?"); Spr 3, 27 f („Versage nicht Gutes dem, der es nötig hat, wenn deine Hand imstande ist, es zu tun. Sprich nicht zu deinem Nächsten: ,Geh und kehre [später] wieder, und morgen will ich dir geben', wo du doch gleich etwas hättest"); Lk 10, 25–37 (Gleichnis vom barmherzigen Samariter); Mt 25, 31–46 (Jesu Rede beim Weltgericht)[1].

2, 17 Der Vers zieht die Schlußfolgerung aus dem Vergleich, den der „Fall" darstellt: οὕτως καὶ ἡ πίστις. Der Glaube ist tot „für sich allein" (καθ' ἑαυτήν); νεκρά stellt dabei das tertium comparationis dar, das hier ähnlich wie bei Epiktet (III, 16, 7; 23, 28) die Bedeutung „unfruchtbar" hat[2]; die Präposition κατά mit dem Akkusativ des Reflexivums dient der Vereinzelung, der Absonderung[3]; es könnte auch heißen κατὰ μόνας. (πίστις καθ') ἑαυτήν[4] besagt sachlich dasselbe wie (ἐκ πίστεως) μόνον im V 24. Und was „der Glaube für sich allein" ist, geht aus V 17 eindeutig hervor: Es ist ein Glaube, der keine Werke aufzuweisen hat, eine πίστις χωρὶς ἔργων (V 26). Jetzt sieht man aber auch ganz deutlich, daß der in den VV 15 f angeführte Fall weder unmittelbar paränetischen Zweck haben will noch ein tatsächliches Vorkommnis in den Gemeinden im Auge hat, sondern nur auf recht anschauliche und eindringliche Weise die Nutzlosigkeit eines Glaubens ohne Werke vergleichend bewußt machen will. Natürlich wirkt der Fall, gerade durch seine Drastik, zugleich auch paränetisch.

Für Jak ist also wahrer, lebendiger Glaube nur jener, der „Werke hat", d. h., der sich praktisch im Leben auswirkt, vor allem durch tatkräftige Hilfe in der Not der Mitmenschen; es ist das derselbe Glaube, den Paulus in Gal 5, 6 im Auge hat, wenn er dort von der πίστις δι' ἀγάπης ἐνεργουμένη spricht. Zugleich zeigt sich bereits mit aller wünschenswerten Deutlichkeit, was Jak unter „Werken" versteht: nicht die ἔργα νόμου, denen Paulus die rechtfertigende Kraft abspricht, sondern die „Werke" der Nächstenliebe, der Hilfe in Not[5].

---

abgelauschten Situation echter und natürlicher. „Nur wer dieser Situation fremd gegenübersteht wie der unbeteiligte kühle Grammatiker, nimmt an einer derartigen Konstruktion Anstoß und verbessert den Text in εἴπῃ δέ τις . . ." (E. Pax, Die syntakt. Semitismen im NT, 156).

[1] Vgl. auch noch Henslav 51, 1 3 („Reichet eure Hand der Waise und der Witwe! Helfet nach eurem Vermögen dem Armen! Dann findet ihr am Gerichtstag euren Lohn"); Josephus, Contra Ap. II, § 211 (es ist Pflicht πᾶσι παρέχειν τοῖς δεομένοις πῦρ, ὕδωρ, τροφήν); Rabbinisches bei Billerbeck IV, 537–610.
[2] Vgl. Dibelius z. St.   [3] BauerWb s. v. κατά (II, 1c).
[4] Zu καθ' ἑαυτήν vgl. Josephus, Contra Ap. II, § 284 (χωρὶς τοῦ τῆς ἡδονῆς ἐπαγωγοῦ δελέατος αὐτὸς καθ' ἑαυτὸν ἴσχυσεν ὁ νόμος). Noch weitere Belege bei Schlatter z. St.
[5] Vgl. dazu auch noch den Exkurs „Glaube und Werke nach Paulus und Jakobus."

EXKURS

Der Glaubensbegriff des Briefes

„Wir bekommen von Jak keine Definition dessen, was Glaube ist. Es wird vorausgesetzt, daß die Leser wissen, was Glaube sei" (W. Bieder)[1]. Um dennoch den „Glaubensbegriff" des Briefes näher zu erfassen, sei gefragt: Mit welchen Vorstellungen und Termini ist im Jak-Brief das Wort πίστις verbunden?

1. In 1, 3 ist die Rede von dem „Prüfungsmittel (δοκίμιον) eures Glaubens", und dieses „Prüfungsmittel" besteht, wie sich aus dem Kontext eindeutig ergibt, in den πειρασμοί. Also ist der Glaube in den Augen des Jakobus nicht etwas, was die eschatologische Existenz einfachhin „sichern" würde. Der Glaube muß sich vielmehr im tapferen Bestehen der Anfechtungen als wirklicher Glaube bewähren. Der ganze Abschnitt 1, 2–12 läßt dabei deutlich erkennen, daß es hier bei der πίστις um den Glauben an die eschatologische Zukunft geht, die in den Anfechtungen leicht aus dem Auge verlorengehen könnte. Die Glaubensexistenz muß in den Prüfungen des Lebens durchgehalten werden, damit die Haltung der ὑπομονή ihr besonderes Wesenssignum wird, das besonders nach spätjüdischer Anschauung die gläubige Existenz als eschatologische qualifiziert[2]. Ihr Ziel ist ja ein eschatologisch-transzendentes: „der Kranz des Lebens" (1, 12). Schon hier zeigt sich mit aller Deutlichkeit, daß der Glaubensbegriff des Briefes kein „statischer", sondern ein durchaus dynamischer ist, obwohl er nichts spezifisch Christliches an sich hat.

2. Nach 1, 6 soll das Bittgebet ἐν πίστει erfolgen. Das unmittelbar sich anschließende Partizipialattribut μηδὲν διακρινόμενος läßt erkennen, daß hier in πίστις ein ganz starkes Moment des Vertrauens auf Gott steckt: Das Bittgebet muß mit einem Glauben verbunden sein, der auch nicht einen Augenblick daran „zweifelt", daß Gott die Macht besitzt, das Gebet zu erhören und das Erbetene zu gewähren (vgl. auch 1, 5 7)[3].

3. Nach 2, 1 reimen sich der Glaube an Jesus Christus und Personenkult nicht zusammen. Der folgende, mit der Partikel γάρ angeschlossene Text macht deutlich, worin Jakobus derartigen Personenkult sieht: in der Bevorzugung und Erhöhung der Reichen bei der Gemeindeversammlung. Warum ein derartiger Personenkult dem Glauben an Jesus Christus widerspricht, sagt V 5: weil Gott nicht die Reichen, sondern die Armen „zu Reichen im Glauben und zu Erben des Reiches" erwählt hat. πίστις in der Verbindung „die Reichen im Glauben" meint nicht irgendeinen Glauben, sondern den konkreten Glauben an Jesus Christus, den Herrn der Herrlichkeit, von dem in 2, 1 die Rede ist. Durch die Verbindung mit πίστις wird der

---

[1] ThZ 5 (1949) 98.
[2] Vgl. F. Hauck in: ThWb IV, 586–589.
[3] Dieses Moment des starken Vertrauens steckt besonders auch im synoptischen Glaubensbegriff; vgl. dazu etwa R. Bultmann in: ThWb VI, 206f; E. D. O'Connor, Faith in the Synoptic Gospels (Notre Dame 1961) 31–53.

Terminus πλούσιος verwandelt und spiritualisiert, und zwar im Hinblick auf die Heilszukunft der Armen. Auch hier ist also der Blick des Glaubens entschieden auf die eschatologische Zukunft gerichtet. Aber solche Glaubensverheißung für die Armen geht über die atl.-jüdische Anawimfrömmigkeit nur insofern hinaus, als die christlichen Armen dabei der Verheißungen Jesu eingedenk sein können.

4. Gegenüber einem rein intellektualistischen Verständnis des „Glaubens" vertritt Jak, wie oben schon betont, einen dynamischen Glaubensbegriff. Das zeigen am besten die Zeitwörter, die mit dem Begriff πίστις in 2, 14–26 in Zusammenhang gebracht werden: σώζειν, δεικνύναι, συνεργεῖν, τελειοῦν, δικαιοῦν. Die beiden Termini σώζειν und δικαιοῦν lassen sofort erkennen, daß Jak den Zusammenhang zwischen Glauben und Rechtfertigung durchaus sieht; auch für ihn hängt der Glaube mit der eschatologischen „Rettung" des Menschen zusammen (vgl. 2, 14b: „Kann der Glaube ihn retten?"). Im übrigen ist es für Jak eine Selbstverständlichkeit, daß wahrer Glaube „die Möglichkeit einer Demonstration" (R. Bultmann)[1] seines Wesens haben muß. Denn er redet von einem „Zeigen" des Glaubens, nämlich in den tatkräftigen Werken der Nächstenliebe (2, 18). In der überzeugenden Synthese mit den Werken der Liebe und des Gehorsams gegen Gott erweist sich der Glaube als fruchtbar und lebendig und „vollendet sich" (2, 22). Also ist für Jak der Glaube alles andere als „statisch"; er ist vervollkommnungsfähig, und dies gewiß nicht im Sinn eines „routinemäßigen" Glaubens — diese Auffassung verbietet der Zusammenhang mit dem Rechtfertigungsgedanken und dem Abrahamsbeispiel. Dabei ist bei dem rettenden Glauben von 2, 14 sicher nicht nur an den Eingottglauben (vgl. 2, 19) oder sonst irgendeinen Glauben gedacht, sondern immer an den christlichen Glauben „an unseren Herrn Jesus Christus der Herrlichkeit" von 2, 1. Mit solchem Glaubensbegriff befindet sich aber Jak in Übereinstimmung mit Gal 5, 6 und den Anschauungen Jesu. Aber spezifisch Christliches enthält im Grunde auch dieser „dynamische" Glaubensbegriff nicht (s. u.).

5. In 5, 15 ist vom „Gebet des Glaubens" die Rede, das den Kranken zu „retten" vermag. Hier scheint πίστις primär nicht den Bekenntnisglauben, sondern den „Fiduzialglauben" der betenden Presbyter zu meinen, der freilich sein Vertrauen auf die helfende Macht des Kyrios Jesus setzt und so sich von allen magischen Vorstellungen freihält.

6. Trotz der ausführlichen Diatribe über das Verhältnis von Glauben und Werken bietet der Jak-Brief keinen Traktat über den Glauben. Er unterscheidet auch nicht zwischen Bekenntnis- und Fiduzialglauben. Er setzt bei seinen Adressaten den Glauben als selbstverständlich und seinen Inhalt als bekannt voraus. Aber deutlich geht aus dem Brief hervor, wie nach seiner Meinung der Glaube beschaffen sein muß, wenn er diesen Namen wirklich verdienen will. Vor allem sind es zwei Momente, die seinen „Glaubensbegriff" kennzeichnen: einmal das selbstverständliche Vertrauen des Gläubigen auf die Macht des hörenden und helfenden Gottes, zum andern die ebenso

---

[1] ThWb VI, 230.

selbstverständliche „Demonstration" und Verwirklichung des Glaubens in den Werken der Liebe. Diese beiden Momente bringen aber eigentlich nichts Neues im Vergleich mit dem „Glaubensbegriff" des AT und des Judentums. Das ist im Gegenteil bestes Erbe, und wiederum Geist vom Geiste Jesu, der Glauben an die Macht Gottes und seine eigene Macht fordert (vgl. Mk 2, 5; 5, 34 36; 9, 23; 10, 52; 11, 22–24) und die Herr-Herr-Sager abweist (Mt 7, 21).

7. „Wir Christen sind auch Juden." Das zeigt sich bei Jak nicht nur darin, daß der primäre Gegenstand des christlichen Glaubens, Jesus Christus (vgl. 2, 1), ein Jude war, sondern in dem ganzen Verständnis dessen, was der Jak-Brief πίστις nennt. Vor allem drei Elemente bestimmen das jüdische Glaubensverständnis: אֱמוּנָה, Verwirklichung in Werken, Heiligung des Alltags[1]. Das Substantiv אֱמוּנָה kommt von dem Verbum אמן, das im Hiphil die Bedeutung hat: sich sicher wissen, als zuverlässig ansehen, glauben (an Gott = ihm trauen)[2]; der jüdische „Glaubensbegriff" betont also sehr stark das Moment des Vertrauens. Der Jude kann sich aber den Glauben oder besser das Glauben auch nicht ohne Verwirklichung in den guten Werken vorstellen; „Glauben im jüdischen Verständnis ist nicht ein Erfahren oder Erfaßtwerden von einem oder etwas, sondern ein Tun und Schaffen, ein Vollführen und Bewirken ... ein Aktivum der Tat mit dem Akzent der Verwirklichung" (N. Oswald)[3]. Und schließlich ist für den Juden der Glaube als Gehorsam gegen die Weisung (תּוֹרָה) Gottes Heiligung des Alltags; denn dies ist der eigentliche Sinn der Gesetzesbestimmungen im jüdischen Verstande: Wer sich täglich und in allem dem Joch des Gesetzes unterwirft, entprofaniert dadurch den Alltag und heiligt das ganze Dasein. Judentum ist Religion der Heiligkeit![4]

Gerade diese drei Wesenselemente im jüdischen „Glaubensbegriff" begegnen auch im Glaubensbegriff des Jak-Briefes. Für Jak ist Glaube in besonderem Maße Vertrauen (1, 6–8), Verwirklichung in den Werken der Liebe (1, 21–27; 2, 14–26), Heiligung des ganzen Lebens. Das letztere äußert sich für Jak etwa als Distanz zur sündigen Welt (1, 27b), als Friedensliebe (3, 18), als Unterwerfung des ganzen Daseins unter den Willen des Herrn (4, 13–15). Der Weg dazu führt nach Jak allerdings nicht über das Gesetz,

---

[1] Vgl. dazu etwa M. Buber, Zwei Glaubensweisen (Zürich 1950); L. Baeck, Aus drei Jahrtausenden (Tübingen 1957); R. Aron, Die verborgenen Jahre Jesu (Frankfurt 1962); H. Kosmala, Hebräer – Essener – Christen, 97–116 („Der vorchristliche Glaubensbegriff"); N. Oswald, Grundgedanken zu einer pharisäisch-rabbinischen Theologie, in: Kairos 6 (1963) 40–58.
[2] Vgl. L. Koehler, LexVTL s. v. אמן.
[3] Kairos 6, 57; Oswald sieht das Moment der Verwirklichung philologisch schon in הֶאֱמִין als Kausativ ausgedrückt!
[4] Auch dazu weiß N. Oswald Vorzügliches zu sagen: „Das menschliche Leben ist nicht wertlos oder banal, sondern es verdient auch in seinen elementarsten Äußerungen zielbewußt gelenkt und göttlich durchdrungen zu werden. Die Erfüllung eines Gebotes ist daher nicht das Ducken unter die Peitsche des Gesetzgebers, sondern, im rechten Verständnis, die Beglückung, dem Vergänglichen in göttlicher Weisung Ewigkeitswert geben zu können" (52).

sondern über das Evangelium (vgl. 1, 21 f), das Evangelium dabei als letzte Offenbarung des göttlichen Willens verstanden. Das ist das „Christliche" an diesem Manne, der das Beste des Judentums über seinen Brief in die Kirche eingebracht hat, ohne das das Christentum zu einer „theoretischen" Religion würde[1]. Der Jak-Brief bildet so eine Brücke, auf der Christen und Juden einander begegnen können, auf der aber auch katholische und evangelische Christen miteinander ins Gespräch kommen können. Die providentielle Bedeutung des Jak-Briefes im NT wird sichtbar, gerade für unsere Zeit.

2, 18 Der Vers bereitet der Auslegung besondere Schwierigkeiten[2], vor allem V 18a, und die Meinungen der Exegeten über seinen Sinn gehen stark auseinander, wie die Kommentare zeigen. Es geht vor allem um die Frage: Stellt der τις des V 18a einen neuen „Gegner" dar (mit einem eigenen Einwurf), oder spricht dieser im Sinn und Namen des Jak gegen den τις von V 14, den Vertreter des „Nur-Glaubens"? Hauck etwa meint: „... die beiden Sätzchen mit σύ und κἀγώ bilden zusammen die Aussage des Gegners"; was Jak daran abwehren würde, sei „die Ausflucht, daß beide Größen (Glaube und Werke) gleichwertig seien". Windisch (ähnlich Spitta und Schneider) vermutet eine Lücke, „in der der Angegriffene eine Verteidigung versucht hatte, etwa: ‚ich habe Glauben; du hast wohl nur Werke, wo hast du deinen Glauben'? oder: ‚Was nützen Werke ohne Glauben? Der Glaube ist die Hauptsache, und den habe ich'."[3] Für Dibelius ist V 18a eine Einrede eines fingierten „Zwischenredners" (nämlich des „Hohlkopfes" von V 20), mit der einer „sophistischen Trennung von Glauben und Werken" das Wort geredet würde und die nur den Zweck habe, daß Jak „am Gegensatz zu ihr seine Meinung entwickeln" kann. Michl versteht den Einwand des V 18a so, „als ob er lautete: Der eine hat den Glauben und der andere die Werke, d. h., in der Gesamtheit der Gemeinde gleicht es sich aus. Die einen sind besonders auf karitative Betätigung eingestellt, haben die ‚Werke' ..., während die anderen sich im Glauben hervortun ... Jakobus (mag) vielleicht an sog. libertinistische Strömungen denken, die in einseitiger Betonung des Glaubens sich sogar schwerer sittlicher Verfehlungen schuldig machten..."[4]

---

[1] SCHLATTER bemerkt einmal (Der Glaube im NT, 441): „Unzweifelhaft setzt Jakobus mit seinem kräftigen Verlangen nach dem tätigen Dienst Gottes seine jüdische Frömmigkeit fort und bringt die Wahrheit derselben zur Vollendung."
[2] Nach DIBELIUS eine „der schwierigsten neutestamentlichen Stellen überhaupt"; SCHEGG zitiert zu 2, 18 HORAZ (Ad Pist. 25, 26): ... brevis esse laboro, obscurus fio.
[3] PREISKER erwägt: „Oder springen aus einer Diskussion zwischen Christen und Juden, wie sie gewiß häufig waren, die zwei Typen heraus: Glaubensmenschen (= Christen) und Tatmenschen? Diese stellt der Einwurf einander gegenüber."
[4] Erleichtert hat sich das ganze Problem der Altlateiner ff, der liest: tu operam habes, ego fidem habeo. So kann natürlich nur ein Gegner sprechen.

Handelt es sich wirklich um einen neuen „Gegner", wie die eben genannten Ausleger und noch andere anzunehmen scheinen? Dagegen sprechen folgende Beobachtungen und Bedenken:

a) Wenn auch ἀλλ' ἐρεῖ τις zu Beginn des V 18 einen Einwand einführen kann — darin hat Dibelius recht[1] —, so bleibt dennoch die Frage: Gegen wen richtet sich dieser? Richtet er sich nicht gegen den τις des V 14, so bleiben nur vage, wenig überzeugende Vermutungen, wie die Kommentare zeigen, und zudem große Auslegungsschwierigkeiten.

b) σὺ πίστιν ἔχεις nimmt deutlich das πίστιν ἔχειν aus V 14 wieder auf, d. h., der erste τις (V 14) wird vom zweiten τις (V 18a) offensichtlich apostrophiert.

c) V 18b schließt sich an V 18a organisch nur an, wenn V 18a nicht einen neuen Einwand (gegen Jak) darstellt, sondern ein Wort dessen ist, der auch in V 18b (für Jak) spricht.

d) Die Polemik ab V 18b hat nur den Nur-Glauben im Auge, nicht jedoch den „Inhaber" von Werken; sie behandelt das mit V 14 schon angeschlagene Thema weiter und geht auf den angeblichen Einwand eines neuen „Gegners" im V 18a überhaupt nicht ein.

Damit vertritt dieser Kommentar mit de Wette, Beyschlag, Mayor, Grafe, Bisping, Schegg, Belser, Bardenhewer, Garcia die sog. Sekundantenhypothese[2], ohne freilich den τις des V 18a mit einem bestimmten „christlichen Bundesgenossen" oder gar einem „Nichtchristen" zu identifizieren[3]. Der τις gehört vielmehr zum „Stil"; er vertritt die Meinung des Jak. Ist diese Auffassung richtig, dann war die Ausführung des Briefes in den VV 14b–17 schon eine Vorerledigung des Gegners mit Hilfe einer eindringlichen Frage und eines einleuchtenden Vergleichs. Jetzt, mit V 18, beginnt der „direkte" Angriff auf ihn mit Hilfe der dem rhetorischen Stil entstammenden „Einwandsformel" ἀλλ' ἐρεῖ τις[4]. Auch der Gegner wurde ja schon, wenn auch in indirekter Rede, sprechend eingeführt (ἐὰν ... λέγῃ τις), und was

---

[1] Vgl. auch 1 Kor 15, 35 (ἀλλὰ ἐρεῖ τις); Röm 9, 19 (ἐρεῖς μοι οὖν: „Du wirst mir entgegenhalten"); Josephus, Bell. VII § 363 (ἀλλὰ φήσει τις); 4 Makk 2, 24 (εἴποι τις ἄν); Barn 9, 6 (ἀλλ' ἐρεῖς).
[2] Belser bemerkt etwa: „Vielmehr enthalten die VV 18 und 19 die Rede eines Dritten, welchen Jakobus einführt, damit er von seinem Standpunkt aus in direkter Anrede eine Entgegnung an den τις in V 14 richte: du behauptest freilich: ich habe Glauben, aber es wird dir jemand sagen. Man wende nicht ein, wozu denn solche Einführung eines andern, eines Bundesgenossen des Jakobus, dienen soll; sie dient zu dramatischer Veranschaulichung. Zuerst stellt der Eingeführte den beiderseitigen Standpunkt fest: du hast Glauben, und ich habe Werke. Dann beginnt er den Angriff mit δεῖξόν μοι." Und Bisping: „Vielmehr steht der als redend Eingeführte auf der Seite des Apostels und bestätigt nicht bloß das vorher Gesagte, sondern überbietet es noch: ‚nicht bloß todt ist ein solcher Glaube, sondern er kann ohne Werke nicht einmal seine Existenz beweisen'. Das ἀλλά ist also steigernd . . . = quin imo."
[3] Vgl. dazu Dibelius, 140.
[4] ἀλλά hat bei dieser Auffassung emphatischen Sinn und kann paraphrasierend wiedergegeben werden: „mit viel mehr Berechtigung" (wird da ein anderer sagen können); vgl. Bisping (s. o.); Chaine z. St. („bien plus, on pourrait dire"); BauerWb s. v. ἀλλά, 2; Joh 16, 2; 1 Kor 7, 21; 2 Kor 7, 11.

er „sagte", nimmt jetzt ein eingeführter Vertreter der „Werkfrömmigkeit" direkt auf: „Du hast Glauben (nach deiner eigenen Aussage), ich dagegen[1] habe Werke", und an welche „Werke" er dabei denkt, geht aus dem vorhergehenden Kontext eindeutig hervor; es sind Werke der Liebe. Und sofort geht er mit einer Aufforderung zum Angriff auf den Vertreter des Nur-Glaubens über: „Zeige mir deinen Glauben ohne die Werke, und ich zeige dir aus meinen Werken den Glauben." Der Ton liegt sowohl auf dem δεῖξον wie auf dem χωρὶς τῶν ἔργων, und der Sinn dieser Aufforderung ist: Du wirst dich schwer tun, mir deinen Glauben „ohne die Werke" zu „zeigen". Der Imperativ δεῖξον will ja besagen: Demonstriere mir doch deinen Glauben vor![2] Wie willst du das ohne Hinweis auf Werke anstellen, in denen sich doch wirklicher Glaube offenbart?! Das ist doch eine Unmöglichkeit![3] Ich dagegen habe es leichter: Ich demonstriere dir aus den Werken den Glauben vor. Meine Werke erweisen meinen lebendigen Glauben! Die chiastische Stellung der entscheidenden Termini πίστις und ἔργα in den beiden Teilen des V 18b ist rhetorisch sehr wirksam.

2, 19 Die Diskussion mit dem Gegner wird nun sehr lebhaft geführt. Der Gegner wird unmittelbar angesprochen (σὺ πιστεύεις) und gesagt, womit dieser seinen Glauben vorzudemonstrieren versucht, nämlich durch den Inhalt seines Glaubens: Du glaubst (nicht irgend etwas, sondern) daß ein einziger Gott ist. Der Ton liegt auf εἷς, das zudem durch die Kopula ἐστιν von θεός getrennt ist[4]. Der Gegner ist ein entschiedener Vertreter des strengen Monotheismus; er ist kein Polytheist, sondern bekennt sich zu dem Gott der Offenbarung. Der Monotheismus lag in erster Linie dem Judentum am Herzen (vgl. Dt 6, 4 [Sch°ma-Gebet!]; Aristeasbrief 132 [„Zuallererst zeigte er, daß ein Gott ist"]; Josephus, Ant. III, § 91 [διδάσκει ... ἡμᾶς ὁ πρῶτος λόγος, ὅτι θεός ἐστιν εἷς καὶ τοῦτον δεῖ σέβεσθαι μόνον]; IV, § 201; häufig bei Philo [s. Leisegang, Register s. v. εἷς]; Röm 3, 30; Herm [m] I, 1)[5]. Dennoch

---

[1] Das καί in dem kontrahierten κἀγώ hat adversative Bedeutung.
[2] δεικνύναι hat ja hier die Bedeutung „nachweisen, dartun, klarmachen" (vgl. BauerWb s. v. 3., der auf Ps.-Kallisth. 3, 22, 10 verweist: ἄρτι δέ σοι δείξω = ich werde es dir gleich beweisen); vgl. auch Epiktet I, 4, 10 (οὐ θέλεις δεῖξαι αὐτῷ τὸ ἔργον τῆς ἀρετῆς); 4, 13 (σὺ οὖν ἐνταῦθα μοι δεῖξόν σου τὴν προκοπήν).
[3] Man kann die Aufforderung an den Gegner in V 18 aber auch konditional verstehen: „Wenn du mir deinen Glauben ohne Werke zeigst, zeige ich dir aus meinen Werken den Glauben" (vgl. Beyer, Semitische Syntax, 253). Aber besser ist es, die Unmittelbarkeit der Diskussion nicht „grammatisch" zu zerstören. „Mit dem Imperativ fällt der eine dem anderen gleichsam ins Wort, seine Antwort erfolgt schlagartig" (E. Pax, Die syntakt. Semitismen im NT, 158).
[4] Die (sicher ursprüngliche) Wortfolge εἷς ἐστιν ὁ θεός wird vertreten von den Textzeugen 𝔓[74] A pc. lat syr[p]. C u. a. lesen εἷς ὁ θεός ἐστιν. B 614 al. lesen εἷς θεός ἐστιν. Ψ liest nur θεός ἐστιν; ℜ 33 al. lesen ὁ θεὸς εἷς ἐστιν.
[5] Vgl. auch noch G. Kittel in: ZntW 43 (1950/51) 105; R. Mayer, Monotheismus in Israel und in der Religion Zarathustras, in: BZ, NF 1 (1957) 23–58; G. Delling, ΜΟΝΟΣ ΘΕΟΣ, in: ThLZ 77 (1952) 469–476 (bes. 473 ff mit reichem jüdischem Material). Zu monotheistischen Tendenzen im antiken Heidentum vgl. M. P. Nilsson, Geschichte der griechischen Religion II (München 1950) 546–552.

dürfen aus dem Hinweis des Briefes auf den „Monotheismus" des Gegners keine allzu großen Schlüsse auf dessen religiöse Herkunft gezogen werden, weil Jak ja den „Gesprächsgang" in seinem Sinn forciert; immerhin kann entnommen werden, daß als „Gegner" nicht ein Judenchrist gedacht sein kann, weil dieser nicht den Glauben gegen die Werke ausgespielt hätte. Hat Jak also einen heidenchristlichen Pseudopaulinisten im Auge, der alles Heil von seinem frisch gewonnenen Monotheismus erwartet?

Jak hat selbstverständlich gegen den monotheistischen Glauben nichts: καλῶς ποιεῖς! Aber mit ihm allein ist das Heil noch nicht gewonnen[1]. Einen derartigen „Glauben" haben auch die Dämonen, „und sie zittern". Vgl. zu diesem Motiv OrMan 4 („Vor deiner Allmacht erschauert alles zitternd")[2]; Josephus, Bell. V, § 438 (τὸ φρικτὸν ... ὄνομα τοῦ θεοῦ)[3]; Justin, Dial. 49 (νοῆσαι δύνασθε, ὅτι κρυφία δύναμις τοῦ θεοῦ γέγονε τῷ σταυρωθέντι Χριστῷ, ὃν καὶ τὰ δαιμόνια φρίσσει καὶ πᾶσαι ἁπλῶς αἱ ἀρχαὶ καὶ ἐξουσίαι τῆς γῆς); ActPhil 132 (Bonnet 63) (θεέ, ὃν φρίττουσιν οἱ πάντες αἰῶνες); Zauber-Papyri 3, 227; 4, 2541 f (δαίμονες φρίσσουσι σε)[4]. „Das εἷς θεός ist ... exorzistische Formel, und das ‚Zittern' ist die beim Exorzismus stattfindende Reaktion des Dämonischen auf das Hören der heiligen Formel" (Windisch)[5]. Die Dämonen „zittern" beim Gedanken an Gott, weil dieser sie jederzeit vernichten kann. Auf dieselbe Stufe stellt Jak in seiner radikalen Art den monotheistischen „Nur-Glauben"; er unterstellt damit dem „Gegner" eine Glaubensauffassung, die mit dem paulinischen Glaubensbegriff nichts zu tun hat; es ist ein total ausgehöhlter, intellektualistischer Glaubensbegriff, den Jak in der konkreten Wirklichkeit so sicher nicht bei den Vertretern des Pseudopaulinismus angetroffen hat[6]. Worum es Jak geht, ist die Redlichkeit des Bekenntnisses (Schlatter), und diese sieht er nur gewährleistet durch einen Glauben, der sich in Werken der Nächstenliebe lebendig erweist; nur dieser kann den Menschen „retten".

2, 20 Jak (bzw. sein „Sekundant") appelliert nun heftig an die Einsicht des Gegners: θέλεις δὲ γνῶναι. Eher würde man die Partikel οὖν erwarten („Willst du also einsehen, nämlich aus meinem Hinweis auf den ‚Glauben' der Dämonen, daß ein werkloser Glaube vor Gott nutzlos ist?"). Aber die Verwendung der Partikel δέ läßt erkennen, daß der V 20 eher den folgenden

---

[1] Vgl. auch Tit 1, 16 (θεὸν ὁμολογοῦσιν εἰδέναι, τοῖς δὲ ἔργοις ἀρνοῦνται).
[2] Vgl. auch H. Volz, Zur Überlieferung des Gebetes Manasse, in: ZKG 70 (1959) 293–307.
[3] Zum Ausdruck ὄνομα φρικτόν vgl. Näheres bei S. Eitrem, Pap. Osloënses I (1925) 98.
[4] Vgl. Windisch z. St.; BauerWb s. v. φρίσσω; Th. Zahn, Einleitung in das NT I, 87; H. D. Betz, Lukian von Samosata und das NT, 157, Anm. 2.
[5] Vgl. auch Mk 1, 23 ff par; E. Peterson, ΕΙΣ ΘΕΟΣ (FRLANT, NF 24) (Göttingen 1926) 295–299 (Peterson vermutet, daß die εἷς-θεός-Formel in Syrien „zur apotropäischen Formel geworden ist" [298], was nach Peterson auch für die Entstehung des Jak-Briefes „in Syrien oder Palästina" sprechen würde).
[6] J. Jeremias betont mit Recht (ExpT 66 [1954/55] 370a), daß Jak hier bewußt einen „populären Glaubensbegriff" verwendet, „um seinem Argument mehr Nachdruck zu verleihen".

Hinweis auf Abraham schon vorbereiten soll. Die Anrede des Gegners als ἄνθρωπος κενός entspricht dem Diatribenstil[1]; ein „leerer" Mensch ist nach Epiktet (II, 19, 8) und Justin (Dial. 64, 2) einer, der sich törichterweise rühmt; ein „schlecht Beratener". Ein Vergleich mit ῥακά (Mt 5, 22) ist darum fehl am Platz[2]. Der „schlecht beratene" Mensch soll erkennen, „daß der Glaube ohne die Werke nutzlos (ἀργή) ist". ἀργή lesen zwar nur die Textzeugen BC* sah 1739 und noch einige Minuskeln, die meisten anderen dagegen νεκρά[3]; doch dürfte νεκρά sekundär sein und aus 2, 26 stammen. Jak liebt ja die Paronomasie (vgl. Einleitung, § 6), wie sie in ἔργων – ἀργή vorliegt[4]. Die Nutzlosigkeit eines „werklosen" Glaubens wird im folgenden an zwei biblischen Exempla erhärtet: an Abraham (VV 21–23) und an der Dirne Rahab (V 25).

2. BEGRÜNDUNG AUS DER BIBEL (2, 21–26)

2, 21 Abraham, unser Vater, wurde er nicht aus Werken gerechtfertigt, da er hinauftrug Isaak, seinen Sohn, auf den Altar? 22 Du siehst, daß der Glaube zusammenwirkte mit seinen Werken, und aus den Werken wurde der Glaube vollendet, 23 und erfüllt wurde die Schrift, die da sagt: Es glaubte aber Abraham Gott, und angerechnet wurde (es) ihm zur Gerechtigkeit, und „Freund Gottes" wurde er genannt. 24 Ihr seht, daß aus Werken gerechtfertigt wird ein Mensch und nicht aus Glauben allein. 25 Ähnlich aber auch Rahab, die Dirne, wurde sie nicht aus Werken gerechtfertigt, als sie die Boten aufnahm und auf einem anderen Wege hinausließ? 26 Denn wie der Leib ohne Geist tot ist, so ist auch der Glaube ohne Werke tot.

2, 21 Das erste Exemplum ist der Genesis entnommen, und zwar der Abrahamsgeschichte (Gn 22, 9 10 12)[5]. Es handelt sich um die Opferung Isaaks. Dasselbe Beispiel findet sich in Hebr 11, 17, und zwar auch unter Hinweis auf den „Glauben" Abrahams (aber ohne Gn 15, 6!).

---

[1] Vgl. auch 4, 4 (μοιχαλίδες); 1 Kor 15, 36 (ἄφρων); BULTMANN, Stil der pln. Predigt, 14 60 f. Vgl. auch Herm (v) III, 8, 9 (ἀσύνετε ἄνθρωπε, οὐχ ὁρᾷς...); Mt 23, 17 (μωροὶ καὶ τυφλοί); Lk 24, 25; Gal 3, 1.
[2] Gegen MARTY, SCHLATTER (der im übrigen bemerkt: „Den Gegensatz zu κενός gibt das lukanische πλήρης und das pln. πληροῦσθαι") und OEPKE (ThWb III, 660).
[3] ff: vacua; s: otiosa; 𝔓74: κενή (Angleichung an das vorausgehende κενέ?).
[4] ἀργός ist Adj. priv. = α-εργος = arbeitslos, untätig, stilliegend, nutzlos, unbrauchbar (MAYSER, Grammatik I/3, 188/40; BAUERWb s. v.).
[5] Zur Gestalt Abrahams in der Sicht des Spätjudentums und des Urchristentums vgl. O. SCHMITZ, Abraham im Spätjudentum und im Urchristentum, in: Aus Schrift und Geschichte (Festschr. f. A. SCHLATTER) (Stuttgart 1922) 99–123; M. DIBELIUS, Kommentar, 157–163; BILLERBECK III, 186–217; J. JEREMIAS in: ThWb I, 7–9; S. SANDMEL in: HUCA 25 (1954) 209–237; Cahiers Sioniens 5 (Paris 1951) 93–232; E. JACOB, Abraham et sa signification pour la foi chrétienne, in: RHPhilRel 42 (1962) 148–156; J. SCHMID in: LexThK ²I, 57 f.

Abraham, „unser Vater": so sprach zunächst der Jude mit Stolz von seinem Stammvater (vgl. schon Is 51, 2; ferner 4 Makk 16, 20; Abot V, 2f 19[1]; Mt 3, 9; Joh 8, 39 53; Röm 4, 1; 2 Kor 11, 22; 1 Clem 31, 2). Paulus hat verkündet, daß „die aus Glauben" Söhne Abrahams sind und ihn zum Vater haben (Röm 4, 11 12 16; 9, 7f; Gal 2, 7 29). Wenn Jak Abraham „unseren Vater" nennt, so darf daraus nicht geschlossen werden, daß die Adressaten des Briefes nur Judenchristen sein können. Jak führt das Abrahamsbeispiel in Form eines Fragesatzes ein („wurde er nicht aus Werken gerechtfertigt?"), was rhetorisch wirksamer ist; dabei läßt die Negation οὐκ schon erkennen, daß es auf diese Frage nur die Antwort ja geben kann. Gott hat den Abraham „gerechtfertigt" — hinter dem Passiv ἐδικαιώθη verbirgt sich ja Gott als das wahre Subjekt —, als dieser seinen Sohn Isaak auf den Altar hinaufbrachte. Jak zitiert hier Gn 22, 9 wörtlich mit Ausnahme des Verbums ἀνενέγκας, während die Septuaginta ἐπέθηκεν hat; doch findet sich das Verbum ἀναφέρειν im Zusammenhang derselben Erzählung zweimal (22, 2 13). Jak hat das Zeitwort ἀναφέρειν wohl absichtlich statt ἐπιτιθέναι gewählt, weil ἀναφέρειν terminus technicus der Opfersprache[2] ist. In dieser Bereitschaft des Abraham, seinen einzigen, geliebten Sohn Isaak Gott als Opfer darzubringen, erkennt Jak den Grund der Rechtfertigung des Patriarchen (ἐδικαιώθη), und zwar ἐξ ἔργων. Zwar wird nach Gn 15, 6 dem Abraham sein Glaube an Gott zur Gerechtigkeit angerechnet, aber Jak interpretiert die Erzählung von Isaaks Opferung nicht falsch, wenn er in der Bereitschaft Abrahams, seinen Sohn Isaak zu opfern, den Grund seiner Rechtfertigung ἐξ ἔργων sieht[3]; denn in Gn 22, 16–18 wird die erneute Verheißung Gottes an Abraham, daß seine Nachkommenschaft zahlreich sein werde wie die Sterne des Himmels und der Sand des Meeres und durch seine Nachkommenschaft alle Völker der Erde gesegnet sein werden, nicht mit dem Glauben des Patriarchen in Verbindung gebracht, sondern mit seinem „Tun" und seinem „Gehorsam": „Weil du das getan (ἐποίησας) und sogar deinen Sohn, deinen einzigen, nicht vorbehalten hast, werde ich dich reichlich segnen und deine Nachkommenschaft überaus zahlreich machen . . . zum Lohne dafür, daß du meiner Stimme gehorcht hast." In diesem „Tun" und „Gehorchen", die sich auf die Opferung Isaaks, auf das ἀναφέρειν, zurückbeziehen, hat Jak offensichtlich ἔργα gesehen und in der um dieser Werke willen erneut gegebenen Verheißung Gottes an Abraham dessen „Rechtfertigung".

2, 22 Der Vers wendet sich wieder an den „Gegner" und appelliert an seine Einsicht; denn das βλέπειν soll zum γνῶναι (V 20) führen: „Du siehst", nämlich aus meinem Schriftexempel, daß im Falle unseres Vaters Abraham

---

[1] Weitere rabbinische Belege bei SCHLATTER z. St.
[2] Vgl. BauerWb s. v.; J. JEREMIAS in: ZntW 36 (1937) 150f.
[3] Über die bedeutende Rolle, die die Opferung Isaaks in der spätjüdischen Theologie spielte, s. H. J. SCHOEPS, Paulus (Tübingen 1959) 144–152; für ihre christliche Interpretation s. J. DANIÉLOU, Sacramentum futuri, 97–111; D. LERCH, Isaaks Opferung christlich gedeutet (Beitr. z. hist. Theol. 12) (Tübingen 1950).

„der Glaube zusammenwirkte mit seinen Werken" — man beachte das griechische Wortspiel συν-ήργει τοῖς ἔργοις αὐτοῦ. Das Zeitwort συνεργεῖν heißt wörtlich mitwirken, unterstützen, helfen, hilfreich zur Seite treten: Der Glaube Abrahams trat seinen Werken hilfreich zur Seite[1]. Vom „Glauben" Abrahams war zwar im V 21 gar keine Rede gewesen, aber der weitere Zusammenhang des Briefes (V 23) läßt erkennen, daß Jak in der Isaak-Erzählung der Gn eine Vollendung und Erfüllung jenes „Glaubens" des Patriarchen sah, von dem schon in Gn 15, 6 die Rede ist.

Den Terminus συνεργεῖν, den Jak verwendet, muß man für das Glaubensverständnis des Jak besonders ins Auge fassen. Er zeigt nämlich, daß es in 2, 18–26 nicht etwa um eine Ausspielung der Werke gegen den Glauben geht, sondern um ihre unlösbare Zusammengehörigkeit, um eine lebendige und überzeugende Synthese aus Glauben und Werken. Jak sagt auch nicht — auch dies ist besonders zu beachten —: Die Werke wirken mit dem Glauben zusammen, sondern umgekehrt: Der Glaube wirkt mit den Werken zusammen, d. h., das Primäre ist auch für ihn der Glaube. Eine Alternative Glaube oder Werke ist für Jak undenkbar. Es gibt für ihn nur ein „Zusammen" von Glauben und Werken, ja, „aus den Werken wurde der Glaube (Abrahams) vollendet" (V 22b), der Ton liegt auf ἐτελειώθη; d. h., ohne die Werke ist der Glaube ein Torso, etwas Unreifes, Unfertiges. Durch die Werke erhält der Glaube erst seine Ganzheit, seine Vollendung[2], wobei zu beachten ist, daß „Vollendung" mehr und anderes ist als „Ergänzung"[3].

Die Stelle ist wichtig für den Glaubensbegriff des Briefes. Der Glaube ist für Jak etwas Dynamisches. Bekenntnisglaube und Fiduzialglaube sind für ihn noch nicht der volle Glaube; seine Vollendung findet der Glaube erst durch Werke der Liebe und des Gehorsams gegen Gott, „sofern die ἔργα erst das Wesen der πίστις realisieren und ihre Ausreife bewirken" (Windisch)[4].

---

[1] Vgl. BauerWb und Moulton-Milligan, s. v. συνεργέω. TestGad IV, 7b (τὸ δὲ πνεῦμα τῆς ἀγάπης ἐν μακροθυμίᾳ συνεργεῖ τῷ νόμῳ τοῦ θεοῦ εἰς σωτηρίαν τῶν ἀνθρώπων); Musonius, Reliquiae, p. 21/22 (συνεργεῖ μὲν γὰρ καὶ τῇ πράξει ὁ λόγος). Statt des Imperfekts – des einzigen in unserem Brief! – glaubten die Textzeugen ℵ* A 2138* ff s (fides communicat cum operibus suis) besser das Präsens setzen zu müssen (so auch Schlatter), vermutlich um dadurch die grundsätzliche Geltung zum Ausdruck zu bringen, übersahen aber dabei, daß das Imperfekt die Stetigkeit dieses Zusammengehens von Glaube und Werken bei Abraham betonen will (zum „iterativen" Impf. s. Blass-Debr § 325). „Die Imperfektform συνήργει drückt nicht bloß die allgemeine Tatsache aus, daß der Glaube mithalf zur Anerkennung Abrahams durch Gott, sondern daß der Glaube in den gemeinten, aber nicht einzeln aufgeführten Aktionen immer wieder in der ihm übertragenen Funktion zur Stelle war" (W. Bieder in: ThZ 5 [1949] 103).

[2] Es wird in den Kommentaren gern auf Jub 23, 10 hingewiesen („Abraham war vollendet in all seinem Tun gegenüber Gott"), vgl. auch Philo, De Abr. 177 (dem Abraham „wurde seine Tat ... als eine vollkommene und vollständige angeschrieben"); aber hier fehlt gerade der Hinweis auf den Glauben Abrahams, den Jak nicht vergißt.

[3] Vgl. W. Bieder in: ThZ 5 (1949) 102.

[4] Siehe auch Exkurs über den Glaubensbegriff des Jak-Briefes.

2, 23   Um diesen Vers zu verstehen, muß man ihn ganz in Zusammenhang mit V 22 sehen, auch in seiner formalen Struktur. Diese scheint so zu sein:
1. Appell an den „Schlecht-Beratenen": βλέπεις, ὅτι
   a) ἡ πίστις συνήργει τοῖς ἔργοις αὐτοῦ
   b) καὶ ἐκ τῶν ἔργων ἡ πίστις ἐτελειώθη
   c) καὶ ἐπληρώθη ἡ γραφὴ ἡ λεγοῦσα· ἐπίστευσεν δὲ 'Αβραὰμ τῷ θεῷ.
2. Zwei Schlußfolgerungen über Abrahams Rechtfertigung und Stellung zu Gott:
   a) καὶ ἐλογίσθη αὐτῷ εἰς δικαιοσύνην
   b) καὶ φίλος θεοῦ ἐκλήθη.

Nach V 21, der dem „Schlecht-Beratenen" zeigen will, daß Abraham „aus Werken gerechtfertigt wurde" (und nicht aus Glauben allein, wie man ständig hinzudenken muß), bestanden die rechtfertigenden Werke des Patriarchen konkret in seiner gehorsamen Bereitschaft, seinen Sohn Isaak auf Befehl Gottes zu opfern. Vom Glauben ist dabei im Text des Briefes keine Rede. Dennoch spricht Jak im V 22 von dem Glauben, der mit den Werken im Falle Abrahams „zusammenwirkte"; er sieht „aus den Werken" diesen Glauben „vollendet" und schließlich eine „Erfüllung" der Schrift, die in Gn 15, 6 sagt: „Es glaubte (aber)[1] Abraham Gott." Der Zusammenhang des Gn-Zitats mit der vorausgehenden Argumentation des Jak läßt deutlich erkennen, worin für ihn die „Erfüllung" der Schriftaussage von Gn 15, 6 konkret besteht: in der handelnden Bereitschaft des Abraham, seinen Sohn zu opfern. In diesem „Werk" ging jene Schriftaussage in Erfüllung; ἐπληρώθη hat also hier fast den Sinn: da erwies sich die Schriftaussage von Gn 15, 6 über den Glauben Abrahams in ihrer Richtigkeit. Gn 15, 6 wird von Jak wie eine Voraussage aufgefaßt (weil er von einem „Erfüllen" der Schrift spricht)[2], die Abraham durch sein späteres Verhalten nicht widerlegte, sondern „erfüllte", eben im Sinn einer Bestätigung ihrer Richtigkeit. Ja, der Glaube Abrahams, den schon Gn 15, 6 gerühmt hat, kam in seiner handelnden Bereitschaft, den Isaak zu opfern, ganz zur Geltung und Vollendung. Sein Handeln war Ausdruck und Ausfluß seines Glaubens, und sein Glaube führte zu diesem Handeln. So wirkten in seinem Fall Glaube und Werke beispielhaft zusammen. Weil die Werke Abrahams seine gläubige, gehorsame Bereitschaft zum Handeln nach Gottes Befehl erwiesen, wie die Geschichte von Isaaks Opferung zeigt, darum wurde er „aus" ihnen gerechtfertigt.

In dieser Auslegung wurde der zweite Teil des Gn-Zitats im V 23 (καὶ ἐλογίσθη αὐτῷ εἰς δικαιοσύνην) bewußt noch nicht berücksichtigt. Der Grund, dieses Stück gesondert zu betrachten und in Zusammenhang mit der Schlußaussage des V 23 (καὶ φίλος θεοῦ ἐκλήθη) zu bringen, liegt darin, daß diese sonst völlig isoliert und zusammenhanglos dasteht[3]. Die Struktur der

---

[1] δέ fehlt bei einigen Textzeugen ($\mathfrak{P}^{20}$ L 69 614 al.), findet sich aber bei Philo (De mut. nom. 177); Röm 4, 3; 1 Clem 10, 6; Justin, Dial. 92.
[2] Vgl. Windisch z. St.: „Er setzt einfach Gn 22 als die ‚Erfüllung' von Gn 15, 6, was keineswegs willkürlich ist, da (1) Gn 22, 16ff die Verheißung Gn 15, 4f, auf die sich 15, 6 bezieht, erneuert wird und (2) Glauben in Gn 15, 6 sich durchaus nicht exklusiv mit der ‚Gerechtigkeit' deckt."
[3] Vgl. auch Dibelius z. St.

Aussagen scheint ja so zu sein, daß mit den beiden letzten καί-Sätzen grundsätzliche Schlußfolgerungen über Abrahams Rechtfertigung und Stellung zu Gott ausgesprochen werden, die sich aus den vorausgehenden Darlegungen mit Notwendigkeit ergeben. Sie werden aber als Aussagen der Schrift geboten, um sie als Gottessprüche über Abraham und nicht als Urteile des Jak hinzustellen: einmal wurde dem Abraham nach der Schrift sein Glaube zur Gerechtigkeit angerechnet — wobei aber nun schon klar ist, um welchen „Glauben" es sich dabei handelt: um jenen Glauben, der sich in Werken als wirklicher Glaube erwiesen hat[1] —, und überdies wurde er von der Schrift sogar „Freund Gottes" genannt, d. h. wohl seiner biblischen Wurzel entsprechend: „Geliebter (אֹהֲבִי) Gottes" (vgl. Is 41, 8; 51, 3; 2 Chr 20, 7; Dn 3, 35)[2]. Das Ehrenprädikat φίλος θεοῦ geht offensichtlich über δίκαιος noch hinaus: es ist Ausdruck der engen Freundschaft, die zwischen Gott und Abraham besteht.

Grammatisch ist dieses Verständnis der VV 22f nicht zu beanstanden. Es muß nur deutlich gesehen werden, daß der zweite Teil des Gn-Zitats nun viel mehr ist als nur Zitat; er ist ein in der Schrift ausgesprochenes Gottesurteil über Abraham. Die Aussage in Gn 15, 6 ἐλογίσθη αὐτῷ εἰς δικαιοσύνην hat den Sinn eines deklaratorischen und qualifizierenden Gottesspruches über Abraham: Gott erklärt und qualifiziert den Abraham in diesem Schriftwort wegen seines Glaubens als gerecht[3]. Würde man Jak fragen: Was wurde nun eigentlich dem Abraham zur Gerechtigkeit „angerechnet", sein Glaube oder seine Werke?, so könnte er nach all seinen vorausgehenden Darlegungen nur antworten: „Kannst du immer noch nicht begreifen, daß zwischen Glauben und Werken kein Gegensatz besteht und aufgerissen werden darf. Angerechnet wurde dem Abraham selbstverständlich sein Glaube — die Schrift selbst sagt es ja —, aber eben sein Glaube, der sich im Werk als wirklicher Glaube erwiesen hat!"[4]

---

[1] „Denn Widerspruch gegen Gott, der das Opfer fordert, und Gerechtigkeit sind nicht vereinbar" (SCHLATTER zu V 23).
[2] PHILO, De sobr. 56; Jub 19, 9; Damäsk IV, 2; GnR 41, 11; SNum (zu Nm 6, 26); TestAbr 8, 2; 13, 1 6; 1 Clem 10, 1; 17, 2; E. PETERSON, Der Gottesfreund, in: ZKG 42 (1923) 161–202; BILLERBECK III, 755.
[3] Vgl. G. v. RAD, Die Anrechnung des Glaubens zur Gerechtigkeit, in: ThLZ 76 (1951) 129–132. Nach DIBELIUS hat ἐλογίσθη die Bedeutung: „Es wurde ihm gebucht" (sc. in der himmlischen Buchführung) zur Gerechtigkeit und damit zur Rechtfertigung, unter Verweis auf Jub 19, 9, wo von der 10. Versuchung des Abraham gesagt wird: „Denn er war als gläubig erfunden und wurde als Freund Gottes auf die himmlischen Tafeln geschrieben", und 30, 19f, wo von Levi erzählt wird: „und so berichten sie (die Dienstengel) für ihn zum Zeugnis auf den himmlischen Tafeln Segen und Gerechtigkeit vor dem Gott aller. Und wir (die Engel) gedenken der Gerechtigkeit, die ein Mensch in seinem Leben geübt hat. Zu allen Zeiten des Jahres, bis zu tausend Geschlechtern, berichten sie (es), und demgemäß wird ihm und seinen Geschlechtern nach ihm geschehen, und er ist als Freund und Gerechter auf den himmlischen Tafeln aufgeschrieben." Es ist zu bezweifeln, ob Jak an derartige Anschauungen denkt.
[4] DIBELIUS ist zuzustimmen, wenn er betont, daß der „Glaube" Abrahams in Jak 2, 23 „nicht nur von dem Zeitpunkt Gn 15, 6, sondern von dem ganzen Leben Abrahams ausgesagt" ist.

In der Verbindung von Gn 22 mit 15, 6 folgt Jak der spätjüdischen Tradition. Vgl. bes. 1 Makk 2, 52 ('Ἀβραὰμ οὐχὶ ἐν πειρασμῷ[1] εὑρέθη πιστός[2], καὶ ἐλογίσθη αὐτῷ εἰς δικαιοσύνην;); hier steht ebenso Fragesatz wie in Jak 2, 21. Aber schon MekhEx 14, 15 (35b) läßt erkennen, daß man später den Glauben Abrahams nach Gn 15, 6 als eine verdienstliche Leistung aufgefaßt hat („Gott sprach: Der Glaube, mit welchem ihr Vater Abraham an mich geglaubt hat, verdient es, daß ich ihnen das Meer spalte ..."); vgl. auch 14, 31 (40b) („Ebenso findest du, daß unser Vater Abraham diese und die zukünftige Welt nur durch das Verdienst des Glaubens in Besitz genommen hat, mit welchem er an Jahwe glaubte, wie es heißt: Er glaubte an Jahwe, und er rechnete es ihm als Gerechtigkeit an."[3]) Daß auch Jak so denkt, geht aus dem Text des Briefes nicht hervor; ihm geht es vielmehr um den Nachweis, daß ein lebendiger Glaube ohne Werke undenkbar ist.

2, 24 Der Vers zieht das theologische Resümee, die allgemeingültige Regel aus dem Abrahamsbeispiel. Mit ihm wendet sich Jak wieder den Adressaten zu (ὁρᾶτε)[4]. Das Resümee ist zudem überzeitlich gehalten (Präsens δικαιοῦται) und universal (ἄνθρωπος, nicht mehr bloß Abraham): Der Mensch wird aus Werken gerechtfertigt[5] — und Jak fügt hinzu (höchst wichtig für das Verständnis seiner Auffassung!): „und nicht aus Glauben allein" (μόνον). Dieses „gut semitische"[6] μόνον ist besonders ins Auge zu fassen und darf nicht unterdrückt werden, wenn die Meinung des Jak über das Verhältnis von Glauben und Werken richtig erkannt werden soll; es zeigt ein Doppeltes:

a) Jak behauptet keineswegs, daß der Glaube keine rechtfertigende Kraft besitzt, vielmehr nur, daß die Rechtfertigung nicht „aus Glauben allein" erfolgt, sondern auch aus den Werken, besser noch: aus einem Glauben, der sich als solcher in Werken erweist.

b) Umgekehrt bedeutet das οὐκ ἐκ πίστεως μόνον aber auch, daß er auch nicht den Werken allein die rechtfertigende Kraft zuschreibt. Wäre das seine Meinung, dann hätte er auf das μόνον verzichten können. Jak sagt auch nicht: ἐκ πίστεως μόνης („aus bloßem Glauben"), sondern ἐκ πίστεως μόνον. Auf dem μόνον liegt der Ton, und zwar offensichtlich ein polemischer![7]

Für Jak stehen also Glauben und Werke im Verhältnis eines „Synergismus" (συνεργεῖν: V 22!). Man darf allerdings diesen Ausdruck nicht im Sinn eines additiven Nebeneinanders (Glauben summiert mit Werken) verstehen,

---

[1] Gedacht ist bei der „Versuchung" an Gn 22; vgl. auch 4 Makk 16, 19f; GnR 56 zu Gn 22, 15; Jub 18, 15 ff.
[2] Vgl. auch Sir 44, 20.
[3] BILLERBECK III, 199 ff.
[4] Zu ὁρᾶτε (τοίνυν, so KL u. viele Minusk.) in V 24 und οὕτως καί in V 26b vgl. auch TestJos X, 1f (ὁρᾶτε οὖν ... Οὕτως καὶ ὑμεῖς).
[5] SCHLATTER legt auf die Beobachtung wert, daß der Artikel bei ἐξ ἔργων fehlt. Dies habe „einen erkennbaren Grund. Er fehlte nicht, wenn Jakobus die Gerechtigkeit als die Folge aus der Summe unserer Handlungen entstehen ließe."
[6] Vgl. BEYER, Semitische Syntax, 126, Anm. 4.
[7] Vgl. nochmals Einleitung § 4 (S. 18, Anm. 2). Handelt es sich bei ἐκ πίστεως μόνον um ein Schlagwort der pseudopaulinistischen Gegner?

vielmehr wirkt nach Jak der Glaube mit den Werken zusammen (V 22); und die Werke „erweisen" den Glauben (V 18b). Die Werke resultieren für Jak notwendig aus einem lebendigen Glauben[1].

Zu beachten ist im V 24 auch das δικαιοῦται, dessen Passivsubjekt ἄνθρωπος ist, aber dessen verhülltes Aktivsubjekt der rechtfertigende Gott ist. Gott rechtfertigt den Menschen nicht auf Grund von dessen Glauben „allein", sondern auf Grund jenes Glaubens, der sich in Werken als lebendig erwiesen hat, wie es bei Abraham der Fall war. Das „Leistungsprinzip" hat im Denken des Jak keinen Platz![2]

An und für sich könnte damit der Abschnitt über Glauben und Werke beendet sein. Aber Jak gibt sich noch nicht zufrieden.

EXKURS

Die Rechtfertigung des Menschen nach dem Jakobusbrief[3]

Bei der Rechtfertigung geht es um die Rettung des Menschen und um die Rettungsmittel. Wie denkt unser Brief darüber?

1. Daß der Mensch „gerettet" werden muß, ist für Jak eine Selbstverständlichkeit. Fünfmal gebraucht er den in der Bibel dafür bezeichnenden Terminus σῴζειν (1, 21; 2, 14; 4, 12; 5, 15 20). Es geht dabei um die Rettung der „Seelen" (1, 21); um die Rettung aus dem Gericht Gottes (2, 14; 4, 12); um die Rettung aus der leiblichen Krankheit durch Gottes Hilfe (5, 15); um die Rettung der Seele „aus dem Tode" (5, 20). Diese Auffassung entspricht in Terminologie und Wesen der Anschauung der atl. und spätjüdischen Überlieferung und auch des (übrigen) NT.

---

[1] Man kann deshalb eigentlich nicht sagen, daß für Jak Glaube und Werke „zwei verschiedene Größen" seien, wie DIBELIUS meint (167). AUGUSTINUS formuliert den Sachverhalt so: Credidit enim Abraham Deo et reputatum est illi ad justitiam, et amicus Dei appellatus est. Quod credit Deo, intus in corde, in sola fide est: quod autem immolandum duxit filium, quod intrepidus dexteram armavit, quod iam feriret, nisi voce teneretur, magna fides est utique et magnum opus (Sermo 2, 8, 9; CChL 41, 15f).
[2] Vgl. auch noch nachfolgenden Exkurs.
[3] Zur Literatur s. § 4 der Einleitung. Dazu noch: A. KÖHLER, Glaube und Werke im Jakobusbrief (Zittau 1913); L. GAUGUSCH, Der Lehrgehalt der Jakobusepistel. Eine exegetische Studie (Freiburg 1914); TH. GARCIA AB ORBISO, „Fides sine operibus mortua" (Jac. 2, 14–26), in: VD 20 (1940) 265–277; E. LOHSE, Glaube und Werke. Zur Theologie des Jakobus, in: ZntW 48 (1957) 1–22; M. LACKMANN, SOLA FIDE. Eine exegetische Studie über Jakobus 2 zur reformatorischen Rechtfertigungslehre (Gütersloh 1949); G. EICHHOLZ, Glaube und Werk bei Paulus und Jakobus (München 1961); R. SCHNACKENBURG, Die sittliche Botschaft des NT, 286–290; W. JOEST, Gesetz und Freiheit. Das Problem des Tertius usus legis bei Luther und die ntl. Parainese (Göttingen ³1961) 161–165; P. BERGAUER, Der Jakobusbrief bei Augustinus und die damit verbundenen Probleme der Rechtfertigungslehre (Wien 1962). Weitere Literatur noch bei W. BIEDER in: ThZ 5 (1949) 93, Anm. 1.

Jak scheint (im Unterschied zu Paulus) bei der „Rettung" des Menschen an seine Rechtfertigung beim kommenden Gericht Gottes zu denken (vgl. bes. 2, 14: „Kann der Glaube ihn retten?", nämlich beim Gericht)[1]. Doch läßt sich das angesichts der präsentischen Formulierung δικαιοῦται (ἄνθρωπος) in 2, 24 nicht so absolut behaupten[2]. Es bleibt auch bei ihm eine Spannung zwischen schon jetzt geschehender (vgl. 1, 18!) und zukünftiger Rechtfertigung, wenn auch die letztere viel stärker im Blickfeld des Jak liegt als die erstere.

2. Der Retter des Menschen ist Gott, „der Vater der Lichter", von dem jede gute Gabe und jedes vollkommene Geschenk stammen (1, 17). Damit wird die grundsätzliche Ausgangsbasis „jeder guten Gabe" unterstrichen: sie liegt bei Gott. Es ist darum nur eine Konsequenz aus dieser Anschauung, daß dann in 1, 18 Gott als der persönliche Urheber der eschatologischen Neuschöpfung des Menschen (ἀπεκύησεν ἡμᾶς) herausgestellt und dabei seine Souveränität stärkstens betont wird (βουληθείς, vgl. auch 4, 12 ὁ δυνάμενος σῶσαι καὶ ἀπολέσαι)[3]. Damit ist aber auch eindeutig die Neuschöpfung des Menschen als das Werk der freien Gnade Gottes erkannt und verkündet[4]. Es gibt auch für Jak keine Selbsterlösung. Gott ist es auch, der den Kranken aufrichtet und ihm seine Sünden vergibt (5, 15). Er verleiht den Kranz des Lebens (1, 12); der Mensch ist dabei der Empfangende (λήμψεται). Er läßt sein Pneuma in uns wohnen und gewährt noch „größere Gnade" (4, 5f). Er „erwählt" die Armen als die Erben seines Reiches (2, 5). Er ist es, der die Demütigen „erhöhen" (4, 10) wird. Gott ist nach Jak die alleinige causa des Heils!

3. Besondere Beachtung verdient, daß nach dem Jak-Brief die neuschaffende und rettende Kraft Gottes an sein Wort gebunden wird. Vgl. 1, 18 (ἀπεκύησεν ἡμᾶς λόγῳ ἀληθείας) und 1, 21 (δέξασθε τὸν ἔμφυτον λόγον τὸν δυνάμενον σῶσαι τὰς ψυχὰς ὑμῶν). Dies klingt gut „paulinisch" und gut „johanneisch"!

4. Jak leugnet nicht, daß dem Glauben rechtfertigende Kraft zukommt; aber er bestreitet entschieden, daß ein von den Werken der Liebe „isolierter" Glaube, ein Glaube „allein" den Menschen rechtfertigt; ein derartiger Glaube „rettet" den Menschen nicht (2, 14). Vielmehr zeigt sich der Glaube als wirklicher Glaube nur dann, wenn er mit Werken der Liebe „zusammenwirkt" (2, 22) und in Werken der Liebe sich als lebendig „zeigt" (2, 18). Ohne diesen konkreten Erweis ist der Glaube für die Rechtfertigung „nutzlos" (2, 20) und „tot" (2, 17 26). Jak denkt aber nicht daran, die Werke

---

[1] Vgl. J. Jeremias (ExpT 66 [1954/55] 370a): „James, when speaking of the justification, has in mind the last judgment."
[2] Vgl. auch G. Schrenk in: ThWb II, 223: Wenn Jak die Formel ἐξ ἔργων δικαιοῦσθαι gebraucht, „ist von Gegenwartsrechtfertigung die Rede".
[3] Vgl. dazu auch Exkurs über den Gottesbegriff des Briefes.
[4] Beda zu Jak 1, 18: non nostris meritis, sed suae beneficio voluntatis. Estius: quod addit voluntarie, gratuitam declarat iustificationem ac si dicat: nullo nostro merito provocatus, sed omnino gratis atque ex mero beneplacito suae voluntatis nos sibi genuit ac filios suos fecit per fidem.

(der Liebe) gegen den Glauben auszuspielen; ihm geht es vielmehr um eine
fides viva, d. h. um einen Glauben, der nicht unsichtbar bleibt, sondern in
den Werken der Barmherzigkeit (2, 16 25) und des Gehorsams gegen Gott
(2, 21) sichtbar wird. Gehorsam gegen Gott und Barmherzigkeit gegen den
Nächsten sind jene „Werke", durch die der Glaube „vollendet" (2, 22) und
die Schriftverheißung über die rechtfertigende Kraft des Glaubens „erfüllt"
wird (2, 23). Weil der lebendige Glaube sich notwendig in „Werken" äußern
muß, darum kann Jak kurz formulieren: „Ihr seht, daß aus Werken gerechtfertigt wird ein Mensch und nicht aus Glauben allein" (2, 24). Dabei muß
stets beachtet werden, daß es für Jak ebensowenig „Werke allein" gibt wie
„Glauben allein". Beide Vorstellungen sind für ihn unvollziehbar.

5. Die Rechtfertigungslehre des Briefes bleibt weithin im Rahmen
überlieferter Vorstellungen, ist bestes jüdisches Erbe und weist dennoch
durch die Diatribe über das Verhältnis von Glauben und Werken und ihre
Bedeutung im Rechtfertigungsvorgang ihre eigenen, besonderen Konturen
auf, die nicht zu übersehen sind und in der Theologiegeschichte auch nicht
übersehen wurden. Besonders hat der „Widerspruch" zur pln. Rechtfertigungslehre die Geister seit Augustinus beschäftigt[1]. Es geht dem Kirchen-
vater um die Frage: Welche Rolle spielen bei Paulus und Jak Glaube und
Werke bei der Rechtfertigung des Menschen? Seine klassische Antwort
lautet: ille (Paulus) dicit de operibus quae fidem praecedunt, iste (= Jak)
de iis, quae fidem sequuntur[2] — und selbstverständlich spricht Jak in 2,
14–26 vom Menschen, der (bereits) gläubig ist und es nicht erst wird (ἐὰν
πίστιν λέγῃ τις ἔχειν)[3]. Außerdem unterscheidet Augustinus zwischen dem
toten Glauben, den nach Jak 2, 19 auch die Dämonen haben, und dem
rechtfertigenden Glauben, der nach Gal 5, 6 durch die Liebe wirksam ist:
Homines autem non intelligentes, quod ait ipse Apostolus, ‚Arbitramur
justificari hominem per fidem sine operibus legis (Röm 3, 28)' putaverunt
eum dicere sufficere homini fidem, etiamsi male vivat et bona opera non
habeat. Quod absit ut sentiret Vas electionis: qui cum dixisset quodam
loco ..., ‚sed fides quae per dilectionem operatur (Gal 5, 6)'. Ipsa est fides
quae fideles Dei separat ab immundis daemonibus: nam et ipsi, sicut dicit
apostolus Jacobus, ‚credunt et contremiscunt (Jak 2, 19)'; sed non bene
operatur. Non ergo habent istam fidem ex qua justus vivit, id est, quae per
dilectionem operatur, ut reddat ei Deus vitam aeternam secundum opera
eius[4].

Die Lösung Augustins wirkte nach[5]. Zu nennen ist hier vor allem Beda

---

[1] Vgl. dazu P. BERGAUER, Der Jakobusbrief bei Augustinus und die damit verbundenen Probleme der Rechtfertigungslehre.
[2] De div. quaest. oct. trib., 76 (PL XL, 89); BERGAUER, 62.
[3] SCHLATTER zu Jak 2, 14: „‚‚Ich habe Glauben', das war das Bekenntnis, mit dem
die Christen zur Taufe gingen und mit dem sie beständig ihre Zugehörigkeit zur
Gemeinde des Christus begründeten, und ihr Glaube war Gewißheit des Heils."
[4] De grat. et lib. arb. VII, 18 (PL XLIV, 892); BERGAUER, 67 (mit weiterem Material aus Augustinus).
[5] Die ähnliche Lösung des JOHANNES CHRYSOSTOMUS ist in ihrer Echtheit umstritten (s. dazu BERGAUER, 83f).

Venerabilis († 735), der den Ausführungen Augustinus' fast wörtlich folgt, aber seine Lösung dann doch abschwächt, indem er meint, daß Abraham nach Paulus sowohl wie nach Jak im Glauben und in den Werken vollkommen war; nur würden beide mit Rücksicht auf ihre Leser jeweils jene Tugenden besonders hervorheben, deren diese am meisten bedürften: Sciebant namque ambo quia Abraham et fide et operibus erat perfectus, et ideo quisque eorum illam magis in eo virtutem praedicavit, qua suos auditores amplius indigere perspexit[1].

Thomas von Aquin löst den „Widerspruch" zwischen Röm 3, 28 und Jak 2, 14 ff durch die Unterscheidung in Werke vor und Werke nach der Rechtfertigung[2].

Über M. Luthers Anschauungen s. Einleitung § 7, II. Seine kanonkritische „Lösung" wirkt in der protestantischen Theologie bis heute nach. An beachtlichen Versuchen, über das Dilemma hinwegzukommen und eine positive Lösung zu finden, fehlt es nicht. Davon seien hier zwei genannt.

M. Lackmann hat sich in seiner Studie: SOLA FIDE. Eine exegetische Studie über Jakobus 2 zur reformatorischen Rechtfertigungslehre, eingehend mit den Fragen beschäftigt, unter Hinweis auf den „entscheidenden Vorstoß" A. Schlatters[3]. Nach Lackmann weicht Luther „der Infragestellung seiner Auffassung des ‚Christus solus' und des ‚sola fide' durch das Wort Gottes aus und in seiner Gefolgschaft die gesamte reformatorische Theologie, trotz ihrer relativ anderen Entscheidungen. Luther unterwirft sich nicht dem Zeugnis von der Rechtfertigung und vom Glauben im Brief des Apostels Jakobus" (106); nach Lackmann wäre die urchristliche Spannungseinheit von Glaube und Liebe aus Glauben „die vollkommene, evangelische und katholische Lösung gewesen, die echte Erneuerung des Alten und die ganze Antwort auf die Frage des ‚modernen' Menschen, der ringt um sein ewiges und wahres ‚Zu-sich-selbst-kommen' vor Gott und Menschen" (104). In der Forderung des Jak-Briefes nach konkreter Verwirklichung des Glaubens sieht Lackmann zugleich den Ruf des Evangeliums nach personaler Existenz. Das sind wichtige Einsichten, die weiterführen können.

In beachtlicher Weise führt auch G. Eichholz weiter in seiner Schrift: Glaube und Werk bei Paulus und Jakobus. Er macht darauf aufmerksam, daß die Sprache des Jak nicht leicht zu verstehen sei, „wenn man von Paulus herkommt" (37). „Eine theologische Harmonisierung verbietet sich von vornherein." Mit der Feststellung eines „Konflikts" zwischen Jak und Paulus sei Jak nicht „begriffen". Der Glaube sei bei Jak „von Haus aus" auf das Werk angelegt (39). „Jakobus liegt elementar daran, daß der Glaube sich im Werk bewährt, daß er Tat wird"; er verstehe das Wort „zugleich als Weisung" ... „Und eben das Wort begnügt sich nicht mit dem Menschen

---

[1] PL XCIII, 23; BERGAUER, 86.
[2] Sup. epist. s. Pauli, in Rom. 3, 28: quod hoc intelligat sine operibus praecedentibus iustitiam; non autem sine operibus consequentibus quia, ut dicitur Jac. 2 ...; BERGAUER, 87. Zur Anschauung der Frühscholastik s. A. LANDGRAF, Glaube und Werk in der Frühscholastik, in: Gregorianum 17 (1936) 515–561.
[3] Vgl. SOLA FIDE, 124.

als Hörer" (40). Jak sehe die drohende Gefahr eines „Konflikts" des praktischen Verhaltens „mit dem Glauben" (41) und so „die Christlichkeit der Existenz" verlorengehen. Deshalb theoretisiere Jak den Glaubensbegriff nicht. „Jakobus attackiert den Glauben, der sich begnügt, Glaube zu sein, und den Schritt zum Handeln verweigert" (43). „Glaube allein" heiße darum bei Paulus und Jak „zu Verschiedenes". Der „Glaube allein", wie Jak ihn versteht, sei für ihn „eine Unbegreiflichkeit" (44), und deshalb könne Jak auf die Frage, ob „der Glaube" den Menschen rette, nur die Antwort geben: Nein!

Eichholz trifft ganz genau das Anliegen des Briefes. Nach Jak rechtfertigt nur ein Glaube, der sich in den Werken der Liebe als wirklicher Glaube erweist. Da die paulinische Sola-fide-Lehre immer noch dem theologischen (und praktischen) Mißverständnis ausgesetzt ist, bleibt die Rechtfertigungslehre des Jak-Briefes ihr unveräußerliches „Gegengewicht", auf das in der Kirche nicht verzichtet werden kann, soll das Christentum gesund bleiben[1].

2, 25   Er bringt ein zweites Beispiel aus der Schrift, aus dem für ihn hervorgeht, daß ein Glaube ohne Werke tot ist. ὁμοίως δὲ καί: häufige Übergangsformel, weniger im Sinn von similiter als von item („ebenso aber auch")[2]. Das Ganze wird wieder als Fragesatz gebracht, auf den es nur die Antwort ja gibt (vgl. οὐκ). Es ist zunächst etwas verwunderlich, daß Jak neben dem Abrahamsbeispiel nun jenes von der heidnischen Dirne Rahab bringt. Aber Rahab spielt in der jüdischen Überlieferung wegen ihres Verhaltens Israel gegenüber (Jos 2!) eine wichtige Rolle[3]. Sie gilt in der rabbinischen Literatur sogar als Gattin Josues, nachdem sie Proselytin geworden sei. Auch im Stammbaum Jesu erscheint sie (Mt 1, 5), hier aber als Frau des Salmon.

Nun wird zwar in Jak 2, 25 vom Glauben der Rahab nichts erwähnt, aber offenbar hat man aus Jos 2, 9 ff einen besonderen Glauben der Rahab herausgelesen, weil sie hier zu den Kundschaftern sagt: „Ich weiß, daß Jahwe euch das Land gibt ... Denn Jahwe, euer Gott, ist Gott droben im Himmel und unten auf der Erde..." Wohl um dieses Bekenntnisses willen wird Rahab auch in Hebr 11, 31 unter den atl. Glaubenshelden aufgeführt: „Um ihres Glaubens willen ging die Buhlerin Rahab nicht mit den Ungehorsamen zugrunde, weil sie die Kundschafter friedlich aufgenommen hatte": auch hier Verbindung des Glaubens der Rahab mit ihrem Werk an den Kundschaftern. Dieses Werk wird als ein Ausfluß ihres Glaubens (an den Gott Israels) betrachtet. Wenn Jak auch nicht eigens vom Glauben der Rahab spricht, weil es ihm in seiner Gedankenführung darum geht, daß die Werke entscheidend

---

[1] Vgl. auch E. SCHWEIZER in: EvTh 10 (1950/51) 271f.
[2] Vgl. L. RADERMACHER in: ZntW 25 (1926) 290f.
[3] Vgl. das ganze Material bei BILLERBECK I, 20–23; G. KITTEL in: ThWb III, 3/16 ff; F. W. YOUNG in: JBL 67 (1948) 339–345; für die patristische Zeit s. J. DANIÉLOU, Sacramentum futuri, 217–232.

am Rechtfertigungsvorgang beteiligt sind und nicht „ein Glaube allein", so heißt das nicht, daß er im Falle der Rahab keinen Glauben voraussetzt (s. u.). Die „Werke", auf Grund deren diese Heidin gerechtfertigt wurde, bestanden einmal in der friedlichen Aufnahme der Kundschafter in ihr Haus, ohne sie zu verraten: ὑποδεξαμένη τοὺς ἀγγέλους[1] (dazu vgl. Jos 2, 4 6), und dann in der Ermöglichung einer heimlichen Flucht derselben aus Jericho: καὶ ἑτέρᾳ ὁδῷ ἐκβαλοῦσα (dazu vgl. Jos 2, 15). Die „Rechtfertigung" der Dirne Rahab bestand in ihrer eigenen Rettung[2] und der Rettung ihrer ganzen Familie aus dem Untergang der Stadt (vgl. dazu Jos 6, 22–25). Nach der rabbinischen Überlieferung, die Jak vielleicht vorschwebt, wurde Rahab zudem noch „mit einer Nachkommenschaft gesegnet, aus der Propheten und Priester hervorgingen" (Billerbeck I, 22)[3].

2, 26 Der Vers bringt das „abschließende Urteil" (Windisch), und es könnte einfach lauten: οὕτως ἡ πίστις χωρὶς ἔργων νεκρά ἐστιν (vgl. auch V 17). Aber Jak gestaltet das Schlußurteil zu einem Vergleich aus, der nochmals mithelfen soll, seine Grundthese zu begründen (vgl. γάρ)[4]. Es ist ein Vergleich aus der Anthropologie: „Denn wie der Leib ohne Geist tot ist — πνεῦμα hat hier die Bedeutung „Lebensgeist, Lebensodem", im Anschluß an das AT: Gn 2, 7; 6, 17; 7, 15; Ps 104, 30 u. o.[5] —, so ist auch der Glaube ohne Werke tot." Ein toter Glaube ist wie ein Leichnam und hat darum keine Heilsbedeutung, er kann nicht „retten". Die Werke der Liebe machen nach Jak den Glauben zur rettenden fides viva![6]

Aus diesem Schlußvers kann man aber auch ablesen, daß nach der Meinung des Jak auch die Dirne Rahab Glauben hatte, obwohl das in dem Beispiel selber nicht eigens erwähnt worden ist.[7]

---

[1] Für ἀγγέλους haben CK^mgL 1739 al. ff boh syr^ph deutlicher κατασκόπους.
[2] „ἐδικαιώθη ist fast soviel wie ἐσώθη, vgl. Jos 6, 25" (Windisch z. St.).
[3] Nach SNum § 78 (zu Nm 10, 29, Kuhn 203) stammen von der Hure Rahab „8 Priester und 8 Propheten" ab, darunter der Prophet Jeremias.
[4] γάρ fehlt in B 1175 syr^p arm.
[5] Catene (Cramer VIII, 18): τὴν ψυχὴν λέγει.
[6] Eine derartige Aussage und Formulierung, der Glaube sei ohne Werke nutzlos und tot, ist u. E. undenkbar, wenn nicht zuvor von „irgendjemand" der Glaube gegen die Werke ausgespielt und damit (vollkommen unjüdisch und unjesuanisch!) eine total „theoretische" Glaubensauffassung vorgetragen worden ist. Eine solche Glaubensauffassung lehnt Jak mit Recht ab.
[7] Soll in den beiden biblischen Exempla des Jak Abraham den Juden repräsentieren, Rahab den Heiden und so betont werden, daß der Glaube immer mit den Werken der Liebe „zusammenwirken" müsse, gleichgültig, ob ein Christ aus dem Judentum oder dem Heidentum stamme? Das ist jedenfalls eine Überlegung wert.

EXKURS

Das „Werk" bei Paulus und Jakobus

I. Das „Werk" in der paulinischen Theologie (Sprachgebrauch)[1]

Der Terminus ἔργον begegnet in den Paulusbriefen (einschließlich Pastoralbriefe) sehr häufig (67mal, davon 20mal in den Pastoralbriefen). Schon eine oberflächliche Untersuchung aller einschlägigen Stellen läßt eine starke Differenzierung im Sinngehalt von ἔργον erkennen. Da sich die Pastoralbriefe schon hinsichtlich ihres Sprachgebrauchs vom übrigen Corpus Paulinum unterscheiden, insofern in ihnen oft von ἔργα καλά (ἔργον καλόν) statt von ἔργα ἀγαθά (ἔργον ἀγαθόν) die Rede ist, werden sie im folgenden gesondert behandelt.

1. Das „Werk" im eigentlichen Corpus Paulinum

a) ἔργα als Werke des Gesetzes. Von grundlegender und entscheidender Bedeutung für die Theologie und Verkündigung des Apostels ist bekanntlich die Rolle, die er den „Werken des Gesetzes" im Rechtfertigungsvorgang zuschreibt. Nach Paulus haben die Werke des Gesetzes für die Rechtfertigung keine positive Bedeutung mehr, ja eigentlich nie gehabt, da der Mensch die Forderungen des Gesetzes, die zwar das Leben bringen sollten, nicht erfüllen konnte. Deshalb hat Gott in Christus einen neuen Heilsweg für den Menschen aufgetan: den Weg des Glaubens, der keine Synthese mit den Werken des Gesetzes zuläßt: λογιζόμεθα . . . δικαιοῦσθαι πίστει ἄνθρωπον χωρὶς ἔργων νόμου (Röm 3, 28). Vgl. zu diesem Sprachgebrauch (ἔργα νόμου) auch Röm 3, 20 27; 4, 2 6; 9, 11 32; 11, 6; Gal 2, 16 (3mal); 3, 2 5 10; Eph 2, 9 (aber ohne das Genitivattribut νόμου). Daß der Ausdruck „Werke des Gesetzes" nur im Römer- und Galaterbrief erscheint, hängt mit der spezifischen Thematik dieser Briefe zusammen.

In diesen Zusammenhang gehört auch Röm 2, 15, wo Paulus von den Heiden sagt: ἐνδείκνυνται τὸ ἔργον τοῦ νόμου γραπτὸν ἐν ταῖς καρδίαις αὐτῶν. Auffällig ist hier der in den vorher genannten Stellen nicht begegnende Singular τὸ ἔργον (τοῦ νόμου), und gemeint ist mit ihm das vom (mosaischen) Gesetz geforderte „Werk"[2], das in die Herzen der Heiden geschrieben ist und im Spruch des Gewissens sich anmeldet[3].

---

[1] Es wird im folgenden nicht eine Theologie des „Werkes" bei Paulus vorgelegt, sondern nur eine Übersicht über seinen Sprachgebrauch mit einigen theologischen Bemerkungen dazu. Zur Literatur vgl. Exkurs über die Rechtfertigung des Menschen nach dem Jak-Brief; dazu noch BauerWb s. v. ἔργον; G. Bertram in: ThWb II, 631–649; W. Schrage, Die konkreten Einzelgebote in der paulinischen Paränese (Gütersloh 1961) 54–57.

[2] Vgl. O. Michel, Der Brief an die Römer, z. St. Auch nach O. Kuss (Der Römerbrief, z. St.) ist τὸ ἔργον τοῦ νόμου „das vom mosaischen Gesetz . . . geforderte Tun". Wahrscheinlich ist mit Kuss (Übersetzung) auch in Röm 2, 14 bei τὰ τοῦ νόμου ein ἔργα zu ergänzen (im Kommentar dazu denkt Kuss an „Dinge, die dem mosaischen Gesetz entsprechen").

[3] Gedacht könnte bei τὸ ἔργον τοῦ νόμου auch an das ganze Gesetzgebungs-„Werk" sein, nicht an die Einzelforderung des Gesetzes.

b) **Das gute Werk** (ἔργον ἀγαθόν). Davon spricht der Apostel 7mal: Röm 2, 7 („Denen, die durch Ausdauer im guten Werk nach Herrlichkeit und Ehre und Unvergänglichkeit trachten, wird er ewiges Leben geben")[1]. Die Aussage muß im Zusammenhang mit dem vorausgehenden Schriftzitat aus Ps 62, 13 gesehen werden (Gott „wird jedem vergelten nach seinen Werken"); sie entfaltet positiv (und im V 8 auch negativ) „seinen Sinn im feierlichen Stil des Gesetzes" (O. Michel)[2]; das „gute Werk" ist in Röm 2, 7 jedenfalls das, was Gott wohlgefällig ist. Röm 13, 3 („Die Regierenden sind kein Schrecken für das gute Werk, sondern für das böse")[3]. 2 Kor 9, 8 („Gott vermag aber jegliche Gnade reichlich auf euch kommen zu lassen, damit ihr ... überreiche Frucht bringt zu allem guten Werk")[4]. Eph 2, 10 („geschaffen in Christus Jesus zu guten Werken"): die einzige Stelle, in der bei Paulus (von den Pastoralbriefen abgesehen) pluralisch von „guten Werken" die Rede ist[5]. Phil 1, 6 („der in uns ein gutes Werk begonnen hat"): hier ist „gutes Werk" jenes Werk Gottes, das er durch das Evangelium in den christlichen Gemeinden aufgerichtet hat, der Anteil am Evangelium vom ersten Tag an (V 5)[6]. Kol 1, 10 („daß ihr Frucht traget in jedem guten Werk"). 2 Thess 2, 17 (Gott befestige eure Herzen „in jedem guten Werk und Wort"); „jedes gute Werk und Wort" sind alle christlichen Lebensäußerungen. Hierher gehört auch Kol 3, 17 („in Wort oder Werk").

Wenn auch nur in Eph 2, 10 pluralisch von „guten Werken" die Rede ist, zeigen Kol 1, 10 und 2 Thess 2, 17 mit ihrem „pluralischen" Singular πᾶν ἔργον ἀγαθόν doch, daß Paulus die Fülle christlicher Lebensäußerungen nicht aus dem Auge verliert. Immerhin fällt auf, daß er den Plural ἔργα fast ganz vermeidet, vielleicht um kein Mißverständnis der „Werke" im Sinn des „Judaismus" aufkommen zu lassen[7]. In Gal 6, 4 („Ein jeder prüfe sein eigenes Werk") ist τὸ ἔργον das gesamte Wirken des Menschen[8], das von jedem der prüfenden Instanz des Gewissens unterworfen werden soll; hier kann gutes und böses „Werk" gemeint sein.

c) **Böse Werke**: Röm 13, 12 („Lasset uns ablegen die Werke der Finsternis"): das sind die Kennzeichen des alten Äons, und im V 13 werden dafür

---

[1] In V 10 steht für „das gute Werk" „das gute Wirken".
[2] Wie sich diese gut atl.-jüdisch klingende Aussage zur pln. Lehre vom rechtfertigenden Glauben „ohne des Gesetzes Werke" verhält, dazu vgl. die Kommentare (bes. O. Kuss).
[3] „Das ‚Gute' ist hier nicht die christliche Liebe, sondern die allgemeine Ehrbarkeit, von der auch der Heide wissen kann" (O. Michel).
[4] „Paulus sagt πᾶν ἔργον ἀγαθόν, obwohl er die einzelnen Liebestaten meint, weil für ihn das Gott wohlgefällige Handeln des Christen eine Einheit bildet" (W. G. Kümmel in: H. Lietzmann, An die Korinther I/II [HandbNT, 9], z. St.).
[5] H. Schlier bemerkt z. St. (Der Brief an die Epheser): „Wir sind nicht durch gute Werke gerettet, aber wir sind als die durch Gnade auf dem Wege des Glaubens Geretteten in Christus Jesus zu guten Werken geschaffen. Werke sind nicht das Woher, aber das Wozu der christlichen Existenz."
[6] Vgl. auch E. Lohmeyer, Der Brief an die Philipper (Göttingen ⁹1953), z. St.
[7] Vgl. auch Schrage, Die konkreten Einzelgebote, 55f.
[8] Vgl. H. Schlier, Der Brief an die Galater (Göttingen ¹²1962), z. St.

als Beispiele genannt: Gelage, Trunkenheit, Unzucht, Ausschweifungen, Streit und Eifersucht. Gal 5, 19 („die Werke des Fleisches", wie sie nachfolgend aufgezählt werden). Eph 5,11 („Laßt euch nicht ein mit den unfruchtbaren Werken der Finsternis", wie sie das Heidentum liebt)[1]. Hierher gehört auch noch 1 Kor 5, 2 („der dieses Werk [von schändlicher Unzucht] getan hat").

d) Das „Werk" Gottes bzw. des Kyrios Jesus: Röm 14, 20 („Zerstöre nicht wegen einer Speise das Werk Gottes"); nach Lietzmann ist „das Werk Gottes" die Gemeinde; nach O. Michel „das Heilsgeschehen", „das Kreuz Jesu". Da Paulus im Kontext auf die konkrete Gemeinde sieht, ist „das Werk Gottes" das durch die Verkündigung des Evangeliums in ihr von Gott geschaffene Heil. 1 Kor 15, 28 („reiche Frucht bringend im Werk des Herrn allzeit"); 16, 10 (Timotheus „wirkt das Werk des Herrn", nämlich das Heilswerk, das von Christus kommt, für das Timotheus als Missionar arbeitet und das im Leben der Christen reiche Frucht bringen soll). Nach Phil 2, 30 hat Epaphroditus um des „Werkes des Herrn" willen sein Leben dem Tod „nahegebracht". Die beiden letzten Stellen weisen schon auf den folgenden Sprachgebrauch hin.

e) ἔργον als apostolisch-missionarisches „Werk": Röm 15, 18b („um die Heiden zum Gehorsam zu bringen, durch Wort und Werk"; umfassender Ausdruck für die missionarische Arbeit des Apostels, die jedoch völlig in dem Wissen geschieht: „Ich kann nichts zu sagen wagen, es sei denn, Christus habe es gewirkt durch mich" [V 18a], und „in Kraft des Geistes" [V 19]). Hierher gehört auch 1 Kor 3, 13–15 (4mal ἔργον), wo immer das missionarische „Werk" gemeint ist, das im „Feuer" des kommenden Gerichts auf seinen Bestand und Wert hin erprobt werden soll[2]; vgl. dazu auch 2 Kor 11, 15 (das Ende der Gegner des Apostels wird „nach ihren Werken" sein). Ja, die Gemeinde selbst ist „das Werk" des Apostels „im Herrn" (1 Kor 9, 1); in ihr kann Paulus bei seiner Anwesenheit „durch die Tat" ebenso entschieden und mutig auftreten, wie er es sonst in seinen Briefen tut (2 Kor 10, 11). Phil 1, 22: Paulus würde am liebsten schon bei seinem himmlischen Herrn sein; „wenn mir aber bestimmt ist, (noch) im Fleisch zu leben, so bedeutet das für mich καρπὸς ἔργου": das missionarische „Werk" ist begonnen und läuft, und der Apostel hofft, daß es eine gute, von Gott gesegnete „Frucht" abwerfen wird, wenn er noch länger wirken kann. Vielleicht hat das Bild von der „Frucht" des Werkes eschatologischen Sinn[3]: die „Frucht" soll einst in die Scheune der Ewigkeit eingebracht werden. Die Thessalonicher sollen die Vorsteher ihrer Gemeinde besonders achten „um ihres (die Gemeinde erbauenden) Werkes willen" (1 Thess 5, 13). Und nach Eph 4, 12 sollen die Ge-

---

[1] Der Apostel spricht von den „unfruchtbaren" Werken der Finsternis, weil sie nur Finsternis erzeugen und verbreiten, „und also Nichtiges und Nichtendes" (SCHLIER).
[2] Vgl. auch O. KUSS (RegNT VI) z. St.; J. GNILKA, Ist 1 Kor 3, 10–15 ein Schriftzeugnis für das Fegfeuer? Eine exegetisch-historische Untersuchung (Düsseldorf 1955) 118–130.
[3] Vgl. LOHMEYER z. St.

meindemitglieder zugerüstet werden εἰς ἔργον διακονίας, zu dem „Werk"
(Aufgabe), das im „Dienst" an der Gemeinde besteht[1].

f) ἔργον πίστεως. Diese Verbindung begegnet 2mal in den Thessalonicherbriefen: 1 Thess 1, 3 (hier mit Artikeln versehen: μνημονεύοντες ὑμῶν τοῦ ἔργου τῆς πίστεως); dieses „Glaubenswerk" wird vom Apostel zusammen mit „Liebesmühe" und „Ausdauer in der Hoffnung" genannt; es ist ein Glaube, der es zu sichtbaren Werken gebracht hat und bringt[2], also Frucht bringt. Und der Apostel betet in 2 Thess 1, 11, daß Gott das Werk des Glaubens (ἔργον πίστεως) bei den Thessalonichern „kräftig zur Vollendung bringe", d. h. zu seiner eschatologischen Reife; das „Glaubenswerk" ist hier in erster Linie das von Gott selbst geschaffene „Werk", das in der Gemeinde reiche Frucht trägt, natürlich mit ihrer lebendigen Mitwirkung.

g) „Werk" und Gericht. Paulus kennt ein Gericht nach den Werken[3]. Aber abgesehen von Röm 2, 6 („Er wird einem jeden vergelten nach seinen [vom Gesetz geforderten] Werken"), ist der Gerichtsgedanke nirgends mit dem Terminus ἔργον verbunden[4]; und dort handelt es sich um ein Zitat (Ps 62, 13), und das Problem ist, ob der Apostel mit ihm und der nachfolgenden Entfaltung in 2, 7ff einen vorchristlichen Standpunkt wiedergeben will[5]. Obwohl der Gerichtsgedanke in der Verkündigung des Apostels eine wichtige Rolle spielt[6], scheint er den Terminus ἔργον (ἔργα) im Zusammenhang mit ihm absichtlich vermieden zu haben, um nicht in einen dann nur allzuleicht sich bildenden Widerspruch mit seiner Rechtfertigungslehre zu geraten. Daß er aber gute und böse „Werke" in seiner Verkündigungssprache kennt, hat sich oben zur Genüge gezeigt (b und c). Auch kennt er für die bösen Werke eine Strafandrohung[7] (vgl. 1 Thess 4, 6; Eph 5, 5f; Kol 3, 6; 1 Kor 6, 9f;

---

[1] Schlier (z. St.) faßt den Genitiv διακονίας anders: „Um das Werk, das ‚der Dienst' besorgt, aufzurichten, d. h. um den Leib Christi aufzubauen"; dann wäre hier ἔργον die ekklesiologische Frucht des „Dienstes" in der Gemeinde.
[2] Vgl. H. Schürmann, Der erste Brief an die Thessalonicher (Geistliche Schriftlesung 13; Düsseldorf 1961) z. St.; Gal 5, 6 (πίστις δι' ἀγάπης ἐνεργουμένη).
[3] Vgl. dazu etwa O. Kuss (RegNT VI, 43f: Exkurs „Das Gericht nach den Werken"): Der Mensch „muß sich anstrengen, denn er kann noch verlorengehen (1 Kor 3, 12–17; 9, 23–27; 10, 11 12; 2 Kor 6, 1; Phil 2, 12; 3, 8–14). Er lebt ja auf das Gericht zu. Die ganze Welt ist dem Gericht Gottes unterworfen (Röm 1, 18–32; 2, 5–16; 3, 6; 1 Kor 6, 2). In seinem Auftrag (Röm 2, 16; 1 Thess 3, 13) wird Christus als Richter wiederkehren (Röm 14, 10; 1 Kor 1, 8; 4, 4 5; 5, 5; 2 Kor 1, 14; 5, 10), Christi Gericht wird Gottes Gericht sein, Christi Entscheidung Gottes Entscheidung (Röm 14, 10–12; 1 Kor 4, 5)." Ausführlich zitiert sei 2 Kor 5, 10: „Denn wir alle müssen vor dem Richterstuhl Christi offenbar werden, damit jeder den Lohn empfange, was er während des Leibeslebens getan hat, es sei gut oder böse"; vgl. dazu auch Röm 14, 10b: „Alle werden wir vor den Richterstuhl Gottes zu stehen kommen."
[4] Denn 1 Kor 3, 13–15 kommt dafür eigentlich nicht in Frage, da es an dieser Stelle um die endzeitliche Erprobung des missionarischen „Werkes" geht (s. o. unter e).
[5] Vgl. Näheres dazu bei O. Kuss, Der Römerbrief, 64f.
[6] Vgl. auch R. Schnackenburg, Die sittliche Botschaft, 223–226.
[7] Vgl. L. Nieder, Die Motive der religiös-sittlichen Paränese in den paulinischen Gemeindebriefen (München 1956) 109–112.

2 Kor 5, 10; Gal 5, 21; 6, 7–10; Röm 14, 10–12). So bleibt bei Paulus auch hinsichtlich der „Werke" des Christen, die nichts mit den jüdischen „Werken des Gesetzes" zu tun haben, deutlich eine Spannung, die wesentlich mit jener von Indikativ und Imperativ in seiner Theologie zusammenhängt.

Im Rückblick auf den Sprachgebrauch des Apostels hinsichtlich ἔργον muß festgestellt werden, daß dieser sehr mannigfach ist. Man muß sich deshalb hüten, den Terminus ἔργον (ἔργα) immer sofort mit dem Ausdruck ἔργα τοῦ νόμου und der damit verbundenen Theologie in Zusammenhang zu bringen, so zentral diese auch im Denken des Paulus stehen mag.

2. Das „Werk" in den Pastoralbriefen

Eine Untersuchung der Pastoralbriefe bestätigt im allgemeinen den Befund des übrigen Corpus Paulinum, vor allem die Mannigfaltigkeit im Sprachgebrauch. Doch fällt auf, daß hier häufig der Ausdruck (τὰ) ἔργα (τὰ) καλά (nur im Plural; 7mal)[1] statt ἔργα ἀγαθά (ἔργον ἀγαθόν) verwendet wird[2]. Der Ausdruck „Werke des Gesetzes" kommt nicht vor, wohl aber der ablehnende Hinweis auf das „Leistungsprinzip" (vgl. 2 Tim 1, 9: οὐ κατὰ τὰ ἔργα ἡμῶν, Tit 3, 5: οὐκ ἐξ ἔργων τῶν ἐν δικαιοσύνῃ ἃ ἐποιήσαμεν ἡμεῖς), so daß also paulinisches Gedankengut noch lebendig ist. „Die guten (schönen) Werke" sind durchwegs die positiven Äußerungen des christlichen Lebens, vom „bösen Werk" ist nur in 2 Tim 4, 18 die Rede. In 2 Tim 4, 14 wird das Gericht nach den Werken verkündet (mit demselben Zitat aus Ps 62,13 wie in Röm 2, 6).

II. Das „Werk" im Jakobusbrief

Der Terminus ἔργον begegnet im Jak-Brief 15mal (1, 4 25; 2, 14 17 18 [3mal] 20 21 22 [2mal] 24 25 26; 3, 13; nur in 1, 4 25 im Singular). Das ἔργον τέλειον, zu dem nach 1, 4 die Ausdauer führen soll, ist die eschatologische „Ganzheit", zu der der Christ gelangen soll (ἵνα ἦτε τέλειοι καὶ ὁλόκληροι)[3]. Nach 1, 25 sei der Christ kein vergeßlicher Hörer, sondern ein ποιητὴς ἔργου: gemeint ist die Umsetzung des gehörten Wortes in die Tat, wie auch Jesus sie forderte. Die Werke sollen sich im Leben des „Weisen" nach 3, 13 in seinem guten Wandel zeigen; das sind die sichtbaren „Manifestationen" des christlichen Lebens, hier speziell des guten Beispiels. Und worin diese für Jakobus bestehen, zeigt der wichtige Abschnitt 2, 14–26, in dem der Terminus ἔργον allein 12mal vorkommt. Es sind die „Werke" der ganz praktisch und nüchtern verstandenen, im konkreten Alltag geübten Nächstenliebe, die ein offenes Auge und eine helfende Hand für die Not des Bruders hat. Aus dem Abrahamsbeispiel in 2, 21–23 geht hervor, daß auch der Gehorsam gegen Gottes eh und je ergehende Forderung zu jenen „Werken"

---

[1] Ausnahme: 1 Tim 3, 1, bezogen auf das Amt des Vorstehers (vgl. auch 2 Tim 4, 5; Tit 3, 14).
[2] In den Briefen an Timotheus ist das Adjektiv καλά immer nachgestellt, im Titusbrief immer vorangestellt.
[3] Vgl. noch Näheres im Kommentar.

gehört, die nach Jak den Menschen vor Gott „zusammen mit dem Glauben" rechtfertigen. Ein Glaube ohne Werke dagegen ist für Jak „tot" und für die Rechtfertigung „nutzlos". Dies würde Paulus sicher nicht in Abrede stellen, sondern ihm ohne Bedenken zustimmen, zumal Jak nie von „Werken des Gesetzes" redet und sie auch nie im Auge hat. Vor allem findet sich Jak mit seiner Anschauung über die Rolle und die Bedeutung der „Werke" für die Heilsgewinnung ganz auf der Linie Jesu: „So leuchte euer Licht vor den Menschen, damit sie eure guten Werke sehen und euren Vater im Himmel preisen" (Mt 5, 16). Wenn im übrigen auch der Terminus ἔργον in diesem positiven Sinn im Munde des synoptischen Jesus nicht anzutreffen ist, so fordert Jesus dennoch sehr häufig entschieden das, was mit den „guten Werken" gemeint ist[1]: die Verwirklichung, das „Tun" des Willens Gottes im Alltag[2]; vgl. Mt 7, 12 („die goldene Regel"); 7, 17 19 20 24; 12, 50; die unlösliche Verbindung des Gebotes der Nächstenliebe mit dem der Gottesliebe im sogenannten Hauptgebot (Lk 10, 25 ff par)[3]; das Gleichnis vom unbarmherzigen Knecht (Mt 18, 23–35), vom barmherzigen Samariter (Lk 10, 30–37); das große Gerichtsgemälde in Mt 25, 31–46; ferner noch Lk 12, 12–14; Joh 13, 34 (das „neue" Gebot der Liebe).

Die „Werk"-Frömmigkeit des Jak-Briefes hat mit dem „Leistungsprinzip" nichts zu tun. Die Forderungen des Briefes decken sich vielmehr mit den Forderungen Jesu. Und der Apostel Paulus würde diese „Werkfrömmigkeit" ganz gewiß nicht ablehnen, da er doch selber gewünscht hat, daß seine Gemeinden überreiche Frucht bringen zu jedem guten Werk (2 Kor 9, 8; Kol 1, 10; 2 Thess 2, 17).

VI. Warnung vor Lehrsucht wegen der Dämonie der Zunge (3, 1–12)

Eine neue Paränese, die zwar ein bereits in 1, 26 angeschnittenes Thema wieder aufgreift, aber es nun unter einem neuen Gesichtspunkt und viel ausführlicher behandelt. Der neue Gesichtspunkt, unter dem jetzt das Thema „Zunge" so ausführlich behandelt wird, ist die Warnung vor Lehrsucht: Der Lehrende arbeitet ja vor allem mit der Zunge, und gerade dieser Umstand birgt große Gefahren in sich; denn der Lehrende ist besonders der Gefahr ausgesetzt, sich häufig „im Wort" zu verfehlen. So ist der Zusammenhang der ersten beiden Verse des neuen Abschnittes mit der folgenden Schilderung der Dämonie der Zunge.

Wie ist aber der Zusammenhang mit dem Ganzen? Ist überhaupt irgendein Zusammenhang da? Ein solcher ist zu erkennen, wenn man sich an die Aufforderung von 1, 19 erinnert: Ein jeder sei rasch bereit zum Hören,

---

[1] Vgl. auch noch J. A. Kleist, „Ergon" in the Gospels, in: CBQ 6 (1944) 61–68.
[2] Vgl. Einleitung, § 8.
[3] Vgl. dazu Schnackenburg, Die sittliche Botschaft, 65–81.

langsam aber zum Sprechen. Im folgenden (1, 20ff) hat Jak jedoch nur den ersten Teil dieser Aufforderung näher durchgeführt, nämlich das Thema vom „Hören" mit der Aufforderung, das gehörte Wort in die Tat umzusetzen, während er den zweiten Teil („seid langsam zum Sprechen") noch nicht behandelt hat[1]. Da das Thema Hören und Reden vermutlich seinen „Sitz" in der gottesdienstlichen Gemeindeversammlung hat, heißt „sprechen": predigen, belehren! Und dieses zweite Stück der dortigen Ermahnung von 1, 19 greift er jetzt wieder auf und führt es durch, nachdem er das Tun anstelle eines Nur-Hörens von der Notwendigkeit der „Werke" für die Rechtfertigung her eingehend in Auseinandersetzung mit einem „Gegner" begründet hat. Jetzt geht es um das „Sprechen", um das Lehren. Auch hier ist eine dringende Warnung am Platz, die um so notwendiger ist, als in manchen Gemeinden im Zusammenhang mit der pln. Predigt von der Freiheit des Christenmenschen heftige und lieblose Streitgespräche und Zankereien ausgebrochen waren. Darüber ist Jak nicht erbaut. Er ist ein Freund des Friedens in den Gemeinden.

3, 1 Tretet nicht bei jeder Gelegenheit als Lehrer auf, meine Brüder, in dem Wissen, daß wir ein strengeres Gericht empfangen werden! 2 Denn in vielem verfehlen wir uns alle. So einer im Wort nicht anstößt, ist dieser ein vollkommener Mann, imstande, im Zaum zu halten (zu beherrschen) sogar den ganzen Leib. 3 Wenn wir aber den Pferden die Zügel in die Mäuler legen, damit sie uns gehorchen, leiten wir auch ihren ganzen Körper. 4 Siehe, auch die Schiffe, so groß sie auch sind und von heftigen Winden getrieben, werden von einem ganz kleinen Steuer geleitet, wohin der Antrieb (der Druck) des Steuernden will. 5 So ist auch die Zunge (nur) ein kleines Glied und vermißt sich (doch) großer Dinge. Siehe, ein Feuer, so klein es auch ist, es steckt einen Wald, so groß er auch ist, in Brand![2] 6 Auch die Zunge: als ein Feuer, als die ungerechte Welt, steht die Zunge da unter unseren Gliedern, sie, die den ganzen Leib beschmutzt und in Brand setzt den Umkreis des Werdens und (selbst) in Brand gesetzt ist von der Hölle. 7 Denn jede Art von Landtieren sowohl wie Vögeln, von Kriechtieren sowohl wie Seegetier wird gezähmt und wurde (bleibend) gezähmt[3] durch die menschliche Art, 8 die Zunge aber kann niemand zähmen von den Menschen. Ein unruhiges Übel, voll von Todesgift! 9 Mit ihr preisen wir den Herrn und Vater, und mit ihr verfluchen wir die Menschen, die nach Gottes Bild geschaffen sind. 10 Aus demselben Mund kommt heraus Preis und Fluch. Nicht darf, meine Brü-

---

[1] Nur ganz kurz taucht der Terminus λαλεῖν in 2, 12 auf, aber ohne weitere Ausführung.
[2] Vgl. aber auch BAUERWb s. v. ἡλίκος.
[3] Vgl. SCHLATTER z. St.

der, das so geschehen. 11 Läßt etwa die Quelle aus derselben Öffnung Süßes und Bitteres hervorsprudeln? 12 Kann etwa, meine Brüder, ein Feigenbaum Oliven tragen oder ein Weinstock Feigen? Noch Salzwasser Süßwasser hervorbringen.

3, 1 Als anerkanntes Haupt der Judenchristen erfüllt es Jak offensichtlich mit Sorge, daß gerade von judenchristlicher Seite Streit in die Gemeinden getragen wird. Er sieht hinter diesen Vorgängen etwas Tieferes am Werk, nämlich die gefährliche Neigung des Menschen, sich zum selbstgerechten und machtbeanspruchenden „Lehrer" der anderen aufzuwerfen[1]. „Lehrer" muß es selbstverständlich in den Gemeinden geben — und sie stellten in der Urkirche einen eigenen charismatischen Stand dar[2] —, aber sie sollen nicht bei jeder Gelegenheit als solche auftreten; denn diesen Sinn scheint πολλοί in der die neue Paränese einleitenden Mahnung zu haben[3]. Jak begründet seine Mahnung mit dem „Wissen (εἰδότες)[4], daß wir ein um so strengeres Gericht empfangen werden". Erfolgt sein Hinweis auf dieses „Wissen" um das kommende, strenge Gericht über die Lehrer in der Gemeinde im Hinblick auf die Lehre Jesu, der nach Lk 20, 47 par den Schriftgelehrten ein scharfes Gericht androht (οὗτοι λήμψονται περισσότερον κρίμα)? Und denkt er an das warnende Wort Jesu bei Mt 12, 36: „Ich sage euch: Über jedes unnütze Wort, das die Menschen reden, müssen sie am Tage des Gerichts Rechenschaft ablegen. Denn nach deinen Worten wirst du für gerecht erklärt und nach deinen Worten verurteilt werden"[5]?

Jak gebraucht im ὅτι-Satz die 1. Person Plural (λημψόμεθα). Er ist selbst Lehrer in der Kirche und weiß, daß auch er einmal Rechenschaft vor dem göttlichen Richter über sein Lehrwort ablegen muß. Er teilt nicht die Selbstgerechtigkeit mancher Schriftgelehrter, die Jesus angeprangert hat!

3, 2 Die Warnung vor dem kommenden Gericht wird noch tiefer begründet (vgl. γάρ). Warum soll man nicht bei jeder Gelegenheit als Lehrer in

---

[1] Vielleicht denkt Jak dabei auch an die Polemik Jesu gegen die Schriftgelehrten (vgl. Lk 11, 46 52 par; 20, 45–47, dazu K. H. Rengstorf in: ThWb II, 145/19 ff) und an seine Ermahnung: „Ihr sollt euch nicht Lehrer nennen lassen" (Mt 23, 8).
[2] Vgl. 1 Kor 12, 28 ff; Eph 4, 11; Apg 13, 1; H. Greeven in: ZntW 44 (1952/53) 1–43 (bes. 16–31); K. H. Rengstorf in: ThWb II, 150–163 (bes. 160f); H. Kosmala, Hebräer — Essener — Christen, 282–290.
[3] Es geht nicht um Vervielfachung des Lehrerstandes in der Gemeinde, sondern um ihr allzu häufiges Auftreten, d. h., πολλοί steht an Stelle eines adverbiellen Ausdrucks (vgl. Belser, v. Soden z. St.; Blass-Debr § 243; Mayser, Grammatik II/2, 174/20 ff). — m liest: nolite multiloqui esse. D. Völter schlug statt πολλοί διδάσκαλοι zu lesen vor: ἐθελοδιδάσκαλοι, unter Verweis auf Herm (s) IX, 22, 2 (vgl. ZntW 10 [1909] 328f).
[4] Dieses begründende Partizip εἰδότες ist auch „eine bei Paulus häufige Formel, die eine bestimmte Erkenntnis unterstreichen soll, ohne daß ihre Herkunft näher erläutert wird" (O. Michel zu Röm 5, 3; vgl. Röm 6, 9; 13, 11; 1 Kor 15, 58; 2 Kor 4, 14; 5, 6 11; Eph 6, 8f).
[5] Vgl. auch Abot I, 11: „Ihr Weisen, seid vorsichtig in euren Worten!"

den Gemeinden auftreten? Weil jener, der Lehrer in der Gemeinde ist oder sein will, in erster Linie ein Redender ist und es erfahrungsgemäß fast unmöglich ist, „im Wort nicht anzustoßen". „Wir alle" ohne Ausnahme — Jak schließt sich wieder ein — „haben in vieler Hinsicht (= πολλά) Fehler" — πολλά ist adverbial zu fassen und steht in Spannung zu ἐν λόγῳ im V 2b. Jak macht zunächst auf den unleugbaren Tatbestand aufmerksam, daß wir alle Fehler in vielfacher Hinsicht haben[1], nennt dann aber das Kriterium für Vollkommenheit, nämlich die völlige Beherrschung der Zunge: „Wenn aber einer im Worte nicht anstößt, so ist er ein vollkommener Mann"; das Adjektiv τέλειος ist dem ἀνήρ vorangestellt, weil auf ihm der Ton liegt[2]. Jak wiederholt mit dieser Maxime beinahe nur die atl. Spruchweisheit: „Bei vielen Worten geht es ohne Verfehlung nicht ab; wer jedoch seine Zunge beherrscht, ist klug" (Spr 10, 19)[3]. Und der unausgesprochene Gedanke ist dabei wohl der: es wäre aber die Voraussetzung für einen, der als Lehrer in den Gemeinden auftreten will, daß er vor allem im Worte nicht anstößt — und das „Anstoßen" meint nicht falsche Lehre, sondern Rechthaberei und Besserwissen.

Nun hat Jak deutlich schon seine folgenden Ausführungen über die Zunge im Auge, und deshalb fügt er hinter τέλειος ἀνήρ gleich hinzu: „fähig, den ganzen Leib zu beherrschen", d. h. seine ganze Triebwelt (die ja mit dem Leib wesentlich zusammenhängt)[4]. Zwar verwendet Jak in V 2b den Terminus „Zunge" noch nicht, weil zum Ausdruck „Lehrer" der Terminus λόγος besser paßt und weil es außerdem besser ist, zu formulieren: „im Worte" nicht anstoßen als „mit der Zunge" nicht anstoßen.

3, 3 f Es folgen zwei Vergleiche, die die Aussage des V 2 illustrieren sollen; das tertium comparationis ist dabei: Wer das Kleine beherrscht (wie der τέλειος ἀνήρ), beherrscht dadurch das Große! Wer durch die Zügel das Maul des Pferdes beherrscht, beherrscht „auch"[5] das ganze Pferd — ὅλον τὸ σῶμα αὐτῶν am Ende des V 3 nimmt bewußt dieselbe Formulierung vom

---

[1] Vgl. auch Prd 7, 20; 1 Joh 1, 8; SOPHOKLES, Antig. 1023 (ἀνθρώποισι γὰρ τοῖς πᾶσιν κοινόν ἐστιν τοὐξαμαρτάνειν); THUKYDIDES III, 45, 3 (πεφύκασί τε ἅπαντες καὶ ἰδίᾳ καὶ δημοσίᾳ ἁμαρτάνειν); EPIKTET I, 11, 7 (πάντες σχεδὸν ἢ οἵ γε πλεῖστοι ἁμαρτάνομεν); SENEKA, De clem. I, 6, 3 (peccavimus omnes, alii gravia, alii leviora); BONACCORSI z. St.
[2] Der Ausdruck „vollkommener Mann" muß hier ganz atl.-jüdisch verstanden werden; vgl. auch H. KOSMALA, Hebräer – Essener – Christen, 208–217 (bes. 216); 236.
[3] Vgl. auch Sir 19, 16; 25, 8 („Glücklich, wer durch seine Zunge nicht zu Fall kommt!"); Abot I, 17 (R. ŠIMEON: „Und jeder, der viel Worte macht, heimst Sünde ein"). J. B. BAUER meint in BZ, NF 4 (1960) 125, „daß die Gedankenentwicklung bei Jakobus auf der Doppeldeutigkeit des semitischen Grundwortes für ‚verbum' aufbaut, und zwar auf der Sprechbetontheit, nicht auf der Sachbetontheit von dābār. Letztere ... würde dem Spruch selbst gerechter. ‚In vielen Dingen treten wir alle fehl, wer in keiner Hinsicht fehltritt, der (wäre schon) vollkommen.' "
[4] Vgl. auch Abot IV, 1 („Wer ist stark? Wer seine Natur in Gewalt hat").
[5] καί = auch (BEYER, Semitische Syntax, 72).

Ende des V 2 auf —; und wer das Steuer fest in der Hand hat, kann mit diesem kleinen Mittel das größte Schiff selbst durch widrige Winde hindurchsteuern[1]. Damit ist durch die beiden Vergleiche[2] die Möglichkeit veranschaulicht, Großes durch Kleines zu beherrschen, wie es im V 2 vom „vollkommenen Mann" gesagt worden ist.

3, 5 Ähnlich ist an und für sich auch die Zunge ein kleines Glied, mit dem es möglich sein sollte, die ganze Triebwelt des Leibes zu beherrschen. Das wäre eigentlich die zu ziehende Konsequenz aus den beiden Vergleichen, sobald man sie auf die Zunge anwendet. Aber schon im V 2 war — fast in einem resignierenden Ton — gesagt worden, daß es nur einem vollkommenen Mann möglich sei, im Worte, und d. h. mit der Zunge, nicht zu fehlen, und nur wer diese Vollkommenheit besitze, auch in der Lage sei, „den ganzen Leib im Zaume zu halten". Und so geht nun die Anwendung auf die Zunge, dieses kleine Glied am Leib, sofort in malam partem, aber nicht auf Grund der vorausgehenden Vergleiche — denn diese haben primär die „Fähigkeit" des τέλειος ἀνήρ veranschaulicht —, vielmehr auf Grund der täglichen Erfahrung: obwohl die Zunge nur ein ganz kleines Glied ist[3], mit dem man an und für sich „den ganzen Leib" im Zaume halten könnte und sollte, zeigt die Erfahrung das Gegenteil, daß „sie sich großer Dinge vermißt" — und auf diesem μεγάλα αὐχεῖ liegt ja schon ein negativer Akzent[4]. μεγάλα selbst ist zwar noch durch die vorausgehenden Vergleiche veranlaßt und könnte noch „positiv" verstanden werden, aber das Verbum αὐχεῖ drängt rapid in malam partem[5], wie der folgende Text beweist[6].

---

[1] ὅπου = ὅποι (vgl. auch Joh 8, 22 ὅπου ἐγὼ ὑπάγω). Zum verwendeten Bild vgl. auch ARISTOTELES, Mechan. 5 p. 850b (διὰ τί τὸ πηδάλιον μικρὸν ὂν καὶ ἐπ' ἐσχάτῳ τῷ πλοίῳ τοσαύτην δύναμιν ἔχει ὥστε καὶ ὑπὸ μικροῦ οἴακος καὶ ἑνὸς ἀνθρώπου δυνάμεως καὶ ταύτης ἠρεμαίας μεγάλα κινεῖσθαι μεγέθη πλοίων).
[2] Pferd und Schiff bzw. Reiter und Steuermann werden auch bei dem Moralisten PHILO in einem Atemzug als Beispiele genannt; vgl. Leg. all. II, 104 („Sache des Reiters ist es, das Pferd zu zügeln und ... im Zaum zu halten ... Ebenso hat auf dem Meere der Steuermann das Schiff zu führen, zu lenken und ihm die Richtung zu weisen ..."); De opif. mundi 88 („Das beweisen die Wagenlenker und Steuerleute; denn jene befinden sich hinter den Zugtieren, treiben sie aber doch, die Zügel in der Hand, wohin sie wollen ... Die Steuerleute wiederum sind, wiewohl sie am letzten Platz im Schiff, auf dem Hinterdeck, stehen, sozusagen die Besten unter allen, die mitfahren, da sie das Heil des Schiffes und aller, die mitfahren, in ihrer Hand haben"); SOPHOKLES, Antig. 477 (σμικρῷ χαλινῷ δ' οἶδα τοὺς θυμουμένους ἵππους καταρτυθέντας); Belege aus PLUTARCH bei ALMQVIST, Plutarch und das NT, 132 Nr. 305; aus LUKIAN bei H. D. BETZ, Lukian v. S. und das NT, 47, Anm. 8.
[3] Im V 5a liegt grammatische Parataxe für logische Hypotaxe vor: „So vermißt sich auch die Zunge, obwohl nur ein kleines Glied, großer Dinge" (vgl. BEYER, Semitische Syntax, 20).
[4] Vgl. dabei das Wortspiel μέλος — μεγάλα.
[5] Darüber hat schon ÖKUMENIUS seine Verwunderung ausgesprochen (τὸ γὰρ ‚οὕτω καὶ ἡ γλῶσσα' τοῦτο σημαίνει, ὅτι οὕτως ὀφείλει καὶ ἡ γλῶσσα μετάγεσθαι τῷ ὀρθῷ λόγῳ ἀλλ' οὐ τοῦτο ποιεῖν ὃ ποιεῖ).
[6] Nach DIBELIUS hat Jak die Bilder der VV 3f „umgetönt", nämlich ins Pessimistische. Eigentlich nicht, da sie ja die Kraft des τέλειος ἀνήρ vom V 2 veran-

Das Übel der Zunge wird zunächst im V 5b durch einen Vergleich veranschaulicht: Ein noch so kleines Feuer vermag den größten Wald (ὕλην)¹ in Brand zu stecken (vorausgesetzt, daß er nicht rechtzeitig gelöscht wird). Das Bild vom Feuerbrand wurde in der Antike gern gebraucht, „um das Regiment der Leidenschaft und der Begierde darzustellen" (Dibelius)²; daß Jak dieses Bild im Zusammenhang mit seinen Ausführungen über das Unheil, das die Zunge anzurichten vermag, anwendet, dazu mag ihn wieder die atl. Spruchweisheit angeregt haben³, wie überhaupt den atl. Hintergrund dieser Ausführungen über das Unheil der Zunge besonders Sir 28, 13–26 zu bilden scheint.

3, 6 Der gedankliche Aufbau des Verses ist nicht ganz leicht zu erkennen, und der Text hat dem Verständnis schon immer Schwierigkeiten bereitet⁴. Zunächst wendet Jak das Bild vom Feuer aus V 5b auf die Zunge an, sagt aber nicht: „So ist auch die Zunge ein Feuer..." Vor allem ist zu beachten, daß zwischen ἡ γλῶσσα und πῦρ eine Kopula fehlt, ein Nominalsatz hier aber höchst unwahrscheinlich und ungewohnt wäre. So bleibt nichts anderes übrig, als καθίσταται schon als Verbum für die erste Aussage des Verses zu nehmen: „Und die Zunge steht (tatsächlich) als ein Feuer da..." Welchen Sinn hat aber nun der zwischen zwei Kommata stehende Ausdruck ὁ κόσμος τῆς ἀδικίας?⁵ Der Genitiv ἀδικίας ist Ersatz für ein Adjektiv, ähnlich wie

---

schaulichen (s. o.). Nur wendet Jak die Bilder im οὕτως-Satz des V 5 auch auf die Zunge an und muß dabei eine negative, pessimistische Feststellung machen.

¹ ὕλη = Holz, Wald, Brennholz, Bauholz, Material (vgl. BAUERWb s. v.). Vielleicht ist in Jak 3, 5 an den (palästinensischen?) Buschwald gedacht, der besonders leicht abbrennen kann; so L. E. ELLIOTT-BINNS in: NTSt 2 (1955/56) 58–60; dann bezieht sich ἡλίκον (ὕλην) sehr wahrscheinlich auf die große Ausdehnung des Brandes. — Statt ἡλίκον (πῦρ) lesen A* Ψ KL 917 1838 al. ff syrᵖ arm copt ὀλίγον.

² HOMER, Ilias II, 455 (ἠΰτε πῦρ ἀΐδηλον ἐπιφλέγει ἄσπετον ὕλην); PINDAR, Pyth. III, 36f (πολλὰν τ'ὄρει πῦρ ἐξ ἑνὸς σπέρματος ἔνδορον ἀΐστωσιν ὕλαν); Ps.-PHOKYLIDES, Poëma admon. 144 (ἐξ ὀλίγου σπινθῆρος ἀθέσφατος αἴθεται ὕλη); PHILO, De decal. 32 ([ἐπιθυμία] οἷα φλὸξ ἐν ὕλῃ νέμεται δαπανῶσα πάντα καὶ φθείρουσα); DIBELIUS, ROPES z. St.

³ Vgl. Ps 39 (38), 2 4 („Ich will auf meine Worte achten, um nicht mit der Zunge zu sündigen... bei meinem Grübeln entbrannte ein Feuer; so mußte meine Zunge reden"); Spr 16, 27 („Ein nichtsnutziger Mensch ist ein Ofen von Bosheit, und auf seinen Lippen [ist's] wie sengendes Feuer"); 26, 21; Sir 28, 22 („Über Fromme hat sie [die Zunge] keine Macht, und sie werden durch ihre Flamme nicht versengt"); Is 30, 27; PsSal 12, 2f.

⁴ DIBELIUS nimmt mit SPITTA und WINDISCH Textverderbnis an (die Worte ὁ κόσμος bis ἡμῶν seien vielleicht Zusatz). Erleichternd auch schon s: lingua ignis est et mundus iniquitatis per linguam constat. Man kommt aber in der Analyse des sonst gut überlieferten Textes ohne Textkritik durch.

⁵ Vgl. Spr 17, 6a (ὅλος ὁ κόσμος τῶν χρημάτων = die ganze Summe von Geld und Gut). ÖKUMENIUS denkt bei κόσμος an „Schmuck", wenn er erläutert: κοσμεῖ = beschönigt) τὴν ἀδικίαν διὰ τῆς τῶν ῥητόρων εὐγλώττου δεινότητος, ähnlich auch CHAINE. ESTIUS: mundus universus et universitas vocatur, quod in eo sit rerum omnis generis collectio. BISPING: „gesamter Inbegriff der Ungerechtigkeit"; ebenso BELSER. SCHEGG: „Die Ungerechtigkeit (personifiziert) hat zu ihrer Welt (worin sie waltet) die Zunge." Nach DIBELIUS ist die Wendung nicht „anders zu verstehen

in dem Ausdruck μαμωνᾶς τῆς ἀδικίας (Lk 16, 9 11) oder ὁ κριτὴς τῆς ἀδικίας (Lk 18, 6)¹. Man faßt ὁ κόσμος τῆς ἀδικίας am besten nicht als Apposition zum vorausgehenden πῦρ², sondern als zweites, asyndetisch angeschlossenes Prädikatsnomen zu dem Satz: καὶ ἡ γλῶσσα ... καθίσταται. „Die Zunge steht als ein Feuer da, als die ungerechte Welt", und zwar als die böse Welt schlechthin — „schlechthin" ergibt sich aus dem Artikel, der an und für sich beim Prädikatsnomen fehlen müßte, aber stehen kann, wenn dasselbe „als das die Bezeichnung allein verdienende ... hingestellt wird"³: Die Zunge ist für Jak die böse Welt schlechthin⁴, insofern sie mit ihren Lügen und Verleumdungen ein wahres Gemeinschaftsleben unmöglich macht⁵. Das zweite ἡ γλῶσσα kann man dabei als eine verdeutlichende Wiederaufnahme des Subjekts verstehen, wobei das Komma hinter ἀδικίας (mit B. Weiß) zu streichen ist. Die Übersetzung lautet dann: „Und die Zunge als ein Feuer, (ja) als die ungerechte Welt [schlechthin] steht die Zunge da unter unseren Gliedern."⁶

Dieser Schilderung der Gefährlichkeit der Zunge fügen sich noch zwei appositionelle Partizipien an (ἡ σπιλοῦσα ... καὶ φλογίζουσα), die deutlich eine begründende und erläuternde Funktion haben: Warum ist die Zunge denn so etwas wie ein „Feuer" und „die ungerechte Welt "schlechthin?

a) Weil die Zunge, obwohl sie ein so kleines Glied „unter unseren Gliedern" ist, dennoch mit ihren Lügen den ganzen Leib zu „beschmutzen" vermag; damit ist also offensichtlich der Ausdruck ὁ κόσμος τῆς ἀδικίας begründet und erläutert. Zugleich ist mit dieser Aussage der Bezug zu dem in den VV 2f erscheinenden Hinweis auf „den ganzen Leib" hergestellt, wobei das Zeitwort σπιλοῦν wohl einen bewußten Gegensatz zu χαλιναγωγῆσαι im V 2 bildet: statt daß die Zunge ihre eigentliche Aufgabe erfüllen würde, nämlich den ganzen Leib im Zaume zu halten, tut sie das Gegenteil: sie „beschmutzt" den ganzen Leib!

---

als in dem für Juden wie für Christen selbstverständlichen Sinn: die böse Welt".
MICHL: „Summe von Schlechtigkeit". Vg: universitas iniquitatis.
¹ Vgl. auch Henäth 48, 7 („die Welt der Ungerechtigkeit"); Mk 16, 14 W (ὁ αἰὼν τῆς ἀνομίας).
² So etwa v. SODEN.
³ BLASS-DEBR § 273.
⁴ Vgl. auch Ps 52 (51), 3 („Was rühmst du dich deiner Ungerechtigkeit, du Held, wider den Gerechten tagtäglich? Unheil planst du, einem scharfen Messer gleicht deine Zunge, du Ränkeschmied"); der Ps zeigt im übrigen, daß das Motiv der bösen Zunge im Schema Erniedrigung – Erhöhung zur Schilderung des Gegners des Gerechten gehört! 1 QH V, 13f 26f; PsSal 12.
⁵ Den Gegensatz zur „Welt der Ungerechtigkeit" bildet hier ja die Welt der Wahrheit. Vgl. auch Joh 7, 18; Röm 2, 8; 2 Thess 2, 10 12. In der Septuaginta wird der hebräische Terminus שֶׁקֶר („Lüge") oft mit ἀδικία wiedergegeben, so in Pss 51, 5; 118, 69 163; 143, 8 11. Vgl. dazu G. SCHRENK in: ThWb I, 154 156; H. KOSMALA, Hebräer – Essener – Christen, 200. „Die Welt der Ungerechtigkeit" in Jak 3, 6 ist also die Welt der Verlogenheit und des Truges.
⁶ Ein analoger Fall findet sich in 5, 3, wo verschiedene Textzeugen (ℵ³ AP 33 81 1175 syrʰˡ) das Subjekt ὁ ἰός vor dem ὡς πῦρ der Deutlichkeit halber nochmals aufnehmen, obwohl es entbehrlich ist.

Das Bild vom Beschmutzen des ganzen Leibes durch die Zunge wirkt innerhalb des Kontextes keineswegs störend, sondern ist eine notwendige Erläuterung der Aussage, daß die Zunge „die böse Welt" darstellt. Eher wirkt schon diese Aussage über die Zunge, sie sei die böse Welt, im ganzen störend; aber dieser „moralische" Hinweis hat ja seine Grundlage im V 2, wo vom „Verfehlen" (πταίειν) die Rede war. Die Diktion des Jak ist ganz unmittelbar, und so fließt ihm eben bei der Schilderung des Übels, das die Zunge bedeuten kann, noch dieser und jener Ausdruck in die Feder, obwohl dadurch der Bildzusammenhang zunächst etwas ungereimt wirkt, aber nur zunächst. Denn es läßt sich durchaus ein gedanklicher Zusammenhang erkennen. Freilich ist die Aussage, daß die Zunge den ganzen Leib beschmutzt, etwas überraschend; man würde eher erwarten: die ganze Seele[1]. Aber die vorausgehenden Hinweise auf „den ganzen Leib" veranlassen Jak, auch jetzt bei diesem Ausdruck zu bleiben.

b) Warum aber ist die Zunge so etwas wie ein „Feuer", das, wenn auch noch so klein, einen großen Wald in Brand stecken kann? Jak antwortet: weil sie gleich einem Feuer „das Rad des Werdens" in Brand setzt. Der Vergleich der Zunge mit einem Feuerbrand war nicht bloß in der Diatribe verbreitet (s. o.), sondern auch im AT[2]. Was meint Jak aber mit dem Ausdruck ὁ τροχὸς τῆς γενέσεως?[3] ὁ τροχός = das Rad, der Kreis, so daß der ganze Ausdruck wörtlich heißt: das Rad (der Kreis) des Werdens (des Daseins). Um die Herkunft dieses geheimnisvollen Ausdrucks aufzuklären, weist man in den Kommentaren auf den Sprachgebrauch der orphischen Mysterien hin[4]: Die Seele durchwandert in immer neuen Einkörperungen „den weiten ‚Kreis der Notwendigkeit', als Lebensgenossin vieler Leiber von Menschen und Tieren. Hoffnungslos scheint sich das ‚Rad der Geburten' in sich selbst zurückzudrehen" (E. Rohde)[5]; die Ausdrücke dafür waren κύκλος τῆς γενέσεως, ὁ τῆς μοίρας τροχός und auch γενέσεως τροχός. So bemerkt Simplicius zu Aristoteles, De caelo 2 (S. 377 Heiberg)[6]: ἐν τῷ τῆς εἱμαρμένης τε καὶ γενέσεως τροχῷ οὗπερ ἀδύνατον ἀπαλλαγῆναι κατὰ τὸν Ὀρφέα[7]. G. Kittel konnte nach-

---

[1] Vgl. TestAss 2, 7: τὴν ψυχὴν σπιλοῖ (sc. ὁ πλεονεκτῶν) καὶ τὸ σῶμα λαμπρύνει.
[2] Siehe die Belege S. 162, Anm. 3.
[3] Siehe die Literatur dazu bei BAUERWb s. v. τροχός.
[4] Vgl. das Material bei H. LEISEGANG, Denkformen (Berlin 1928) 83, Anm. 6 (vgl. vor allem Orphic. fragm. [ed. O. KERN] 205 224b 229 230); J. STIGLMAYR (BZ 11 [1913] 49–52; dagegen J. SCHÄFERS in: ThGl 5 [1913] 836–839) und R. EISLER (Orphisch-dionysische Mysteriengedanken in der christlichen Antike = Vortr. der Bibl. Warburg II/2 [Leipzig 1925] 86 ff) wollten den Ausdruck aus dem Ixion-Mythus herleiten, nach welchem Ixion zur Strafe für seine Untaten auf ein glühendes Rad geflochten und fortwährend durch die Lüfte getrieben wird. Vgl. zu diesem Mythus PAULY-WISSOWA X, 2 (Stuttgart 1919) 1373 ff. Zum Radsymbol im Buddhismus vgl. Rh. DAVIDS, Zur Geschichte des Rad-Symbols, in: Eranos-Jahrbuch 1934 (Zürich 1935) 153–178.
[5] Psyche (Tübingen 5-61910) 123.
[6] Zitiert bei BAUERWb s. v. γένεσις, 4.
[7] Vgl. auch PHILO, De somn. II, 44 (κύκλον καὶ τροχὸν ἀνάγκης ἀτελευτήτου); ANAKREON (Od. 4, 7): τροχὸς ἅρματος γὰρ οἷα βίοτος τρέχει κυλισθείς.

weisen¹, daß das Bild vom Lebensrad, befreit von allen orphischen Vorstellungen, auch in der rabbinischen Literatur von der Mitte des 2. Jh. n. Chr. an verwendet wird, sehr wahrscheinlich in Übernahme aus dem Hellenismus². Jak denkt vermutlich einfach an den ganzen Umkreis des Lebens³: Es gibt niemand und nichts, vor dem die verleumderische Zunge haltmachen würde⁴; alles vermag sie in Brand zu stecken⁵. Gegen ihre vernichtende Macht ist man ohnmächtig; ihr Feuer ist gleichsam Feuer vom ewigen, unauslöschlichen Feuer der Hölle selbst⁶ (καὶ φλογιζομένη ὑπὸ τῆς γεέννης⁷). Vgl. auch noch Job 31, 12.

¹ Die Probleme des palästinensischen Spätjudentums, 141–168.
² Vgl. auch BILLERBECK I, 820f, der u. a. ExR 31 (91c) zitiert: „Ein Rad ist in der Welt; nicht wer heute reich ist, ist auch morgen reich, und wer heute arm ist, ist nicht auch morgen arm; vielmehr den einen bringt es hinab und den anderen empor..." Hier ist deutlich an das Schicksalsrad gedacht, das in der Hand Gottes ist.
³ Vgl. Sib 2, 87 (βιοτὸς τροχός) = Ps.-PHOKYLIDES 27 (κοινὰ πάθη πάντων· ὁ βίος τροχός· ἄστατος ὄλβος); MARTY z. St. — ff: rotam nativitatis; m: rotam geniturae; א 88 p Vg syrᵖ aeth fügen noch hinzu ἡμῶν (nostrae). ÖKUMENIUS zu τροχός: ὁ βίος ὡς εἰς ἑαυτὸν ἀνελιττόμενος. HILARIUS interpretiert: rotam nativitatis nostrae id est inter duas infirmitates, infantiae et senectutis; BEDA: rotam dicit nativitatis nostrae incessabilem vitae temporalis procursum, quo a die nativitatis usque ad mortem velut semper currente rota curriculi incessanter agimur; BELSER: „Lebenslauf"; CHAINE: „La langue est si novice qu'elle enflamme la vie humaine et les événements qui la composent"; DIBELIUS: „das ganze Leben"; Catene (CRAMER VIII, 20): τουτέστι τὸν τροχὸν τῆς ζωῆς ἡμῶν. Eigentümlich und wenig wahrscheinlich klingt die These SCHLATTERS (z. St.), die auch W. BIEDER übernimmt (ThZ 5 [1949] 109), nach der hinter τροχὸς τῆς γενέσεως nicht das Schicksalsrad, sondern חַמָּה גַּלְגַּל = „Sonnenkugel, Sonnenrad" zu sehen sei. Einstweilen sei die Hitze der Sonne nach rabbinischer Anschauung durch ein Futteral gedämpft, am Tage des Gerichts aber werde ihre Glut wirksam. Die Zungensünden würden dieses katastrophale Ereignis beschleunigen, weil die dämonische Wirksamkeit der Zunge selbst von der endzeitlichen Gehenna bestimmt sei (vgl. φλογιζομένη ὑπὸ τῆς γεέννης).
⁴ Vgl. auch Sir 33 (MT), 5: „Wie ein Wagenrad ist das Herz des Toren, und wie ein rollendes Rad sind seine Gedanken"; doch hat das Bild vom „Rad" hier einen anderen Sinn als in Jak 3, 6.
⁵ PsSal 12, 3 illustriert gut die Totalität des Unheils, das die Zunge anzurichten vermag: „Er (der boshafte Mensch) treibt sein greuliches Wesen, indem er Häuser (!) mit lügnerischer Zunge in Brand steckt, lustig grünende Bäume umhaut, von Bosheit entzündet, Häuser in Krieg verwickelt mit heftigen Reden." Den besten Kommentar aber bietet Sir 28, 13–26. Das tödliche Unheil der Zunge wird auch eingehend in Midr. Tehillim (zu Ps 12, 3; WÜNSCHE 107f) geschildert. Nach LUKIAN von Samosata (Pseudol. 25) klagt die Zunge des Timarchos diesen selbst so an: τί τοίνυν τηλικοῦτον ἔχων ἐγκαλεῖν τοιαῦτά με διατίθης καὶ ἐπιτάττεις ἐπιτάγματα αἴσχιστα καὶ ὑπουργίας καταπτύστους... ψεύδεσθαι καὶ ἐπιορκεῖν καὶ τοὺς τοσούτους ὕθλους καὶ λήρους διαντλεῖν... (H. D. BETZ, Lukian v. Samosata und das NT, 188f).
⁶ Vgl. auch ApkAbr 31, 7 (RIESSLER 39): „Sie (die Gegner Israels) sollen in dem Leib des bösen Wurmes Azazel verwesen und in dem Feuer aus der Zunge Azazels verbrennen." Zur Vorstellung von der Feuerhölle im Spätjudentum vgl. etwa P. VOLZ, Die Eschatologie der jüdischen Gemeinde (Tübingen ²1934) 323f; 1 QS II, 8.
⁷ Sehr gut BISPING: „Die Zunge steht gleichsam in der Mitte dieses Rades (καθίσταται

3, 7f Die ganze Aussage will wieder Begründung sein (vgl. γάρ). Wie aus V 8 hervorgeht, soll die verheerende Wirkung der Zunge, wie sie in den vorhergehenden Versen schon geschildert worden ist, noch mehr begründet werden. Warum ist es denn möglich, daß die Zunge so verheerend wirken kann? Diese Frage ist im vorausgehenden ja noch nicht beantwortet. Jak führt aus: weil sie niemand zu zähmen vermag! Das ist aber um so erstaunlicher, als der Mensch sonst durchaus in der Lage war und ist, andere Lebewesen zu bezähmen. Das wird dargetan durch den Hinweis auf die „menschliche Gattung", der es gelungen sei, „alle Gattungen" von Landtieren und Vögeln, Kriechtieren und Seetieren zu zähmen, wie die Erfahrung in Vergangenheit (Perfekt δεδάμασται) und Gegenwart (Präsens δαμάζεται) bestätigt. Die Einteilung des Tierreiches nach viererlei Arten, zusammengestellt zu je zwei mit καί verbundenen Gruppen, erfolgt in freiem Anschluß an Gn 1, 26 und 9, 2[1] und will die Gesamtheit der Tierwelt in ihrer Mannigfaltigkeit zum Ausdruck bringen. Der Ton liegt im V 7 gleich auf dem ersten Wort πᾶσα: πᾶς vor dem artikellosen Substantiv heißt „jeder" im Sinn von „jeder beliebige"[2]; jede beliebige Gattung von Tieren hat die eine Gattung, die man die menschliche nennt, schon bezähmt und bezähmt sie immer noch[3]. Um so erstaunlicher ist es, daß dieselbe menschliche Gattung, und zwar „niemand" von ihr[4], die Zunge, dieses kleine Glied am eigenen (!) Leib, nicht „zu zähmen vermag"; ihre Bändigung scheint unmöglich zu sein[5].

Es erfolgen noch zwei Ausrufe über die Zunge, „die eigentlich Apposition zu τὴν γλῶσσαν sein müßten, aber im Nominativ stehen und daher als relativ selbständig . . . zu gelten haben" (Dibelius):

a) Die Zunge ist ein ἀκατάστατον κακόν. ἀκατάστατος ist Verbaladjektiv von καθίστημι und kann als solches passivischen Sinn haben[6], wie wohl hier: die Zunge ist ein Übel, das von niemand zur Ruhe gebracht werden kann[7]:

ἐν τοῖς μέλεσιν ἡμῶν); und sobald sie selbst von den Flammen des höllischen Feuers entzündet, d. h. geweckt und genährt wird von dem Geiste der Lüge, von dem Ingrimme und der Bosheit der Dämonen, theilt sie ihr Feuer auch der Peripherie mit, d. h. verdirbt sie das ganze Leben des Menschen von Anfang bis zum Ende."
[1] Vgl. auch Apg 10, 12; 11, 6; Henäth 7, 5 (Vögel, Tiere, Reptilien, Fische); PHILO, De spec. leg. IV, 110–116. — Für ἐναλίων liest ff: natantium, m: beluarum maritimarum, Vg: ceterorum (entweder verderbt für cetorum = große Wassertiere oder Übersetzung einer LA ἄλλων).
[2] BLASS-DEBR § 275, 3.
[3] Die Bändigung der Tierwelt durch die Menschen spielt auch bei den Stoikern eine große Rolle, z. B. CICERO, Nat. Deor. II, 151 158; SENECA, Benef. II, 29; EPIKTET IV, 1, 21 ff; PHILO, De leg. all. II, 104; De opif. mundi 83–88; HAUCK z. St.
[4] „Die Trennung des Genitivs von οὐδείς legt den Ton auf οὐδείς" (SCHLATTER z. St.).
[5] Dieses scharfe Urteil des Jak versuchten die Pelagianer zu entschärfen, indem sie die Aussage als Fragesatz lasen; ähnlich dann auch ÖKUMENIUS. AUGUSTINUS erläutert so (De natura et gratia, XV): non enim ait, linguam nullus domare potest, sed nullus hominum; ut cum domatur, Dei misericordia, Dei adjutorio, Dei gratia fieri fateamus. Vgl. SCHEGG, HAUCK z. St.
[6] MAYSER, Grammatik II/1, 357.
[7] In Herm(m) II, 3 wird die Verleumdung ἀκατάστατον δαιμόνιον genannt.

ein ewig unruhiges Übel[1]. κακόν erinnert nochmals an die schon gemachte Äußerung über die Zunge: ὁ κόσμος τῆς ἀδικίας (V 6).

b) Die Zunge ist „voll von todbringendem Gift". Das Bild ist gewonnen von der züngelnden Giftschlange; vgl. Ps 139 (140), 4 („Sie spitzen die Zunge wie Schlangen, haben Natterngift unter den Lippen"); 1 QH V, 26f („sie aber sinnen das Unheil ihres Herzens [und mit Ränken Belials] eröffnen sie trügerische Zunge, wie Schlangengift . . ."); Sib fr. III, 32 (Geffken 231) („Das sind Götter, Betrug für törichte Menschen bewirkend, und todbringendes Gift [θανατηφόρος ἰός] spritzet ihr Mund aus")[2].

Die beiden Ausrufe bestätigen, daß die Charakteristik der Zunge durch Jak im V 6 durchaus berechtigt ist: Sie ist ein vernichtendes Feuer; sie ist die böse Welt schlechthin.

3, 9f Der V 9 ist ganz aus jüdischer Mentalität und Tradition heraus geformt. Vgl. etwa Ps 62 (61), 5: „Mit dem Munde segnen, mit dem Herzen fluchen wir", während es umgekehrt Klagel. 3, 38 von Gott heißt: „Aus dem Mund des Höchsten geht nicht Gutes und Böses hervor." Sir 5, 13: „Ehre und Schmach (liegen) in der Hand des Schwätzers, und die Zunge des Menschen ist sein Untergang. Du sollst nicht doppelzüngig heißen und mit deiner Zunge (den Nächsten) nicht verleumden"; TestBenj 6, 5: ἡ ἀγαθὴ διάνοια οὐκ ἔχει δύο γλώσσας εὐλογίας καὶ κατάρας. 1 QS X, 21–24: „Belial will ich nicht in meinem Herzen bewahren, und nicht werde in meinem Munde Torheit gehört. Schuldhafte Leugnung und Trug und Lügen sollen sich nicht finden auf meinen Lippen, vielmehr heilige Frucht sei auf meiner Zunge, und Greuel sollen auf ihr nicht sein! Ich will mit Lobgesang meinen Mund auftun, Gottes gerechte Taten künde meine Zunge beständig und die Missetat der Menschen bis zum Ende ihres Frevels. Leeres (Geschwätz) will ich tilgen von meinen Lippen, Unreines und Verdrehtes aus meinem Sinn."[3]

Jak spricht wieder in der ersten Person (εὐλογοῦμεν, καταρώμεθα), weil er eine allgemeine Erfahrung ausspricht, die jeder aus eigenem Erleben kennt: Mit der Zunge preisen wir den Herrn und Vater, nämlich beim Gottesdienst und Gebet, mit derselben Zunge verfluchen wir die Menschen — und das

---

[1] CKL 33 al. m syr lesen dafür ἀκατάσχετον (= unbezähmbar); eine sekundäre Verdeutlichung im Hinblick auf die hervorgehende Aussage: „Niemand kann sie bezähmen."

[2] Vgl. auch noch Sir 28, 17–23, bes. V 21b („Ein schlimmer Tod ist der Tod durch sie" = die Zunge); Job 5, 15 („so rettete er [Gott] vor dem Schwert aus ihrem Munde" = die Zunge); Pss 57, 5; 64, 4.
Vgl. auch 1 QH I, 27–31; Tanch. תולדות 34a: „Du findest, daß Gott drei Glieder geschaffen hat, die sich in der Gewalt des Menschen finden, und drei, die sich nicht in seiner Gewalt befinden . . . Die Hände, der Mund und die Füße. Der Mund: will man sich mit der Tora beschäftigen, Gutes reden, preisen, loben, beten, singen, so tut es der Mund. Will man Schlechtes reden, schmähen, lästern, falsch schwören, so tut es der Mund . . ." (BILLERBECK III, 757); PHILO (De decal. 93): „Sündhaft wäre es, wenn durch den Mund, mit dem einer den heiligsten Namen ausspricht, auch irgendwelche häßliche Reden gingen"; PLUTARCH (Mor. 506c): τὴν γλῶσσαν ὡς ὄργανον μὲν ἀγαθῶν, ὄργανον δὲ τῶν κακῶν τῶν μεγίστων οὖσαν.

Schlimme an letzterem ist vor allem, daß der Mensch nicht irgendeine Kreatur, sondern nach Gottes Bild erschaffen ist. Erst daraus ergibt sich die ganze dämonische „Paradoxie" der Zunge: Wir preisen mit ihr Gott, und wenige Augenblicke später verfluchen wir das Geschöpf desselben Gottes; der Ton liegt auf θεοῦ, das auf τὸν κύριον καὶ πατέρα zurückweist. Auch hier liegt deutlich ein beliebtes Motiv der jüdischen Paränese vor; vgl. Mekh. zu Ex 20, 26: „Du sollst deinen Nächsten nicht verachten, der nach Gottes Bild geschaffen ist"; GnR 24, 8: „Wenn du den Nächsten verachtest, wisse, wen du verachtest: nach Gottes Bild hat er ihn erschaffen"[1]; Henslav 52, 1 2 6[2]: „Selig, wer seinen Mund öffnet zum Lob des Herrn! Verflucht, wer seinen Mund öffnet zur Schmähung seines Nächsten! Verflucht, wer ein Geschöpf des Herrn verächtlich macht!"; 44, 1: „Der Herr schuf mit eigenen Händen einen Menschen und machte seinem eigenen Antlitz ihn ähnlich ... Wer des Menschen Antlitz verachtet, verachtet das Antlitz des Herrn."

V 9b bringt aus dieser unleugbaren Erfahrungstatsache mit der Zunge die knappe, aber notwendige Mahnung für die Adressaten: „Das muß nicht so sein, meine Brüder!"

3, 11f Diese kurze Mahnung wird noch unterstützt durch einen Hinweis auf die Natur — wie ihn Jak auch sonst liebt —, und zwar wieder in der wirkungsvollen Form von Fragesätzen, auf die es nur die Antwort „Nein" gibt. Der Hinweis auf die Quelle fügt sich organisch an V 10a an; vgl. ἐκ τῆς αὐτῆς ὀπῆς mit ἐκ τοῦ αὐτοῦ στόματος[3]. Das zweite Beispiel vom Feigenbaum, der keine Oliven, und vom Weinstock, der keine Feigen trägt, erinnert an den Spruch Jesu bei Mt 7, 16 par, aber auch an ähnliche Bilder aus der stoischen Tradition (Seneca, Epiktet, Marc Aurel, Plutarch)[4].

VII. Kennzeichen wahrer Lehrweisheit (3, 13–18)

Dibelius meint: „Ein Zusammenhang mit dem vorhergehenden Abschnitt ist nirgends angedeutet; die Auslegung wird zeigen, daß er auch gedanklich nicht besteht" (191). Hinter dieses Urteil muß man ein Fragezeichen setzen. Man braucht sich nur zu überlegen: Warum kommt Jak jetzt wieder auf die „Weisheit" zu sprechen? Weil im Spätjudentum der Lehrer (Rabbi) und der Weise fast identisch sind[5]. Woran aber wird die Weisheit des Lehrers in

---

[1] Vgl. SCHLATTER z. St.
[2] Übersetzung nach RIESSLER.
[3] 𝔓74 bietet statt τὸ πικρόν die eigentümliche LA το[ν θ]υμ[ον]. Entweder ist dabei an den „Zorn" (ὁ θυμός) gedacht, der nicht gleichzeitig mit „Süßem aus derselben „Quelle" (übertragen = Mund?) hervorgehen kann. Oder es muß τὸν θύμον akzentuiert werden, und dann ist vielleicht an irgendeine bitter schmeckende Flüssigkeit gedacht (s. PAPE, LIDDELL-SCOTT, s. v. θύμος); das letztere scheint näherzuliegen.
[4] Siehe die Belege bei DIBELIUS und WINDISCH.
[5] Vgl. M. JASTROW, Dictionary I, s. v. חָכָם; H. KOSMALA, Hebräer – Essener – Christen, 284. Der ausgebildete Rabbinenschüler hieß תַּלְמִיד־חָכָם (E. LOHSE in: ThWb VI, 963/20 ff). „Der Lehrer ist der Weise; dieser Satz gestaltete den ganzen

den Gemeinden erkannt? Etwa an der Streit- und Eifersucht, die im Kampf steht gegen die Wahrheit (vgl. VV 14f)? Womit „rühmt man sich und lügt gegen die Wahrheit"? Mit der Zunge! Schon zeigt sich deutlich der gedankliche Zusammenhang mit dem vorausgehenden Abschnitt, der mit dem Hinweis auf die Dämonie der Zunge vor Lehrsucht in den Gemeinden gewarnt hat. Wer wirklich und wahrhaft Lehrer in den Gemeinden sein will, bedarf himmlischer Weisheit.

Der Zusammenhang wird noch deutlicher, wenn man als konkreten Hintergrund der ganzen Invektiven und Paränesen des 3. Kap. die Situation erkennt, die durch das Auftreten der „Judaisten" gegen die Gesetzesfreiheit der Heidenchristen und ihre Verkündigung durch den Apostel Paulus entstanden war (s. Einleitung, § 4). Dann sieht man gleich, was mit den Hinweisen auf die „bittere Eifersucht und Parteienbuhlerei" (V 14) bei den Adressaten gemeint ist; unter ihnen gibt es solche, die sich zu Lehrern in den Gemeinden aufwerfen und durch ihr Besserwissen und ihre Rechthaberei die Gemeinden in Unruhe versetzen und spalten. Ihre Weisheit ist irdisch und stammt nicht von oben. Der wahre Weise dagegen sorgt für den Frieden in den Gemeinden (vgl. VV 17f). Jak ist ein Liebhaber des Friedens!

3, 13 Wer ist weise und wohl unterrichtet unter euch? Er erweise aus dem guten Wandel seine Werke in weiser Gelassenheit. 14 Wenn ihr aber bittere Eifersucht und Parteienbuhlerei in eurem Herzen habt, so rühmt euch nicht und lüget nicht gegen die Wahrheit! 15 Nicht ist diese Weisheit es, die von oben kommt, sondern eine irdische, psychische, dämonische; 16 denn wo immer Eifersucht und Parteienbuhlerei (herrschen), da ist auch Unruhe und jegliches schlechte Ding. 17 Die Weisheit aber, die von oben stammt, ist erstens zurückhaltend, dann friedfertig, nachgiebig, willig, voll von Erbarmen und guter Früchte, unparteiisch, ohne Heuchelei. 18 Die Frucht der Gerechtigkeit aber wird in Frieden gesät bei denen, die Frieden schaffen.

3, 13 „Wer ist weise und wohl unterrichtet unter euch?"[1] ἐν ὑμῖν schreibt Jak, und dies läßt schon erkennen, daß sich seine Ausführungen und Mahnungen unmittelbar an die Leser richten. Jak muß Grund zu dieser „Unmittelbarkeit" haben. Er sieht in den Gemeinden die Einheit und den Frieden durch die rechthaberischen „Lehrer" bedroht, die sich „weise" dünken. Typisch für die Art des Jak ist wieder, daß er die Antwort auf seine gewiß nicht rhetorisch gemeinte Frage[2] in Form eines Imperativs gibt: δειξάτω (vgl.

Aufbau der jüdischen Gemeinden. Der Besitz der Weisheit macht zum Lehren und zum Lehramt fähig" (SCHLATTER zu Jak 3, 13).

[1] Vgl. auch Ps 106, 3 LXX (τίς σοφός . . .); Jer 9, 11 (τίς ὁ ἄνθρωπος ὁ συνετός . . .); Abot IV, 1: „Wer ist weise?" Die Verbindung σοφὸς καὶ ἐπιστήμων findet sich auch in Dt 1, 13 15; 4, 6.

[2] „Die Konstruktion in Jak 3, 13 . . . entspricht genau den hebräischen, durch מי eingeleiteten konditionalen Relativsätzen", in denen aber das τίς doch interrogativ gemeint sein kann (BEYER, Semitische Syntax, 167).

ähnlich V 18b: δεῖξόν μοι). Wer mit dem Anspruch auftritt, „weise und wohl
unterrichtet" zu sein, der erbringe dafür „aus einem guten Lebenswandel"
den Tatbeweis (δειξάτω . . . τὰ ἔργα αὐτοῦ). Der Hinweis auf „Werke" —
das große Anliegen des Jak! — und den „Lebenswandel" zeigen, worin für
Jak die Weisheit des Lehrenden besteht: primär im guten Beispiel, das er
der Gemeinde gibt und worin sich die Übereinstimmung von Lehre und
Leben offenbart[1]. Dieses „Zeigen" wahrer Weisheit soll seine besondere Art
haben; es geschehe, schreibt Jak, ἐν πραΰτητι σοφίας, „in weiser Sanftmut"[2].
Aus dem Kontext geht hervor, wie dies verstanden sein will. Während der
Zungenweise allzuleicht nur Eifersucht und Streit sät (durch lieblose Rechthaberei und Lehrsucht), ist die Werkweisheit unaufdringlich, „sanft"[3]. Das
gute Beispiel eines frommen Lebenswandels ist eine sanfte Lehre für die
Mitmenschen, während die rechthaberische Lehrsucht nur Streit und Eifersucht in die Gemeinden bringt[4].

3, 14   „Wenn dagegen" (εἰ δέ)[5] statt weiser Sanftmut bittere Eifersucht und
Streitsucht im Herzen sind — und Jak wendet sich dabei wieder an die
Leser: ἐν τῇ καρδίᾳ ὑμῶν —, so ist das kein Kennzeichen wahrer Lehrweisheit
und darum auch kein Grund vorhanden, sich der Weisheit „zu rühmen" —
dies verlangt der Zusammenhang als Gegenstand des Sich-Rühmens[6] (vgl.

---

[1] Vgl. auch Mt 5, 16; 1 Tim 4, 12; 1 Petr 1, 15; 2 Petr 3, 11; 1 Clem 38, 2 (ὁ σοφὸς
ἐνδεικνύσθω τὴν σοφίαν αὐτοῦ μὴ ἐν λόγοις ἀλλ' ἐν ἔργοις ἀγαθοῖς); Abot III, 9b (R.
Chanina: „Wessen Taten seine Weisheit überragen, dessen Weisheit ist dauerhaft;
aber wessen Weisheit seine Taten überragt, dessen Weisheit ist nicht dauerhaft");
III, 17b (R. Eleazar b. ʿAzarja: „Wem ist ein jeder gleich, der mehr Weisheit als
Werke besitzt? Einem Baume, der viele Zweige, aber wenig Wurzeln hat, und es
kommt der Wind und entwurzelt ihn und wirft ihn über den Haufen. Und wem ist
ein jeder gleich, der mehr Werke als Weisheit besitzt? Einem Baume, der wenig
Zweige, aber viele Wurzeln hat; wenn alle Winde der Welt kommen und ihn anwehen, vermögen sie nicht, ihn von seiner Stelle zu rühren"); IV, 5a (Spruch des
R. Jischmael: „Wer lernt, um zu lehren, dem wird die Kraft gegeben, zu lernen
und zu lehren; und wer lernt, um zu tun, dem wird die Kraft gegeben, zu lernen,
zu lehren und zu tun"). — Zu ἀναστροφή vgl. noch G. Bertram in: ThWb VII,
715–717.
[2] BauerWb s. v. πραΰτης verweist auf Appian, Bell. civ. 3, 79 (§ 323) ἐπὶ σοφίᾳ
τε καὶ πραότητι. m liest: in mansuetudine et prudentia. Vgl. auch noch 1 QS V, 25
(„So weise einer den anderen zurecht in Wahrheit und Demut und liebevoller
Verbundenheit untereinander"); XI, 1 („in Demut zu antworten den Hochfahrenden"); IV, 22 („um die Weisheit der Söhne des Himmels denen zu
lehren, die vollkommen wandeln").
[3] Die Präpositionalbestimmung ἐν πραΰτητι σοφίας gehört zum Verbum δειξάτω.
[4] Vgl. auch noch Sir 3, 17 LXX: τέκνον, ἐν πραΰτητι τὰ ἔργα σου διέξαγε καὶ ὑπὸ
ἀνθρώπου δεκτοῦ ἀγαπαθήσῃ. Auch das rabbinische Judentum forderte vom Gemeindevorsteher Lauterkeit der Gesinnung und Sanftmut im Umgang mit den
Leuten, so Sanh 92a: R. Eleazar (um 270) hat gesagt: „Jeder Vorsteher, der die
Gemeinde mit Sanftmut leitet, wird gewürdigt, sie in der zukünftigen Welt zu
leiten" (Billerbeck II, 641f, mit weiterem Material).
[5] AP 33 pc. haben die Folgerungspartikel ἄρα und verstehen damit die Logik der
Sätze anders.
[6] So auch Dibelius. Schegg: „Rühmet euch nicht eines Eifers, mit dem die Weisheit unverträglich ist, sobald ihm die Sanftmut fehlt."

auch den Anfang des folgenden Verses: „Nicht das ist die Weisheit ...“).
Wer es trotzdem tut, „lügt gegen die Wahrheit"[1]. Das καί vor ψεύδεσθαι ist
explikativ: „So rühmt euch nicht und lügt nicht auf diese Weise gegen die
Wahrheit!" Die Bedeutung des Terminus ἐριθεία ist nicht ganz klar zu erkennen. In der Zeit vor dem NT ist das Wort nur bei Aristoteles nachgewiesen, „wo es das unlautere, selbstsüchtige Buhlen um die Gunst der
Parteien bezeichnet"[2], die Haltung des politischen Intriganten, das selbstsüchtige Parteistreben, das zur Zwietracht in einer Gemeinschaft führt[3].
In Ez 23, 5 9 11 12 Symm. bezeichnet es die Haltung der feilen Dirne, die
die Gunst eines Mannes sucht. Nach Jak 3, 16 führt die ἐριθεία zusammen
mit ζῆλος zu ἀκαταστασία, zu Unruhe und Unordnung in den Gemeinden;
also ist ἐριθεία bei Jak jene Haltung, die um Parteigunst buhlt und dadurch Zwiespalt in die Gemeinschaft bringt; sie zerstört den Frieden in den
Gemeinden (vgl. Kontext!); sie hat mit der Liebe zur Wahrheit nichts zu
tun (wie sich vielleicht die judaistischen Fanatiker einbilden[4]).

3, 15 Unmöglich stammt eine derartige „Weisheit", die mit parteienbuhlerischer Lehrsucht verbunden ist[5], „von oben". Das Subjekt in V 15a
ist αὕτη ἡ σοφία, und formell ist das Ganze ein Coniugatio periphrastica mit
εἶναι. Dem ἄνωθεν κατερχομένη entsprechen negativ drei Adjektive: ἐπίγειος,
ψυχική, δαιμονιώδης. Die Terminologie des Verses ist dualistisch und erinnert
an die Gnosis[6] (ähnlich wie in 1, 17), so daß ψυχικός hier nicht die Bedeutung
„seelisch" oder auch nur „natürlich" (so in 1 Kor 15, 44 46) hat, sondern das
Gegenteil von πνευματικός besagt: ganz dem irdisch-sinnlichen Bereich angehörig[7]. Aber die „dualistische" Terminologie ist bei Jak nicht „metaphysisch" verstanden wie in der Gnosis, sondern dient zur Charakterisierung von Haltung, Gesinnung und Qualität. Die Begriffe „irdisch", „psychisch", „dämonisch" erhalten ihren Sinn deutlich genügend aus dem Zu-

---

[1] Vgl. auch TestGad V, 1 (κακὸν οὖν ἐστι τὸ μῖσος, ὅτι ἐνδελεχεῖ συνεχῶς τῷ ψεύδει, λαλῶν κατὰ τῆς ἀληθείας).
[2] BauerWb s. v. (mit Literatur); vgl. auch F. Büchsel in: ThWb II, 657f; H. Schlier, zu Gal 5, 20. Aristoteles, Pol. V, 3 p. 1303a 13 ff: μεταβάλλουσι δ' αἱ πολιτεῖαι καὶ ἄνευ στάσεως διά τε τὰς ἐριθείας ... καὶ δι' ὀλιγωρίαν.
[3] Vgl. auch Phil 2, 3; Ignatius, Philad. 8, 2. Stephanus (Thesaurus s. v.) denkt an irritatio („Erbitterung"). Nach Ökumenius ist ἐριθεία das tadelnswerte Streben nach Vorrang (ἐπίψογος φιλονεικία). Estius interpretiert: quod si in animo geritis invidiam et contentiones, alius adversus alium, nolite vos iactare et dicere sapientes. Schegg: „Bitter ist der Eifer, wenn der Gegner herabgesetzt und verächtlich gemacht oder geschmäht wird; parteiisch ist die Vertretung einer Ansicht, wenn jede andere von vornherein verurteilt, keine Abweichung von ihr geduldet wird."
[4] Das Thema „Eifersucht und Streit" („Neid") spielt auch eine wichtige Rolle in 1 Clem 5, 1 – 6, 4; doch ist es in der Forschung kontrovers, ob innere Streitigkeiten der Christen oder Gegnerschaft der Heiden gemeint sind (s. dazu Näheres bei J. Fischer, Die apostolischen Väter, 31 ff).
[5] Das Demonstrativum αὕτη (ἡ σοφία) weist ja auf V 14 zurück.
[6] Vgl. die Belege bei Dibelius. Die Valentinianer sprachen von der ἄνω und κάτω σοφία (Irenäus, Adv. haer. III, 15).
[7] Vgl. auch 1 Kor 2, 14; Jud 19, wo die Irrlehrer ψυχικοί, πνεῦμα μὴ ἔχοντες genannt werden.

sammenhang: ἐπίγειος versteht sich von selbst aus dem Gegensatz zur Weisheit, die die Gabe des Himmels ist¹ (ἄνωθεν κατερχομένη)²; ψυχική aus dem Bezug zu καρδία (= Gesinnung)³; δαιμονιώδης aus jenem zu ψεύδεσθαι κατὰ τῆς ἀληθείας, denn das Lügen entspricht Dämonenart (vgl. Joh 8, 46)⁴. Zudem wird besonders der letzte Begriff im nächsten Vers noch eingehender erläutert⁵.

3, 16 „Denn" wo immer (wenn irgendwo)⁶ Eifersucht und Buhlen um Parteiengunst herrschen, da entsteht naturnotwendig „Unruhe" (ἀκαταστασία) „und jedes schlechte Ding". ἀκαταστασία ist primär die „Unordnung"⁷; der Terminus erscheint neben ἀλαζονεία in 1 Clem 14, 1; zwölfmal bei Vettius Valens, verbunden mit πλάνη καὶ ἀλητεία, ἀνωμαλία, στάσις, ἔχθρα, συνοχή, κρίσις, ταραχή, wobei ein paarmal οἰκείων als cas. pend. steht⁸. Nach dem Kontext unserer Stelle stellt ἀκαταστασία den Gegensatz zu „Frieden" dar (vgl. auch 4, 1: πόθεν πόλεμοι καὶ πόθεν μάχαι ἐν ὑμῖν). Jak meint sicher jene „Unruhe", die durch die rechthaberische und parteienbuhlerische Pseudoweisheit der Lehrsüchtigen in die Gemeinden getragen wird und ihr friedliches Zusammenleben stört⁹; darum ist diese Pseudoweisheit auch „dämonisch" (V 15b), weil sie wie der διά-βολος alles durcheinanderbringt. Das mit καί angehängte πᾶν φαῦλον πρᾶγμα klingt sehr verallgemeinernd und vage und hat eigentlich nur den Sinn von et cetera im peiorativen Sinn (vgl. umgekehrt positiv in V 17: μεστὴ ... καρπῶν ἀγαθῶν)¹⁰.

---

¹ Vgl. auch PHILO, Leg. alleg. I, 43 (τὴν μετάρσιον καὶ οὐράνιον σοφίαν ... ἐπίγειαν σοφίαν).
² Daß wahre Weisheit vom Himmel stammt, ist auch die Anschauung des AT; vgl. Ps 51 (50), 8; Jer 9, 11; Spr 2, 6; 8, 31–36; Weish 7, 15–22; 9, 13–18; Job 28, 20–23; Prd 2, 26; Dn 2, 20–23 u. ö.; 1 QS IV, 3f; 1 QH XI, 7–10; XIV, 8. Vgl. auch noch G. ZIENER, Die theologische Begriffssprache im Buche der Weisheit (BBB 11) (Bonn 1956) 109–113.
³ Vgl. zu καρδία J. B. BAUER in: VD 40 (1962) 27–32.
⁴ Vgl. auch Henäth 16, 4 („Ihr [die Dämonen] seid im Himmel gewesen, und obwohl euch alle Geheimnisse noch nicht geoffenbart waren, wußtet ihr ein nichtswürdiges Geheimnis und habt dies in eurer Herzenshärtigkeit den Weibern erzählt; durch dieses Geheimnis richten die Weiber und Männer viel Übel auf Erden an").
⁵ Formgeschichtlich gesehen, handelt es sich bei Jak 3, 13–17 sehr wahrscheinlich um einen „Doppelkatalog", in dem die Merkmale der dämonisch-irdischen Weisheit denen der himmlischen gegenübergestellt werden und der ursprünglich im Zusammenhang der Zwei-Geister-Reiche, wie sie in 1 QS begegnen, entwickelt wurde (vgl. dazu E. KAMLAH, Die Form der katalogischen Paränese im NT, 39–50 181).
⁶ Lokaler konditionaler Relativsatz (vgl. BEYER, Semit. Syntax, 196).
⁷ BAUERWb s. v.
⁸ MOULTON-MILLIGAN s. v. ἀκαταστασία. Vgl. im NT Lk 21, 9 (zusammen mit πόλεμοι); 1 Kor 14, 33; 2 Kor 6, 5; 12, 20 (zusammen mit ἔρις). Das Adj. ἀκατάστατος begegnete schon in Jak 1, 8 und 3, 8 im Sinn von „unruhig" (s. d.).
⁹ Zu weit geht zweifellos ROPES, der bei ἀκαταστασία an „Anarchie" denkt.
¹⁰ Vgl. MARTY z. St. Was Jak in VV 15f schreibt, drückt ähnlich Sir 19, 22 25 so aus: „Erfahrung in der Schlechtigkeit ist keine Weisheit, und der Rat der Sünder ist keine Einsicht ... Es gibt eine spitzfindige Klugheit, und doch ist sie unrecht, und es gibt Verkehrte, wiewohl sie Rechtschaffenheit an den Tag legen."

Woran denkt Jak bei diesen Äußerungen seines Briefes? An das Auftreten von Gnostikern[1] oder von Leuten ähnlich den hochmütigen Pneumatikern in Korinth? Gab es aber solche in den judenchristlichen Gemeinden? „Aber auch die Ausbreitung von Schriftgelehrsamkeit und Rhetorik, das Eindringen der Popularphilosophie und vielleicht sogar die Verfestigung der Organisation wären hier zu nennen; jede dieser Erscheinungen konnte im Bereich ihrer Wirkung zur Absonderung eines Christentums erster Klasse führen; jede von ihnen konnte einem Christen wie Jak dieses ethisch begründete Mißtrauen nahelegen, dessen Ausdruck unsere Verse sind" (Dibelius). Das ist zu vage und unbestimmt. Man darf nicht vergessen, daß in 3, 1 eine Warnung des Jak vorausgegangen ist, nicht immerzu als „Lehrer" aufzutreten. Mit dem Stand der διδάσκαλοι[2] waren in der Urkirche nicht nur erfreuliche Erfahrungen verbunden[3]. Gerade in den den Adressaten des Jak-Briefes nahestehenden matthäischen Gemeinden „scheint es einen Affekt gegen den Lehrerstand zu geben (vgl. Mt 23, 8ff)" (Schürmann)[4]. Hat Jak vielleicht in den ganzen Ausführungen des Kap. 3 Umtriebe judaistisch gesinnter „Lehrer" im Auge, deren Tätigkeit die Einheit der Gemeinden zu spalten drohte?[5] Der Herrenbruder war ein Mann der Vermittlung und des Friedens (vgl. § 2 der Einleitung), der von solchen Leuten nichts wissen wollte[6].

3, 17 Die Weisheit, die von oben stammt, hat andere Eigenschaften als die irdische; sie ist nach Jak zunächst ἁγνή. Was mit ἁγνή gemeint ist, ergibt sich vielleicht gut aus Spr 21, 8: „Gewunden ist der Weg des lügnerischen Menschen; aber der Lautere — gerade ist sein Tun"; nach der Septuaginta lautet V 8b: ἁγνὴ γὰρ καὶ ὀρθὰ τὰ ἔργα αὐτοῦ. ἁγνός bildet hier den Gegensatz zu gewunden, ungerade, krumm und bedeutet, auf die Gesinnung ge-

---

[1] Das meint Schammberger.
[2] Vgl. zu ihnen H. Greeven, Propheten, Lehrer, Vorsteher bei Paulus, in: ZntW 44 (1952/53) 16–31; K. H. Rengstorf in: ThWb II, 160f.
[3] Vgl. H. Schürmann, Das Testament des Paulus für die Urkirche (Apg 20, 18–35), in: Unio Christianorum (Festschr. f. Erzbischof L. Jaeger) (Paderborn 1962) 108–146 (121f).
[4] Ebd. 122.
[5] Vgl. Gal 2, 3 12; Apg 15, 1 5, dazu F. Mussner, Die Bedeutung des Apostelkonzils für die Kirche, in: Ekklesia (Festschr. f. Bischof M. Wehr) (Trier 1962) 35–46. Dazu auch noch 1 Kor 1, 11; 1 Tim 4, 1; Jud 19, wo die Irrlehrer als solche gekennzeichnet werden, „die Spaltungen machen, irdisch Gesinnte, ohne Geist" (vgl. auch Schelkle z. St.).
[6] Rengstorf bemerkt: „die σοφία des Jakobusbriefes (ist) keine theoretische, sondern eine sehr praktische Angelegenheit und trägt als solche ganz ungriechischen, dafür um so ausgeprägter rabbinischen Charakter" (a. a. O. 160). Schlatter denkt (zu Unrecht) an jüdische „Weise": „Die Zustände, die in der Judenschaft durch die Herrschaft der Weisen entstanden, waren ein greller Gegensatz zu dem, worin Jak die Offenbarung der Weisheit sah. Jeder Weise wurde der Rivale des anderen, und jeder Wettbewerb zwischen ihnen wurde häufig zum Streit ... Der selbstische Machtwille der Weisen bestätigte sich dadurch, daß jeder um sich eine Anhängerschaft sammelte, wodurch die Gemeinden in Parteien zerfielen. Davon spricht ἐριθεία."

sehen, „lauter". Nach Ps 12 (11) 7, sind die Worte des Herrn „lautere Worte
(λόγια ἁγνά), Silber, geschmolzen im Ofen, Gold, geläutert siebenfach"; auch
hier ist ἁγνός „lauter", „echt". Diesen Sinn muß man dem Terminus auch
an der Jak-Stelle unterlegen[1]: die Weisheit von oben ist lauter; das ist
natürlich bewußt so formuliert im Gegensatz zur streit- und parteisüchtigen
„Weisheit" des V 14, die mit unlauteren Motiven verbunden ist. Ferner
(ἔπειτα) ist wahre Weisheit friedfertig (εἰρηνική), nachgiebig (ἐπιεικής),
willig (εὐπειθής), voll Erbarmen und guter Früchte (μεστὴ ἐλέους καὶ καρπῶν
ἀγαθῶν)[2]. Die Bedeutung der nächsten Bestimmung (ἀδιάκριτος) ist umstritten. Man hat im Anschluß an 1, 6 an „nicht zweifelnd"[3], im Anschluß
an 2, 4 an „unparteiisch"[4] (was gut den Gegensatz zu ἐριθεία im V 14 bilden
würde) und an „einfältig", „einträchtig" gedacht[5]. Bei Clemens von Alexandrien (Strom. II, 87, 2) heißt es von der Liebe: ἀμέριστός ἐστιν ἐν πᾶσιν,
ἀδιάκριτος, κοινωνική; hier hat ἀδιάκριτος die Bedeutung: „keine Unterschiede machend", und diese Bedeutung scheint auch für unsere Jak-Stelle
am ehesten in Betracht zu kommen: die wahre Weisheit macht keinen Unterschied, kennt keinen Personenkult, ist nicht parteiisch[6]. Und schließlich ist
sie „ohne Heuchelei" (ἀνυπόκριτος)[7]; ihre Äußerungen entsprechen der wirklichen Überzeugung des Lehrenden; er „verschlüsselt" seine Ziele nicht[8].

3, 18 Der Spruch macht zunächst einen isolierten Eindruck[9] und scheint
nur ad vocem εἰρήνη angefügt zu sein, gleichsam als starkes Schlußmotiv,
nach Frieden zu streben und alle Streitsucht aufzugeben. In Wirklichkeit
gehört der Topos „Frucht der Gerechtigkeit" zu derartigen Katalogen, wie

---

[1] Vgl. GREEVEN (Anhang zu Dibelius).
[2] 𝔓74 wiederholt μεστή vor καρπῶν ἀγαθῶν und läßt dafür das verbindende καί weg.
[3] So BEYSCHLAG, ROPES, SCHEGG („nicht unentschieden").
[4] So SPITTA, WINDISCH, MEINERTZ.
[5] So DIBELIUS. HAUCK versteht ἀδιάκριτος als Gegensatz zu jener Zwiespältigkeit
der Zunge, von der in 3, 9 f die Rede ist.
[6] So auch BELSER, BARDENHEWER, CHAINE. ff: sine diiudicatione; s Vg: non
iudicans. TestZab VII, 2: καὶ ὑμεῖς οὖν ... ἀδιακρίτως („ohne Unterschied") πάντας
σπλαγχνιζόμενοι ἐλεᾶτε.
[7] Vgl. zu ἀνυπόκριτος auch H. KOSMALA, Hebräer – Essener – Christen, 313.
[8] 1 QS II, 24 f („Denn alle sollen in wahrhafter Einung, gütiger Demut, liebevoller
Verbundenheit und in rechtem Denken sich einer gegenüber seinem Nächsten
verhalten in der Gemeinde der Heiligkeit und als Söhne der ewigen Gemeinschaft"). — WINDISCH fragt, warum unter den aufgezählten Eigenschaften der
„Weisheit von oben" πνευματική fehle; seine Antwort: weil σοφία = πνεῦμα. W.
BIEDER übernimmt diese Antwort (ThZ 5 [1949] 111 f) und erinnert an das Pfingstereignis. Auch U. WILCKENS meint in ThWb VII, 526: „Die Gegner haben von einer
himmlischen, ‚von oben herabkommenden' Weisheit gesprochen", und σοφία sei
in ihren Augen „als personhafte Offenbarergestalt vorgestellt"; Jak setze „gegen
diese gnostische Sophialehre einfach eine anständige sittliche Lebensführung".
Das Thema σοφία ist aber im Kontext durch 3, 13 (ἐν πραΰτητι σοφίας) gegeben,
und seine „dualistische" Entfaltung in 3, 14 ff folgt offenbar einem katalogischen
Schema (vgl. S. 172, Anm. 5).
[9] So DIBELIUS z. St.

er auch in Jak 3, 15–17 vorliegt¹. „Die Frucht der Gerechtigkeit"² ist die Frucht jener Gerechtigkeit, wie sie im vorausgehenden V 17 als Äußerungen der „Weisheit von oben" gekennzeichnet ist (vgl. auch das verbindende δέ, das hier selbstverständlich keine adversative Bedeutung hat).Diese „Frucht" zeigt sich nicht in einer die Gemeinden spaltenden Streitsucht, sondern in ihrem Gegenteil: in der Gesinnung des Friedens (ἐν εἰρήνῃ: darauf liegt der Ton); sie wird friedlich „gesät" von denen, die Frieden (und nicht Feindschaft und Spaltung) in den Gemeinden stiften³.

Dieser abschließende V 18 wird von Jak in retardierendem, feierlich klingendem Rhythmus vorgetragen: ἐν εἰρήνῃ σπείρεται τοῖς ποιοῦσιν εἰρήνην (fast lauter lange Silben!).

Der Vers schließt aber nicht bloß die unmittelbar vorausgehenden Kataloge über irdische und himmlische Weisheit ab, sondern das ganze Kap. 3 mit seinen Ausführungen über die „Zunge", deren unheimliches Wirken die Gemeinden spaltet und ihren Frieden zerstört. Ihrer dämonischen Macht stellt Jak im V 13 das sanfte Beispiel der „Werke" eines guten Lebenswandels gegenüber: so wird immer wieder sein Grundanliegen — die Verwirklichung des Wortes — sichtbar.

VIII. Die Gemeinden zwischen Frieden und Unfrieden, zwischen Welt und Gott (4, 1–12)

Hat Jak in Kap. 3 die verheerenden Wirkungen der Zunge geschildert und aus der Erfahrung dieser Wirkungen heraus zu einem beispielhaften Leben entsprechend der himmlischen Weisheit aufgefordert, so hat er damit die Frage noch nicht beantwortet, woher letzten Endes die Neigung zu Spaltung und Unfrieden in den Gemeinden rührt (vgl. 4, 1). Darauf gibt er im folgenden (ersten) Abschnitt des Kap. 4 Antwort. Allerdings ist es nicht möglich, einen systematischen, klar voranschreitenden Aufbau in dem Abschnitt zu erkennen und alles auf einen Nenner zu bringen. Frühere Motive und Themata des Briefes tauchen wieder auf, so das Thema Bittgebet (4, 2f; vgl. 1, 6); das Thema Weltliebe (4, 4; vgl. 1, 27); das Motiv der Demut (4, 6 9b; vgl. 1, 9); das Thema Nächstenliebe (4, 11; vgl. 2, 13 ff). Aber der Abschnitt ist gut an den vorausgehenden angeschlossen (gemeinsames Thema: Streit und Auseinandersetzungen in den Gemeinden), und er macht trotz allem einen einheitlichen Eindruck dadurch, daß er mit dem

---

¹ Nachweis bei E. KAMLAH, Die Form der katalogischen Paränese im NT, 176–196 (181 f).
² Zum Ausdruck „Frucht der Gerechtigkeit" vgl. die ähnlichen Bildungen καρπὸς σοφίας (Sir 1, 16); καρπὸς πνεύματος (Gal 5, 22); καρπὸς φωτός (Eph 5, 8); καρπὸς ἔργου (Phil 1, 22); MARTY z. St.; HAUCK in: ThWb III, 617f; MEYER, Rätsel, 263.
³ Der Dativ τοῖς ποιοῦσιν εἰρήνην ist Dat. auct. (mit KAMLAH gegen DIBELIUS u. a.). Zum Ausdruck ποιεῖν εἰρήνην vergleiche ähnliche Verbindungen von ποιεῖν mit τὰ ἀγαθά, τὸ καλόν, τὴν ἀλήθειαν, τὸ ἔργον (dazu H. BRAUN in: ThWb VI, 477/24 ff).

Hinweis auf „Kriege und Kämpfe" in den Gemeinden beginnt und mit einer damit zusammenhängenden Paränese („verleumdet einander nicht!") schließt. Die verschiedenen Anreden (μοιχαλίδες, ἁμαρτωλοί, δίψυχοι, ἀδελφοί) mit ihren dazugehörigen Paränesen geben dem Abschnitt etwas vom Charakter einer „Haustafel", wenn sie sich auch nicht an eigentliche „Stände" richtet.

4, 1 Woher die Kriege und woher die Kämpfe bei euch? Nicht von daher, von euren Lüsten, die in euren Gliedern streiten? 2 Ihr begehrt und habt nicht; ihr mordet und eifert und könnt es (doch) nicht erreichen; ihr kämpft und führt Kriege. Nicht habt ihr, weil ihr nicht bittet; 3 ihr bittet und empfangt nicht, weil ihr schlecht bittet (nämlich in der Absicht): um es in euren Lüsten zu verschwenden. 4 Ihr Ehebrecher[1], wißt ihr nicht, daß die Liebe zur Welt Feindschaft gegen Gott bedeutet? Wer also immer ein Freund der Welt sein will, als ein Feind Gottes erweist er sich. 5 Oder meint ihr, umsonst sage die Schrift: Eifersüchtig verlangt er (Gott) nach dem Geist, den er in uns wohnen ließ? 6 Größere Gnade aber gibt er; deshalb sagt sie (die Schrift): Gott widersteht den Hochmütigen, den Demütigen aber gibt er Gnade. 7 Unterwerft euch also Gott; widersteht aber dem Teufel, und fliehen wird er von euch; 8 naht euch Gott, und nahen wird er sich euch. Reinigt (eure) Hände, Sünder, und heiligt (eure) Herzen, ihr Zwiespältigen. 9 Wehklagt und trauert und weint! Euer Lachen soll sich in Trauer verwandeln und die Freude in Niedergeschlagenheit. 10 Demütigt euch vor dem Herrn, und erhöhen wird er euch. 11 Verleumdet nicht einander, Brüder! Wer einen Bruder verleumdet oder über seinen Bruder zu Gericht sitzt, verleumdet das Gesetz und sitzt über das Gesetz zu Gericht. Wenn du aber das Gesetz richtest, bist du nicht ein Täter des Gesetzes, sondern ein Richter. 12 Einer ist Gesetzgeber und Richter: (der), der retten und verderben kann. Du aber, wer bist du, der du über deinem Nächsten zu Gericht sitzest?

4,1 Wenn Jak hier nach dem „Woher" (πόθεν) der „Kriege" und „Kämpfe" bei den Adressaten fragt, so meint er jetzt nicht ihre äußeren Anlässe und Ursachen, sondern ihre letzte, innere Wurzel in den streitenden Menschen selbst. Dies ergibt sich aus seiner eigenen Antwort in V 1b. Dennoch darf das ἐν ὑμῖν in V 1a nicht im Sinn von „in euch" (in eurem Innern) verstanden werden, sondern von „bei euch", „unter euch". Jak hat ja offensichtlich, wie der Zusammenhang mit Kap. 3 zeigt, die Kämpfe und Streitereien der von Eifersucht und Parteienbuhlerei getriebenen „Lehrer" im Auge[2], und

---

[1] Eigentlich heißt μοιχαλίδες „Ehebrecherinnen", doch kann μοιχαλίδες auch subst. gebraucht sein und sich auf beide Geschlechter beziehen (Bauer Wb s. v.); ℵ³ KLP Ψ 917 323 1518 al. syr^h lesen μοιχοὶ καὶ μοιχαλίδες. Vg: adulteri; ff: fornicatores.
[2] Bei πόλεμοι und μάχαι braucht ja keineswegs an politische Vorkommnisse ge-

seine Frage in V 1a, die sich direkt an die Leser des Briefes richtet, kann in ihrer Unmittelbarkeit darum gewiß nicht mehr nur aus dem „Stil", der derartige direkte Anreden liebt, erklärt werden. Jak meint ganz konkrete Kämpfe und Streitereien in den Lesergemeinden des Briefes und sieht ihre letzte und eigentliche Wurzel in den ἡδοναί der Menschen, die in ihren Gliedern „streiten"; diese sind es, die letzten Endes „die Kämpfe führen" (vgl. den Ausdruck στρατεύεσθαι)[1]. Wenn Jak von diesen ἡδοναί sagt: „Sie führen Kämpfe in euren Gliedern", so meint er nicht, daß sie untereinander (gegeneinander) streiten. Gegen wen sie Kämpfe führen, sagt er (im Gegensatz etwa zu 1 Petr 2, 11) nicht; aber es kann kein Zweifel sein, daß sie nach seiner Meinung gegen die bessere Einsicht, die Vernunft, die Liebe, das Gewissen usw. streiten. Und wie sich dieses „Streiten" nach der Anschauung des Jak äußert, geht klar aus den Zeitwörtern hervor, die er im V 2, alle geformt in der 2. Person Plural, verwendet: ἐπιθυμεῖτε, φονεύετε, ζηλοῦτε, μάχεσθε, πολεμεῖτε, αἰτεῖτε. In alldem äußern sich die ἡδοναί in den „Gliedern" der Leser, wofür im Text auch stehen könnte: „in eurem Fleische"[2]. Der Terminus ἡδονή — ursprünglich eine vox media — wird in peiorativem Sinn gebraucht wie häufig im Schrifttum des hellenistischen Judentums und teilweise auch in der philosophischen Ethik der Griechen[3]. So heißt es in 4 Makk 1, 25: „Unter den Begriff ἡδονή fällt auch die minderwertige Verfassung, die die vielgestaltigste von allen Leidenschaften ist, (die sich) an der Seele (als) Prahlerei, Geldgier, Ehrgeiz, Zanksucht und Klatschsucht äußert, am Leibe (als) nimmersattes Fressen, Schlingen und Alleinprasserei." Für Philo gehören ἡδονή und ἐπιθυμία aufs engste zusammen (vgl. De decal. 142f), und die Begierde ist die Ursache vieler Übel, so auch von Feindschaft selbst unter Verwandten und von Kriegen unter den Völkern (ebd. 152; vgl. auch Quod deterius 174; De ebr. 75)[4]. Die Anschauungen über die ἡδονή berühren sich sehr stark mit der spätjüdischen Lehre vom „bösen Trieb"[5].

---

dacht zu sein, wie Belege aus der Literatur zeigen; auch Streit und Hader können mit diesen Termini bezeichnet werden. DIBELIUS verweist z. B. auf PHILO, De gig. 51 (πόλεμος); TestJud 16, 3; TestBenj 6, 4 (μάχη); TestSim 4, 8; TestGad 5, 1 (πόλεμος); 1 Clem 3, 2 (ἐκ τούτου ζῆλος καὶ φθόνος, ἔρις καὶ στάσις, διωγμός καὶ ἀκαταστασία, πόλεμος καὶ αἰχμαλωσία — „πόλεμος und αἰχμαλωσία sind natürlich von Zuständen innerhalb der Gemeinde zu verstehen": KNOPF z. St.); 2 Tim 2, 23; Tit 3, 9.
[1] Vgl. auch Röm 7, 23; 2 Kor 10, 3; Eph 6, 10–20; 1 Petr 2, 11 („enthaltet euch der fleischlichen Begierden, die gegen die Seele streiten"); ApkElias 22, 4 (RIESSLER).
[2] Vgl. Röm 7, 5 23; Kol 3, 5.
[3] BAUERWb s. v.; G. STÄHLIN in: ThWb II, 911–928. JOSEPHUS sagt von den Essenern (Bell. II, § 120): τὰς ἡδονὰς ὡς κακίαν ἀποστρέφονται.
[4] Vgl. auch PLUTARCH, Mor. 108 A (καὶ γὰρ πολέμους καὶ στάσεις καὶ μάχας οὐδὲν ἄλλο παρέχει ἢ τὸ σῶμα καὶ αἱ τούτου ἐπιθυμίαι); CICERO, De fin. bon. I, 13, § 44 (ex cupiditatibus odia, discidia, discordiae, seditiones, bella nascuntur); DIBELIUS z. St.; ALMQVIST, Plutarch und das NT, 133, Nr. 307. LUKIAN, Cynic. 15 (πάντα γὰρ τὰ κακὰ τοῖς ἀνθρώποις ἐκ τῆς τούτων ἐπιθυμίας φύονται, καὶ στάσεις καὶ πόλεμοι καὶ ἐπιβουλαί καὶ σφαγαί); H. D. BETZ, Lukian von Samosata und das NT, 184.
[5] Siehe dazu die Literatur bei 1, 14 (S. 88, Anm. 6).

4, 2 f Offensichtlich wird in diesen Versen eine Entfaltung dessen geboten, was im V 1 mit πόλεμοι und μάχαι angedeutet ist. Nach Dibelius soll ihr formaler Aufbau genau viergliedrig sein:
1. Glied: ἐπιθυμεῖτε — καὶ οὐκ ἔχετε
2. Glied: φονεύετε καὶ ζηλοῦτε — καὶ οὐ δύνασθε ἐπιτυχεῖν
3. Glied: μάχεσθε καὶ πολεμεῖτε — καὶ[1] οὐκ ἔχετε διὰ τὸ μὴ αἰτεῖσθαι ὑμᾶς
4. Glied: αἰτεῖτε — καὶ οὐ λαμβάνετε, διότι κακῶς αἰτεῖσθε, ἵνα ἐν ταῖς ἡδοναῖς ὑμῶν δαπανήσητε.

Die folgende Exegese wird zeigen, daß der Aufbau der beiden Verse formal nicht so vollkommen ist, was allein schon das Fehlen der Partikel καί im dritten Glied bei den besten Textzeugen beweist.

V 2a (ἐπιθυμεῖτε, καὶ οὐκ ἔχετε): Das Verbum ἐπιθυμεῖν ist — auf Grund des Kontextes — eindeutig peiorativ gebraucht[2]; es ist das irdische „Begehren", geboren aus den ἡδοναί in den Gliedern. Für dieses „Begehren" gilt die Erfahrungsregel: von der Begierde zum Genuß und vom Genuß zur Begierde, aber niemals zum bleibenden, seligen Besitz; denn das Präsens ἔχετε besagt dauernden Besitz. Dieser bleibt der „Begierde" versagt.

V 2b (φονεύετε καὶ ζηλοῦτε, καὶ οὐ δύνασθε ἐπιτυχεῖν): An dem Wort φονεύετε hat trotz seiner einstimmigen Bezeugung schon Erasmus Anstoß genommen und dafür φθονεῖτε („ihr beneidet") vorgeschlagen, und viele sind ihm darin gefolgt (so Spitta, Windisch, Belser, Dibelius, Hauck, Chaine, Marty). Dibelius meint: φονεύετε will „weder zu dem folgenden ζηλοῦτε passen, das nach der Anklage auf Mord unerträglich matt klingt, noch auch zum Sinn des Ganzen". Aber es ist einstimmig bezeugt, und man muß versuchen, mit ihm in der Auslegung zurechtzukommen[3]. Jak hat in 2, 11 auf das Gebot des Dekalogs hingewiesen: „Du sollst nicht töten!" Und dort sagten wir: das sei keine zufällige Auswahl aus den Geboten des Dekalogs, sondern bewußt geschehen im Hinblick auf den behandelten „Fall", in dem es aber nicht um wirklichen Mord ging[4]. Auch in Sir 28, 17 21 wird das schlimme Wirken der Zunge als Mord und Totschlag hingestellt[5]. Eifersucht und Mord gehören nach 1 Clem 3, 4 – 6, 3 aufs engste zusammen[6]. Das ζηλοῦν steht für Jak und die genannte Tradition dem Morden ganz nahe und klingt keineswegs nach der Anklage auf Mord „unerträglich matt", wie Dibelius meint[7]. Die „Antiklimax" φονεύετε καὶ ζηλοῦτε ist in Wirklichkeit nur eine scheinbare. Jak

---

[1] DIBELIUS hält dieses καί für ursprünglich (s. dazu weiter unten zu V 2d).
[2] Vgl. ähnlich auch Ex 20, 17; Dt 5, 21; 1 Kor 10, 6.
[3] Einige Ausleger und Textkritiker versuchen der Schwierigkeit dadurch aus dem Weg zu gehen, daß sie hinter φονεύετε einen Punkt setzen (so MAYOR, ROPES, HORT); doch wird dadurch der formale Aufbau der Sätze gestört.
[4] Vgl. auch noch 5, 6, wo das Verbum φονεύειν auch nicht bloß wörtlich, sondern darüber hinaus noch in einem weiteren Sinn („unterdrücken") gebraucht wird.
[5] Vgl. auch noch Jud 9, 2 ff.
[6] Vgl. etwa 4, 7 („Seht ihr, Brüder, Eifersucht und Neid haben Brudermord verursacht").
[7] Vgl. auch G. KITTEL in: ZntW 41 (1942) 88. Für PLATON steht ζῆλος in einer Reihe mit ὕβρις, ἀδικία, φθόνοι (Leg. III, 679c); TestGad IV, 6 (τὸ μῖσος τοὺς ζῶντας θέλει ἀποκτεῖναι).

denkt an jene eifersüchtige Gesinnung, die ihren Gegner am liebsten liquidieren möchte[1], und ihr hält er entgegen: dennoch „könnt ihr nicht erreichen", sc. das begehrte Ziel, die Alleinherrschaft in den Gemeinden[2].

V 2c (μάχεσθε καὶ πολεμεῖτε): eine weitere, scharfe Bemerkung zu φονεύετε καὶ ζηλοῦτε hinzu, gebildet in bewußtem Anschluß an die Eingangsfrage im V 1 („Woher Kriege und woher Kämpfe bei euch?")[3].

V 2d (οὐκ ἔχετε διὰ τὸ μὴ αἰτεῖσθαι ἡμᾶς): אΨP 1175 al. boh syr ff s Vg (ohne Fuldensis) lesen noch die Partikel καί zu Beginn des Versgliedes, deutlich aus dem Bestreben heraus, dadurch ein klares Viererschema zu erreichen (s. Dibelius). καί fehlt aber nicht bloß in den übrigen, guten Textzeugen (auch im 𝔓[74]), sondern die Aussage „ihr habt nicht, weil ihr nicht bittet" paßt auch unmöglich zu V 2c („ihr kämpft und führt Kriege"). Mit V 2d nimmt Jak vielmehr das οὐκ ἔχετε des 1. Gliedes wieder auf, nennt aber nun den Grund, warum die Leser trotz Begehrens, trotz Kämpfe und Eifersüchteleien nichts erreichen: weil sie nicht beten.

Das klingt sehr absolut und scharf, und Jak gibt im gleichen Atemzug zu (V 3): gewiß, ihr betet, aber ohne das Erbetene von Gott zu erhalten (καὶ οὐ λαμβάνετε)[4]. Widerspricht das nicht der Lehre Jesu bei Mt 7, 7f (αἰτεῖτε καὶ δοθήσεται ὑμῖν — πᾶς ὁ αἰτῶν λαμβάνει) und seiner eigenen Anschauung, die er in 1, 5 vorgetragen hat? Aber Jak nennt sofort den Grund: διότι κακῶς αἰτεῖσθε[5]. Auffällig ist der Wechsel im Modus (einmal Aktiv αἰτεῖν, zweimal das Medium αἰτεῖσθαι); sollte er wirklich „darin seinen Grund haben . . ., daß der Verfasser zwar im allgemeinen das Medium gebraucht[6], daß aber in der ihm vertrauten griechischen Übersetzung des Jesuswortes die aktivische Form gegeben war", wie G. Kittel meint?[7] Vielleicht (vgl. aber einen ähnlichen Wechsel in 1 Joh 5, 5!)[8].

Jak erläutert in einem ἵνα-Satz noch, warum sie „schlecht" beten: ἵνα ἐν ταῖς ἡδοναῖς ὑμῶν δαπανήσατε. Sie bitten nur um Dinge, die der Befriedigung

---

[1] SCHLATTER (244) fragt: „Sollte eine Erzählung wie die des Lukas, Apgsch. 23, 21f, nicht ausreichen, um jeden Anstoß an φονεύετε zu beseitigen?"
[2] Vgl. auch noch M. HENGEL, Die Zeloten (Leiden-Köln 1961) 181–188 (Der „Eifer" als typischer Wesenszug spätjüdischer Frömmigkeit).
[3] MOULTON-MILLIGAN (s. v. πολεμέω) verweisen auf PREISIGKE, Sammelbuch griechischer Urkunden aus Ägypten, 4317, 12: πολεμεῖ με, διότι εἶπόν σοι εἰς ὄψιν.
[4] Vgl. auch Ps 18(17), 42; Sir 11, 10b; 4 Esr 5, 12 („In jener Zeit werden die Menschen hoffen und nicht erlangen, sich abmühen und nicht zum Ziele kommen").
[5] Vgl. Sanh 106b (Raba [† 352] hat gesagt: „Wir schreien, und es ist niemand da, der nach uns fragt; aber Gott will das Herz haben; denn es steht geschrieben: Jahwe sieht auf das Herz") (1 Sm 16, 7; BILLERBECK III, 757 mit weiterem rabbinischem Material). SCHLATTER verweist auf die Zeloten: „Auch als die Zeloten zum politischen Mord und zum Kampf mit den Waffen übergingen, hörten sie keineswegs auf, eine betende Schar zu sein . . . Solches Bitten führt aber nicht zum Empfangen, weil es verdorben ist."
[6] Vgl. auch 1, 5f.
[7] ZntW 41 (1942) 89. In dem Wort Jesu „bittet, und ihr empfangt" (Mt 7, 7) steht das aktivische αἰτεῖτε!
[8] In den Papyri stehen αἰτεῖν und αἰτεῖσθαι ohne wesentlichen Bedeutungsunterschied (MAYSER, Grammatik II/1, 109).

ihrer Lüste dienen[1]. Mit dem Hinweis auf die ἡδοναί greift Jak zurück auf denselben Terminus in V 1 und gewinnt so eine gute inclusio: ein Zeichen, daß er selber die VV 1–3 als einen relativ geschlossenen Abschnitt verstehen will. An welche „Lüste" er dabei besonders denkt, erfahren wir nicht. Jak will vermutlich nur die ganze irdisch eingestellte Gesinnung der Leser treffen, ihre „Weltliebe", wie der folgende Abschnitt ja zeigt. Die eigentliche Wurzel aller Auseinandersetzungen und Kämpfe in den Gemeinden ist jedenfalls bloßgelegt.

4, 4 Die scharf tadelnde Anrede μοιχαλίδες braucht nach den vorhergehenden Ausführungen des Jak nicht weiter zu überraschen. In jenem Verhalten, das die „Lüste" zu befriedigen sucht, sieht Jak eine Art von Buhlerei mit der Welt (φιλία τοῦ κόσμου). Darum fordert er jetzt die Leser auf, sich von dieser falschen Weltliebe abzuwenden und sich ganz Gott zu unterwerfen. μοιχαλίδες ist Femininform[2] und scheint nach Hauck deshalb gewählt, „weil Gott ja als Eheherr angesehen wird"[3]; die Anrede ist selbstverständlich übertragen gemeint und hat den „geistigen" Ehebruch im Auge, den die ungeordnete „Weltliebe" darstellt; an Ehebruch im buchstäblichen Sinn zu denken — so etwa Spitta —, verbietet der Kontext[4]. Das Bild vom Ehebruch für die aversio a deo und conversio ad creaturam entstammt der biblischen Tradition, nach der Jahwe auf Grund des Bundes der Eheherr Israels ist und der Abfall von ihm als „Ehebruch" gebrandmarkt wird (vgl. Os 1–3; 9, 1; Is 1, 21; 50, 1; 54, 1–6; 62, 4f; Jer 2, 20ff; 3, 7–10; Ez 16, 23–26; 23; Ps 73 [72], 27)[5]. Jesus nennt seine ungläubigen Gegner „ein ehebrecherisches Geschlecht" (Mt 12, 39; 16, 4; Mk 8, 38); Paulus sieht in der Kirche die Braut Christi (2 Kor 11, 2; Eph 5, 22–24; vgl. auch Röm 7, 3f), ähnlich die Joh-Apk (19, 7; 21, 9)[6]. Hinter der scharfen Warnung des Jak vor Weltliebe steht kein gnostischer Dualismus, sondern, ähnlich wie im Joh-Ev, ein ethischer „Entscheidungsdualismus"[7]. Schon in 1, 27 hat Jak gefordert, „sich unbefleckt vor der Welt zu bewahren".

Formal baut er den Vers so auf, daß er zunächst eine Frage an die „Ehebrecher" richtet und diese nur mit ja zu beantwortende Frage[8] zugleich eine absolut sichere These darstellt, aus der er in V 4b eine Folgerung zieht (vgl.

---

[1] Zum Verbum δαπανᾶν (ausgeben, oft mit dem Nebensinn: verschwenden) vgl. BauerWb s. v. 2; Lk 15, 14; Suidas: δαπανᾶν· οὐ τὸ ἁπλῶς ἀναλίσκειν, ἀλλὰ τὸ λαμπρῶς ζῆν καὶ σπαθᾶν καὶ δαπανᾶν τὴν οὐσίαν. Belege aus den Papyri bei Moulton-Milligan s. v.
[2] Adjektivisch („ehebrecherisch") und substantivisch („Buhlerin, Dirne, Ehebrecherin"); Hauck in: ThWb IV, 738/8f.
[3] Ebd. IV, 743/2f.
[4] Auch jene Textzeugen, die μοιχοί καὶ μοιχαλίδες lesen (vgl. Anm. 1, S. 176), denken offensichtlich an wirklichen Ehebruch.
[5] Näheres dazu bei J. Ziegler, Die Liebe Gottes bei den Propheten (Atl. Abh. XI, 3) (Münster 1930) 49–85; W. Eichrodt, Theol. des AT I², 120–124.
[6] Vgl. auch Art. Brautsymbolik (H. Gross/F. Mussner) in: LexThK ²II, 660–662.
[7] Vgl. auch 1 Joh 2, 15–17 (dazu die Ausführungen bei R. Schnackenburg); 2 Tim 3, 4 (φιλήδονοι μᾶλλον ἢ φιλόθεοι); Henäth 48, 7.
[8] Vgl. zu οὐκ οἴδατε auch Röm 6, 16; 1 Kor 3, 16; 6, 9 19.

οὖν): Wer es vorzieht (βούλεται)¹, ein Freund der Welt zu sein, stellt sich dadurch selbst als Feind Gottes hin!² Die Substantive φιλία und ἔχθρα³ haben „aktiven" Sinn, so daß die dazugehörigen Genitive τοῦ κόσμου bzw. τοῦ θεοῦ Gen. obj. sind. Jak kennt nur die eindeutige Wahl zwischen Gott oder der Welt und keinen Kompromiß; genau wie Jesus (vgl. Mt 6, 24!). Dies begründet er im folgenden Vers noch von der Schrift her.

4, 5 Der Vers bietet besondere Probleme⁴. Er ist wieder als Frage an die Adressaten gestaltet, eingeleitet mit ἢ δοκεῖτε⁵, und die Frage hat fast herausfordernden Klang: Ihr werdet doch nicht ernsthaft der Meinung sein? Denn die Schrift sagt nicht „umsonst" (κενῶς)⁶, d. h., was die Schrift sagt, hat unbedingte Geltung! Und sie sagt (so jedenfalls nach Jak): πρὸς φθόνον ἐπιποθεῖ τὸ πνεῦμα ὃ κατῴκισεν ἐν ἡμῖν. Die Auffassungen über den Sinn dieses Satzes gehen weit auseinander, wie die Kommentare zeigen. Von vornherein abzulehnen ist der Versuch Spittas (und schon Wettsteins), πρὸς φθόνον zum vorausgehenden λέγει zu ziehen (die Schrift sagt „hinsichtlich des Neides": ἐπιποθεῖ . . .); dann würde statt πρός eher die Präposition περί stehen; außerdem würde dem Verbum ἐπιποθεῖ die doch notwendige Modalbestimmung fehlen. πρὸς φθόνον gehört vielmehr zu ἐπιποθεῖ und steht anstelle eines Adverbs (φθονερῶς)⁷. Ebenso abzulehnen ist die Auffassung Meinertz' und anderer, die die Worte πρὸς φθόνον . . . χάριν als Parenthese nehmen wollen (wobei das folgende διὸ λέγει das erste λέγει wieder aufnehmen würde); denn die formelhafte Wendung ἡ γραφὴ λέγει leitet immer unmittelbar ein Zitat ein.

Umstritten ist ferner die Frage nach dem eigentlichen Subjekt in dem Satz πρὸς φθόνον ἐπιποθεῖ τὸ πνεῦμα: ist der Geist oder Gott Subjekt? Da im nächsten Satz („aber größere Gnade gibt er") eindeutig Gott Subjekt ist (was aus dem folgenden Schriftzitat mit seinem ausdrücklichen Subjekt ὁ θεός hervorgeht), muß Gott auch im ersten „Zitat" das Subjekt sein, so daß die Übersetzung „neidisch verlangt der Geist, den er in uns wohnen

---

¹ Zu βούλεσθαι in der Bedeutung „vorziehen, lieber wollen" vgl. SCHRENK in: ThWb I, 628f.
² Zum reflexiven Medium καθίσταται vgl. MAYSER, Grammatik II/1, 94f 98.
³ Vg ff m akzentuierten ἐχθρά, weil sie adjektivisch mit inimica übersetzen (vgl. auch Röm 8, 7).
⁴ Vgl. zum folgenden außer den Kommentaren (etwa BISPING, SCHEGG, DIBELIUS) besonders J. MICHL, Der Spruch Jakobusbrief 4, 5, in: Ntl. Aufsätze (Festschr. f. J. SCHMID) (Regensburg 1963) 167–174; H. COPPIETERS, La signification et la provenance de la citation Jac. IV, 5, in: RB 24 (n. s. 12) (1915) 35–58; weitere Literatur bei BAUERWb s. v. φθόνος.
⁵ Vgl. ähnlich auch Mt 26, 23; Röm 3, 29; 6, 3; 7, 11; 1 Kor 6, 9 16 19.
⁶ Zu dieser Bedeutung von κενῶς vgl. BAUERWb s. v. κενῶς. Unwillkürlich denkt man an Is 55, 11: Mein Wort „kehrt nicht leer (רֵיקָם, Adverb!) zu mir zurück". Der Hinweis mancher Kommentare auf den Ausdruck „leere Worte" (κενοὶ λόγοι, z. B. Eph 5, 6) ist dagegen verfehlt.
⁷ Viele Belege bei MAYSER, Grammatik II/2, 509; die Stellung des Adverbs vor seinem zugehörigen Verbum ist dabei normal (ebd. 180/39f). Nach WINDISCH (und SCHNEIDER) „ergibt sich wieder ein Hexameter: πρὸς φθόνον ἐπιποθεῖ τὸ πνεῦμ' ὃ κατῴκισ' ἐν ἡμῖν. Ist das nicht zufällig, dann ist die γραφή ein jüdisch-hellenistisches Lehrgedicht gewesen."

ließ" abzulehnen ist. Welcher „Geist" aber ist gemeint? Der Heilige Geist
als Gnadengeschenk Gottes bei der Taufe?[1] Oder der Geist als Lebensodem
im Menschen (nach dem Schöpfungsbericht)?[2]. Oder der neiderfüllte menschliche Geist?[3] Die Entscheidung darüber hängt mit der Gesamtauffassung des
„Schriftzitats" zusammen. Jedenfalls läßt schon der nächste Satz („größere
Gnade gibt er") schwerlich bei τὸ πνεῦμα an den Heiligen Geist denken; denn
wie sollte neben ihm noch ein „größeres" Gnadengeschenk möglich und
denkbar sein?

Nach Gn 2, 7 hat Gott dem Menschen bei der Erschaffung „Lebensodem"
(רוּחַ) eingeblasen: im Vergleich mit dem aus Erde gebildeten Leib „ein
höheres Element"[4]! Vgl. auch Gn 6, 17; 7, 15; Is 2, 22; Job 27, 3; 33, 4; 34,
14f (wenn Gott diesen Lebensodem „wieder an sich nähme, würde alles
Fleisch zusammen dahinsterben"); Prd 12, 7; Tob 3, 6; Dn 10, 17 LXX;
Ps 104, 29. Gottes „unvergänglicher Geist ist in allen" (Weish 12, 1). Im
Spätjudentum waren diese Überzeugungen lebendig; so wohnt nach TestNaph (hebr. Rez.) 10, 9 der Heilige Geist seit der Erschaffung im Menschen
(„Wohl dem Menschen, der den Heiligen Geist Gottes, den er in sein Inneres
gelegt und eingeblasen hat, nicht besudelt, und wohl ihm, wenn er ihn seinem
Schöpfer rein zurückgibt, wie er an dem Tage war, an dem er ihm anvertraut
wurde!")[5]. Der Geist ist Geschenk Gottes! Ihn „ließ (Gott) in uns wohnen",
sagt Jak (ὃ κατῴκισεν ἐν ἡμῖν); Subjekt in dem Relativsatz ist wieder Gott
und ὅ dazu das Akkusativprädikat[6]. Gott verlieh dem Menschen bei der Erschaffung den Lebensgeist und „sehnt sich" (ἐπιποθεῖ) nach ihm[7]. Von

---

[1] Daran denken BEDA, BEYSCHLAG, MAYOR u. a.; vgl. Joh 7, 39; Röm 8, 11;
1 Kor 3, 16; Gal 4, 6 u. ö.
[2] So etwa BISPING, BELSER, BARDENHEWER, HAUCK, E. SCHWEIZER in: ThWb
[3] So MICHL, MEYER (Rätsel, 258); ähnlich REUSS. [VI, 445.
[4] „Zu dem irdischen Teil seines Wesens tritt als höheres, belebendes Element der
von Gott ihm eingehauchte Lebenshauch" (H. JUNKER, Genesis [Echter-Bibel],
z. St.).
[5] Vgl. auch bSchabb 152: „Gib ihn (den Geist) in Reinheit ab, wie er ihn dir in
Reinheit gegeben hat." Dazu auch noch 1 QH XII, 12 („durch den Geist, den du
in mich gegeben hast"); in Damask V, 11f und 7, 3f wird dieser „Geist" auch
„heiliger Geist" genannt (vgl. dazu O. BETZ, Offenbarung und Schriftforschung
in der Qumransekte [WUNT 6] [Tübingen 1960] 126–128; J. SCHREINER, Geistbegabung in der Gemeinde von Qumran, in: BZ, NF 9 [1965] 161–180).
[6] Vgl. Herm(m) III, 1 (τὸ πνεῦμα, ὃ θεὸς κατῴκισεν ἐν τῇ σαρκὶ ταύτῃ); (s) V, 6, 5
(τὸ πνεῦμα τὸ ἅγιον τὸ προόν, ὃ κτίσαν πᾶσαν τὴν κτίσιν, κατῴκισεν ὁ θεὸς εἰς σάρκα
ἣν ἐβούλετο). Jene Textzeugen und Ausleger, die statt κατῴκισεν (so $\mathfrak{P}^{74}$ BA ℵ
u. a.) κατῴκησεν (von κατοικεῖν) lesen (so KLP al., vetlat., Vg), nehmen ὅ (= πνεῦμα) als Subjekt und übersetzen: „der in uns wohnt" (Vg, ff, s: qui habitat in vobis
[ὑμῖν statt ἡμῖν]; fuldensis u. a.: inhabitat). Der Aorist κατῴκισεν (von κατοικίζειν
= wohnen machen, eine Wohnung anweisen, ansiedeln = הוֹשִׁיב: Gn 47, 6;
Pss 67, 7; 112, 9) sieht auf die Erschaffung des Menschen zurück und ist darum
am Platz, während der Aorist κατῴκησεν, der doch ein dauerndes „Wohnen" des
Geistes in uns ausdrücken soll, unpassend ist; es müßte dann Präsens oder Imperfekt stehen. Nimmt man πνεῦμα als Subjekt, fehlt zudem ein Prädikat, und
man muß irgend etwas ergänzen, wie „Güter" (so etwa MICHL).
[7] ff: convalescit.

einem „Sehnen" Gottes nach dem Werk seiner Hände spricht ausdrücklich Job 14, 15[1], wo Theodotion das hebr. נִכְסַף (sich sehnen, sich verzehren) mit ἐπιποθεῖν wiedergibt. „Das Werk seiner Hände" ist hier der Mensch Job. Auch das alte palästinensische Fragmententargum „übersetzt" Gn 2, 2 („und Gott vollendete am siebten Tage sein Werk, das er gemacht hatte") folgendermaßen: „Und Jahwes Memra begehrte am siebten Tage nach seinem Werk, das er geschaffen hatte." Nach ApkMos 31[2] wird Gott „suchen" (ζητήσει) nach seinem Gefäß (σκεῦος), das er gebildet hat; darum fordert der sterbende Adam seine Gattin Eva auf, zu Gott zu beten, „bis ich mein Pneuma zurückgebe in die Hand dessen, der es gegeben hat"; und die sterbende Eva betet nach Kap. 42 (Ende): „Gott des Alls, nimm meinen Geist auf, und sofort übergab sie Gott ihren Geist."[3] Angesichts dieser Anschauungen ist die Aussage des „Schriftwortes" in Jak 4, 5, daß Gott sich nach dem Geist, den er in uns wohnen ließ, „sehnt", nichts Anstößiges, selbst nicht mit der Modalbestimmung πρὸς φθόνον. Von einem „Neid" Gottes ist zwar im AT nie die Rede, wohl aber von seiner „Eifersucht" (z. B. Ex 20, 5; 34, 14; Dt 4, 24; 5, 9; 6, 15; Jos 24, 19; Is 9, 6; 37, 32; 59, 17; Ez 5, 13; 16, 38 u. ö.). „Jahwes Eifer wird erregt dadurch, daß Israel fremden Göttern dient, also das Gebot übertritt, dessen Begründung Ex 20, 5 heißt: ἐγὼ γάρ εἰμι κύριος ὁ θεός σου, θεὸς ζηλωτής" (A. Stumpff)[4]. „Eifer" und „Neid" aber gehören eng zusammen[5]; im rabbinischen Hebräisch bedeutet das Wort קִנְאָה sowohl „Eifersucht" wie „Neid"[6]. Es könnte also in Jak 4, 5 statt πρὸς φθόνον ebenso heißen πρὸς ζῆλον. Gott wacht eifersüchtig über den Geist, den er dem Menschen bei seiner Erschaffung geschenkt hat; und dies fügt sich ausgezeichnet in den Kontext: weil Gott so ist und denkt, darum duldet er keine Buhlerei mit der Welt (V 4)[7]; er beansprucht den Geist des Menschen für sich allein[8]. Der Spruch hebt also nicht „das neidische Begehren des Menschengeistes hervor" (wie Michl meint)[9].

Wo sagt aber „die Schrift" so? Wörtlich nirgends. Jak unterstellt viel-

---

[1] Vgl. dazu J. JEREMIAS, Jac 4, 5: ἐπιποθεῖ, in: ZntW 50 (1959) 137f.
[2] Griechischer Text bei C. TISCHENDORF, Apocalypses apocryphae (Leipzig 1866) 1–23.
[3] Auf diese wichtigen Stellen in der ApkMos hat mich dankenswerterweise J. BLINZLER aufmerksam gemacht.
[4] ThWb II, 881/14 ff. Vgl. auch noch H. A. BRONGERS, Der Eifer des Herrn Zebaoth, in: VT 13 (1963) 269–284.
[5] Vgl. etwa 1 Makk 8, 16; TestSim 4, 5; 1 Clem 3, 2; 4, 7; 5, 2.
[6] DALMAN, Aramäisch-Neuhebr. Wörterbuch und JASTROW s. v.
[7] BISPING bemerkt gut: „Das Verhältnis des menschlichen Geistes zu Gott ist hier als ein bräutliches oder eheliches gedacht"; er meint sogar, Jak habe dabei „ohne Zweifel" 2 Kor 11, 2 im Auge, was ganz unwahrscheinlich ist.
[8] Darum sind auch alle Text-„Emendationen" überflüssig wie jene, die einst P. CORSSEN vorgeschlagen hat: πρὸς φθόνον ἐπιποθεῖτε· τὸ πνεῦμα ... μείζονα δίδωσιν χάριν (GGA [1893] 596f), oder jene O. KIRNS, der statt ΠΡΟΣ ΦΘΟΝΟΝ lesen wollte: ΠΡΟΣ ΤΟΝ ΘΝ (πρὸς τὸν θεόν) (ThStK 77 [1904] 127–133 593–604). Vgl. DIBELIUS, 207, Anm. 1; frühere „Verbesserungs"-Vorschläge bei BISPING.
[9] ESTIUS: „Invidiae morbum debellari atque a nostris mentibus exstirpari desiderat Spiritus Dei per baptismum habitans in nobis."

mehr ein „Schriftwort", das vielleicht aus einem sonst unbekannten Apokryphon entnommen (vgl. ApkMos 31!), aber aus atl. Anschauungen und Elementen gewonnen ist[1].

4, 6 Auch dieser Vers bietet der Auslegung Schwierigkeiten. Wenn man den Text sorgfältig ins Auge faßt, sind sie nicht unüberwindlich. Vor allem führen zwei Beobachtungen weiter: a) der Komparativ μείζονα steht an der Spitze der Aussage; also liegt darauf ein besonderer Ton; b) δίδωσιν ist Präsens, während das vorausgehende κατῴκισεν eine präteriale Zeitform ist. „Größere Gnade" setzt eine schon früher gegebene voraus, die noch nicht so groß war. Die Auslegung des V 5 ergab, daß diese früher gegebene Gnade die „Leihgabe" des Lebensodems an den Menschen ist. Gott hat aber vor, noch „größere Gnade", als diese Schöpfungsgnade es war, den Menschen zu schenken[2], allerdings nur unter einer Voraussetzung, die schon in der Schrift (Spr 3, 34 LXX [κύριος ὑπερηφάνοις ἀντιτάσσεται, ταπεινοῖς δὲ δίδωσιν χάριν])[3] genannt ist (vgl. διὸ λέγει sc. ἡ γραφή)[4]: nur unter der Voraussetzung demütiger Gesinnung auf seiten des Empfängers. Vielleicht ist bei dieser „größeren Gnade" an die Erwählung und Einsetzung zu Erben seines Reiches gedacht (vgl. 2, 5) oder — was wahrscheinlicher ist — an die eschatologische „Erhöhung" (vgl. 4, 10b). So findet Jak im V 6 einen geschickten Übergang vom „Negativen" (V 5) zum Positiven (V 6). Er ist kein bloßer Gerichtsprediger!

4, 7 8a Der kleine Abschnitt zieht die Folgerung (οὖν) aus dem „Schriftwort" des V 6: weil Gott den Demütigen seine Gnade gibt, ergibt sich als Paränese die Forderung: „Unterwerft euch also Gott", d. h., werdet vor ihm ταπεινοί, damit er euch seine „größere Gnade" schenken kann. Die zwei folgenden Imperative (ἀντίστητε und ἐγγίσατε) sind dem ersten (ὑποτάγητε) nicht gleichgeordnet, wie die Partikel δέ hinter dem zweiten Imperativ ἀντίστητε zeigt[5]. Sie entfalten vielmehr negativ und positiv das Wesen der „Unterwerfung" unter Gott. Negativ: „Widersteht dem Teufel", mit der Verheißung: „und er wird von euch fliehen"[6]. Positiv: „Naht euch Gott"[7],

---

[1] Vgl. auch 1 Kor 2, 9; Eph 5, 14; 1 Clem 23, 3; Barn 16, 5 (hier wird Henäth 89, 56 58 als Wort der „Schrift" eingeführt!). Nach MEYER (Rätsel, 259) ist das Zitat in Jak 4, 5 „eine midraschartige Umschreibung" von Gn 49, 19.
[2] Nach R. Chija b. Abba wird der Lebensodem „in dieser Welt... nur in eines seiner Glieder (die Nase) verstreut, in der zukünftigen Welt hingegen... in den ganzen Körper" (GnR zu Gn 6, 3, WÜNSCHE 118).
[3] Vgl. auch 1 Petr 5, 5b; 1 Clem 30, 2; IgnEph 5, 3; Mt 23, 12 (18, 4).
[4] Vgl. ähnlich Röm 15, 10; Gal 3, 16; 2 Kor 6, 2; Eph 4, 8; 5, 14.
[5] Die Textzeugen KLP Ökum. lassen δέ weg und ordnen so die drei Imperative ὑποτάγητε, ἀντίστητε und ἐγγίσατε einander gleich. Völlig wird aber die Struktur der drei Imperativsätze auch dadurch nicht gleich, weil mit dem ersten Imperativglied keine Verheißung verbunden ist wie mit den beiden anderen; auch dies weist darauf hin, daß in den Augen des Jak der erste Imperativ gewissermaßen die Prämisse für die anderen ist.
[6] Zu dieser Verheißung vgl. auch TestIss 7, 7; TestDan 5, 1; TestNaph 8, 4; Herm (m) XII, 5, 2. Zum Widerstand gegen den Teufel vgl. auch Eph 6, 11; 1 Petr 5, 8f.
[7] TestDan 6, 2 (ἐγγίσατε τῷ θεῷ).

mit der Verheißung: „und er wird sich euch nahen"[1]. Der Gegensatz Welt — Gott (V 4) wird vertieft zum Gegensatz Teufel—Gott!

Wieder beginnt eine Imperativreihe — mit 7 Imperativen! —, die durch neue Anreden (ἁμαρτωλοί, δίψυχοι) und die abschließende Verheißung (καὶ ὑψώσει ὑμᾶς) eine gewisse paränetische Einheit darstellt (4, 8b–10).

4, 8b Die Aufforderung, „die Hände zu reinigen", gilt im Judentum für die Priester, bevor sie das Heiligtum betreten (vgl. Ex 30, 19–21), und für alle Juden vor der Mahlzeit[2]. Jesus setzte die letztere Bestimmung außer Geltung (vgl. Mk 7, 1–23); „Reinheit" wird von ihm ins Herz verlegt (Mt 5, 8; Mk 7, 20–23). „Aber weder in den synopt Evangelien noch bei Pls wird der neue Reinheitsgedanke Jesu zu einem positiven Leitmotiv der neuen Frömmigkeit ... Dieses Motiv tritt erst in den Vordergrund in Past, Hb, Joh, auch bei Jk und 1 Pt, d. h. in den Schriften, die entweder stärker durch den Gegensatz zum atl. Kultus (Hb) oder durch die fromme Redeweise des hellenistischen Judentums beeinflußt sind" (Hauck)[3]. In Jak 4, 8 ist die Forderung, „die Hände zu reinigen", selbstverständlich sittlich verstanden, wie allein schon die mit ihr verbundene Anrede ἁμαρτωλοί beweist[4]. Parallel zu dieser ersten, „negativen" Aufforderung steht die zweite, positive: καὶ ἁγνίσατε καρδίας, δίψυχοι. Der Terminus ἁγνίζειν bedeutet im AT besonders „in den Zustand der Kultfähigkeit versetzen"[5] (vgl. Ex 19, 10; Jos 3, 5 u. ö.; im NT Joh 11, 55; Apg 21, 24 26; 24, 18). Mit der Vergeistigung des Kultes in der christlichen Gemeinde gewinnt der Terminus immer mehr sittliche Bedeutung (vgl. auch 1 Petr 1, 22; 1 Joh 3, 3[6]; Barn 5, 1; 8, 3)[7]. Die Verbindung von Händen und Herz findet sich im ethischen Sinn auch schon in Ps 24 (23), 4 („wer unschuldige Hände hat und ein lauteres Herz") und Sir 38, 10 („Fliehe den Frevel, und mache die Hände rechtschaffen, und von allen Sünden reinige das Herz"). Zur Anrede δίψυχοι vgl. Jak 1, 8; zum Ganzen noch Sir 2, 12 („Wehe den furchtsamen Herzen und den schlaffen Händen und dem Sünder, der auf zweierlei Wegen wandelt!"). Ein δίψυχος ist, wer in religiös-sittlicher Halbheit und Unentschiedenheit dahinlebt, hin und her schwankend zwischen Gott und Welt[8]; der Ausdruck weist auf V 4 zurück.

---

[1] Derartige Verheißungen mit καί einzuführen entspricht überliefertem Stil; vgl. z. B. TestNaph VIII, 4 oder schon im AT Mal 3, 7 (ἐπιστρέψατε πρός με καὶ ἐπιστραφήσομαι πρὸς ὑμᾶς); Zach 1, 3. Die drei Imperative ἀντίστητε, ἐγγίσατε, ταπεινώθητε (vgl. VV 7–10) mit folgendem καί und Futur haben zugleich konditionale Funktion: „Wenn ihr dem Teufel widersteht, wird er von euch weichen" (vgl. dazu Beyer, Semitische Syntax, 253).
[2] Vgl. Näheres bei R. Meyer in: ThWb III, 424f; Billerbeck I, 697.
[3] ThWb III, 428f.
[4] Vgl. auch Is 1, 16 („Waschet, reinigt euch! Schafft weg eure bösen Taten aus meinen Augen! Höret auf, Böses zu tun!"); Jer 4, 14.
[5] Hauck in: ThWb I, 123f.
[6] Vgl. dazu auch R. Schnackenburg (mit Literatur).
[7] Vgl. auch H. Kosmala, Hebräer – Essener – Christen, 61.
[8] Vgl. auch noch Herm (m) IX, 7; (v) III, 2, 2.

4, 9 Es folgen zunächst drei Aoristimperative, untereinander mit καί verbunden[1]. Der erste Imperativ ταλαιπωρήσατε hat die intransitive Bedeutung „fühlt euch elend"[2]. Während er sich mehr auf die innere Erschütterung bezieht, fordern die beiden folgenden Imperative (πενθήσατε, κλαύσατε) auch die äußere Manifestation der inneren Trauer. Die beiden Verben sind auch sonst oft verbunden (vgl. 2 Sm 19, 1; Neh 8, 9; Lk 6, 25; Apk 18, 11 15 19 und zu allen drei Imperativen noch Jer 4, 8a: „Darum legt Sackgewänder an, klaget und heulet"). In solchen Imperativen spricht der Bußprediger! Mit ihnen fordert er zur μετάνοια auf.

„Euer Lachen (γέλως) verwandle sich in Trauer" (vgl. auch 5, 1; Lk 6, 21 25: οὐαί, οἱ γελῶντες νῦν, ὅτι πενθήσετε καὶ κλαύσετε). γέλως ist das ausgelassene Gelächter der Götter und Menschen bei ihren Vergnügen[3]. In Sir 21, 20 und 27, 13 ist γέλως das Kennzeichen des Toren (μωρός), ähnlich auch in Spr 10, 23 (ἄφρων). Nach rabbinischer Anschauung erfolgt in diesem „Lachen" (שׂחק) „die Absage an Gott als alles bestimmende Wirklichkeit und erscheint in ihm die Bejahung des Menschen als autonomen Wesens" (Rengstorf)[4]. Im Lachen der „Sünder" (ὑμῶν bezieht sich zurück auf ἁμαρτωλοί) drückt sich ihre Weltseligkeit und Weltverlorenheit aus[5]; sie „soll sich in Trauer (πένθος) verwandeln"[6], „und die Freude in Niedergeschlagenheit" (εἰς κατήφειαν)[7]. Damit verurteilt Jak nicht die wahre, geistliche Freude des Christen (vgl. nur 1, 2!), sondern das heidnische, weltselige Wesen[8].

4, 10 Ein die vorausgehende Imperativreihe zusammenfassender und abschließender[9] „Weisheitsspruch" (Chaine), bestehend aus Mahnung und Verheißung, der deutlich auf V 6 zurückweist: weil Gott den Demütigen

---

[1] MAYSER sagt vom Imp. Aor.: „Der Ton in Befehl und Verbot ist meist schärfer, dringender, knapper und rücksichtsloser als im Präsens" (Grammatik II/1, 145).
[2] Vgl. BAUERWb s. v. ταλαιπωρέω. Das Wort begegnet ziemlich häufig in der LXX (= שׁדד = verheeren), besonders beim Propheten Jeremias. Im Profangriechischen bedeutet es „starke Arbeiten, körperliche Anstrengungen, Strapazen oder Drangsale aushalten; Unglück, Elend, Kummer erleiden" (PAPEWb s. v.).
[3] Vgl. dazu RENGSTORF in: ThWb I, 656 ff.
[4] Ebd. 657/32 ff.
[5] Der heidnische γέλως äußert sich bei der πομπή (Festzug); vgl. MOULTON-MILLIGAN, s. v. γέλως (unter Verweis auf Pap. Gießen I, 3, 8 ff).
[6] Bei PHILO (De exsecr. 171) sind der Gegensatz zu πένθος die Freudenfeste (ἑορταί); vgl. schon Am 8, 10.
[7] Vgl. die Definition von κατήφεια bei PLUTARCH (Mor. 528): τὴν κατήφειαν ὁρίζονται λύπην κάτω βλέπειν ποιοῦσαν. Nach PHILO (De spec. leg. III, 193) sind die Augen der Trauernden voll von Kummer und Niedergeschlagenheit (κατήφεια). BAUERWb s. v. κατήφεια. — DIBELIUS rechnet mit der Möglichkeit, daß die Ermahnungen des V 9 in einer von Jak verarbeiteten Überlieferung „statt eines Befehls eine prophetische Unheilsverkündigung in Befehlsform gebildet hätten". Für eine solche Tradition könnte man verweisen auf Am 5, 16; 9, 5; Mich 1, 8; Is 3, 26; Jer 6, 26.
[8] MARTY: „C'est toute une vie profane que l'auteur veut caractériser par γέλως et χαρά."
[9] Nicht von ungefähr liest Cod. ℵ ein οὖν hinter ταπεινώθητε (vgl. auch 1 Petr 5, 6).

selbst Gnade gibt, deshalb ergibt sich daraus als Mahnung, vor Gott demütig zu werden, und als Verheißung: „Und er wird euch erhöhen." Das ist traditionelle Sprache (vgl. auch Job 5, 11; 22, 29b; Spr 3, 34; 29, 25; Sir 3, 18; Ez 17, 24; 21, 31[1]; Mt 18, 4; 23, 12; 1 Petr 5, 6[2]), aber deswegen nicht weniger ernst gemeint. Aus der μετάνοια ergibt sich für die Sünder Heil.

4, 11 f Man könnte diesen Spruch zur Not zu den vorausgehenden Imperativen hinzunehmen und diese Verse als eine Art Anhang zu ihnen betrachten. Aber V 10b bildet mit seiner eschatologischen Verheißung einen deutlichen Abschluß der vorausgehenden Imperativreihe. Außerdem erscheint nun ein negierter Imperativ (μή) und eine neue Anrede, die sich direkt an die Adressaten wendet (ἀδελφοί).

Anlaß für die Warnung vor Verleumdung mögen die „Kriege" und „Kämpfe" sein, die bei den Adressaten ausgebrochen und immer mit Verleumdungen verbunden sind. Schon im AT wird der Verleumder scharf verurteilt (vgl. Lv 19, 16; Ps 49 [50], 20; 100 [101], 5; Spr 20, 13; Weish 1, 11)[3] und ebenso im NT (vgl. Röm 1, 30; 2 Kor 12, 20; 1 Petr 2, 1 12; 3, 16)[4].

Zum καταλαλεῖν gesellt sich nur allzugerne das κρίνειν (V 11b)[5]. „Während in καταλαλεῖν das Gehässige und Hinterhältige liegt, liegt in κρίνειν das Lieblose und Selbstgerechte" (Hauck z. St.). Wer so handelt, macht das Gesetz schlecht und richtet das Gesetz, das befiehlt: „Du sollst deinen Nächsten lieben wie dich selbst" (Lv 19, 16) — in V 12 erscheint ausdrücklich der Terminus πλησίον! Für Jak ist die Übertretung des Gebotes noch mehr als nur Übertretung (vgl. 2, 8f); man setzt dadurch das Gesetz selbst ins Unrecht und wirft sich zu seinem Richter auf (V 11c). Das Gesetz „richten" heißt wohl Urteile über dasselbe fällen, indem man es zu korrigieren und Ausnahmen von seiner universalen Geltung zu machen sucht; Gott aber will, daß man ein ποιητής νόμου sei[6] und nicht sein Richter! Vgl. dazu den Spruch des R. Asi[7]: „Der Mensch, welcher verleumdet, leugnet zuletzt auch Gott"; Mekh. zu Ex 14, 31[8]: „Jeder, der gegen einen getreuen Hirten spricht, ist wie einer, der gegen Gott spricht"; TestGad 4, 1f: „Meine Kinder, hütet euch vor Haß, weil man auch gegen den Herrn selbst Unrecht begeht" (mit

---

[1] Ferner noch TestJos X, 3; XVIII, 1; 1 QH III, 20; XV, 16f.
[2] In 1 Petr 5, 6 ist mit der Verheißung der Erhöhung eine Zeitangabe verbunden: ἐν καιρῷ. SCHELKLE sieht darin eine geheimnisvolle Andeutung an die Parusie. Bei Jak fehlt eine solche Zeitangabe; bei ihm bleibt dadurch die Verheißung unbestimmter und formaler.
[3] Für das Spätjudentum vgl. etwa TestIss III, 4; MidrTeh zu Ps 12, 3 (WÜNSCHE 107): „Verleumdung ist schwerer als die drei Vergehen, die groß genannt werden, nämlich: Götzendienst, Unzucht und Blutvergießen." Weiteres Material bei BILLERBECK I, 226 ff 905.
[4] Vgl. auch Herm (m) II, 2f; VIII, 3; (s) IX, 23, 2f; 1 Clem 30, 1 3.
[5] Die beiden Partizipien καταλαλῶν und κρίνων können konditional verstanden werden („wenn jemand den Bruder verleumdet oder richtet"); vgl. BEYER, Semit. Syntax, 205–218.
[6] Zum Ausdruck „Täter des Gesetzes" vgl. auch S. 104, Anm. 2.
[7] Midr. Debarim r. 6 zu Dt 24, 9 (zitiert bei DIBELIUS z. St.).
[8] Zitiert bei SCHLATTER z. St.

der Begründung: Man sündigt durch die Verletzung des Gebotes Gottes gegen Gott selbst)[1]; Spr 17, 5a: „Wer den Armen verspottet, schmäht dessen Schöpfer." Der Spruch des Jak geht darüber weit hinaus. Das Verhalten des Verleumders führt nach Jak nicht bloß am Ende zur Gottesleugnung und erst recht nicht bloß zur Sünde gegen Gott, sondern zur usurpatorischen Anmaßung des Amtes Gottes: Wer das Gesetz Gottes „richtet", statt es zu erfüllen, wirft sich zum „Richter" auf. Hinter κριτής (am Ende von V 11) fehlt beachtlicherweise der Genitiv νόμου, weil Jak noch ein anderer Gedanke vorschwebt, den er im V 12 ausspricht, der aber nur das κρίνων τὸν ἀδελφόν von V 11b wieder aufnimmt: Er wirft sich zum Richter nicht bloß über das Gesetz, sondern über den Nächsten auf, den doch ein anderer richten wird, nämlich Gott selbst. Göttlicher Gesetzgeber und Richter lassen sich nicht voneinander trennen[2]; das ist der Sinn der Aussage: εἷς ἐστιν νομοθέτης καὶ κριτής[3], und dieser „eine" ist Gott, „der zu retten und zu vernichten vermag" (vgl. dazu auch Dt 32, 39; 1 Sm 2, 6; 4 Kg 5, 7; Mt 10, 28; Hebr 5, 7)[4]. Wer dagegen den Nächsten verleumdet und über ihn zu Gericht sitzt — und der letztere Gedanke ist nun der maßgebende —, entreißt dem göttlichen Gesetzgeber gewissermaßen das Richteramt und beansprucht es für sich, statt zu bedenken, wer er in Wirklichkeit ist: ein armseliger Mensch, der selbst einmal gerichtet wird![5]

Schlatter bemerkt zu den VV 11f: „Der Streit zwischen jüdischen Parteien, zwischen den Juden und den Christen, zwischen den jüdischen und den griechischen Christen, zwischen denjenigen jüdischen Christen, die sich von den griechischen Christen absonderten und nicht mit ihnen aßen, und denen, die sich mit ihnen verbanden, entstand immer am Gesetz. Jeder warf dem anderen vor, daß er das Gesetz übertrete." Damit kommt Schlatter unserer Auffassung nahe, die den Anlaß zu den ganzen Invektiven und Paränesen ab 4, 1 in der gesetzlichen Rechthaberei gewisser Judenchristen gegenüber den Heidenchristen sieht. Diese „Judaisten" brandmarken die Heidenchristen als Gesetzesübertreter. Sie tragen Zank und Streit in die Gemeinden und verleumden und richten ihre Brüder, die Gott zum Heil berufen hat. Ihre lieblose, selbstgerechte Kritik im Namen des Gesetzes ist

---

[1] φυλάξεσθε οὖν, τέκνα μου, ἀπὸ τοῦ μίσους, ὅτι καὶ εἰς αὐτὸν τὸν κύριον ἀνομίαν ποιεῖ. οὐ γὰρ θέλει ἀκούειν λόγων ἐντολῶν αὐτοῦ περὶ ἀγάπης τοῦ πλησίον καὶ εἰς θεὸν ἁμαρτάνει.
[2] Vgl. auch Is 33, 22: κριτὴς ἡμῶν κύριος.
[3] Die Weglassung des καὶ κριτής in der ℜ-Rezension ist ein arges Mißverständnis dieser Aussage!
[4] Vgl. ferner Gn 18, 25; Is 33, 22; Ps 75 (74), 8 („Gott ist Richter: diesen erniedrigt, jenen erhöht er"); Hebr 12, 23; 2 Tim 4, 8; 1 QS X, 18: „... denn bei Gott liegt das Gericht über alles Leben, und er vergilt jedem nach seinem Leben"; Abot IV, 8 (Spruch des R. Jischmael): „Sei nicht einziger Richter. Denn einzeln zu richten vermag nur ,der Einzige' "; Herm (m) XII, 6, 3 (dazu H. Köster, Synopt. Überlieferung bei den apostolischen Vätern, 247f [„aus dem Judentum übernommene Gottesprädikation"]); (s) IX, 23, 4. Zur partizipialen Gottesprädikation ὁ δυνάμενος... in Jak 4, 12 vgl. auch G. Delling in: StTh 17 (1963) 26f.
[5] Vgl. auch Röm 2, 1 (ὦ ἄνθρωπε πᾶς ὁ κρίνων).

eine Verletzung der Liebe zu den Brüdern, und so kommt ihr praktisches Verhalten einer Kritik am Gesetz selbst gleich, über dessen Gebot der Nächstenliebe sie sich erhaben dünken[1]. So enthalten die VV 11f letzten Endes eine Verurteilung jener pharisäischen Selbstgerechtigkeit und Kritiksucht, die das Urteil Gottes usurpatorisch vorwegnehmen möchte. Jak hat keinen Sinn für Kampf und Streit in den Gemeinden „im Namen des Gesetzes". Die Judaisten können sich sowenig auf ihn berufen wie die Pseudopaulinisten auf Paulus.

IX. Wider den selbstmächtigen Lebensentwurf (4, 13–17)

Ein unmittelbarer Zusammenhang mit den vorausgehenden Darlegungen des Briefes besteht nicht. Jedoch kann eine gewisse Ideenassoziation erkannt werden, wenn man an das Thema „Weltliebe" im Vorhergehenden denkt (vgl. den Hinweis auf die Gewinnmacherei im V 13). Der Versuch des selbstmächtigen Lebensentwurfes ist ja ein „Spezialfall weltlicher Gesinnung" (Dibelius). Möglicherweise hat die Frage von V 12b („Wer bist du denn?") Jak für das Folgende inspiriert (Antwort: „Ihr seid Dampf" in V 14b). Im übrigen ist der Abschnitt „im Stil prophetischer Ansprache gehalten. Der Prophet ruft seine Worte unter die Menge ohne Rücksicht darauf, ob seine Anklagen das Ohr der Beschuldigten erreichen. So ist auch hier von vornherein davor zu warnen, daß man den Leserkreis des Jak nach dieser Rüge beurteilt" (Dibelius). Immerhin wird Jak gewisse Neigungen zum selbstmächtigen Lebensentwurf in den Gemeinden gesehen haben.

4, 13 Wohlan jetzt, die ihr da sprecht: Heute oder morgen werden wir in die und die[2] Stadt reisen und dort ein Jahr zubringen und Handel treiben und Gewinne machen. 14 Ihr, die ihr nicht wißt, was morgen sein wird[3], wie es mit eurem Leben steht . . . Dampf nämlich seid ihr, der (nur) eine kurze Weile erscheint und dann verschwindet. 15 Anstatt daß ihr sagt: Wenn der Herr will, so werden wir leben und dieses oder jenes tun. 16 Jetzt aber rühmt ihr euch in euren Prahlereien. Jede derartige Prahlerei ist schlecht. 17 So jemand also weiß Gutes zu tun und es (doch) nicht tut, Sünde ist es für ihn[4].

4, 13f Das zur Partikel erstarrte ἄγε[5] wirkt zusammen mit νῦν sehr lebhaft und dringlich (ebenso nachher in 5, 1). Die von Jak Apostrophierten dispo-

---

[1] Man hat hinter dem κρίνειν νόμον (V 11) sogar eine Stellungnahme gegen Marcion und seine Gesetzeskritik erkennen wollen. „Hypothèse sans consistance" (MARTY).
[2] Zu τήνδε vgl. BLASS-DEBR § 289.
[3] Vgl. ebd. § 266, 3.
[4] Zum Anakoluth im V 17 vgl. ebd. § 466, 4.
[5] BLASS-DEBR § 144. Häufig auch in der Diatribe (EPIKTET I, 2, 20 25; 6, 37; III, 1, 37).

nieren nicht bloß rasch und zuversichtlich über das Heute und Morgen¹,
sondern gleich über ein ganzes Jahr². Das Reiseziel wird eindeutig festgelegt:
die und die Stadt. Und die Absicht der Reise ist Gewinnmacherei. Deshalb
scheint die Futurform der vier mit καί verbundenen Verben — Ausdruck
der ganzen großartigen Plänemacherei! — πορευσόμεθα, ποιήσομεν, ἐμ-
πορευσόμεθα und κερδήσομεν ursprünglich zu sein: sie verrät noch größere
Zuversicht als die Konjunktivform („laßt uns ... ")³ — und Jak will ja
gerade diese so selbstverständliche Existenzsicherheit erschüttern! In Wirklichkeit ist die zukünftige Existenz völlig ungewiß. Über sie kann nicht
verfügt werden (vgl. V 14).

Eigentlich würde man auf den einleitenden ἄγε-Satz zu Beginn des V 14
einen Imperativ erwarten (wie in 5, 1), etwa des Inhalts: Überlegt doch
einmal tiefer! Aber es bleibt bei einem Anakoluth, und Jak bringt den
selbstsicheren und unfrommen Plänemachern in einem relativisch (οἵτινες)
angeschlossenen Satz die ganze grundsätzliche Unsicherheit der menschlichen Existenz ins Bewußtsein: Ihr kennt doch in Wirklichkeit schon nicht
das Morgen⁴; geschweige denn, daß ihr euch über die Beschaffenheit eures
Lebens Rechenschaft ablegen würdet. Der indirekte, nominale Fragesatz ποία
(ἡ ζωὴ ὑμῶν) ist von ἐπίστασθε abhängig, und als Antwort darauf ist zu
erwarten: Nichtig ist euer Leben! Denn der folgende Satz (V 14b) ist nicht,
wie die Partikel γάρ hinter ἀτμίς erkennen läßt, die Antwort auf die Frage
nach der Beschaffenheit ihres Lebens, sondern begründet die in der Frage
enthaltene, unausgesprochene Antwort, warum ihr Leben nichtig ist. Die
Begründung richtet sich direkt (ἔστε)⁵ an die Apostrophierten: sie selbst,
nicht bloß ihr Leben, sind Rauch, Dampf, der schnell vergeht⁶. Der Ver-
gleichspunkt ist die rasche Vergänglichkeit (πρὸς ὀλίγον) ihrer Existenz.

Jak operiert also nicht mit dem Gedanken, daß die Zeiten unsicher seien,
sondern mit dem viel wichtigeren, daß die Existenz, das Leben der Plänemacher ungewiß ist: ihr könnt über euer Leben nicht disponieren (vgl. die

---

¹ „Die LA ἤ ℵ B 1369 ff vg sah boh syr¹ aeth ist der LA καί AKLP vorzuziehen.
Bei der LA ἤ ist an die Wahl des Abreisetages gedacht, bei καί an das Unterwegs-
sein auf der Reise" (Hauck z. St.); 𝔓⁷⁴ liest ἤ.
² 𝔓⁷⁴ KL syrᵖ lesen zu ἐνιαυτόν noch ἕνα. Sicher sekundär.
³ Die ℜ-Rezension liest Konj. Aor.; BP ff Vg dagegen Futur; ℵ und A schwanken
(A πορευσώμεθα, ℵ A ποιήσωμεν).
⁴ Ob ein τό (so ℵ KL Vg syrᵖ sah) oder ein τά vor τῆς αὔριον (so AP 33 al.)
ursprünglich ist oder der Artikel ganz fehlte (so 𝔓⁷⁴ und B), läßt sich schwer entscheiden. „Wer schreibt: οὐκ ἐπίστασθε τῆς αὔριον ποία ἡ ζωὴ ὑμῶν, muß τῆς
αὔριον mit ἡ ζωὴ ὑμῶν verbinden ... das, was nicht gewußt wird, ist der Zustand
des Lebens am kommenden Tag" (Schlatter).
⁵ Die LA ἐστιν (lat copt, viele Minusk.) ist sekundär.
⁶ Vgl. auch Weish 2, 15 (hier wird mit demselben Gedanken von den Gottlosen
der gewissenlose Lebensgenuß gerechtfertigt!); 3, 14 („Die Hoffnung der Gottlosen
ist ... wie Rauch, der vom Wind zerstreut wird"); Job 7, 7 9 16 („Hauch");
4 Esr 4, 24 (vita nostra ut vapor); 1 Clem 17, 6 (Zitat unbekannter Herkunft:
„Ich bin Dampf, der vom Kochtopf [aufsteigt]"); 1 QMyst I, 6 („... wie der
Rauch vergeht und dann nicht mehr ist, genauso wird auch der Frevel für immer
aufhören"); 1 QM XV, 10 („und ihre Kraft ist wie zerstobener Rauch").

ähnlichen Gedanken schon in 1, 10f). Denn euer Leben und eure Zukunft liegen ja gar nicht in eurer Hand, sondern in der Hand eines Höheren, der der Herr über euer Leben ist! Jak folgt dabei wieder einer paränetischen Tradition. Vgl. etwa Spr 27, 1 („Rühme dich nicht des morgigen Tages; denn du weißt nicht, was ein Tag gebiert"); Sir 11, 18f („Da ist einer, der reich wird, weil er sich abquält, doch ein anderer ist, der sich seinen Gewinn teilen wird. Zur gegebenen Stunde sagt er nämlich: ‚Ich habe Raum gefunden, und jetzt will ich mein Vermögen genießen.' Aber er weiß nicht, welches seine Frist sein wird, und er hinterläßt es einem anderen und muß sterben"), dazu das Gleichnis Jesu vom törichten Bauern (Lk 12, 16–20)[1].

4, 15 ἀντὶ τοῦ λέγειν nimmt das λέγοντες von V 13 wieder auf, „aber so, als stünde dort ein Aussagesatz" (Dibelius). Der Vers nennt die sog. condicio Jacobaea, d. h. jene Bedingung, unter welcher auch der Christ Pläne für die Zukunft machen darf. Der Christ verfügt nicht eigenmächtig über die Zukunft, sondern plant alles unter der Bedingung: „wenn der Herr so will"; mit κύριος ist wohl Gott gemeint. Jak verbietet dem Christen nicht, Pläne für die Zukunft zu machen; aber er setzt ihm eine Bedingung dabei, weil der Christ wissen muß, wer er selbst und wer der Herr der Zeit ist. Diese „Bedingung" kennt im übrigen auch das fromme Griechentum, besonders Platon[2]; vgl. aber auch 1 Kor 4, 19 (ἐὰν ὁ κύριος θελήσῃ); 16, 7 (ἐὰν ὁ κύριος ἐπιτρέψῃ); Hebr 6, 3; Apg 18, 21.

Die Konjunktive ζήσωμεν und ποιήσωμεν der $\mathfrak{K}$-Rezension (KL 35) sind sicher ähnlich wie im V 13 sekundär. Das formelhafte „wenn der Herr will" will ja die Bedingung nennen, von der die Zukunft abhängig ist, und zwar „sowohl" die Existenz (ζήσομεν) „wie auch" die Pläne (ποιήσομεν τοῦτο ἢ ἐκεῖνο). Diese beiden Future[3] entsprechen dann „den beiden Paaren von fut. in der Rede der Unfrommen (V 13)" (Hauck)[4].

4, 16 Die Partikel δέ zeigt den Gegensatz zum vorausgehenden Vers an; statt zu sagen: wenn der Herr will, tut ihr (nämlich die apostrophierten λέγοντες des V 13) das Gegenteil: ihr rühmt euch auch noch „in euren Prahlereien" (vgl. dazu nochmals Spr 27, 1!). Mit den ἀλαζονείαι sind die Äuße-

---

[1] Auch stoische Stimmen lassen sich nennen: Ps.-PHOKYLIDES 116 (οὐδεὶς γινώσκει τί μεταύριον ἢ τί μεθ' ὥραν); SENECA, Ep. 101, 4 (quam stultum est aetatem disponere ne crastini quidem dominum); DIBELIUS z. St.
[2] Belege bei DIBELIUS. Besonders bezeichnend ist PLATON, Alkib. I, 31, 135 D: Ἐὰν βούλῃ σύ, ὦ Σώκρατες. — οὐ καλῶς λέγεις, ὦ Ἀλκιβιάδη. — ἀλλὰ πῶς χρὴ λέγειν; — ὅτι ἐὰν θεὸς ἐθέλῃ. Vgl. auch EPIKTET III, 21, 12; 22, 2; I, 1, 17 (ὡς ἂν ὁ θεὸς θέλῃ). Weiteres Material in ThWb III, 46, Anm. 32 (SCHRENK). Für das Spätjudentum vgl. etwa 1 QS XI, 10f: „Denn (nicht) beim Menschen (liegt) sein Weg und nicht der Mensch bestimmt seinen Schritt, vielmehr bei Gott (liegt) der Entscheid, aus seiner Hand (kommt) vollkommener Wandel und mit seinem Wissen alles Geschehen. Alles, was ist, bestimmt er durch seinen Plan, und ohne ihn geschieht es nicht"; Abot II, 12c: „Alle deine Handlungen sollen im Namen Gottes geschehen"; weiteres Material bei HAUCK z. St.
[3] Vg: si dominus voluerit et (fuld m Aug.: etsi) vixerimus, faciemus hoc aut illud; so auch syr^p sah boh ff (si dominus voluerit et vivemus et faciemus).
[4] καὶ ζήσομεν kann aber auch „semitisch" („Wau Apodoseos") zu verstehen sein,

rungen der Plänemacher vom V 13 gemeint[5]; durch diese Bezeichnung wird diese ganze Plänemacherei als protzenhafte Großtuerei gebrandmarkt, die dem Gläubigen nicht ansteht. Es geht also nicht bloß um die sorglose und gedankenlose Plänemacherei, sondern darüber hinaus um den geäußerten Stolz auf solche Aktivität, der selbstmächtig über das Leben und die Zeit verfügen zu können glaubt. Und deshalb ist alle derartige Prahlerei „böse": ein Urteil von grundsätzlicher Geltung (πᾶσα). Böse ist also die Plänemacherei durch die mit ihr verbundene καύχησις, die den „Faktor" Gott bewußt außer acht läßt[1].

4, 17 Der Spruch dieses Verses will Allgemeines sagen (nicht mehr 2. Person, sondern verallgemeinerndes αὐτῷ) und ist sicher nicht von Jak ad hoc erst geschaffen worden (s. u.). Er stammt aus der Tradition, ist aber durch ihn mit den Darlegungen der VV 13–16 logisch durch die Partikel οὖν verbunden worden, obwohl vom „Gutestun" in diesen Versen keine Rede ist. Leichter würde er sich anfügen, wenn statt καλὸν ποιεῖν stünde: καλῶς ποιεῖν (wie in 2, 8). Man braucht aber das subst. Adj. καλόν nicht in dem engen Sinn von „Almosen" aufzufassen, sondern in dem allgemeineren: „Richtiges"[2]. Wie ist aber der gedankliche Zusammenhang des V 17 mit dem Vorausgehenden? Im V 16b war die καύχησις als „böse" bezeichnet worden (πονηρά). Wenn man dieses Urteil im Auge behält, sieht man den Zusammenhang: was sittlich „böse" ist, ist seinem Wesen nach „Sünde", ἁμαρτία! Jak setzt dabei offensichtlich voraus, daß die Plänemacher an und für sich das Richtige zu tun wüßten, es aber trotzdem nicht tun[3] (vgl. V 17a); deshalb ist „also" (οὖν) ihr Tun, d. h. im Zusammenhang: ihr selbstmächtiger Lebensentwurf, „Sünde". Vgl. dazu auch Sir 11, 10 („Mein Sohn, warum willst du deine Geschäfte so zahlreich machen, da doch keiner, der übereilig zahlreich macht, schuldlos bleibt"); 31 (LXX 34), 5b („Wer dem Geld nachjagt, kommt dadurch in Sünde"); Lk 12, 47f; 2 Petr 2, 21.

Was Jak in diesen Versen den Gemeinden „in der Diaspora" schreibt, geht die Christen aller Zeiten an.

---

und es ist dann zu übersetzen: „Wenn der Herr will, daß wir noch am Leben sind, werden wir dieses oder jenes tun" (vgl. BEYER, Semit. Syntax, 69).
[5] Zum Begriff ἀλαζονεία in der Bibel vgl. G. DELLING in: ThWb I, 227f; P. JOÜON: RechdeScrel 28 (1938) 311–314; R. SCHNACKENBURG zu 1 Joh 2, 16 (Anm.) („Immer scheint ἀλαζονεία auf Ruhmrederei oder äußere Bekundung der Überheblichkeit zu gehen …"); dazu noch H. D. BETZ, Lukian von Samosata und das NT, 198, Anm. 1.
[1] Vgl. zu 4, 15f auch noch Weish 5, 7f („Auf Pfaden der Sünde und des Verderbens sind wir sattsam gegangen, und unwegsame Wüsten haben wir durchwandert, jedoch den Weg des Herrn haben wir nicht erkannt. Was hat uns die Überhebung genutzt und der Reichtum mit Geprahle, was hat er uns eingetragen?").
[2] Subst. Adj. können ohne Artikel stehen (BLASS-DEBR § 264, 2).
[3] Die Parataxe καὶ (μὴ ποιοῦντι) steht anstelle der logischen Hypotaxe: „Wenn nun jemand das Gute, obwohl er es kennt, nicht tut, so ist das Sünde für ihn" (vgl. BEYER, Semit. Syntax, 218). BEYER vermutet zudem: „Dieser Spruch hat höchstwahrscheinlich ein hebräisches Original (im Griechischen müßte ein Infinitiv oder ein konjunktionaler Konditionalsatz gebraucht werden …)."

X. Gerichtspredigt
gegen die unsozial eingestellten Reichen (5, 1–6)

Warum kommt Jak von den selbstsicheren Plänemachern jetzt auf die Reichen zu sprechen und wendet sich in einer äußerst scharfen Invektive gegen sie? Sehr wahrscheinlich auf Grund einer ziemlich festen Tradition. Man vgl. etwa Henäth 97, 9f, wo die Reichen sagen: „Jetzt wollen wir ausführen, was wir vorhaben"; darauf antwortet ihnen der Apokalyptiker: „Euer Reichtum wird euch nicht bleiben, sondern plötzlich von euch hinwegfahren." Auch in Jak 4, 13 läßt ja der Hinweis auf die Gewinnemacherei an Reiche denken. Gegen sie wendet sich jetzt Jak direkt, wie es prophetischem Predigtstil entspricht.

Die Anfänge der beiden Abschnitte 4, 13–17 und 5, 1–6 sind formal gleich gestaltet; beide beginnen mit ἄγε νῦν, und der Stimmungsgehalt ist ähnlich.

5, 1 Wohlan jetzt, ihr Reichen, weinet und klaget über das Unheil, das über euch kommt. 2 Euer Reichtum ist vermodert, und eure Kleider wurden von Motten zerfressen, 3 euer Gold und das Silber sind verrostet, und ihr Rost wird zum Zeugnis gegen euch sein und euer Fleisch wie Feuer verzehren. Schätze habt ihr gesammelt in letzten Tagen. 4 Seht, der Lohn der Arbeiter, die eure Felder abgemäht haben, der von euch vorenthalten wurde, schreit, und die Rufe der Erntearbeiter sind zu den Ohren des Herrn Zebaoth gedrungen. 5 Geschwelgt habt ihr auf Erden und üppig gelebt, habt eure Herzen gefüttert am Schlachttag. 6 Verurteilt habt ihr, habt getötet den Gerechten. Nicht leistet er euch Widerstand.

5, 1 Die Reichen sollen „weinen" und „klagen" — auch das Partizip ὀλολύζοντες hat imperativischen Sinn —; Jak spricht dabei in den Termini der prophetischen Unheilsandrohung, besonders was ὀλολύζειν betrifft[1]. Es handelt sich dabei nicht um eine Aufforderung zur Buße, sondern um prophetische Ankündigung des unabwendbaren Unheils[2], das demnächst über die Reichen kommen wird. Darum sollen sie jetzt schon weinen und klagen[3], zum Ausdruck des Schmerzes, den die Reichen nicht über ihre Sünden, sondern über den Verlust ihres Reichtums empfinden.

---

[1] Vgl. besonders die prophetischen Aufforderungen zum Wehklagen in Is 13, 6 (ὀλολύζετε· ἐγγὺς γὰρ ἡμέρα κυρίου); 14, 31; 15, 3 (πάντες ὀλολύζετε μετὰ κλαυθμοῦ); 23, 1 6 14; Jer 31, 20; Ez 21, 17; Zach 11, 2; Am 8, 9 (jeweils mit Bezug auf den kommenden „Tag" des Gerichts!); dazu H. W. Heidland in: ThWb V, 174. Zum „Weinen" vgl. etwa auch Jer 9, 17f; Klgl 1, 2; 2, 18.
[2] ταλαιπωρίαι sind wörtlich „die Nöte", die über die Reichen kommen, und die Präposition ἐπὶ (ταῖς ταλαιπωρίαις) gibt bei Verben des Affekts (wie in unserem Falle) „die Ursache der Gemütsstimmung" an (Mayser, Grammatik II/2, 474).
[3] Vgl. auch Lk 6, 24 (Weheruf Jesu über die Reichen!); Mt 19, 24.

5, 2f Diese Verse scheinen aufs erste das Unheil, das über die Reichen in der nahen Endzeit kommen wird, näher zu schildern. Die dabei verwendeten Perfekta (σέσηπεν, γέγονεν, κατίωται) wären dann als „prophetisch" anzusprechen (vgl. etwa Is 60, 1), die in visionärer Weise das Kommende als schon Geschehenes schildern[1]. In Wirklichkeit haben sie, wie der weitere Zusammenhang ergibt, und die mit ihnen verbundenen Vorstellungen einen ganz anderen Sinn; sie sind nicht vom vorausgehenden (V 1), sondern vom folgenden Text her zu interpretieren. In V 3 heißt es vom Rost des Goldes und Silbers: „Er wird ein Zeugnis gegen euch sein", nämlich vor dem Gericht Gottes. Der Rost wird gewissermaßen das himmelschreiende soziale Unrecht bezeugen, das die Reichen begangen haben, obwohl sie in der Lage gewesen wären, sozial zu handeln (vgl. VV 5f). Von hier her muß man schon die angebliche „Unheilsschilderung" der VV 2 und 3a verstehen: Statt daß die Reichen ihren Reichtum verwendet hätten, um mit ihm den Armen in ihrer Not zu helfen, haben sie ihn lieber aufgehäuft und vermodern lassen[2] — man dachte wegen des Terminus σήπειν sogar an Getreidespeicher (so Schlatter), aber der Begriff πλοῦτος verlangt eine umfassendere Bedeutung. Und statt daß die Reichen von ihren vielen Kleidern an die Armen und Notleidenden abgegeben hätten, haben sie lieber die Motten über sie kommen lassen[3]. Und statt daß sie ihr Gold und Silber zur gerechten und rechtzeitigen Lohnauszahlung benutzt hätten, haben sie es in den Truhen verrosten lassen und den Erntearbeitern den Lohn vorenthalten. Daß Gold und Silber in Wirklichkeit nicht rosten können, kümmert Jak dabei wenig; er redet in überlieferter Sprechweise; vgl. Sir 29, 10 („Laß das Geld verlorengehen an Bruder und Freunde, und laß es nicht unter einem Stein rosten bis zum Verderben"); Mt 6, 20 (wo vom „Rosten" der Schätze die Rede ist)[4].

So wird der Rost an ihrem Gold beim Gericht gegen die Reichen — ὑμῖν

---

[1] So etwa v. SODEN, DIBELIUS, BARDENHEWER, während ROPES meint: „The perfect tense is appropriately used of the present state of worthlessness."

[2] SCHLATTER: „Der vom Reichen angehäufte Besitz geht weit über das hinaus, was er brauchen kann. Darum verdirbt er, da sich der Reiche von nichts trennen kann, was ihm gehört, zum Teil unbenützt. Aus diesem zwecklosen Verderben der Dinge, die anderen fehlen, macht Jakobus die Anklage, die die Schuld des Reichen erweist."

[3] Vgl. auch Mt 6, 19; Sir 14, 19 (πᾶν ἔργον σηπόμενον ἐκλείπει, καὶ ὁ ἐργαζόμενος αὐτὸ μετ'αὐτοῦ ἀπελεύσεται); Is 50, 9; 51, 8. — ff hat für ἱμάτια res (res vestrae tiniaverunt).

[4] SCHLATTER meint: „Gold- und Silberstücke, vielleicht auch goldene und silberne Geräte liegen unbenutzt in der Schatzkammer und erhalten einen ihren Glanz verdunkelnden Überzug", in der Mischna חֲלוּדָה (Rost, Schimmel) genannt. Vgl. auch EvThom, Spruch 76b: „Sucht auch ihr für euch nach dem Schatz, der nicht vergeht, der bleibt, dem Ort, in den keine Motten eindringen, um zu fressen, und kein Wurm zerstört" (Der „Schatz" ist hier gnostisch „der innere Mensch; die Würmer können nur den Körper fressen": R. M. GRANT – D. N. FREEDMAN, Geheime Worte Jesu. Das Thomas-Evangelium [Frankfurt 1960] 164). Ist auch Jak in 5, 1ff von Mt 6, 19–34 beeinflußt? H. RIESENFELD möchte es bejahen: Vom Schätzesammeln und Sorgen — ein Thema urchristlicher Paränese (zu Mt 6, 19–34), in: Neotestamentica et Patristica (Festschr. f. O. CULLMANN) (Leiden 1962) 47–58 (54f).

ist Dat. incomm. — zeugen: das Futur ἔσται ist eschatologisch gemeint und weist auf das kommende Gericht hin[1]. ὁ ἰὸς αὐτῶν bezieht sich zwar sprachlich auf das unmittelbar vorher genannte „verrostete" Gold und Silber, sachlich aber wohl auch auf die Kleider und den ganzen Reichtum. Der vermoderte Reichtum, die von den Motten angefressenen Kleider, das verrostete Gold in den Schatztruhen klagen an und überführen beim Gericht die Reichen ihres gemeinen, unsozialen Verhaltens[2]. Ist schon in der Aussage des V 3b der Rost „personifiziert" („er wird zum Zeugnis gegen euch sein"), so nochmals in V 3c: Er wird verzehren euer Fleisch wie Feuer[3]; d. h., der Rost wendet sich gewissermaßen gegen die Reichen selbst und verzehrt ihr Fleisch. Vgl. dazu Jud 16, 17 (Gott setzt beim Gericht Feuer und Würmer in das Fleisch, εἰς σάρκας αὐτῶν); Nm 12, 12 (der Aussatz κατεσθίει τὸ ἥμισυ τῶν σαρκῶν αὐτῆς)[4]. Vielleicht schwebt dem Jak bei dem „Rost", der das Fleisch der Reichen verzehren wird, der Gedanke an den (höllischen) Aussatz vor, der das Fleisch der Verdammten verzehrt; der Rost bildet sich ja ähnlich wie Aussatz an der Oberfläche (Haut)[5].

Mit einer blutigen Ironie schließt der V 3: „Ihr habt Schätze gesammelt in letzten Tagen." Der Ton liegt auf dem zweiten Teil des Satzes. Die Reichen haben Schätze aufgehäuft noch und noch, dabei aber nicht bemerkt und bedacht, daß bereits die letzten Zeiten angebrochen sind[6] und das Gericht nahe bevorsteht[7]. Hier wird schon ein Thema angeschlagen, das dann in den VV 7ff ausführlicher behandelt wird.

---

[1] Vgl. auch 1, 25. ÖKUMENIUS: ὁ ἰὸς τοῦ χρυσοῦ καὶ τοῦ ἀργύρου καταμαρτυρήσει ὑμῶν, ἐλέγχων τὸ ἀμετάδοτον ὑμῶν.
[2] Den wirtschaftlich-gesellschaftlichen Hintergrund dieser Schilderung bildet, wie der weitere Text zeigt (Erntearbeiter!), der Großgrundbesitz der Reichen.
[3] Die Textzeugen ℵ³ AP 33 al. nehmen dabei das Subjekt ὁ ἰός vor ὡς πῦρ nochmals auf.
[4] 1 QH VIII, 30f („Es schießt auf wie brennendes Feuer, verhalten in [meinen] Ge[beinen], daß von Zeit zu Zeit (mehr) es erschöpfe die Kraft und das Fleisch von Frist zu Frist verschwinde").
[5] Vgl. auch die rabbinischen Anschauungen bei BILLERBECK IV, 866f. Der Topos vom verzehrenden Feuer gehört zur prophetischen Gerichtssprache; vgl. Is 30, 27 (ἡ ὀργὴ τοῦ θυμοῦ ὡς πῦρ ἔδεται); 10, 16f; Am 5, 6; Ez 15, 7; Ps 20 (21), 10; Apg 11, 5; 20, 5; 1 QH III, 29ff; VI, 18f. Zum Ganzen vgl. auch noch Ez 7, 19 („Ihr Silber werfen sie [am Tage des Gerichts] auf die Gassen, und ihr Gold gilt ihnen als Unflat. [Ihr Silber und Gold kann sie nicht am Tag des Zornes Jahwes retten.] Ihren Rachen können sie [damit] nicht sättigen und ihr Inneres nicht füllen; denn es ist ihnen Anstoß zur Sünde geworden"); Soph 1, 18 („Auch ihr Silber und ihr Gold kann sie nicht retten am Zornestage des Herrn").
[6] Vgl. auch Os 3, 5; Is 2, 2; Jer 23, 20; Ez 38, 16; Dn 2, 28; Apg 2, 17; 2 Tim 3, 1; Did 16, 3.
[7] Einige Textzeugen (A L syrp) und Ausleger (ÖKUMENIUS, HOFMANN) zogen ὡς πῦρ zu V 3d („wie Feuer habt ihr Schätze aufgehäuft in letzten Tagen"; vgl. Spr 16, 27 θησαυρίζει πῦρ). Aber „das verzehrende Feuer" ist eine feste Vorstellung (s. o.). Interessant ist die LA mancher Vg-Hss, die auch ÖKUMENIUS las: thesaurizastis vobis iram in novissimis diebus; vgl. auch BEDA: qui neglecta pauperum nuditate vel esurie thesauros pecuniae vobis condere gaudebatis, iam vobis ipsis non praevidentes interni iudicis iram cumulastis.

5, 4 Jetzt sagt Jak, warum das Gericht sich gegen die reichen Großgrundbesitzer wenden wird: Sie haben den armen Erntearbeitern auf ihren Feldern¹ den gerechten Lohn vorenthalten². Die Formulierungen des Verses sind ganz atl.-jüdisch, und er ist als synthetischer Parallelismus geformt, der erkennen läßt, daß der zum Himmel schreiende „Lohn" nichts anderes ist als die die Rache Gottes³ anrufenden Schreie der Erntearbeiter selbst. Vgl. dazu auch Gn 4, 10 (Abels Blut schreit um Rache zum Himmel)⁴; Henäth 47, 1 („In jenen Tagen werden das Gebet der Gerechten und das Blut des Gerechten vor den Herrn der Geister aufsteigen"); 97, 5 („In jenen Tagen wird das Gebet der Gerechten zum Herrn dringen, und die Tage eures Gerichts werden euch überraschen")⁵. Auch der Inhalt des Verses entstammt der atl Überlieferung. Vgl. z. B. Sir 34, 25f (LXX) („Kärgliches Brot ist der Lebensunterhalt der Armen; wer es vorenthält, ist ein Blutmensch. Es mordet den Nächsten, wer ihm den Unterhalt wegnimmt, und Blut vergießt, wer dem Arbeiter den Lohn vorenthält"); Dt 24, 14f („Einen armen und bedürftigen Tagelöhner ... darfst du nicht bedrücken. Am gleichen Tag sollst du ihm seinen Lohn geben, und die Sonne soll nicht darüber untergehen ... Sonst könnte er gegen dich zu Jahwe rufen, und es gälte dir als Schuld"); Lv 19, 13; Job 31, 38–40; Tob 4, 14; Mal 3, 5; Ps 17, 7.

5, 5 Die Anklage gegen die Reichen wird fortgesetzt. Sie haben nicht bloß Schätze gesammelt und den Lohn nicht ausbezahlt, sondern ihn zu ihrem eigenen Vergnügen verpraßt „auf der Erde" (ἐπὶ τῆς γῆς)⁶. Diese Hinzufügung hat den Sinn: solange ihr auf Erden lebtet, ohne Unterlaß, immerfort!⁷ Sie füttern ihre Herzen ἐν ἡμέρᾳ σφαγῆς (V 5b). Welcher „Schlachttag" ist gemeint? Ganz gewiß nicht jener Tag, an dem von den Reichen die Mastkälber geschlachtet wurden, mit deren Fleisch sie sich mästen; sonst würde der Plural stehen. Es muß ein bestimmter Tag gemeint sein. Man könnte an jenen „Schlachttag" denken, an dem die Armen, von den Rei-

---

¹ χώρα hat hier die Bedeutung „Feld" ähnlich wie in Lk 12, 6.
² Die gut bezeugte LA ἀπεστερημένος („geraubter Lohn", AB³P) statt ἀφυστερημένος (א B*) ist wohl Angleichung an Mal 3, 5 (ἐπὶ τοὺς ἀποστεροῦντας μισθὸν μισθωτοῦ).
³ Zum Ausdruck κυρίου σαβαώθ („Herr der [himmlischen] Heere") vgl. etwa Is 5, 9 (ἠκούσθη γὰρ εἰς τὰ ὦτα κυρίου σαβαὼθ ταῦτα); dazu noch F. Baumgärtel, Zu den Gottesnamen in den Büchern Jeremia und Ezechiel, in: Verbannung und Heimkehr (Festschr. f. W. Rudolph) (Tübingen 1961) 1–29.
⁴ Vgl. auch Henäth 22, 5 ff.
⁵ Vgl. auch noch Sir 21 ,5 (LXX); 35, 21; Lk 18, 17; Apk 6,9 f. „Das Schreien der Gerechten gilt als Mittel, das Ende der Welt herbeizuführen" (E. Lohmeyer, Die Offenbarung des Johannes [Tübingen ²1953], zu Apk 6, 10).
⁶ Zum Ausdruck σπαταλᾶν (=schwelgen, prassen) vgl. Sir 27, 13 (ὁ γέλως αὐτῶν ἐν σπατάλῃ ἁμαρτίας); 1 Tim 5, 6 (ἡ δὲ σπαταλῶσα ζῶσα τέθνηκεν); Lk 16, 19; 21, 34; Herm(m) VI, 1, 6; 2, 6; Barn 10, 3. „Das Wort bedeutet schwelgen und hängt mit σπάω schlürfen, in langen Zügen trinken zusammen" (Hauck z. St.). Zu τρυφᾶν vgl. auch das Material bei H. D. Betz, Lukian von Samosata und das NT, 198, Anm. 4.
⁷ Vgl. auch Lk 16, 19 (der reiche Prasser lebt „Tag für Tag" [καθ᾽ ἡμέραν] in Saus und Braus).

chen brutal unterdrückt, gleichsam abgeschlachtet wurden, während sie selbst in Saus und Braus lebten[1], und man könnte sich dafür auf Henäth 100, 7 berufen („Wehe euch Sündern, wenn ihr die Gerechten peinigt am Tage des heftigen Kummers und sie mit Feuer verbrennt"). Aber schon im vorausgehenden Text ist von den „kommenden Nöten" der Reichen (V 1) und von den „letzten Tagen" (V 3) die Rede. Die Invektiven des Jak sind also ganz eschatologisch ausgerichtet, und zudem gehört im AT das Motiv vom „Schlachttag" (Jahwes) zu den prophetischen Drohreden gegen die Reichen, Mächtigen und Frevler und begegnet innerhalb der Zeugnisse der „Armenfrömmigkeit"[2]. So ruft Isaias den ungerechten Richtern, die die Witwen ausbeuten und die Waisen ausplündern, zu: „Was wollt ihr tun am Tage der Heimsuchung und des Unwetters, das von ferne hereinbricht? Zu wem wollt ihr flehen um Hilfe? Wo euren Reichtum lassen?" (5, 2f; vgl. auch 2, 12 17.) Und Jeremias ruft zu Gott gegen die Frevler: „Tu sie ab wie Schafe zum Schlachten, bestimm sie für den Tag des Mordens (εἰς ἡμέραν σφαγῆς αὐτῶν, לְיוֹם הֲרֵגָה)!" (12, 3b; vgl. auch 32, 34 LXX.) Innerhalb des „Armenpsalmes" 37 (36) wird vom Armen (= Gerechten) mit Zuversicht gegen den Frevler gesprochen (V 13): „Der Allherr verlacht ihn, er sieht seinen Tag ja kommen."[3] Vgl. auch noch 1 QH XV, 17 („Aber die Frevler hast du geschaffen für [die Zeit] deines Zornes und sie vom Mutterleib an geweiht für den Schlachttag"[4]). Angesichts dieser Texte kann kein Zweifel mehr sein, daß mit dem „Schlachttag" in Jak 5, 5 der große Gerichtstag gemeint ist[5], an dem Gott über die gottlosen und unsozialen Reichen ein

---

[1] So verstehen etwa DIBELIUS und WINDISCH den „Schlachttag".
[2] Vgl. dazu auch S. GRILL, Der Schlachttag Jahwes, in: BZ, NF 2 (1958) 278–283. Nach Grill handeln vom Schlachttag Jahwes Is 34, 5–8; Jer 46, 10; 50, 26f; Ez 39, 17; Soph 1, 7; Apk 19, 17–21. Andeutungen an ihn findet er auch in Is 30, 33; Pss 22, 30; 37, 20; 49, 15; Klgl 2, 21f; Jak 5, 5.
[3] Vgl. auch noch 1 Sm 26, 10; Job 18, 20; Spr 11, 4a („Nutzlos ist Reichtum am Tage des Zornes"); 11, 23b; Henäth 94, 7 8 (mit drohendem Hinweis auf den „Tag des Blutvergießens, der Finsternis und des großen Gerichts"); 96, 8 („Wehe euch Mächtigen, die ihr gewaltsam den Gerechten niederschlagt, denn der Tag eures Verderbens wird kommen"); 97, 1 8–10 („Wehe euch, die ihr unrechtmäßigerweise Silber und Gold erwerbt, indem ihr sagt: ‚Wir sind sehr reich geworden, haben Schätze und besitzen alles, was wir wünschen; jetzt wollen wir ausführen, was wir vorhaben, denn Silber haben wir gesammelt und unsere Kornhäuser gefüllt ... wie mit Wasser, und zahlreich sind die Bauern (?) unserer Häuser!' Wie Wasser soll eure Lüge zerrinnen; denn euer Reichtum wird euch nicht bleiben, sondern plötzlich von euch hinwegfahren"); 99, 15 („Wehe ihnen, die Unrecht tun, die Gewalttätigkeit unterstützen und ihren Nächsten töten bis zum Tage des großen Gerichts"); Jub 36, 9f. Umgekehrt heißt es in Henslav 50, 5: „Verlieret Gold und Silber um des Bruders willen! Dann erhaltet ihr am Gerichtstag einen unerschöpflichen Schatz!" Vgl. auch noch VOLZ, Die Eschatologie der jüdischen Gemeinde, 163–165 („der Tag Gottes").
[4] Dazu auch noch 1 QS X, 19; Damask XIX, 15 19; 1 QM I, 9–12; XIII, 14.
[5] So auch BISPING, SPITTA, SCHEGG, BARDENHEWER, HAUCK, ROPES, MICHL, GARCIA AB ORBISO. ÖKUMENIUS (auch BEDA) dachte beim „Schlachttag" an die Zerstörung Jerusalems im Jahre 70 durch die Römer als Strafe für die Ermordung des Messias Jesus (vgl. V 6: „Ihr habt den Gerechten getötet"!); ähnlich auch

vernichtendes Gericht halten wird[1]. Der im Brief bald folgende Hinweis auf den zum Gericht kommenden Parusiechristus bestätigt die Richtigkeit dieser Auffassung, die im übrigen ganz in das „Schema" der Armenfrömmigkeit paßt (s. weiter unten). Den Reichen fehlt die eschatologische Wachsamkeit; sie erkennen in ihrem Genußleben die Zeichen der Zeit nicht[2]. Sie „füttern ihre Herzen", d. h. wohl mit den irdischen Freuden und Begierden des Lebens (vgl. 4, 1), wie der reiche Prasser, während sie in Wirklichkeit Buße tun sollten.

5, 6 Die Anklage gegen die Reichen erreicht nun ihren Höhepunkt. Die Verba, die das furchtbare Treiben der Reichen geißeln und entlarven, stehen (wie schon in den vorausgehenden Versen) voran und hier zudem unverbunden nebeneinander (κατεδικάσατε, ἐφονεύσατε). Die Anklagen entsprechen der überlieferten „Armenfrömmigkeit". Vgl. vor allem Ps 37 (36), 14 („Das Schwert ziehen die Frevler und spannen den Bogen, den Elenden und Armen zu fällen, zu morden Leute von rechtschaffenem Wandel"). 32 („Der Frevler erspäht den Gerechten und sucht ihn zu töten"). 35a („Ich sah den Frevler gewalttätig"); Weish 2, 20 (θανάτῳ ἀσχήμονι καταδικάσωμεν αὐτόν = τὸν δίκαιον); Spr 1, 11; Am 5, 12; Ps 10, 8–10 (9, 29–31 LXX); Henäth 96, 5; 96, 8 („Wehe euch Mächtigen, die ihr gewaltsam den Gerechten niederschlagt"); 98, 12; 99, 15; 103, 15; 1 QH II, 21 („Gewalttäter suchten mein Leben"); V, 17.

Daß Jak dabei nur das „Schema" nachspricht, ist unwahrscheinlich, obwohl man sich hüten muß, „den Gerechten" mit einer bestimmten Person, etwa Jesus[3] oder Stephanus, zu identifizieren[4]. Der „Armenpsalm" 37 (36) zeigt, daß der Singular ὁ δίκαιος „kollektivisch" gemeint ist und promiscue ebenso der Plural stehen kann (vgl. etwa V 12 mit V 17)[5]. Immerhin wird

---

SCHLATTER: „Schwerlich hätte Jakobus vom kommenden ‚Schlachten' gesprochen, wenn er nicht die Vernichtung Jerusalems und das Ende des jüdischen Volkstums vor die Offenbarung des Christus gestellt hätte"; zuletzt FEUILLET (s. dazu Anm. 3, S. 201).

[1] ἐν ἡμέρᾳ σφαγῆς ist nicht wörtliches Zitat aus der Septuginta (vgl. oben Jer 12, 3b).
א KL 048 syr lesen vor ἐν noch ein ὡς; dahinter steht wohl der Gedanke: Die Reichen mästen sich „wie" Tiere am Schlachttag, ahnungslos; ähnlich auch ESTIUS, MARTY, SCHNEIDER. (Vermutlich steht diese Vorstellung auch hinter der LA des Cod. A ἐν ἡμέραις σφαγῆς.) Im übrigen ist ἐν ἡμέρᾳ nicht = εἰς ἡμέραν („für den Schlachttag"); vielmehr will Jak sagen: Das sorglose und unsoziale Treiben der Reichen nimmt auch jetzt kein Ende, obwohl der Schlachttag unmittelbar bevorsteht, ja noch „am (schon hereinbrechenden) Schlachttag" selbst handeln sie in ihrer Verblendung so.
[2] Weniger wird an ihre Gleichgültigkeit gedacht sein.
[3] So ÖKUMENIUS, CASSIODOR, BEDA, MAYOR, K. ALAND in: ThLZ 69 (1944) 103 (als Vorschlag) und zuletzt mit besonderer Entschiedenheit A. FEUILLET (s. dazu Anm. 3, S. 201).
[4] RUSTLER (Thema und Disposition, 59) erwägt, ob nicht das Versstück ἐφονεύσατε τὸν δίκαιον κ.τ.λ. sekundäre Einfügung eines Glossators im Hinblick auf den von den Juden ermordeten Herrenbruder Jak sei.
[5] Vgl. auch Is 3, 10; 57, 1; PsSal 3; 1 QH XV, 15–17 (Gott hat „den Gerechten" geschaffen zum Heil, „die Frevler" dagegen für die Zeit des Zornes: auch hier

Jak wieder, wie in 2, 6f (und in Qumran; vgl. 4 QpPs 37!), an konkrete Erfahrungen der christlichen Gemeinde mit ihren mächtigen und einflußreichen Gegnern denken[1] und dabei sicher Jesus nicht ausschließen, zumal ὁ δίκαιος in der urapostolischen Heilspredigt ein Titel für den Messias Jesus war (vgl. Apg 3, 14; 7, 52; 22, 14; 1 Petr 3, 18; 1 Joh 2, 1 29; 3, 7).

Während zum Schema der spätjüdischen Armenfrömmigkeit die Idee gehört, daß am Ende die bedrückten Armen und Gerechten am Gericht Gottes über die Mächtigen und Frevler aktiv beteiligt sind[2], spricht der Psalmist in Ps 37 (36), 39f: „Die Rettung der Gerechten kommt von Jahwe, er ist ihre Zuflucht in Zeiten der Not. Ihr Helfer ist Jahwe, er befreit sie, er befreit sie von Frevlern und rettet sie. Sie suchen bei ihm ja Rettung." Deshalb „widersteht er (der Gerechte) euch nicht", wie Jak am Schluß des V 6 schreibt[3]. Hilfe für ihn kommt von dem, der als göttlicher Richter schon vor der Türe steht. Auf ihn harrt der verfolgte Christ! Zum Motiv der wehrlosen Sanftmut des verfolgten Gerechten vgl. Weish 2, 19 und besonders Is 53, 7 („Er fügte sich willig und tat seinen Mund nicht auf wie ein Lamm, das man zur Schlachtbank führt"). Sollte Jak wirklich dabei nicht an das Vorbild Jesu gedacht haben, den Gerechten schlechthin? Aber sicher nicht an Jesus allein, wie das Präsens ἀντιτάσσεται doch wohl erkennen läßt. Das wehrlose Verhalten des Gerechten entspricht auch den Forderungen der Bergpredigt (Mt 5, 39).

XI. Mahnung zur geduldigen Erwartung der Parusie und zum Ausharren im Leiden (5, 7—11)

Der Zusammenhang dieses kleinen, aber sehr wichtigen Abschnittes mit der vorausgehenden Gerichtsandrohung gegen die Reichen ist sehr eng; er bildet mit dieser zusammen eine thematische Einheit, die im vorhergehenden Text vor allem durch den drohenden Hinweis auf den „Schlachttag", d. h. den Gerichtstag, und in dem neuen Abschnitt durch den Hinweis auf die Parusie des Herrn, die ja nach christlicher Auffassung den großen Gerichtstag bringen

---

Singular gegen Plural wie oben in Henäth 96, 8). Auch in 4 QpPs 37, II, 13 ff wird „der Gerechte" von Ps 37, 12 („Üble Pläne hegt der Abtrünnige gegen den Gerechten") pluralisch auf „die Täter des Gesetzes" bezogen.

[1] Vgl. auch DIBELIUS z. St.

[2] Vgl. etwa Henäth 95, 3 („Der Herr wird sie in eure Hände überliefern, daß ihr Gericht an ihnen übt, wie es euch gefällt"); 98, 12 (an die Frevler und Reichen gerichtet: „Wisset, daß ihr in die Hände der Gerechten gegeben werdet; und sie werden euch den Hals durchschneiden und werden euch töten ohne Erbarmen"); PsSal 15, 9 („Sie [die Frevler] fliehen vor den Heiligen wie in der Schlacht Verfolgte. Doch sie verfolgen Sünder und packen sie, und nicht entgehen die Übeltäter dem Gericht des Herrn"); 1 QM I, 9–12; XIII, 14. Dagegen scheint in den Hodajoth von Qumran die Rache an den Widersachern des Armen ganz Gott anheimgestellt zu sein.

[3] CHAINE möchte lieber statt „der widersteht euch nicht" (aktiv) verstehen: „er ist nicht euer Gegner"; vgl. auch noch ROPES z. St.

wird, gegeben ist¹. Daß dieser „Tag" der Tag des Unheils für die Reichen, für die Armen aber der Tag der Rettung und Erlösung ist, gehört zudem zu den Elementen der atl. Armenfrömmigkeit². Die von den gottlosen „Reichen" verfolgten Christen setzen ihre Hoffnung auf die Parusie des Herrn, die für sie das ist und bringt, was die atl. Armen vom „Tag Jahwes" erhofften: Befreiung von ihren Verfolgungen durch den Herrn selbst. Auf diesen Tag sollen die Leser geduldig harren; dazu ermahnt sie jetzt Jak.

Die Gliederung des Abschnittes ist durch die drei Imperative μακροθυμήσατε (V 7), στενάζετε (V 9) und (ὑπόδειγμα) λάβετε (V 10) gegeben. Im übrigen bildet er eine zusammengehörige Einheit, die durch das Thema „Ausdauer" zustande kommt (vgl. den einleitenden Imperativ μακροθυμήσατε in V 7 und das Substantiv μακροθυμία in V 10).

5, 7 Harret also aus, Brüder, bis zur Ankunft des Herrn! Seht, der Bauer wartet auf die herrliche Frucht der Erde, geduldig harrend im Hinblick auf sie, bis sie empfange Früh- und Spätregen. 8 (So) harret auch ihr aus, festigt eure Herzen, weil die Ankunft des Herrn nahegekommen ist!
9 Murret nicht, Brüder, gegeneinander, damit ihr nicht gerichtet werdet; seht, der Richter steht vor der Tür! 10 Als Beispiel in Leidenswilligkeit und Geduld nehmt, Brüder, die Propheten, die gesprochen haben im Namen des Herrn! 11 Seht, wir preisen selig die Standhaftgebliebenen. Von der Ausdauer des Job habt ihr gehört, und das Ende, das der Herr (herbeiführte), habt ihr gesehen, weil erbarmungsreich ist der Herr und mitleidig.

5, 7f Der Aufbau der beiden Verse ist folgendermaßen:
1. ein paränetischer Imperativ (V 7a),
2. Beispiel zum Zweck einer Motivgewinnung für den Imperativ (V 7b),
3. applizierende Wiederaufnahme des Imperativs (V 8).

Ad 1 (V 7a). Die Gefahr ist groß, daß die armen von den „Reichen" Verfolgten in ihrer Ausschau nach dem göttlichen Richter die Geduld verlieren. Jak muß sie zum Ausharren ermahnen. Seine (erste) Paränese: „Harret aus bis zur Ankunft des Herrn", die sich liebevoll-begütigend (ἀδελφοί!) an die Adressaten wendet, wird durch die Partikel οὖν in einen gedanklichen Zu-

---

¹ Die starke Absetzung der beiden Abschnitte voneinander im NESTLE-Text ist deshalb verfehlt. Auch in vielen Kommentaren wird Abschnitt 5, 7ff vom Vorausgehenden isoliert (s. z. B. DIBELIUS, WINDISCH); BELSER erkennt jedoch, daß Jak „sich durch V 6 den Übergang gebahnt (hat) zu der ersten Apostrophe an die Brüder, die eine Ermahnung zur Geduld enthält".
² Vgl. nochmals das ganze Material zu 5, 5 („Schlachttag"). Besonders der Ps 37 (36) ist ein typischer Ausdruck der atl. „Armenfrömmigkeit" mit durchgehender Androhung des Unheils für die reichen „Frevler" und Verheißung des Heils und der Rettung durch Jahwe für den „Armen" und „Gerechten". Diese Hoffnung der Armen spricht auch aus Pss 76 (75), 10; 82 (81); 147, 6.

sammenhang mit den vorausgehenden Gerichtsandrohungen gegen die Reichen gebracht: sie resultiert aus der Ansage des baldigen Gerichts über die Reichen (ἐν ἐσχάταις ἡμέραις!): Weil es schon drohend bevorsteht, folgt (οὖν) daraus für die „Brüder" die Ermahnung zum standhaften Ausharren (μακροθυμεῖν)[1] bis zur Parusie des Herrn. Über diese selbst wird keine nähere Belehrung gegeben; sie wird als bekannter Glaubensgegenstand bei den Adressaten vorausgesetzt. Der Ausdruck „Parusie des Herrn" wird schon als terminus technicus eingeführt[2]; das Thema gehört deutlich zum Inhalt der eschatologischen Erwartung der christlichen Armen. Nach der Parusie halten sie sehnsüchtig Ausschau, weil sie ihnen die Befreiung von ihren Verfolgern bringen wird[3]. Sie sollen in dieser Hoffnung geduldig ausharren; dazu ermahnt sie Jak. „Das Merkmal der Christen ist, daß sie warten" (Schlatter).

Ad 2 (V 7b). Um seine Paränese zu stützen, greift Jak, wie öfters, nach einem Beispiel aus der Erfahrung der Leser. Das Beispiel fungiert anstelle des Vergleichs. ἰδού ist also in gewisser Hinsicht Ersatz für die Vergleichspartikel ὡς; es richtet die Aufmerksamkeit der Leser aber stärker, als es im förmlichen Vergleich möglich wäre, auf die Figur des Beispiels, den Bauern. Was tut der Bauer? Er sät und „erwartet" dann mit Sehnsucht die kostbare

---

[1] μακροθυμεῖν = mit Geduld warten, Geduld haben (BAUERWB s. v. 1). Die μακροθυμία erhält an unserer Stelle in Verbindung mit κακοπάθεια und ὑπομονή „die Färbung der überwindenden Standhaftigkeit" (F. HORST in: ThWb IV, 388). μακροθυμεῖν ist also in den VV 7a und 8a das standhafte, mutig die Verfolgungsleiden ertragende Ausharren, Aushalten (anders in V 7c, wo es das geduldige, passive „Abwarten" besagt); vgl. auch A. STROBEL, Untersuchungen zum eschatologischen Verzögerungsproblem, 255–257.

[2] Zu παρουσία vgl. A. DEISSMANN, Licht vom Osten[4], 314 ff; A. OEPKE in: ThWb V, 856–869.

[3] Fast alle Ausleger sind sich einig, daß bei dem Hinweis auf die „Parusie des Herrn" an den wiederkommenden Christus gedacht ist. SPITTA und MEYER (Rätsel, 159) dachten auf Grund ihrer „Grundschrift"-Hypothese „alttestamentlich" an die Ankunft Gottes, ähnlich auch GRAFE (wenn auch schwankend) und W. BOUSSET (Kyrios Christos [Göttingen ⁴1935] 224, Anm. 2); ÖKUMENIUS an die Zerstörung Jerusalems im Jahre 70 (λέγει δὲ τὴν Ῥωμαϊκὴν ἔφοδον καὶ τὴν ὑπὸ τούτων αἰχμαλωσίαν τῶν Ἰουδαίων ... ἡ τοῦ κυρίου παρουσία ἡ τῆς Ἱερουσαλὴμ πανωλεθρία ἐστίν), so zuletzt auch A. FEUILLET (Le sens du mot Parousie dans l'Évangile de Matthieu. Comparaison entre Matth. XXIV et Jacques V, 1–11, in: The Background of the NT and its Eschatology [Cambridge 1956] 261–280 [bes. 272–280]). Für FEUILLET sind die in Jak 5, 1ff apostrophierten Reichen ungläubige Juden, der „Schlachttag" von 5, 5 die Zerstörung Jerusalems, „der Gerechte" von 5, 6 Jesus, der als demnächst erscheinender Parusiechristus Rache an seinen Mördern nehmen wird (= κριτής), worauf die Judenchristen in einer ungeläuterten Eschatologie mit Sehnsucht warteten. Diese Parusieauffassung decke sich weithin mit jener von Mt 24, sie sei vorpaulinisch und somit auch ein Kriterium, daß der Jak-Brief das älteste Dokument im NT sei. Die Schwierigkeit gegen diese Thesen, die sich besonders aus Jak 5, 6b (οὐκ ἀντιτάσσεται ὑμῖν) ergibt, will FEUILLET dadurch lösen, daß er dieses Versstück als Fragesatz und das Verbum ἀντιτάσσεται im Sinne einer „résistance active" nimmt (276): „n'entre-t-il pas en lutte avec vous (par le jugement)?" Unsere Exegese versteht die Texte anders; vor allem ist die Auslegung von Jak 5, 6b durch FEUILLET sehr gesucht; und im Vorhergehenden wird „nicht ein einzelner Fall, sondern ein fortgesetztes Verfahren der Reichen geschildert" (BELSER zu 5, 6).

Frucht der Erde. Dabei ist deutlich an einen Kleinbauern gedacht, für den die Frucht der Erde eine ganz besondere Kostbarkeit (τίμιος) bedeutet: er lebt ja mit seiner Familie von ihr. Hat der Bauer gesät, so kann er nicht sogleich auch ernten. Vielmehr wartet er mit Geduld (μακροθυμῶν ἐπ' αὐτῷ) auf die Regenzeiten; (ἐπ')[1] αὐτῷ bezieht sich dabei zurück auf καρπός. Das Beispiel wird also nicht ganz exakt durchgeführt: die Frucht ist ja erst das Zukünftige (ἐκδέχεται!); dennoch empfängt sie nach der Formulierung des Briefes den Segen des Früh- und Spätregens. Diese kleine Ungereimtheit haben jene Textzeugen gespürt, die zu πρόϊμον καὶ ὄψιμον statt ὑετόν (so AK LP syr^p) καρπόν (fructum) ergänzen (so ℵ³ ff boh syr^hl Cass. Beda)[2]; dann ist aber als Subjekt in dem ἕως-Satz ὁ γεωργός zu denken: der Bauer wartet, bis er die Früh- und Spätfrucht ernten kann (gedacht von ägyptischen Verhältnissen aus!). In Wirklichkeit wird eine palästinensische Sprechweise aufgenommen sein, da auch das AT oft von Früh- und Spätregen spricht (Dt 11, 14; Os 6, 3; Joel 2, 23; Zach 10, 1; Jer 5, 24), allerdings immer in ausdrücklicher Verbindung mit ὑετός. Durch die tägliche Rezitation von Dt 11,14 wird aber die Redeweise von „früh und spät" ein feststehender Ausdruck für Früh- und Spätregen geworden sein. Mit dem Frühregen ist entweder jener gemeint, den die von Mitte Oktober bis Mitte November während Regenzeit bringt, oder (was wahrscheinlicher ist) der Winterregen im Dezember/Januar. Dann beginnt die Aussaat (bis Ende Februar). Für das Heranreifen der Saat ist der Spätregen, von März bis April, unentbehrlich[3]. Erst dann kann der Bauer ernten. Vorher muß er geduldig warten, wenn er auch weiß, daß die Zeit der Ernte sicher und in nicht allzu ferner Zukunft kommen wird.

Ad 3 (V 8). Der Vers bringt die Anwendung auf die Leser, und zwar in Form einer Wiederaufnahme des paränetischen Imperativs aus V 7a (μακροθυμήσατε καὶ ὑμεῖς), wobei aus V 7a zu ergänzen ist: ἕως τῆς παρουσίας τοῦ κυρίου.

Was sollen die Leser eigentlich aus dem Beispiel vom Bauern lernen? **Das geduldige Ausharren**, nämlich auf etwas, was sicher eintreten wird, aber nicht schon „morgen"! Der Bauer „wartet auf die geschätzte Frucht der Erde" (nicht auf die Regenzeiten); er übt sich dabei in der Geduld, bis der

---

[1] Die Präposition ἐπί (mit Dativ) hat hier sehr wahrscheinlich die Bedeutung „im Hinblick auf" (die Frucht des Feldes); vgl. MAYSER, Grammatik II/2, 473/34 ff.
[2] Ohne eine Beifügung lesen B 31 Vg sah arm; vgl. dazu auch BLASS-DEBR § 241, 5: bei derartigen Attributen fehlt oft das zugehörige Substantiv.
[3] G. DALMAN, Arbeit und Sitte I, 1/2, 115 ff 172 ff 291 ff; F. NÖTSCHER, Biblische Altertumskunde (Bonn 1940) 170 f. A. STROBEL (Verzögerungsproblem, 258 f) meint, daß das Motiv vom „Früh- und Spätregen" (im Anschluß an Joel 2, 23 oder Os 6, 3) „eine traditionsreiche und mit dem liturgischen Ort des Passafestes festverbundene Vorstellung" darstelle, unter Hinweis auf das von R. Jose (um 150) zitierte Joel-Wort (2, 23): „Ihr Kinder Sions, jubelt und freut euch in Jahwe, eurem Gott; er hat euch den Unterweiser der Gerechtigkeit gegeben, und so läßt er euch herabkommen den Früh- und Spätregen am Ersten (des Monats Nisan)" (vgl. BILLERBECK IV, 827 f). Daß aber Jak seine Mahnung mit derartigen verhüllten Vorstellungen verbunden sehen möchte, geht aus seinem Text in keiner Weise hervor (s. u.).

Tag der Ernte dasein wird. Den eigentlichen Skopus, der von Jak mit dem Beispiel vom geduldigen Bauern verfolgt wird, zu erkennen ist wichtig; seine Absicht ist eine ausgesprochen paränetische, aber nicht im Sinn einer Ermahnung zur Wachsamkeit wegen der ungewissen Stunde der Parusie, sondern zum geduldigen Ausharren. Und die Paränese steht dabei nicht im Dienst des „Verzögerungsproblems". Denn es ist mit keiner Silbe angedeutet, daß die Leser aus dem ihnen bekannten Kerygma von der Nähe der Parusie von Fragen über ihr „Ausbleiben" gequält worden seien oder daß sie gar am Eintreten dieses Ereignisses gezweifelt hätten (ähnlich den Spöttern im zweiten Petrusbrief)[1]. Das von Jak gebrauchte und von ihm so formulierte Beispiel vom Bauern läßt sich im Dienst des Verzögerungsproblems gar nicht auswerten, weil in ihm von einer „Verzögerung" ja keine Rede ist. Es ergibt sich nur mittelbar die Vorstellung einer „Zwischenzeit" (zwischen Saat und Ernte), und daran mag Jak (und auch die ersten Leser seines Briefes) vielleicht denken[2]. Die Überzeugung von der Nähe der Parusie wird nicht aufgegeben (ἤγγικεν!)[3]; gerade sie soll für die Ermahnten der Anlaß sein, unbedingt auszuharren. Ausgewertet wird das Beispiel vom Bauern nur paränetisch im Hinblick auf sein geduldiges Ausharren. Dies sollen sich die Leser zum Vorbild nehmen und „ihre Herzen stärken"[4], wie es nun in einem zweiten Imperativ noch heißt, der asyndetisch an den ersten angeschlossen ist und der offensichtlich den Sinn einer Ermutigung zu Geduld und Ausdauer hat; er wird ja begründet (ὅτι) mit der nahe bevorstehenden Parusie. Gerade dieser begründende Hinweis auf die Nähe der Parusie, an der unbedingt festgehalten wird, soll die Leser mit starker Zuversicht erfüllen: die Zeit der Drangsale, die ihnen die Reichen bereiten, dauert nicht mehr lange; denn die Ankunft des Herrn steht ja nahe bevor. Aber bis er kommt, müssen sie Geduld haben, wie der Bauer mit Geduld die Frucht der Ernte erwartet[5]. Während die Reichen ihre Herzen „füttern" (V 5), sollen die armen Christen ihre Herzen aus ihrem Glauben „stärken". Der Tag der Erlösung kommt für sie ganz sicher, der für die Reichen ein Tag des Gerichts sein wird.

---

[1] 2 Petr 3, 3 4 9.
[2] A. Strobel meint (222, Anm. 2), im Begriff μακροθυμεῖν klinge „das Thema der Verzögerung unausgesprochen an"; doch eigentlich nur für den, der dieses „Anklingen" unbedingt haben möchte.
[3] „... eine der stärksten Naherwartungen, die das ganze NT kennt" (G. Kittel in: ZntW 41 [1942] 83). Daraus können jedoch kaum Schlüsse auf die Abfassungszeit des Briefes gezogen werden (vgl. auch noch S. 211, Anm. 1).
[4] Zum Ausdruck στηρίζειν τὴν καρδίαν vgl. auch Ri 15, 5 8; Sir 6, 37; 22, 16; 1 QH II, 7; VII, 6 (סמכ); 1 Thess 3, 13; 2 Thess 2, 17; G. Harder in: ThWb VII, 654–656. Vgl. auch noch Anm. 5, S. 204.
[5] Ist Jak zur Verwendung des Beispiels vom Bauern durch das Gleichnis Jesu von der selbstwachsenden Saat (Mk 4, 26–29) angeregt worden? Wenn ja, dann verarbeitet er aber die Elemente des Gleichnisses in völlig anderer und selbständiger Weise. Der Hauptunterschied ist, daß im Gleichnis Jesu der Bauer „allegorisch" auf den messianischen Sämann Christus zu beziehen ist (vgl. dazu F. Mussner, Gleichnisauslegung und Heilsgeschichte. Dargetan am Gleichnis von der selbstwachsenden Saat, in: TrThZ 64 [1955] 257–266), während er bei Jak nur die Funktion eines beispielhaften Verhaltens für die Leser des Briefes hat.

Mit diesem begründenden Hinweis auf die Nähe der Parusie, die den Unterdrückten Befreiung bringen wird, bleibt Jak ganz im Schema der atl. Armenfrömmigkeit, wie besonders Ps 37 (36), 10f zeigt: „Nur kurze Zeit noch, und es gibt keinen Frevler; suchst du seinen Platz, er besteht nicht mehr. Aber die Armen werden das Land besitzen und sich erfreuen der Fülle des Heils", dazu die Paränese im V 34: „Harre auf Jahwe[1] ... So erhöht er dich[2], das Land zu besitzen[3]; die Tilgung der Frevler wirst du erleben." Auch in Sir 35 (LXX 32), 17–26 wird den bedrückten Armen, Witwen und Waisen die Hoffnung zugesprochen, daß der gerechte Richter (Gott) Recht schaffen wird; „auch wird der Herr nicht säumen ... bis er die Lenden des Bedrückers zerschmettert ... bis er dem Menschen sein Treiben vergolten hat"[4]; der V 26 bringt dann einen stark an Jak 5, 7 erinnernden Vergleich: „Lieblich ist die Huld Jahwes zur Zeit der Bedrängnis wie die Regenwolke zur Zeit der Dürre." Sollte Jak von diesem Text besonders inspiriert sein?[5]

5, 9 Der Vers scheint zunächst den gedanklichen Aufbau des Abschnittes arg zu zerstören. Der Hinweis auf die biblischen Exempla in den VV 10f würde sich organisch an das Beispiel vom geduldig harrenden Bauern (V 7b) anschließen. Es muß das Thema vom nahen Gericht gewesen sein, das Jak veranlaßt hat, jetzt das „Stöhnen gegeneinander" zur Sprache zu bringen. Er sah offensichtlich darin Kritik aneinander[1], die gleichsam das kommende Gericht Gottes vorwegnehmen und für sich beanspruchen möchte (vgl. auch 4, 11f und die dortige Auslegung), während in Wirklichkeit das Gericht Sache des göttlichen Richters ist[7], der schon „vor der Türe steht". Die Par-

---

[1] LXX: ὑπόμεινον τὸν κύριον. Im MT steht der Imp. Piel קַוֵּה von dem Verbum קוה = warten, harren (GESENIUSHwb s. v.). Vgl. auch noch Ps 27 (26), 14.
[2] Vgl. Jak 1, 9; 4, 10!
[3] Vgl. Jak 2, 5!
[4] Vgl. auch Lk 18, 1–8, dazu H. RIESENFELD (Zu μακροθυμεῖν [Lk 18, 7], in: Ntl. Aufsätze [Festschr. f. J. SCHMID] [Regensburg 1963] 214–217), der als atl. Hintergrund für das Gleichnis vom gottlosen Richter Sir 35, 11 ff erkennt und grundsätzlich bemerkt: „Diese Tatsache ... gibt einen Hinweis auf die Rolle, welche die Weisheitsliteratur ... in solchen Kreisen in Palästina gespielt haben muß, denen Jesus nahestand und auf deren Vorstellungen und Erwartungen er in seiner Verkündigung Bezug nahm" (217). Der Jak-Brief bestätigt das durchgehend.
[5] Auch die Pss 27 (26) und 31 (30), in denen ein von übermächtigen Gegnern ungerecht Verfolgter Gott seine Not klagt, schließen mit einer Mahnung, das Herz zu stärken und auf die Hilfe Gottes zu harren, bes. deutlich in der Septuaginta: Ps 26, 14 (ὑπόμεινον τὸν κύριον· ἀνδρίζου καὶ κραταιούσθω ἡ καρδία σου, καὶ ὑπόμεινον τὸν κύριον); Ps 30, 25 (ἀνδρίζεσθε, καὶ κραταιούσθω ἡ καρδία ὑμῶν, πάντες οἱ ἐλπίζοντες ἐπὶ κύριον); vgl. auch noch Is 35, 3f; PsSal 16, 15 (ἐν τῷ ὑπομεῖναι δίκαιον ἐν τούτοις ἐλεηθήσεται ὑπὸ κυρίου). Weil STROBEL den Zusammenhang von Jak 5, 7 ff mit dem vorausgehenden Text und damit auch den Zusammenhang der Ermahnung des Jak zum Ausharren mit der „Armenfrömmigkeit" nicht beachtet, sieht er Jak 5, 7–11 im Licht des „Verzögerungsproblems" und passatheologischer Theologumena.
[6] Das κατ' ἀλλήλων läßt nur an ein Stöhnen und Murren gegen Gemeindemitglieder, nicht gegen die Unterdrücker von außen (die Reichen) denken.
[7] Vgl. auch Mt 7, 1 par; in Damask XIX, 15–26 wird das gottlose Treiben der

tikel ἰδού in V 9b hat (ähnlich wie in V 7b) eine begründende Funktion, die aber stärker als γάρ die „Aufforderung zu genauerer Überlegung und Betrachtung" (W. Bauer)[1] enthält; „denn überlegt doch": der Richter steht ja schon vor der Tür. Nimmt Jak mit diesem Hinweis eine Überlieferung aus der synoptischen Apokalypse auf (vgl. Mk 13, 29: ὅτι ἐγγύς ἐστιν ἐπὶ θύραις)?[2] Zweifellos denkt Jak an Christus. Und die Naherwartung ist ebenso wie vorher in V 8b eindeutig ausgesprochen. Es scheint eine ziemlich festgeprägte Wendung aus der eschatologischen Belehrung und Erwartung der christlichen Gemeinde vorzuliegen.

5, 10f Nach der „Unterbrechung" durch V 9 werden nun den Lesern des Briefes zur Nachahmung in Leidenswilligkeit und entschlossenem Ausharren[3] bedeutende Exempla aus der biblischen Tradition genannt: die Propheten (V 10) und Job (V 11). Es wird wieder vorausgesetzt, daß die Leser mit der biblischen Überlieferung vertraut sind (ἠκούσατε)[4], weshalb die angeführten Beispiele auch nicht näher ausgeführt werden, zumal es im Spätjudentum derartige „Ruhmeskataloge" gegeben hat, die die Taten, Tugenden und Leiden der biblischen Helden „priesen" (vgl. μακαρίζομεν in V 11; dazu 2 Makk 6, 31: „Er gab nicht nur den jungen Leuten ein Vorbild, sondern den meisten im Volke. Mit seinem Tode lieferte er ein Beispiel [ὑπόδειγμα] einer hochgemuten Gesinnung und hinterließ ein Denkmal der Tugend"; 4 Makk 1, 10f: „So liegt es mir denn ob, wegen ihrer Tugenden die Männer zu preisen, die für die καλοκἀγαθία um diese Zeit mit ihrer Mutter gestorben sind. Um ihrer Ehre willen aber möchte ich sie seligpreisen [μακαρίσαιμι]: denn ob ihrer Mannhaftigkeit und Ausdauer [ὑπομονῇ] nicht nur von allen Menschen, sondern auch von ihren Peinigern bewundert . . .")[5]. Dazu kommt, daß die Propheten als Martyrer betrachtet wurden[6]. So stellt

„Fürsten Judas" geschildert, dem Gott am „Tag" seiner Heimsuchung ein Ende bereiten wird (vgl. XIX, 15); in dem vorgeführten Lasterkatalog wird auch das „Rächen und Grollen untereinander" ausdrücklich genannt (XIX, 18).

[1] BauerWb s. v. ἰδού, 1 c.
[2] Lk ergänzt als Subjekt ἡ βασιλεία τοῦ θεοῦ (21, 31). E. Klostermann (HandbNT 3) (Tübingen ⁴1950) bemerkt zu Mk 13, 29: „Natürlicher wäre dann schon τὸ θέρας . . ., ὁ καιρός . . . oder τὸ τέλος, am einfachsten aber ‚er'."
[3] κακοπαθία ist mehr das passive Ertragen der Drangsal (W. Michaelis in: ThWb V, 937), μακροθυμία das „aktive", bewußte, entschlossene Standhalten, wie es auch im Begriff der ὑπομονή zum Ausdruck kommt. Zu ὑπομένειν (ὑπομονή) vgl. auch diesen Kommentar zu Jak 1, 3f; Hauck in: ThWb IV, 585–593. G. Björck versteht die Verbindung τῆς κακοπαθίας καὶ τῆς μακροθυμίας mit Ropes (z. St.) als Hendiadyoin: „Nehmet als Beispiel der Geduld in Drangsalen die Propheten" (ConiNeot 4 [1940] 1–4 [3]).
[4] „Vielleicht in der Synagoge; vgl. Mt 5, 21 27 33 38 43" (Ropes z. St.).
[5] Vgl. ferner Sir 44, 16 – 50, 24; 1 Makk 2, 49–61; Jubiläenbuch; Zwölfer-Testamente; Hebr 11, 32–38; dazu auch noch Hauck in: ThWb IV, 588f; W. Wichmann, Die Leidenstheologie, passim.
[6] Vgl. Mt 5, 12; 23, 29 ff; Mk 12, 1–9; Lk 11, 50; 13, 33 ff; Röm 11, 3; 1 Thess 2, 15; Hebr 11, 36–38; dazu schon Jer 2, 30b („Euer Schwert fraß eure Propheten wie ein würgender Löwe"); O. Michel, Prophet und Märtyrer (BFchTh 37/2) (Gütersloh 1932), passim; H. J. Schoeps, Die jüdischen Prophetenmorde, in: Aus frühchristlicher Zeit (Tübingen 1950) 126–143; H. A. Fischel, Martyr and Prophet,

sie auch Jak im V 10 seinen Lesern als „Beispiel" von Leidenswilligkeit und
Ausdauer hin, dabei das Wort ὑπόδειγμα betont an die Spitze stellend[1].
Warum er in einem Relativsatz eigens von den Propheten sagt, daß sie „im[2]
Namen des Herrn redeten", hat wohl folgenden Grund: die Leiden der
Propheten waren eine Folge ihrer unerschütterlichen Treue zum Herrn,
dessen Willen sie verkündigten. Nun preisen wir (1. Pers. Plur. μακαρίζομεν)
sie selig wegen ihrer Ausdauer[3]; Jak denkt dabei vermutlich an die spät-
jüdischen Ruhmeskataloge (s. o.). Auch die christlichen Gemeinden preisen
die atl. Leidenshelden, die die Hoffnung auf den Herrn und seine rettende
Hilfe nicht aufgaben[4].

Als zweites „klassisches" Beispiel für ὑπομονή wird Job genannt[5]; καὶ
τὸ τέλος κυρίου εἴδετε. Man hat an drei Möglichkeiten der Auslegung für den
letzten Satz gedacht: 1. an den guten Ausgang des Schicksals Jobs (vgl. Job
42, 10–17, besonders V 12 [ὁ δὲ κύριος εὐλόγησεν τὰ ἔσχατα Ἰώβ]), das die
Leser „gesehen" haben (in der Schrift nämlich)[6]; 2. an das „Ende" des
Lebens Jesu, über dessen gewaltsamen Tod seine Auferweckung und Erhöhung zum himmlischen Throngenossen Gottes triumphierten[7]; 3. an die
Parusie Jesu (wenn auch mit Einschluß des Ausgangs Jobs)[8]. Die letzte Ansicht scheint an dem Aorist εἴδετε zu scheitern, der doch nur an ein Ereignis
der heilsgeschichtlichen Vergangenheit denken läßt[9], nicht an eines der

---

in: JQR 37 (1946) 265–280 363–386; J. Jeremias in: ThWb V, 711/2 ff; G.
Friedrich in: ThWb VI, 835 f; N. Brox, Zeuge und Märtyrer (Stud. zum AT u.
NT 5) (München 1961) 136.
[1] ℵ liest statt κακοπαθία das Wort καλοκἀγαθία, das auch in 4 Makk 1, 10 (s. o.)
erscheint: „das hellenische Ideal . . ., das im urchristlichen Schrifttum nur noch
IgnEph 14, 1 vorkommt" (Dibelius z. St.).
[2] Die Präposition ἐν fehlt bei den Textzeugen AKL.
[3] Die LA ὑπομένοντας (statt ὑπομείναντας) der Textzeugen KL Min. sah denkt
vielleicht nicht bloß an Beispiele der Geduld in der Vergangenheit, sondern auch
in der Gegenwart.
[4] Der Satz: „Seht, wir preisen selig, die standgehalten haben", bezieht sich auf
das Vorausgehende, nicht das Nachfolgende (obwohl natürlich Job von dieser
„Seligpreisung" nicht ausgeschlossen ist).
[5] Vgl. auch TestHiob 26, 5, wo Job zu seinem Weibe spricht: „Laßt uns geduldig
sein, bis daß der Herr sich rühren läßt und unser sich wieder erbarmt!"; dazu noch
J. H. Korn, ΠΕΙΡΑΣΜΟΣ. Die Versuchung des Gläubigen in der griechischen
Bibel, 68–70.
[6] Daran denken die meisten Ausleger.
[7] So Augustinus (De symb. ad Catech. I, III [PL 40, 633 f]: Quem finem Domini? Deus, Deus meus, ut quid me dereliquisti? Verba sunt Domini pendentis in
ligno . . . Ibi est finis Domini), Beda, A. Bischoff in: ZntW 7 (1906) 274–279.
[8] Daran denkt A. Strobel (Verzögerungsproblem, 259: „Die Wendung τέλος
κυρίου steht, was für das Verständnis aufschlußreich ist, gedanklich zu dem führenden Begriff παρουσία . . . V 7 in Beziehung, wenn sie nicht überhaupt mit ihm
annähernd identisch ist. τέλος steht nämlich, sehen wir recht, an dieser Stelle
zumindest doppelsinnig. Einmal meint es, in Abhängigkeit von der Aussage über
Hiob stehend, das ‚Ende' von dessen Leidens- und Wartezeit, dann aber auch das
‚Ziel', das die urchristliche Leserschaft in Ausdauer anstreben soll . . .: Das ist das
τέλος der Geschichte, das Ende, welches der Herr ihrem Harren bereiten wird").
[9] Die LA ἴδετε (statt εἴδετε) der Textzeugen B³ALP 33 ist vielleicht nur Ittazismus.

Heilszukunft; die zweite Ansicht an dem Fehlen des Artikels vor κυρίου und auch an dem folgenden mit einem kausalen ὅτι eingeleiteten Schriftzitat, das auf das Schicksal Jesu nicht gut paßt[1]. Der Genitiv κυρίου in der als Hebraismus zu bezeichnenden Wendung τὸ τέλος κυρίου ist Gen. subj.: „das Ende, das der Herr bereitet hat", als er nämlich die bösen Tage Jobs in gute verwandelte. Bestätigt wird die Richtigkeit dieser Auffassung durch die „Parallele" in TestBenj 4, 1 (ἴδετε οὖν, τέκνα μου, τοῦ ἀγαθοῦ ἀνδρὸς τὸ τέλος)[2]. Daß Gott das schwere Schicksal Jobs ins Gute wendete, wird abschließend (V 11c) begründet mit einem Hinweis auf die Güte und Barmherzigkeit Gottes, von denen schon die Schrift (Pss 103, 8; 111, 4) spricht. Gott belohnt die standhafte Geduld seiner Leidenshelden[3]. Das können und sollen die Leser an den großen Exempla der biblischen Vergangenheit „sehen".

Man würde abschließend einen nochmaligen Appell an die Leser erwarten, etwa des Inhalts: „So habt auch ihr Geduld bis zur Parusie des Herrn!", aber Jak geht unvermittelt zu einer neuen Paränese über.

EXKURS

Die Eschatologie des Briefes

1. Die Gegenwart als „letzte Zeit"

Programmatisch kommt die Überzeugung, daß die letzte Zeit der Geschichte schon angebrochen ist, zum Ausdruck in den beiden Sätzen von 5, 8 f: ἡ παρουσία τοῦ κυρίου ἤγγικεν und ὁ κριτὴς πρὸ τῶν θυρῶν ἕστηκεν. Während die erste Aussage die zeitliche Nähe der Parusie des Herrn betont (Perfekt ἤγγικεν), sieht die zweite Aussage mehr auf die Gestalt des Richters, der schon „vor der Tür steht": jeden Augenblick kann er auf der Bühne der Geschichte erscheinen. So ist die Zeit der Gegenwart bestimmt durch das drohend bevor-

---

[1] Auch κύριος im folgenden ὅτι-Satz, mit dem eindeutig Gott gemeint ist, macht es höchst unwahrscheinlich, daß bei κυρίου an Jesus gedacht sei. DIBELIUS bemerkt dazu: „Die Christianisierung des paränetischen Stoffes, den die Christen dem Judentum und der Popularphilosophie verdankten, hat sich eben gar nicht so rasch und mit solcher Selbstverständlichkeit vollzogen, wie wir gewöhnlich denken."

[2] Vgl. auch Hebr 13, 6f (ἔκβασις = τέλος); Weish 2, 17b; 3, 19 („Denn eines ungerechten Geschlechtes Ende wird hart sein"). Dagegen kann nicht mit STROBEL (258, Anm. 4) auf TestGad 7, 4 (ὅρον δὲ κυρίου ἐκδέξασθε) verwiesen werden, weil ὅρος hier auf Grund des Kontextes eindeutig auf das Gericht, das der Herr halten wird, verweist, nicht auf die Rettung der Guten. Vgl. auch noch BAUERWb s. v. τέλος, 1a c.

[3] Vgl. auch noch 4 Makk 17, 17f („Er selbst sogar, der Tyrann, und der ganze Rat staunten ihre Ausdauer an ... um derentwillen sie jetzt auch dem göttlichen Thron nahestehen und die glückselige Ewigkeit erleben").

stehende Ende; sie ist darum letzte Zeit. Die Reichen vermögen in ihrer Verblendung die solchermaßen qualifizierte Zeit nicht zu erkennen und sammeln sich törichterweise Schätze „in den letzten Tagen" (5, 4) und für den „Schlachttag" (5, 5) des nahen Gerichts, der die ganze Sinnlosigkeit und Nichtigkeit ihres hektischen Besitzerwerbs ans Licht bringen wird; nichts wird davon übrigbleiben (5, 1–3; vgl. auch 1, 10f).

Für die gläubige Gemeinde ist diese so verstandene Gegenwart eine Zeit der πειρασμοί, in denen sie sich in der ὑπομονή zu bewähren hat (1, 2–4 12; 5, 7–11): auch dies ein typisches Thema einer Predigt, die ihre Gegenwart als letzte Zeit versteht; nach apokalyptischer Überlieferung ist ja die letzte Zeit eine Zeit verschärfter Anfechtungen und darum für die Gemeinde eine besondere Gelegenheit zum Erwerb und Erweis der ὑπομονή[1]. In der Auslegung des Briefes ist gerade diese eschatologische Ausrichtung schon der Eingangsparänesen häufig nicht genügend erkannt; die Futura παρελεύσεται (1, 10) und μαρανθήσεται (1, 11) haben im Licht der Drohsprüche gegen die Reichen in 5, 1–5 schon „eschatologischen" Klang (s. Kommentar).

2. Die radikale Zeitlichkeit der menschlichen Existenz

Die wahre Verfaßtheit der menschlichen Existenz in dieser Zeit kommt besonders in den scharfen Invektiven gegen die Reichen zum Ausdruck. Der Reiche vergeht wie die Blume des Feldes (1, 10) und schwindet mitsamt seinen Unternehmungen dahin (1, 11; 4, 14: „Rauch seid ihr, der nur für einen Augenblick erscheint und wieder verschwindet"). Die beiden in 1, 10f gebrauchten Verben παρέρχεσθαι und μαραίνεσθαι bringen das Element des raschen Vorübergangs und der Nichtigkeit der irdischen Existenz sprachlich gut zur Geltung. Die Aussagen verschärfen sich angesichts der eschatologischen Qualität der gegenwärtigen Zeit, die auch der Gemeinde den selbstmächtigen Lebensentwurf und jede prahlerische Plänemacherei verbietet (4, 13–16). Denn „das (irdische) Morgen" ist auch ihr verborgen, und auch ihre irdische Existenz ist radikal zeitlich verfaßt. Jak lenkt den Blick seiner Leser entschlossen auf die von Gott ermöglichte Zukunft (vgl. bes. 1, 12 18 21 25; 2, 5; 4, 12; 5, 7f 20), vor allem aber auf das kommende Gericht. Dennoch wird die Zukunft nicht romantisch-schwärmerisch vorweggenommen, sondern die Leser werden auf ganz unsentimentale Art auf die tätige Bewährung ihres Glaubens in der Gegenwart verwiesen.

3. Parusie, Gericht, Rettung

Die Wortgruppe κριτής, κρίσις, κρίνειν spielt im Jak-Brief eine wichtige Rolle, und an drohenden Hinweisen auf das kommende Gericht fehlt es nicht (vgl. 2, 12; 4, 12; 5, 9 12). Das Gericht steht Gott zu, der allein Richter ist (4, 12). Wer im Leben selbst nicht Barmherzigkeit geübt hat, gegen

---

[1] Vgl. etwa Hab 3, 16; Soph 1, 15; Dn 12, 10 („viele werden geläutert, gereinigt und geprüft"); Volz, Die Eschatologie der jüdischen Gemeinde, 147–163 („die letzte böse Zeit"); H. Schlier in: ThWb III, 145.

den wird auch Gottes Gericht unbarmherzig sein (2, 13); der Glaube „allein" kann vor dem Gericht Gottes nicht retten (2, 14). Wer aber barmherzig war und das königliche Gebot der Nächstenliebe erfüllt hat, kann mit Gottes Barmherzigkeit im Gericht rechnen; dann „triumphiert Erbarmen über Gericht" (2, 13; vgl. auch 5, 11).

Der Richter „steht schon vor der Tür" und ist identisch mit dem Parusiekyrios (5, 8f). Dennoch ermahnt der Brief die „Brüder", die Parusie mit Geduld zu erwarten und sich in „Ausdauer" und „Langmut" gleich den Propheten und Job zu üben (5, 7–11). Aber eine „Verzögerung" der Parusie kennt der Jak-Brief nicht[1].

Positiv verkündet der Brief in seiner eschatologischen Belehrung die „Rettung" der Gemeinde[2], verheißt ihr den von Gott versprochenen „Kranz des Lebens" (1, 12), erklärt die Armen zu „Erben des Reiches" (2, 5) und sagt den Kranken Vergebung der Sünden zu (5, 15). Die christliche Gemeinde ist schon der „Erstling" der eschatologischen Neuschöpfung Gottes (1, 18).

So ist im Jak-Brief das ganze Leben des Christen radikal auf das eschatologische Ziel hin ausgerichtet: Rettung (Leben) oder Gericht!

4. Eschatologie und Ethik

Den engen Zusammenhang von Eschatologie und Ethik in unserem Brief erkennt man vor allem an Hand seiner ethischen Motivation[3]. Besonders der drohende Hinweis auf das kommende Gericht spielt dabei eine wichtige Rolle. So wird in 3, 1 vor der Lehrsucht gewarnt, weil den Lehrer in der Gemeinde „ein größeres Gericht" erwartet. In 4, 11 und 5, 9 wird vor der lieblosen Kritik am Nächsten unter Hinweis auf das Gericht Gottes gewarnt. Die Gemeinde soll in ihrer Rede absolut wahrhaftig sein, „damit ihr nicht dem Gericht anheimfallet" (5, 12). Dem gottlosen und unsozialen Verhalten der Reichen wird ein furchtbares, ihren ganzen „in den letzten Tagen" angehäuften Reichtum und sie selbst vernichtendes Gericht angedroht (5, 1–5).

Umgekehrt fehlt es aber auch nicht an positiver eschatologischer Motivierung. So wird in dem Makarismus von 1, 12 dem in den Anfechtungen Bewährten als Lohn der von Gott verheißene „Kranz des Lebens" in Aussicht gestellt. Auch der Makarismus auf den entschlossenen „Täter" des Wortes in 1, 25 hat deutlich eschatologischen Klang (vgl. Futur ἔσται!). In 1, 21 wird die sittliche Entscheidung in engen Zusammenhang mit der Annahme des „Wortes" gebracht, „das eure Seelen zu retten vermag". In 2, 5 wird das wohlwollende Verhalten gegen die Armen mit Gottes Wahl derselben für

---

[1] Vgl. Kommentar zu 5, 7–9.
[2] Vgl. auch Exkurs über die Rechtfertigungslehre des Briefes.
[3] Dabei gilt für den Ausdruck „Motiv" dasselbe, was R. Schnackenburg grundsätzlich dazu im Hinblick auf Jesu ethische Motivation bemerkt (Die sittliche Botschaft des NT, 110): Man wird „Motiv" „nicht in einem streng definierbaren Sinn nehmen dürfen. Jesus will seine Zuhörer zu einem bestimmten Verhalten und Tun bewegen, und alles, was er dafür vorbringt und ihnen ans Herz legt, ist ‚Motiv'."

das „Reich" motiviert. Wer sich vor Gott demütigt, den „wird Gott erhöhen" (4, 10), einst in der Heilszukunft. Die Sorge um das „Seelenheil" des in die Irre gegangenen Bruders wird in 5, 20 motiviert mit der „Rettung seiner Seele aus dem (eschatologischen) Tod". Die Gemeinde soll die Drangsale dieser Zeit mit Geduld und Langmut ertragen im Hinblick auf die nahe bevorstehende Parusie des Herrn (5, 7–11). Und grundsätzlich wird in 2, 14–26 die Forderung nach lebendiger Bewährung des Glaubens in den Werken der Liebe und des Gehorsams gegen Gott mit der Rechtfertigung des Menschen motiviert, die ja als solche eschatologischen Charakter besitzt. Aber auch schon die Zielsetzung in 1, 4 ἵνα ἦτε τέλειοι καὶ ὁλόκληροι will im Hinblick auf die eschatologische „Vollendung" verstanden sein[1].

Die Ethik des Jak-Briefes findet also ihre Motive weithin in der Eschatologie und nicht etwa in einer „natürlichen" Vollendungslehre wie die stoische Ethik, und dies trotz mancher „Parallelen" zu deren ethischen Forderungen. Die Ethik unseres Briefes ist vielmehr im besten Sinn des Wortes eine „Interimsethik" entsprechend dem scharf ausgeprägten eschatologischen Bewußtsein, das der Verfasser besitzt und das er auch bei seinen Adressaten verlebendigen will. Er sagt ihnen, was sie „einstweilen", in diesen letzten Tagen, noch zu tun haben, um vor Gottes nahem Gericht bestehen zu können und seiner Verheißungen teilhaft zu werden. Besonders beachtenswert ist, daß die Gemeinde trotz eindringlicher Hinweise auf die ὑπομονή dennoch nicht auf ein passives und quietistisches Warten verwiesen wird, sondern zu höchster „Aktivität" im Sinne einer radikalen Verwirklichung des „Wortes" aufgefordert wird, genau der Lehre Jesu entsprechend. Man übersehe grundsätzlich nicht, daß der Aufforderung zur Verwirklichung des Wortes in 1, 19 ff der Hinweis auf die eschatologische Neuschöpfung des Christen vorausgeht (1, 18!). Auch für Jak ist also die Tat das Zeichen der καινὴ κτίσις, ähnlich wie für Paulus[2].

Zusammenfassend kann gerade im Hinblick auf die Eschatologie unseres Briefes gesagt werden: die These Dibelius', der Jak-Brief habe „keine ‚Theologie'", bedarf der Revision. Wenn man unter „Theologie" nur „Christologie" versteht, dann hat allerdings unser Brief keine Theologie. Ist aber Theologie wesentlich auch „Eschatologie", so gehört der Jak-Brief unter ihre ausgezeichneten Vertreter im NT. Die Eschatologie unseres Briefes steht sogar in großer Nähe zu jener Jesu (genau wie die Ethik). Denn auch Jesus kündigt die letzte Zeit an; auch in seiner eschatologischen Predigt spielt der Gerichtsgedanke eine wichtige Rolle; auch er redet von seiner Wiederkunft, ohne einen Termin zu nennen; die noch zur Verfügung stehende Zeit ist eine Zeit der Bewährung für seine Jünger. Auch seine Ethik kennt eine eschatologische Motivation. Und auch sein „Existenzverständnis" ist weithin bestimmt durch seine eschatologische Verkündigung[3].

---

[1] Vgl. Kommentar z. St.
[2] Vgl. S. WIBBING, Tugend- und Lasterkataloge, 123–127 („Die Tat als Zeichen der καινὴ κτίσις").
[3] Zum „Existenzverständnis" Jesu vgl. etwa J. M. ROBINSON, Kerygma und historischer Jesus (Zürich-Stuttgart 1960) 135–166.

So ist es gerade auch die Eschatologie, die dem Jak-Brief eine sehr klare und unverwechselbare Physiognomie verleiht[1] und zu wesentlich mehr macht als zu einer bloßen Ansammlung überlieferter paränetischer Spruchweisheit[2].

XII. Mahnung zu unbedingter Wahrhaftigkeit (5, 12)

So unmotiviert die folgende Paränese über das Schwören auch einzusetzen scheint, ihr abschließender Hinweis auf das Gericht verbindet sie dennoch mit den vorausgehenden Ermahnungen, die schon seit 4, 12 unter dem Gerichtsgedanken standen[3]. Und auch die folgenden Ermahnungen und Gemeinderegeln drehen sich um „die letzten Dinge", das eschatologische Heil, die „Rettung".

5, 12 Vor allem aber, meine Brüder, schwöret nicht, weder beim Himmel noch bei der Erde, noch irgendeinen anderen Eid. Es sei vielmehr euer Ja ein Ja und das Nein ein Nein, damit ihr nicht unter das Gericht fallet.

Aus dem πρὸ πάντων braucht nicht entnommen zu werden, daß die neue Mahnung Jak mehr am Herzen liege als die anderen. πρὸ πάντων ist vielmehr „technisch" zu nehmen[4]; es hat in Jak 5, 12 fast den Sinn: „Vor allem darf ich nicht vergessen, euch noch diese Mahnung zu schreiben..."[5]

---

[1] Man ist versucht, aus dem eschatologischen „Nahbewußtsein" des Jak-Briefes („in den letzten Tagen"!) den Schluß auf eine recht frühe Abfassungszeit des Briefes zu ziehen, in der dieses Nahbewußtsein noch sehr stark war. Doch muß man vorsichtig sein. Denn wenigstens die Überzeugung, „in den letzten Zeiten" zu leben, war etwa zur Zeit des IRENÄUS noch sehr lebendig (vgl. dazu W. C. VAN UNNIK, Der Ausdruck „In den letzten Zeiten" bei Irenäus, in: Neotestamentica et Patristica [Freundesgabe f. O. CULLMANN] [Leiden 1962] 293–304). Vgl. auch Did 16, 1–7; Barn 4, 9; 6, 13; 12, 9; 16, 5; IGNATIUS, Eph 11, 1; K. ALAND in: ThLZ 69 (1944) 103. Ein eingehender Vergleich der eschatologischen Aussagen der Apostolischen Väter mit denen des Jak-Briefes findet sich bei G. KITTEL in: ZntW 43 (1950/51) 68–83.
[2] Wie kann man vom Jak-Brief sagen: „Jegliches Verständnis für die christliche Situation als die Situation des ‚Zwischen' fehlt hier" (so BULTMANN, Theologie des NT, 525)? Dagegen urteilt H. PREISKER sehr treffend: „Eine lebendige Eschatologie, die frei von allem Schema ist, hat hier schöpferisch sich ausgewirkt" (ThBl 13 [1934] 231). Hat E. KÄSEMANN mit der These recht, daß das kennzeichnende Merkmal des sog. Frühkatholizismus das Schwinden der „Naherwartung" ist (Paulus und der Frühkatholizismus, in: ZThK 60 [1963] 75–89), dann gehört der Jak-Brief ganz bestimmt nicht zu den ntl. Zeugnissen für den „Frühkatholizismus"!
[3] Vgl. auch HAUCK z. St.
[4] Es gehört zum Briefstil (Belege bei A. DEISSMANN, Licht vom Osten⁴, 147 mit Anm. 2). Vgl. auch Lk 15, 1 („alle" Zöllner und Sünder = „überall", wohin Jesus kam, nahten sich ihm die Zöllner und Sünder); 1 Petr 4, 8; 3 Joh 2 (περὶ πάντων).
[5] Vgl. MARTY z. St. Die Mahnung des V 12 steht also nicht in einem inneren,

Die Akkusative, bei denen nicht geschworen werden darf („Himmel", „Erde"), entsprechen klassischer Konstruktion, und sie nennen sicher nur eine Auswahl, lassen aber auch erkennen, daß bei diesen Schwüren „nur das Schwören im Verkehr gemeint sein" kann (Windisch)[1], nicht eine Anweisung, die das Verhalten der Christen in Sachen des Eids vor dem öffentlichen Gericht regeln will[2]. Darauf Einfluß zu nehmen ist das Christentum um diese Zeit noch lange nicht in der Lage[3]. Es geht um Gesinnungsethik, um ein generelles Verbot für den Alltag (ähnlich wie in der Bergpredigt). Dabei ist in der Formulierung der Mahnung das zweite ναί bzw. οὔ prädikativ zu nehmen: „Euer Ja sei ein (einfaches) Ja, und euer Nein sei ein (einfaches) Nein!" Es ist die Forderung nach absoluter Wahrhaftigkeit in der Rede, die jeden Schwur überflüssig macht[4].

Auch diese Paränese ist mit einem warnenden Hinweis auf das kommende Gericht Gottes verbunden: ἵνα μὴ ὑπὸ κρίσιν πέσητε[5]. Vielleicht hängt diese Warnung vor dem Gericht Gottes damit zusammen, daß der Eidschwur „schon in sich ein Gottesgericht, ein Urteil Jahwes" darstellt (R. de Vaux)[6], das durch den Eid nicht vorweggenommen oder heraufbeschworen werden darf. Denn das viele Schwören birgt große Gefahren in sich, die in Sir 23, 11 aufgezählt werden (unüberlegtes, leichtfertiges Schwören; Meineid; Bruch des Eides) und die das Gericht Gottes nach sich ziehen.

---

steigernden Zusammenhang mit der vorausgehenden des V 9 μὴ στενάζετε ..., wie etwa Schegg, Belser (es gehe um „ein Schwören und Beteuern, das mit Klagen verbunden ist und in Aufwallungen des Affektes besteht"), Ropes und Meinertz meinen.

[1] μή mit Imp. Präsens (μὴ ὀμνύετε) läßt vielleicht vermuten, daß auch bei den Lesern des Briefes das leichtsinnige Schwören bisher vorgekommen ist (vgl. Moulton, Einleitung, 204).

[2] Vgl. auch noch E. Bischoff, Jesus und die Rabbiner (Leipzig 1905) 52f.

[3] Vgl. auch Dibelius z. St. Anders Bauernfeind (Eid und Friede, 99f), der an ein grundsätzliches Eidverbot denkt.

[4] So auch G. Stählin in: NT 5 (1962) 118, Hauck u. a.; Ökumenius: ἡ κατάθεσις ὑμῶν βεβαία καὶ ἐπὶ βεβαίου. ℵ* pc. Vg^cl und syr^p fügen zwischen δέ und ὑμῶν noch ὁ λόγος ein (vgl. Mt 5, 37). Wird dadurch ναί ναί zu einer Ersatzbeteuerungsformel, wie man sie im Spätjudentum anscheinend gekannt hat (s. Billerbeck I, 387), und wird so die Forderung des Jak nach absoluter Wahrhaftigkeit verharmlost? (Vgl. aber den nachfolgenden Exkurs.) Auch neuere Exegeten, wie Belser, verstehen das zweimalige ναί ναί bzw. οὔ οὔ mehr als Beteuerungsformel; das würde wohl voraussetzen, daß diese Form der Beteuerungsformel den Lesern bekannt war (vgl. O. Bauernfeind, Eid und Friede, 99).

[5] Statt ὑπὸ κρίσιν lesen KLP und viele Min. εἰς ὑπόκρισιν („damit ihr nicht in Heuchelei verfallet"); eine Erweichung des ursprünglichen Textes.

[6] Das AT und seine Lebensordnungen (Freiburg i. Br. 1960) I, 254 (unter Hinweis auf 3 Kg 8, 31).

EXKURS

Zum Eidverbot[1]

1. Der Eid im Alten Testament und im Spätjudentum

Nach dem AT war der Eid nicht verboten. Lv 19, 12 schärft nur ein: „Du sollst nicht bei meinem Namen falsch schwören; sonst entweihst du den Namen deines Gottes: ich bin Jahwe"; Nm 30, 3: „Wenn man Jahwe ein Gelübde macht oder einen Eid schwört ..., so darf er sein Wort nicht brechen, sondern muß es genauso halten, wie er es ausgesprochen hat." Weil in Israel nur der Eid bei Jahwe erlaubt und so ein Bekenntnis zum wahren Gott ist (vgl. Is 19, 18; 48, 1; Jer 12, 16), ist der Meineid ein frevlerischer Mißbrauch des Gottesnamens (Ex 20, 7). Die Propheten warnen bereits vor Mißbrauch des Eides (vgl. Jer 5, 2; Zach 5, 3f; Mal 3, 5). Und Sir 23, 9 11 warnt grundsätzlich vor dem Schwören: „Gewöhne deinen Mund nicht an das Schwören; und den Namen des Heiligen zu nennen sei nicht deine Gewohnheit! ... Ein Mann, der viel schwört, häuft Schuld auf sich, und von seinem Haus wird die Strafrute nicht weichen. Wenn er sich unüberlegt verfehlt, lastet seine Sünde auf ihm, und wenn er (den Schwur) nicht hält, sündigt er doppelt, und wenn er falsch schwört, kann er nicht als gerecht befunden werden; denn sein Haus wird übervoll von Heimsuchungen."

Im Spätjudentum hat sich vor allem Philo von Alexandrien eingehend mit den Fragen des Eides beschäftigt (vgl. bes. De spec. leg. II, 2–38; De decal. 84–95). „Am besten, heilsamsten und vernunftgemäßesten wäre es ja, gar nicht zu schwören, wenn der Mensch bei jeder Aussage so wahr zu sein lernte, daß die Worte als Eide gelten könnten. ‚Die zweitbeste Fahrt' aber, wie man zu sagen pflegt, ist, wahr zu schwören; denn der Schwörende steht gleich im Verdacht, als ob man ihm nicht recht trauen dürfe. Darum soll man (im Schwören) zögern und langsam sein, denn vielleicht ist es doch möglich, durch Aufschub den Eid ganz zu vermeiden. Zwingt aber eine gewisse Notwendigkeit dazu, dann muß alles, was dabei in Betracht kommt, sorgfältig und nicht oberflächlich erwogen werden; es ist doch keine kleine, wenn auch aus Gewohnheit geringschätzig behandelte Sache. Denn ein Zeugnis Gottes in angezweifelten Dingen ist der Eid; Gott aber zum Zeugen anzurufen für eine Lüge ist durchaus frevelhaft" (De decal. 84 ff). „Es gibt auch Menschen, die gar nicht aus Gewinnsucht, sondern nur aus schlechter Gewohnheit allzuviel und ohne Überlegung bei jeder beliebigen Gelegen-

---

[1] Literatur: J. Pedersen, Der Eid bei den Semiten (Straßburg 1914); O. Bauernfeind, Eid und Friede (Stuttgart 1956); F. Horst, Der Eid im AT, in: EvTh 17 (1957) 366–384; H. Gross, Art. Eid in: LexThK ²III, 727f; J. Schneider in: ThWb V, 117–185 458–464; Billerbeck I, 321–337; I. Heinemann, Philos Lehre vom Eid (Festschr. zu H. Cohens 70. Geburtstag) (1912) 109–118; O. Michel, Der Schwur der Essener, in: ThLZ 81 (1956) 189 f; E. Kutsch, Der Eid der Essener, in: ThLZ 81 (1956) 495–498; E. Gross, Noch einmal: Der Essenereid bei Josephus, in: ThLZ 82 (1957) 73f; G. Stählin, Zum Gebrauch von Beteuerungsformeln im NT, in: NT 5 (1962) 115–143 (weitere Lit.).

heit schwören, auch wenn gar nichts bestritten wird, indem sie die leeren Behauptungen ihrer Rede noch mit Eiden bekräftigen wollen, als ob es nicht besser wäre, den Redeschwall zu kürzen oder, noch besser, gänzlich zu schweigen; denn aus vielem Schwören entsteht Falschschwören und gottloses Tun" (De decal. 92)[1].

Abgelehnt wurde der Eid von den Essenern: „Jedes Wort von ihnen ist stärker als ein Eid (ἰσχυρότερον ὅρκου), zu schwören kommt für sie vielmehr nicht in Frage, da sie es für schlimmer als den Meineid erachten" (Josephus)[2]. Nur der Novize muß beim Eintritt in die Ordensgemeinschaft „schauererregende Eide" (ὅρκους ... φρικώδεις) schwören, alle ihre Satzungen zu halten, die ihm strengste Bindung auferlegen[3]. Die Damaskusschrift läßt aber den Eid vor Gericht zu, gibt jedoch genaue Anweisungen: Er darf nicht außerhalb des Gerichtes gefordert werden (IX, 9f); bei seiner Ableistung dürfen der Gottesname und die Tora nicht erwähnt werden (XV, 1f); er darf „selbst um den Preis des Todes" nicht gebrochen werden (XVI, 8f). „Und was den Eid eines Weibes angeht, von welchem gesagt ist: ‚Ihr Mann muß ihren Eid unwirksam machen' (Nm 30, 9): nicht soll ein Mann einen Eid aufheben, von dem er nicht weiß, ob er auszuführen ist oder ob er unwirksam zu machen ist" (XVI, 10f).

Die mischnische Zeit kennt verschiedene Arten von Eiden, so den „Zeugniseid", den „Depositeneid" (Reinigungseid), den richterlichen Eid. Später kam dazu noch der sogenannte rabbinische Eid[4]. Gegen die starke Neigung, bei jeder möglichen Gelegenheit eine Aussage mit einem Schwur zu bekräftigen, haben schon Rabbinen Stellung bezogen[5]. Seit das Aussprechen des Jahwenamens auf Grund von Ex 20, 7 verboten war, wurde bei den Nebennamen Gottes geschworen, wie Adonai, Schaddai, Zebaoth, Schem, der Große, der Furchtbare, der Herrliche, ferner „beim Himmel", „beim Tempel", „beim Tempeldienst", „beim Bund", „bei der Tora", „bei Moses", „beim Schwur", „bei (deinem) Leben", „ich will den Trost Israels nicht sehen", „ich will meiner Kinder verlustig gehen"[6].

2. Vergleich von Jak 5, 12 mit Mt 5, 33–37[7]

Mt 5, 33–37   Jak 5, 12
πάλιν ἠκούσατε ὅτι ἐρρέθη τοῖς ἀρ-   πρὸ πάντων δέ ... μὴ ὀμνύετε,
χαίοις· οὐκ ἐπιορκήσεις, ἀποδώσεις δὲ   μήτε τὸν οὐρανὸν μήτε τὴν γῆν

---

[1] Übersetzung nach L. TREITEL in: L. COHN, Die Werke Philos von Alexandrien in deutscher Übersetzung I (Breslau 1909).
[2] Bell. II, § 135; vgl. auch Ant. XV, § 370–372; PHILO, Quod omnis liber probus, 84.
[3] Bell. II, § 139–142 143; vgl. auch 1 QS II, 1–18; V, 8–11; Damask XV, 8–10.
[4] Näheres bei BILLERBECK I, 322–325.
[5] Belege ebd. 328–330.
[6] Belege ebd. 330–336. Vgl. auch Mt 5, 34 f; 23, 16–22.
[7] Vgl. außer den Kommentaren und den Auslegungen der Bergpredigt vor allem J. SCHNEIDER in: ThWb V, 180–182; H. BRAUN, Radikalismus II, 80–83; W. TRILLING, Das wahre Israel. Studien zur Theologie des Mt-Evangeliums, 183f; E. PERCY, Die Botschaft Jesu, 146–148; G. STÄHLIN in: NT 5 (1962) 116–121.

τῷ κυρίῳ τοὺς ὅρκους σου· ἐγὼ δὲ
λέγω ὑμῖν· μὴ ὀμόσαι ὅλως· μήτε
ἐν τῷ οὐρανῷ … μήτε ἐν τῇ γῇ
… μήτε εἰς Ἱεροσόλυμα … μήτε ἐν
τῇ κεφαλῇ σου ὀμόσῃς … ἔστω δὲ
ὁ λόγος ὑμῶν ναὶ ναί, οὒ οὔ·
τὸ δὲ περισσὸν τούτων ἐκ τοῦ πονηροῦ
ἐστιν.

μήτε ἄλλον τινὰ ὅρκον· ἤτω δὲ ὑμῶν
τὸ ναὶ ναί, καὶ τὸ οὒ οὔ, ἵνα μὴ
ὑπὸ κρίσιν πέσητε.

Unterschiede zwischen dem Mt- und dem Jak-Text:

a) Bei Mt ausdrücklich ein Herrenwort, bei Jak nicht als Zitat erkenntlich.

b) Als Beispiele verbotener, alltäglicher Eidesformeln werden bei Jak nur die beiden ersten Fälle des Mt (Himmel, Erde) angeführt, im übrigen aber ein grundsätzliches Eidverbot ausgesprochen (wie auch bei Mt: μὴ ὀμόσαι ὅλως).

c) Bei Jak ist die Übertretung des Eidverbots (oder die Verletzung der Wahrhaftigkeit?)[1] mit einer Gerichtsandrohung verbunden, bei Mt ist sie als Ausfluß des „Bösen" (Teufels?)[2] gekennzeichnet (ἐκ τοῦ πονηροῦ).

d) In der eigentlichen Gebotsformulierung fehlt im Jak-Text ὁ λόγος; dafür ist das erste ναί bzw. οὔ mit dem Artikel τό versehen.

Wenn auch Jak das Eidverbot nicht als Herrenwort einführt, so zeigt der Vergleich mit Mt 5, 33—37 doch ziemlich sicher, daß es im christlichen Bereich auf Jesus zurückgeht[3]. Die Frage ist aber einmal, welche Überlieferungsform der ursprünglichen am nächsten steht. Die Mt-Überlieferung könnte katechetisch aufgefüllt sein[4]. Eine weitere Frage lautet: Geht es in Mt 5, 37a um die Forderung absoluter Wahrhaftigkeit (wie bei Jak) oder um das Zugeständnis einer Beteuerungsformel (angeblich durch Jesus)? Ob im zweiten Fall der Text des Mt mit Dibelius als „eine nomistische Umbiegung des Gesinnungsimperativs" anzusprechen wäre, kann man mit Fug und Recht bezweifeln. E. Kutsch konnte außerdem aus altorientalischem (akkadischem) Material nachweisen, daß die Verbindung derselben Partikeln (z. B. ναὶ ναί) miteinander eine Aussage als wahr, die Verbindung von verschiedenen Partikeln (ναὶ οὔ) miteinander eine Aussage als unwahr qualifizieren will, weil im letzteren Fall mit dem Munde „ja", mit dem

---

[1] Daran denkt Dibelius.
[2] Vgl. dazu G. Harder in: ThWb VI, 561/30 ff, der die Wendung neutrisch verstehen will.
[3] Besonders wäre ein Hinweis auf das Jesuslogion Mt 5, 37a kaum zu überhören, wenn man das Sätzchen mit G. Stählin (a. a. O. 118) evtl. so faßt: „Euer sei (d. h. euer Brauch im Unterschied von dem Schwurbrauch der anderen sei) das (bekannte feste Wort) Ja ja und das (ebensolche Wort) Nein nein."
[4] Vgl. bes. Trilling, Das wahre Israel, 184, Anm. 127. Trilling macht darauf aufmerksam, „daß (1) der Gedanke der Antithese in der Kombination von v 34a mit v 37 viel reiner und ursprünglicher zum Ausdruck kommt, (2) die Aufreihung vv 34b—36 mit ihrem schriftgelehrten Charakter auf chalachische Formen weist, die auch sonst in der Tradition der mt Kirche begegnen …, (3) zu dieser Aufreihung ein ausführliches Gegenstück noch in 23, 16—22 vorkommt."

Herzen aber „nein" gesagt ist[1]. „Mit dem Gebot: ‚Eure Rede sei ja ja, nein nein', ordnet Jesus nicht an Stelle des von ihm verbotenen Eides eine Beteuerungsformel an, sondern stellt eine Qualitätsforderung für jede Rede auf: ‚Eure Rede sei unbedingt wahr' " (Kutsch)[2]. Ähnlich G. Stählin: „Jesus will keinen Ersatzeid oder Eidersatz bieten, sondern dem Eid nichts anderes entgegenstellen als ein klares, eindeutiges, bestimmtes Ja und ein ebensolches Nein, und eben das ist der Sinn der Verdoppelung."[3]

Vielleicht ist also doch die Mt-Formulierung des Eidverbotes die ursprünglichere und jene des Jak-Briefes sekundär, wenn auch literarisch unabhängig vom Mt-Ev und in ihrer Gestaltung auf jeden Fall für das Verständnis viel eindeutiger. Dieser Formulierung des Jak hat sich dann auch Justin angeschlossen (Apol. I, 16, 5), obwohl er im übrigen sich an die Mt-Form hält: μὴ ὀμόσητε ὅλως. ἔστω δὲ ὑμῶν τὸ ναὶ ναί, καὶ τὸ οὒ οὔ· τὸ δὲ περισσὸν τούτων ἐκ τοῦ πονηροῦ. Vgl. auch Clemens von Alex., Strom. V, 99, 1 (Stählin II, 391/19f); VII, 67, 5 (Stählin III, 48/24); Const. Apost. V, 12, 6 (Funk I, 269, 8f); Epiphanius, Haer. 19, 6, 2 (Holl I, 223/20 ff); PsClemHom III, 55, 1 (Rehm 77); XIX, 2, 4 (Rehm 253); II. Buch Jeû 43, 25 ff[4] („Vor allem befehlet denjenigen, welchen ihr diese Mysterien geben werdet, nicht falsch zu schwören noch überhaupt zu schwören . . ., sondern ihr Ja sei ja und ihr Nein nein...").

XIII. Anweisungen für verschiedene Lebenslagen (5, 13—15)

In diesem Abschnitt gibt Jak religiöse Anweisungen für verschiedene Lebenslagen von Gemeindemitgliedern: für eine mißliche Lage (V 13a), für eine erfreuliche Lage (V 13b) und für den Fall von Erkrankung (VV 14f). Die Anweisung erfolgt jeweils in Form eines Imperativs (προσευχέσθω, ψαλλέτω, προσκαλεσάσθω), der sich an den einzelnen richtet, während die „Situation" in den drei genannten Lebenslagen jeweils mit einem Verbum im Indikativ, verbunden mit einem unbestimmten τις, angesprochen wird. Nur der dritte Imperativ (der Fall der Erkrankung) ist mit näheren Anweisungen und Verheißungen verbunden (VV 14b–15).

---

[1] Vgl. E. Kutsch, „Eure Rede aber sei ja, nein nein", in: EvTh 20 (1960) 206 bis 218. Kutsch kann dazu auch auf eine rabbinische Überlieferung in Baba Mezia (49a) verweisen: Die Lehre, „daß dein ‚ja' ein richtiges sein muß und dein ‚nein' ein richtiges sein muß", erläutert R. Abajje († 338/339 n. Chr.) folgendermaßen: „Dies besagt, daß man nicht so mit dem Munde und anders mit dem Herzen rede" (ebd. 217).

[2] Vgl. auch SLev 91b zu Lv 19, 36 (Jose b. Jehuda): „Unser Ja soll ein wahrhaftes Ja und unser Nein ein wahrhaftes Nein sein" (Billerbeck I, 336).

[3] G. Stählin bringt viele Belege für die Verdoppelung eines Wortes oder eines Passus in der Antike, „meist im Dienst des Nachdrucks und der Dringlichkeit einer Aussage" (a. a. O. 119f u. die dt. Anm. 2); gute Belege auch bei Schegg zu Jak 5, 12.

[4] Koptisch-Gnostische Schriften I (GCS 49) (Berlin ²1954) 305.

Die drei „Fälle" werden nicht in Form eines Konditionalsatzes eingeführt, sondern jeweils als Aussagesatz[1], der asyndetisch neben der Anweisung für das Verhalten in der bezeichneten Lebenslage steht. Das ist Diatribenstil[2]; vgl. ähnlich 1 Kor 7, 18 27.

5, 13 Erleidet jemand ein Unglück bei euch, er bete; ist jemand wohlgemut, er singe einen Lobgesang. 14 Ist jemand krank bei euch, so rufe er die Ältesten der Gemeinde, und sie sollen über ihn beten, nachdem sie ihn mit Öl gesalbt haben im Namen des Herrn. 15 Und das Gebet des Glaubens wird den Kranken retten, und aufrichten wird ihn der Herr. Und wenn er Sünden begangen hat, wird ihm vergeben werden.

1. VERHALTEN IN MISSLICHER LAGE (5, 13a)

Das rhetorische Mittel der asyndetischen Gegenüberstellung von Protasis und Apodosis (κακοπαθεῖ τις ἐν ὑμῖν· προσευχέσθω, ebenso in den VV 13b und 14) „soll die Rede lebendiger und eindrucksvoller machen", darf aber nicht dazu verführen, „die Protasis als Fragesatz zu verstehen und zu interpungieren" (Beyer)[3]. Der Terminus κακοπαθεῖν hat hier die Bedeutung: ein (persönliches) Unglück erleiden[4], aber in unserem Zusammenhang wird „weniger an die Notlage als solche zu denken sein als vielmehr an die seelische Belastung[5], die sie bringt und die zum Gebet treibt; dieses wird daher auch weniger Beseitigung der Notlage als Verleihung von Kraft erbitten" (W. Michaelis)[6]. Hinter dem Imperativ προσευχέσθω, der hier die Bedeutung eines besonders inbrünstigen Betens hat (vgl. nachher V 17), steht die Überzeugung, daß Gott das Gebet sicher erhört (vgl. schon 1, 5), indem er Kraft und Stärkung im Unglück verleiht. So entspricht es schon der atl. Psalmenfrömmigkeit[7] (vgl. etwa Ps 50, 15: „Und rufe mich an am Tage der Not, dann werd' ich dich retten"; 91, 15: „Ruft er mich an, so erhöre ich ihn; ich bin in der Not ihm zur Seite"; Ps 30; PsSal 15, 1). Der Unterschied zur stoischen Haltung zeigt sich in frappanter Weise.

2. VERHALTEN IN GUTER LAGE (5, 13b)

Der Terminus εὐθυμεῖν bedeutet „guten Mutes, guter Dinge sein"[8]; im Zusammenhang unserer Stelle scheint speziell an leibliches Wohlbefinden, ver-

---

[1] Nicht als Fragesatz, wie die Interpunktion in der NESTLE-Ausgabe voraussetzt.
[2] Vgl. DIBELIUS z. St.; BULTMANN, Stil, 15; BLASS-DEBR § 494.
[3] Semitische Syntax, 237.
[4] BAUERWb s. v. 1; W. MICHAELIS in: ThWb V, 937; PAPE (Wb) notiert zu κακοπαθέω ISOKRATES 2, 46 (σώματι), THUKYDIDES 4, 29 (τῇ ἀπορίᾳ).
[5] Vgl. JOSEPHUS, Contra Ap. II, § 203 (ψυχὴ ἐμφυομένη σώμασι κακοπαθεῖ).
[6] A. a. O.; SCHLATTER bezieht κακοπαθεῖν besonders auf „Entbehrung, Verarmung, Gefangenschaft, Flucht, Mißhandlung, Verstümmelung", aber der Abschnitt handelt nicht mehr von der Verfolgungssituation (s. MICHAELIS).
[7] Vgl. J. HERRMANN in: ThWb II, 798.
[8] Vgl. PAPEWb s. v.; Apg 27, 22 25; Spr 15, 15b (SYMMACHUS); Pss 29, 7; 67, 18; 2 Makk 11, 26.

bunden mit heiterer Seelenlage, gedacht zu sein[1]. Wer sich in solcher Lage befindet, lobsinge (ψαλλέτω). Woran ist hier mit dem Terminus ψάλλειν gedacht? Schlatter denkt an ein mit Saitenspiel begleitetes Lied (vgl. auch Pss 70 [71], 22; 97 [98], 5; 146 [147], 7; 149, 3; PsSal 15, 5; 1 QS X, 9). Vermutlich ist aber weder daran gedacht noch an bestimmte geistliche Loblieder der christlichen Gemeinde (vgl. Eph 5, 19), sondern an „private", individuelle Preis- und Dankgebete, wie sie sich auch in den Psalmen des AT finden[2]. Der Dank äußert sich für den Menschen des Alten Bundes in der Weise des Lobens, und die Aufforderung (der Imperativ) begegnet auch im AT als feste Formel: „Preiset Jahwe, denn er ist gut." Wer von Gott Gutes erfahren hat, darf nicht schweigen: „So lobsingt dir mein Herz, ohne zu schweigen. Jahwe, mein Gott, ewig will ich dir danken" (Ps 30 [29], 13). „Wer ein Lobbekenntnis opfert, der ehrt mich" (Ps 50 [49], 23). Ob nach der Meinung des Jak dieser Lobpreis vor versammelter Gemeinde (vgl. Pss 22, 23[3] 26; 35, 18; 40, 10f) geschehen soll, geht aus dem Brief nicht hervor, ist aber nicht auszuschließen.

Jak sieht — das geht gerade aus 5, 13 klar hervor — den Menschen als eine Ganzheit, der alle Angelegenheiten seines Leibes und Lebens, alle körperlichen und seelischen Nöte, mit Bitte und Lobpreis vor Gott trägt, unter dessen Schutz er sich gestellt weiß. Jak steht mit dieser Auffassung ganz in der atl.-jüdischen Überlieferung. Hellenistisch-dualistische Anthropologie und Frömmigkeit sind ihm fremd.

3. VERHALTEN BEI ERKRANKUNG (5, 14f)[4]

5, 14 „Ist jemand krank unter euch, so rufe er die Ältesten der Gemeinde!" Aus dem προσκαλεῖν geht schon hervor, daß der Kranke die Ältesten nicht selber holen kann, er muß sie (durch seine Angehörigen) herbeirufen lassen.

---

[1] MOULTON-MILLIGAN (s. v.) notieren P. Lips. I, 111/5 (πρὸ μὲν [πά]ντων εὔχομαι τῷ ὑψίστῳ Θε[ῷ] περὶ τῆς σῆς ὑγίας καὶ ὁλοκληρίας, ἵνα ὑγιένοντά σε καὶ εὐθυμοῦντα ἀπολάβῃ τὰ παρ' ἐμοῦ γραμματί[δ]ια).
[2] Vgl. HATCH-REDP s. v. ψάλλειν; C. WESTERMANN, Das Loben Gottes in den Psalmen (Göttingen 1954) 16f 72–98; H. GUNKEL-BEGRICH, Einleitung in die Psalmen (Göttingen 1933) 265 ff; P. DRIJVERS, Über die Psalmen (Freiburg 1961) 102–125; J. HERRMANN in: ThWb II, 784.
[3] „Deinen Namen will ich meinen Brüdern verkünden, vor versammeltem Volke dich preisen."
[4] Literatur: Außer den Kommentaren noch J. B. BORD, L'Extrême Onction d'après l'Épître de S. Jacques examinée dans la tradition (Brügge 1923); M. MEINERTZ, Die Krankensalbung Jak 5, 14f, in: BZ 20 (1932) 23–36; B. POSCHMANN, Paenitentia Secunda (Bonn 1940) 52–63; C. PICHAR, „Is anyone sick among you?", in: CBQ 7 (1945) 165–174; W. MICHAELIS, Das Ältestenamt (Bern 1953) 130–140; Z. ALSZEGHY, L'effetto corporale dell'Estrema Unzione, in: Gregorianum 38 (1957) 385–405; A. GRILLMEIER, Das Sakrament der Auferstehung, in: GuL 34 (1961) 326–336; H. SCHLIER in: ThWb I, 230–232; H. FRIESENHAHN, Zur Geschichte der Überlieferung und Exegese des Textes bei Jak V, 14f, in: BZ 24 (1938/39) 185–190; A. OEPKE in: ThWb III, 194–215 (bes. 213f) s. v. ἰάομαι (Lit.); C. RUCH, Extrême onction dans l'Écriture, in: Dict. de théol. cath. V, 1897–1927; J. SAILER, Jak 5, 14f und die Krankensalbung, in: Theol.-Prakt. Quartalschr. 113 (1965) 347–353.

Bei dem ἀσθενῶν handelt es sich also offensichtlich um einen richtig Kranken, der bettlägerig ist. „Die Ältesten der Gemeinde", die er herbeirufen soll, sind nicht mit der Heilungsgabe ausgestattete Charismatiker (vgl. 1 Kor 12, 9 28 30), sondern Amtspersonen[1]. Ihre Befähigung zur heilbringenden sakramentalen Handlung an den Kranken muß „mit ihrem Beamtencharakter" zusammenhängen, wie Dibelius bemerkt. Ihre Bezeichnung als „die Ältesten der Gemeinde" im Jak-Brief setzt das Ältesten-Institut in den Lesergemeinden als bekannt voraus[2] (vgl. auch Apg 11, 30; 14, 23; 15, 2; 16, 4; 20, 17; 21, 18; 1 Tim 5, 1 17–19; Tit 1, 5; 1 Petr 5, 1 ff). Der Genitiv τῆς ἐκκλησίας hat sicher die Einzelgemeinde im Auge, weil der Kranke ja nur die Ältesten der Gemeinde, zu der er selbst gehört, an sein Lager rufen kann. Aber er ruft nicht bloß einen der Ältesten, sondern „die Ältesten der Gemeinde"[3] (wie es in der griechischen Kirche später noch üblich war), was freilich nicht heißen wird, daß tatsächlich alle „Ältesten" kommen müssen.

Die Ältesten sollen über den Kranken (ἐπ' αὐτόν) beten. Die Präposition ἐπί gibt, genaugenommen, die Richtung an[4], in welcher die Gebete gesprochen werden sollen. Die Anweisung des Jak ist im übrigen nichts ganz Neues; ähnliches kam auch im Judentum vor[5]. Das Gebet der Ältesten ist Fürbitte für den Kranken bei Gott[6], vermutlich verbunden mit einer Anrufung des Namens Jesu[7]. Das folgende Partizipialattribut ἀλείψαντες kann

---

[1] „Nicht Privatpersonen ... sondern Repräsentanten" (MICHAELIS).
[2] Zur Einrichtung des Ältesten-Instituts im Judentum und in den christlichen Gemeinden s. G. BORNKAMM in: ThWb VI, 651–680 (Lit.); W. MICHAELIS, Das Ältestenamt (Bern 1953); H. v. CAMPENHAUSEN, Kirchliches Amt und geistliche Vollmacht in den ersten drei Jahrhunderten (BzhTh 14) (Tübingen 1953) 82–134; M. KAISER, Die Einheit der Kirchengewalt nach dem Zeugnis des NT und der Apostolischen Väter (MüThSt III/7) (München 1956) 92–100; J. L. McKENZIE, The Elders in the Old Testament, in: Bib 40 (1959) 522–540; F. NÖTSCHER, Vorchristliche Typen urchristlicher Ämter? Episkopos und Mebaqqer, in: Die Kirche und ihre Ämter und Stände (Festg. f. J. FRINGS) (Köln 1960) 315–338; J. VAN DER PLOEG, Les Anciens dans l'Ancien Testament, in: Lex tua Veritas (Festschr. f. H. JUNKER) (Trier 1961) 175–192; K. H. SCHELKLE, Die Petrusbriefe (zu 1 Petr 5, 1); H. SCHÜRMANN, Das Testament des Paulus für die Kirche (Apg 20, 18–35), in: Unio Christianorum, 108–146 (134 ff).
[3] Hingewiesen sei auf eine analoge Bildung in 1 QSa I, 23 f 25; II, 16: אבות העדה („Väter der Gemeinde").
[4] Vgl. MAYSER, Grammatik II/2, 476 f.
[5] Vgl. HAUCK z. St. HAUCK verweist auf Sanh 101, 1 (vier Älteste kommen zu dem kranken Rabbi Elieser); Baba Bathra 116ᵃ (Rabbi Pineas b. Chana [um 360]: Wer einen Kranken in seinem Hause hat, der gehe zu einem Gelehrten, daß dieser für ihn um Erbarmen flehe); Berakh 34ᵇ (Bar.) erzählt von der erfolgreichen Fürbitte des Rabbi Chanina b. Dosa für die erkrankten Söhne des Rabbi Gamaliel II. (um 90) und des Rabbi Jochanan b. Zakkai (BILLERBECK II, 441); 1 QGn Apoc XX, 21 f. 29.
[6] Und auch dafür gilt, was für das AT gilt, „daß das Fürbittgebet nichts mit Aufsagen von langen Gebetsformeln zu tun hat, sondern ein erschütterndes Ringen des Beters mit Gott um das Volk, um die Mitmenschen ist" (J. B. BAUER in: Bibeltheol. Wb I, 391).
[7] Vgl. auch Apg 19, 13 (ὀνομάζειν ἐπὶ τοὺς ἔχοντας τὰ πνεύματα τὰ πονηρὰ τὸ ὄνομα τοῦ κυρίου Ἰησοῦ).

sowohl „vorzeitig" als auch „gleichzeitig" verstanden werden: nachdem sie den Kranken mit Öl gesalbt haben, sollen sie für ihn beten, oder: sie sollen über den Kranken beten und ihn dabei mit Öl salben: dann ist die Salbung von Gebeten umschlossen[1]. Jedenfalls nennt das Partizip eine Anweisung des Jak und hat so den Sinn eines Imperativs[2]. Öl war im Judentum ein beliebtes Heilmittel[3]; vgl. auch Is 1, 6; Mk 6, 13; Lk 10, 34 (Öl und Wein); Josephus, Ant. XVII, § 172; Bell. I, § 657. Im Spätjudentum gab es auch die Vorstellung vom Lebensöl, das aus dem paradiesischen Lebensbaum fließt; vgl. VitAd 36 (das Öl soll dem kranken, alten Adam zur Linderung seiner Todesschmerzen dienen); ApkMos 9, 13 (es steht erst wieder in der eschatologischen Heilszeit den Auferweckten zur Verfügung); nach Henslav 22, 8f gehört Öl zur himmlischen Verherrlichung des Henoch; nach 8, 3 5 stehen in dem im dritten Himmel für die Heilszeit aufbewahrten Paradies zwei Bäume: der Lebensbaum und der Ölbaum; diesem Öl scheint eine ähnliche Wirkung für das eschatologische Heil zugeschrieben zu werden wie dem Lebenswasser und der Frucht vom Lebensbaum: Bewahrung vor dem Tod, Erhaltung des Lebens. Nach Is 61, 3 ist das Freudenöl Sinnbild des Glückes der Heilszeit. Im ägyptischen Totenkult verwendete man Öl oder Salbe zum Zwecke der Belebung des Toten. In der mandäischen Gnosis dient „das reine Öl, das aus dem Hause des großen Lebens genommen ist" (Recht. Ginza 326/13f), der Seele als Schutzmittel auf der Himmelsreise[4]. So wird im Umkreis des Jak dem Öl nicht bloß natürliche, sondern auch „übernatürliche" Wirkung zugeschrieben. In Mk 6, 13 wird berichtet, daß die Zwölf auf ihrer Missionsfahrt durch Galiläa „viele Dämonen austrieben und viele Kranke mit Öl gesalbt und sie geheilt haben": Zeichen für den Hereinbruch der eschatologischen Gottesherrschaft in Jesu messianischer Tätigkeit.

Die Salbung des Kranken mit Öl erfolgt „im Namen des Herrn"[5]. Im AT bedeutet die Formel „im Namen Jahwes" (בשם יהוה) „in vielen Fällen ein Nennen bzw. Ausrufen des Namens Jahwe, daneben aber auch ein Handeln in seinem Auftrag, in der Berufung auf seinen Namen..." (H. Bietenhard)[6]. Im rabbinischen Schrifttum hat „im Namen" die Bedeutung: kraft des Namens, auf Grund des Namens, unter Berufung auf den Namen[7]. Wichtig für die Exegese unserer Jak-Stelle sind die ntl. Heilungsberichte, in denen ἐν ὀνόματι nicht bloß heißt „im Auftrag", sondern auch „in der Kraft". Nach Lk 10, 17 berichten die Jünger Jesu: „Es

---

[1] Vg: ungentes eum.
[2] Vgl. auch M. ZERWICK, Graecitas biblica, Nr. 265.
[3] Belege bei BILLERBECK I, 428f; II, 11f; III, 759; G. DALMAN, Arbeit und Sitte in Palästina IV (Gütersloh 1935) 260 ff; E. LEVESQUE in: DictBible III (1903) 770 ff; SCHLIER in: ThWb I, 230–232; II, 470.
[4] Vgl. F. MUSSNER, ZΩH. Die Anschauung vom „Leben" im vierten Evangelium unter Berücksichtigung der Johannesbriefe (MüThSt I, 5) (München 1952) 113; DIBELIUS, WINDISCH z. St. (mit weiteren Belegen).
[5] τοῦ κυρίου fehlt in B (ROPES: „wahrscheinlich ein Irrtum"); vgl. Apg 5, 41; 3 Joh 7.
[6] ThWb V, 261; H. A. BRONGERS, Die Wendung beš ēm jhwh im Alten Testament, in: ZatW 77 (1965) 1–19.   [7] Ebd. 267.

sind uns auch die Teufel untertan in deinem Namen", d. h., die Anrufung des Namens Jesu über die Besessenen bewirkt, daß sie geheilt werden (vgl. auch Mk 9, 38f). Und Petrus heilt einen Lahmen „im Namen Jesu" (Apg 3, 6); in der Erklärung, die später von Petrus selbst über diese Heilung abgegeben wird, heißt es: „Auf Grund des Glaubens an seinen Namen hat sein Name diesen kräftig gemacht" (3, 16); „der Name" vertritt also die Person oder wenigstens deren Kraft. Ja „Kraft" und „Name" werden förmlich Parallelbegriffe; vgl. Apg 4, 7: „In welcher Kraft oder in welchem Namen habt ihr das getan?", in 4, 10 erfolgt die Antwort: „Im Namen Jesu Christi." In der Anrufung des Namens Jesu wird der Herr selber gegenwärtig, zum mindesten seine Kraft. Bei der Heilung des Äneas in Lydda sagt Petrus: „Äneas, dich heilt Jesus Christus; steh auf, und mach dir dein Bett" (Apg 9, 34). Von diesen Stellen her gesehen, ist sehr wahrscheinlich das ἐν τῷ ὀνόματι τοῦ κυρίου in Jak 5, 14 weniger im Sinn von „im Auftrag des Herrn" als vielmehr in dem von „unter Anrufung seines Namens" („durch die Kraft seines angerufenen Namens") zu verstehen[1]. Die Ältesten der Gemeinde vollbringen ihr Werk am Kranken nicht in eigenem Namen, in eigener Kraft, sondern in der Kraft des Herrn, den sie anrufen[2]. Deutlich sagt das dann V 15b: „Der Herr (selbst) wird ihn aufrichten." Der Kyrios wirkt im und durch das Werk der Ältesten am Kranken sein Heil. Der „Herr" ist dabei Jesus Christus (vgl. 5, 7f)[3].

5, 15 Das Hauptproblem dieses Verses besteht in der Frage: Sind die Futura σώσει, ἐγερεῖ und ἀφεθήσεται logisch oder eschatologisch zu verstehen? Sind sie „nur" logisch zu verstehen, dann bezieht sich ihr Aussagegehalt primär auf die (leibliche und seelische) Gesundung des Kranken; sind sie aber eschatologisch zu verstehen, dann primär auf seine „letzten Dinge" (Gericht und Auferweckung von den Toten).

Der bestimmte Artikel τόν vor dem Partizip κάμνοντα identifiziert den κάμνων mit dem ἀσθενῶν des V 14 (vgl. zudem das parataktische καί zu Beginn des V 15, das beide Verse als eine zusammenhängende Einheit erkennen läßt). Wenn nun der Kranke als ein κάμνων gekennzeichnet wird, so besagt jedoch das nicht, daß es sich bei ihm unbedingt um einen

---

[1] „Im Auftrag": Bisping (unter Verweis auf 1 Kor 5, 4), Schegg, Bardenhewer, Garcia ab Orbiso („certe"). „Unter Anrufung": Beda, Heitmüller (Im Namen Jesu, 86f), Marty, Dibelius, Chaine („On est oint comme on est baptisé ... au nom de Jésus"), Hauck, Schneider. Beides gleichzeitig: Belser, Schlatter, Meinertz, Michl („unter Anrufung und Berufung auf ihn"), Bietenhard (ThWb V, 277/32ff).
[2] Vgl. dazu auch die jüdische Kontroverse über die Frage, ob man sich im Namen Jesu heilen lassen darf (Aboda zara 27b; Tos. Hullin 2, 22f); sie beweist, daß Heilungen „im Namen Jesu" im judenchristlichen Bereich üblich waren (vgl. dazu E. Stauffer, Jesus. Gestalt und Geschichte [Bern 1957] 19).
[3] J. Hempel spricht von einem atl. „Heilungsmonopol Gottes" und seiner ntl. „Aktualisierung in Jesus" (Heilung als Symbol und Wirklichkeit im biblischen Schrifttum = Nachrichten der Akad. der Wissenschaften in Göttingen, I. philol.-hist. Kl. 1958/3, 290f; vgl. auch 296f).

Schwerkranken handeln muß¹. Denn der Terminus κάμνειν heißt „ermüden", „sich anstrengen", (an irgendeiner Krankheit) „leiden" (so häufig bei Platon), manchmal auch „tot sein"²; in Weish 4, 16 ist der καμών³ der (früh) Entschlafene (ähnlich 15, 9)⁴, also der bereits Tote. Niemals aber scheint κάμνειν die Bedeutung „sterben" zu haben. Natürlich kann der κάμνων auch ein Schwerkranker sein.

„Das Gebet des Glaubens", das ihn „retten wird", ist jenes, das aus tiefer Glaubensüberzeugung kommt⁵, welche weiß, wer der Herr ist und wie er zu helfen vermag. Mit diesem Hinweis auf das Gebet wird aber auch „jede magische Wirkung des Öles... ausgeschlossen" (H. Greeven)⁶. Trotzdem dürfen Gebet und Ölsalbung nicht voneinander isoliert werden; die Wirkung der zeichenhaften Handlung wird dem Gebet zugeschrieben — εὐχή ist Subjekt zu σώσει —, von dem die Ölsalbung umschlossen ist.

Was besagt σῴζειν? Dieselbe Frage ist an das gleich folgende ἐγείρειν zu richten. Im AT wird der Terminus „(er)retten" gebraucht im Sinn einer Bewahrung vor dem physischen Tod und dem Versinken in die Scheol und positiv im Sinn einer neuen Lebensspendung Gottes an den Menschen⁷. Auch im NT wird σῴζειν (ebenso σωτήρ) in Zusammenhang gebracht mit der „Überführung aus der Sphäre des Todes in die des Lebens" (W. Wagner)⁸, sowohl im irdisch-physischen als auch im eschatologischen Sinn⁹. Jak selbst gebraucht das Verbum σῴζειν noch an vier Stellen (1, 21; 2, 14; 4, 12; 5, 20), immer eschatologisch. Dennoch ist dadurch ein „natürliches" Verständnis von „retten" in 5, 15 nicht ausgeschlossen; der Zusammenhang mit V 14 erfordert es sogar. „Die Ältesten sind ja nicht zu einem Sterbenden, sondern zu einem Kranken gerufen worden" (Dibelius). Dem Gebet der Presbyter ist eine rettende, d. h. heilbringende Wirkung für den Leib des Kranken verheißen (wie es auch spätjüdischen Anschauungen entsprach)¹⁰. Ähnliches scheint auch für den Terminus ἐγείρειν zu gelten, der im NT nicht bloß „auferwecken" (von den Toten) bedeutet, sondern auch „aufrichten" (von einer Krankheit), so in Mk 1, 31¹¹ (καὶ προσελθὼν ἤγειρεν αὐτήν); 9, 27¹² (ὁ δὲ Ἰησοῦς κρατήσας τῆς χειρὸς αὐτοῦ ἤγειρεν αὐτόν)¹³; Apg 3, 7 (καὶ πιάσας αὐτὸν τῆς

---

¹ So denkt BAUER (Wb s. v. κάμνω) an einen hoffnungslos Kranken.
² Vgl. PAPEWb s. v.; LIDDELL-SCOTT notieren unter der Bedeutung von κάμνειν = krank sein Verbindungen u. a. mit τοὺς ὀφθαλμούς, τὰ σώματα, πάθα, νοσήμασι.
³ Auch diese Form begegnet (s. die Lexika).
⁴ Vgl. auch noch Sib III, 588.
⁵ „Aus der Kraft des christlichen Glaubens" (MEINERTZ in: BZ [1932] 26); der Artikel τῆς vor πίστεως läßt ja an mehr als einen Gen. qual. („vertrauensvolles Gebet") denken.
⁶ ThWb II, 775/2f.
⁷ Vgl. W. W. Graf BAUDISSIN, Adonis und Esmun (Leipzig 1911) 292–395.
⁸ Über ΣΩZEIN und seine Derivate im NT, in: ZntW 6 (1905) 205–235 (212).
⁹ Vgl. F. MUSSNER, ΖΩΗ, 76f.
¹⁰ Vgl. Anm. 5, S. 219. — Auch im Profangriechischen wird σῴζειν im Hinblick auf Heilung von Krankheit verwendet; vgl. die Belege bei MOULTON-MILLIGAN s. v.
¹¹ Von der erkrankten Schwiegermutter des Petrus.
¹² Vom epileptischen Knaben.
¹³ Vgl. auch noch Mt 9, 5 6 7 25.

δεξιᾶς χειρὸς ἤγειρεν αὐτόν [den Gelähmten])¹. So wird auch nach Jak 5, 15 der Herr den Kranken auf das Gebet und die Ölsalbung der Presbyter hin „aufrichten" — es ist derselbe „Herr" wie in V 14. Dabei ist mit der „Aufrichtung" offensichtlich etwas Besonderes gemeint, was über das vorausgehende σῴζειν hinausgeht, nämlich die seelische „Aufrichtung" des Kranken durch den Herrn. Der Herr gibt dem Kranken Kraft und Stärke zur seelischen Bewältigung seines Leidens². Ob darüber hinaus bei dem Futur ἐγερεῖ auch noch an die eschatologische Erweckung von den Toten gedacht ist, scheint sehr zweifelhaft zu sein³.

Verbunden mit einem dritten καί, wird der heiligen Handlung der Presbyter noch eine weitere Verheißung gegeben: „Und wenn (κἄν) er Sünden begangen hat, werden sie ihm vergeben werden."⁴ Aus diesem κἄν-Satz ergibt sich, daß es sich bei der Sündenvergebung um etwas „Akzessorisches" („für den Fall, daß …")⁵ handelt, das als solches Dreierlei erkennen läßt: a) nicht nur „Sünder" können die Krankensalbung empfangen; b) Krankheit und Sünde stehen in keinem notwendigen Zusammenhang; c) die übernatürliche Wirkung der Krankensalbung bezieht sich auf die Sündenvergebung. Vermutlich ist auch hier das Futur logisch, nicht eschatologisch gemeint: hat der Kranke auch Sünden auf sich, so werden sie ihm als unmittelbare Folge der heiligen Handlung der Presbyter von Gott vergeben.

Die drei mit parataktischem καί untereinander verbundenen, futurisch formulierten Verheißungen (σώσει, ἐγερεῖ, ἀφεθήσεται) nennen drei voneinander zu unterscheidende Vorgänge, die deutlich eine Klimax darstellen (Leib — Seele — Heil), so daß auch deswegen die zweite Verheißung (ἐγερεῖ) sich schwerlich auf die Auferweckung von den Toten beziehen kann. Wer alle

---

[1] Vgl. auch noch JOSEPHUS, Ant. XIX, § 294 (τὸν θεὸν ἐγείρειν τὰ πεπτωκότα). Im Profangriechischen wird ἐγείρειν in der Bedeutung „aufrichten" verwendet im Hinblick auf Gebäude, Pfosten, Standbilder (A. OEPKE in: ThWb II, 333/2ff), aber auch in seelischer Hinsicht (vgl. THUKYDIDES 7, 51: οἱ Συρακόσιοι μᾶλλον ἐγηγερμένοι ἦσαν = „die Syrakusier waren um so mehr ermutigt").
[2] Vg gibt ἐγερεῖ wieder mit allevabit.
[3] Auf irdische (leib-seelische) Heilung beziehen die Futura σώσει und ἐγερεῖ die meisten Ausleger, so BISPING, SCHEGG, BELSER, SPITTA, ROPES, BARDENHEWER, SCHLATTER, CHAINE, DIBELIUS, HAUCK, MARTY, MICHL, GARCIA AB ORBISO, SCHNEIDER. MEINERTZ und REUSS denken bei σώσει an die Rettung zum ewigen Heil und bei ἐγερεῖ an seelische Aufrichtung. Streng eschatologisch deuten die Futura TRENKLE, v. SODEN und GRILLMEIER. Das Konzil von Trient sagt in sess. XIV, c. 2: infirmus sublevatus et morbi incommoda ac labores levius fert et tentationibus daemonis calcaneo insidiantis facilius resistit.
[4] Über den engen Zusammenhang von Heilung und Sündenvergebung im NT vgl. J. HEMPEL, Heilung als Symbol und Wirklichkeit im biblischen Schrifttum (s. Anm. 3, S. 221), 299f („die äußere Heilung wird … zur ‚Entsprechung' und nicht nur zur Parallele, zugleich aber auch zum Kennzeichen, an dem das Geschehensein der inneren Heilung abgelesen werden kann. Diese innere Befreiung von der Sünde ist das eigentliche Wunder, das sich in dem äußeren manifestiert"). In 1 QH I, 32 sind „Stärkung" des menschlichen Geistes durch Gottes Gnade und Reinigung „von der Menge der Schuld" in einem Atemzug genannt; dem entspricht in Jak 5, 15 ἐγερεῖ … zusammen mit ἀφεθήσεται.
[5] Ein ἐάν eventuale. Vgl. auch MAYSER, Grammatik II/3, 90f.

drei Futura auf das eschatologische Heil bezieht, ist in Verlegenheit, wie er
dann den Unterschied der ersten von der dritten Verheißung bestimmen
soll; was besagt denn „Rettung", wenn ein Kranker, an dem die heilige
Handlung vollzogen wird, keine Sünden auf sich hat?

Die Zuversicht, die Jak in das Gebet der Presbyter setzt, darf angesichts
seiner übrigen Lehre vom Gebet nicht überraschen. Daß Gott ein Gebet, das
ἐν πίστει verrichtet wird, sicher erhört, ist für Jak eine feste Überzeugung
(vgl. 1, 5–7; 4, 3)[1].

Schwierig ist die traditionsgeschichtliche Frage zu klären: Wo hat die
Anordnung des Jak über die Krankensalbung ihren Ursprung? Nach Mk 6,
7–13 hat Jesus die Zwölf auf Mission in Galiläa ausgesandt und ihnen dabei
„Vollmacht über die unreinen Geister" gegeben (V 7); „und sie zogen aus
und predigten, (die Leute) sollten umkehren, trieben viele Dämonen aus und
salbten viele Kranke mit Öl und heilten sie" (V 12f). Diese Aus-
sendung der Apostel durch Jesus hat den Zweck, daß „sie neben ihm das
Evangelium vom Kommen der Gottesherrschaft verkündigten ... Daß von
der Gewalt, Kranke zu heilen, und vor allem von dem Auftrag zur Predigt
sowie ihrem Inhalt nichts erwähnt, beides aber nachher (V 12f; vgl. 3, 14f)
vorausgesetzt wird, macht die skizzenhafte Knappheit des Berichtes deutlich" (J. Schmid)[2]. Dadurch ist es sehr wahrscheinlich bedingt, daß ein
spezieller Auftrag Jesu, die Kranken mit Öl zu salben, wie es die Ausge-
sandten nach V 13 tun, nicht eigens erwähnt wird. Daß die Apostel die
Ölsalbung an den Kranken vollziehen, zeigt jedenfalls, daß sie dieselbe in den
Sendungsauftrag Jesu als miteingeschlossen verstehen. Sie „vervielfältigen"
so mit dieser Handlung an den Kranken „die Tätigkeit Jesu" (W. Grundmann)[3], und zwar mit Hilfe von Zeichen. Ist nun diese von Mk berichtete
Ölsalbung der Kranken durch die Jünger Jesu auch noch nicht das „Sakrament" der Krankenölung, so doch „dessen Grundlage" (J. Schmid)[4]. Es
ist jedenfalls anzunehmen, daß Jak im Wissen um diese Tradition seine
Anordnung über die Krankensalbung getroffen hat[5]. Was ihre „Sakramen-
talität" angeht, so kann dazu mit K. Rahner gesagt werden: „Wenn die von

---

[1] Darum wäre ihm wohl M. Luthers Einwand unverständlich: „‚Das Gebet des
Glaubens wird dem Kranken helfen, und der Herr wird ihn aufrichten.' Wer sieht
aber nicht, daß die Verheißung des Apostels Jacobus in wenigen, ja in keinem erfüllt wird? Denn unter tausenden wird kaum einer wieder gesund, und das gibt
niemand zu, daß es durch die Kraft des Sakraments, sondern daß es durch die Hilfe
der Natur oder der Arznei geschehe" (nach H. H. Borcherdt – G. Merz, Martin
Luther, Ausgew. Werke II [München ³1948] 248).
[2] RegNT II (Regensburg ³1954), zu Mk 6, 7.
[3] Das Evangelium nach Markus (ThHandkNT 2 [Berlin ²1959]), zu Mk 6, 13.
[4] A. o. O. (zu Mk 6, 13). Und Grundmann meint sogar, daß das Öl „in der Hand
der Jünger zugleich eine sakramentale Bedeutung (hat), insofern es ähnlich wie
die Auflegung der Hände die Realität der göttlichen Hilfe abbildet".
[5] H. J. Schoeps vermutet (Judenchristentum, 348), daß die von Jak angeordnete
Ölsalbung der Kranken „judenchristlichen Ursprungs" sei, unter Verweis auf
PsClemRecog (I, 44f), Hippolyt (Philos. IX, 15) und Epiphanius (Haer. 19, 1, 6).
Als atl. Hintergrund der Krankensalbung vgl. auch Lv 14, 10–31 (Verbindung von
Ölsalbung am Aussätzigen mit Entsündigung); dazu SDB VI, 727f.

Christus gestiftete Kirche als ‚Ursakrament' betrachtet wird, deren grundlegende Wesensvollzüge auf das Heil des einzelnen Menschen hin in dessen entscheidenden Situationen notwendig opus operatum, Sakrament sind, dann ist die Stiftung dieses Sakraments durch Christus gegeben, auch ohne daß ein ausdrückliches Wort Jesu darüber notwendig postuliert werden müßte."[1]

XIV. Sündenbekenntnis und Fürbitte (5, 16—18)

Die neue Paränese ist mit der vorausgehenden über die Krankensalbung sehr eng durch die Folgerungspartikel οὖν verbunden[2], ferner durch den Terminus „heilen" (ἰαθῆτε), der ja mit dem Thema „Krankheit" zusammenhängt. Es muß jedoch überlegt werden, welche Folgerung durch οὖν aus den VV 14f eigentlich gezogen wird. Offensichtlich die: „Weil das Gebet so kräftig ist, daß es dem andern die Vergebung der Sünde erwirken kann (VV 15b), so will (Jak) überhaupt, daß sie diesen gegenseitigen Dienst einander erweisen" (Hauck zu 5, 16). Es findet sich also in V 16 ein unausgesprochener Analogieschluß: Was vom Fürbittgebet der Presbyter für die Kranken gilt, gilt ebenso vom Fürbittgebet aller für alle! Insofern muß der V 16 mit seinem angehängten Hinweis auf das Exemplum Elias (VV 17f) als eine eigene Paränese betrachtet werden, die gesondert zu behandeln ist.

5, 16 Bekennet also einander die Sünden, und betet füreinander, damit ihr geheilt werdet. Viel vermag ein kraftvolles Gebet eines Gerechten. 17 Elias war (auch nur) ein Mensch, uns gleichgeartet, und er flehte im Gebet, es möge nicht regnen, und es regnete nicht auf der Erde drei Jahre und sechs Monate; 18 und wiederum betete er, und der Himmel gab Regen, und die Erde ließ ihre Frucht hervorsprießen.

5, 16 Obwohl der Vers mit der vorausgehenden Anweisung über die Krankensalbung durch die Folgerungspartikel οὖν verbunden ist, sind die „Konsequenzen", die V 16 in zwei Imperativen (ἐξομολογεῖσθε, προσεύχεσθε) zieht, nicht auf den ersten Blick aus ihr zu ersehen, weil von einem Sündenbekenntnis vorher keine Rede war. Das mag auch der Anlaß gewesen sein, daß einige Textzeugen die Partikel οὖν weglassen oder durch δέ (= ferner) ersetzen (s. Anm. 2). Die „Folgerung": „Bekennet also einander die Sünden", ist auf jeden Fall nur möglich, wenn für Jak in den VV 14f ein Sündenbekenntnis des Kranken vor den Presbytern in den Ablauf der Kranken-

---

[1] LexThK ²VI, 586; DERS., Kirche und Sakramente (Quaest. disput. 10) (Freiburg 1961) 37–67 100–104.
[2] Die Partikel gehört sicher, wie die gute Bezeugung zeigt (ℵ ABKP Vg sah boh), zum ursprünglichen Textbestand. δέ liest syr^p und asyndetisch verknüpfen L und ff.

salbung miteingeschlossen ist, ohne daß dies ausdrücklich erwähnt wird[1]. Das durch οὖν bezeichnete logische Verhältnis kann sonst nicht richtig erklärt werden[2].

Das (öffentliche oder private) Bekenntnis der Sünden war im Judentum eine Selbstverständlichkeit[3]; vgl. Nm 5, 7; Lv 5, 5; Pss 38 (37), 4–6 19; 40 (39), 13; 41, 5; 51 (50), 5–8; Spr 20, 9; 28, 13 („Wer seine Sünden verheimlicht, hat keinen Segen; wer sie bekennt und davon läßt, wird Vergebung erlangen"); PsSal 9, 6 (καθαριεῖς ἐν ἁμαρτίαις ψυχὴν ἐν ἐξομολογήσει); 1 QS I, 23 – II, 1; Damask XX, 28 ff. Stellvertretend für die ganze Gemeinde werden von einzelnen Sündenbekenntnisse abgelegt (z. B. Dn 3, 27–31; 9, 4–19; Jud 9, 1–14; Bar 1, 15 – 2, 10; Tob 3, 1–6 11–15; 3 Makk 2, 2–20; 6, 2–15; Versöhnungsfest)[4]. Nach dem NT ist die Bekehrung verbunden mit einem Sündenbekenntnis (Mk 1, 5; Mt 3, 6; Apg 19, 18: „Viele von denen, die gläubig geworden waren, kamen und bekannten ihre Sünden und offenbarten ihre Taten"). An ein öffentliches Sündenbekenntnis „voreinander" ist auch in Jak 5, 16 gedacht[5]. Ob es vor den Presbytern abgelegt wird[6] (oder gar werden muß), ergibt sich aus dem Text nicht. Auf jeden Fall wird den Presbytern in V 16 keine Funktion zugesprochen wie im Falle der Krankensalbung; sie erscheinen ja im Text gar nicht mehr. Die Konsequenzen, die sich aus der Verknüpfung des V 16 mit den VV 14f ergeben, sind nur jene, von denen im V 16 ausdrücklich die Rede ist. In Jak 5, 16 schon die sakramentale Buße zu finden ist nicht möglich. Man kann die Stelle nur als eine Stufe dazu werten. So wie alle Gemeindemitglieder „füreinander" beten sollen, so sollen sie auch „einander" ihre Sünden bekennen![7] Die Presbyter

---

[1] Vgl. auch MICHAELIS (Ältestenamt, 138): „Es ist ... nicht einzusehen, warum man diese Voraussetzung nicht auch sollte machen dürfen. Andernfalls müßte in 5, 15 ja gemeint sein, dem Kranken würden seine Sünden vergeben, auch ohne daß er sie vorher bekannt habe. Wäre damit ernsthaft zu rechnen? Doch wohl nicht."
[2] DIBELIUS vermutet, daß Jak 5, 16 einen älteren Spruch verarbeitet hat. Er habe ihn aber durch die Partikel οὖν in ein Folgerungsverhältnis mit dem Vorausgehenden gebracht, was aber für die Auslegung zu beachten ist.
[3] Vgl. auch O. MICHEL in: ThWb V, 203–206; R. SCHNACKENBURG, Die Johannesbriefe, 86 (zu 1 Joh 1, 9).
[4] Vgl. Joma 3, 8; 4, 2; 6, 2; dazu noch BILLERBECK I, 113.
[5] Vgl. auch Did 4, 14 („In der Gemeinde sollst du deine Sünden bekennen"); 14, 1 („Am Herrentag sollt ihr zusammenkommen, Brot brechen und danken, nachdem ihr zuvor eure Sünden bekannt habt"): an beiden Stellen ist an ein kurzes, öffentliches Einzelbekenntnis gedacht (vgl. R. KNOPF, HandbNT, Erg.-Band); in 1 Joh 1, 9 dagegen („Wenn wir unsere Sünden bekennen, so ist er treu und gut, daß er uns die Sünden nachläßt") ist nur an ein „äußeres Aussprechen", aber ganz persönliches und direktes Bekenntnis der Sünden vor Gott gedacht, nicht an ein Sündenbekenntnis voreinander (s. SCHNACKENBURG z. St.).
[6] So ORIGENES (In Lv. hom. 2, 4 [I, 296, 22 BAEHRENS]), CHRYSOSTOMUS (De sacerd. 3, 5 [PG 48, 643]), THOMAS VON AQUIN (S. Th., Suppl. q. 6 a. 6), BELSER („ein locus classicus zum Erweis des Bußsakramentes"), POSCHMANN (Paenitentia Secunda, 58: „vor allem vor den Presbytern"). GARCIA AB ORBISO bemerkt gut: „Illud pronomen ἀλλήλοις vult tantum dicere, quod homines debent confiteri hominibus, et non tantum Deo".
[7] So auch AUGUSTINUS (Tract. 58 in Jo. [PL 35, 1749 f], CAJETAN („Nec hic est

sind selbstverständlich in diese Anweisung unausgesprochen miteingeschlossen.

Jak nennt kurz als Heilziel seiner Anweisung: ὅπως ἰαθῆτε. Was ist hier mit „Heilung" gemeint? Da nicht anzunehmen ist, daß die ganze Gemeinde von einer allgemeinen Epidemie befallen ist[1], kann sich das „heilen" nur auf die Heilung (Vergebung) von Sünden beziehen, was auch durch den Kontext gefordert ist (vgl. auch 1 Petr 2, 24, wo das Wort Is 53, 6 vom Gottesknecht auf Christus angewendet wird: „Durch seine Striemen wurdet ihr geheilt", was sich nur auf die durch die Sünden verursachten „seelischen" Wunden beziehen kann)[2]. Die Fürbitte füreinander hat die Vergebung der voreinander bekannten Sünden zum Ziel (ὅπως)[3].

„Viel vermag (sc. bei Gott) ein wirksames Gebet eines Gerechten." Dieser kurze, asyndetisch angeschlossene Satz hat im Gedankengefüge deutlich die Funktion einer Beteuerung und Begründung. Das nachgestellte (mediale) Partizip ἐνεργουμένη[4] scheint zunächst angesichts des vorausgehenden ἰσχύει

sermo de confessione sacramentali ..., sed de confessione qua mutuo fatemur nos peccatores, ut oretur pro nobis"), SCHEGG, SPITTA, BARDENHEWER, WINDISCH, DIBELIUS, HAUCK, MEINERTZ, MARTY, MICHL, SCHNEIDER. Unentschieden: BEDA, BISPING, ROPES, CHAINE („Jac. fait allusion à la pratique liturgique, mais ne précise pas sa pensée"); nach REUSS spricht Jak „von einem liturgischen Akt, bei dem sowohl die Christen untereinander ein Sündenbekenntnis ablegten wie gegenseitig für einander beteten". Zur Auslegungsgeschichte von Jak 5, 16 vgl. auch noch P. ALTHAUS, „Bekenne einer dem anderen seine Sünden". Zur Geschichte von Jak 5, 16 seit Augustinus (Festg. f. TH. ZAHN) (Leipzig 1928) 164–194.

[1] Vgl. auch MICHAELIS, Ältestenamt, 137.

[2] Vgl. im NT noch Mt 13, 15; Lk 4, 18; Joh 12, 40; Apg 28, 27; Hebr 12, 13; im AT den programmatischen Gottesspruch: „Ich, Jahwe, bin dein Arzt" (Ez 15, 26); Dt 30, 3 (ἰάσηται κύριος τὰς ἁμαρτίας σου); Pss 6, 3 („Heile mich"); 30, 3 („Du hast mich geheilt"); 103, 3; 107, 19f („Sie schrien zu Jahwe in ihrer Not, er rettete sie aus ihren Drangsalen. Er sandte sein Wort und heilte sie"); Is 6, 10; Jer 3, 22 („Kehret um, ihr abtrünnigen Söhne, ich will euren Abfall heilen"); 17, 14; Os 14, 5; dazu noch G. v. RAD, Theol. des AT I, 273f; J. HEMPEL, Heilung als Symbol und Wirklichkeit im biblischen Schrifttum, 271–312; A. OEPKE in: ThWb III, 194–215 (bes. 213f).

[3] Erwägenswert ist, was SCHLATTER zu V 16a bemerkt: „Ein gemeinsames Handeln, das die Brüder mit dem Kranken verbindet, kann aus der Fürbitte nur dann werden, wenn die Gemeinschaft vollständig unter der Herrschaft der Wahrheit steht; diese ihre Vorbedingung wird durch das gegenseitige Bekenntnis hergestellt. Jakobus erhöht nicht den einen Bruder über den anderen, als wäre der eine der Verschuldete und der andere sein Richter. Wie sie alle an der Zerbrechlichkeit des Leibes teilhaben und in Gefahr stehen, zu erkranken, so hat jeder durch eigenes Sündigen Anteil an der menschlichen Schuld. Darüber, wann die Sünden geschahen, die bekannt werden, ob in der vorchristlichen Zeit oder im Verlauf des christlichen Lebens, gibt der Satz keine Auskunft; ebenso verlegt er nicht notwendig und in allen Fällen das Bekenntnis in den Zeitpunkt, in dem der Kranke die Hilfe der Brüder bedarf. Der Satz bewahrt den Ernst, mit dem Jakobus und seine Kirche aller schauspielerischen Darstellung einer sie verherrlichenden Gerechtigkeit und Vollkommenheit entsagt haben, wie unbedingt daran festgehalten wird, daß die Christenheit das Leben dem λόγος ἀληθείας verdanke, 1, 18."

[4] J. Ross, ἐνεργεῖσθαι in the NT, in: Exp. 7, ser. VII (1909) 75–77; G. BERTRAM, in: ThWb II, 649–651. Zum „dynamischen" Medium vgl. MAYSER, Grammatik II/1, 107–109.

überflüssig zu sein; aber dieses Partizipium coniunctum hat die Funktion, das Prädikat näher zu bestimmen, und ist hier wohl modal-temporal[1]: „Viel vermag ein Gebet eines Gerechten, sobald es wirksam wird", was den Sinn haben dürfte: sobald es bei Gott ankommt und von ihm erhört wird[2]. Dahinter steht die Überzeugung von der Wirkkraft der Fürbitte des Gerechten, die im Judentum schon immer sehr lebendig war[3]. So traten nach dem AT Moses, die Priester, Josue, die Richter, besonders auch die Propheten (Elias, Amos, Isaias, Micha, Jeremias[4], Ezechiel) und die Martyrer als Fürbitter für ihr Volk und seine Sünden bei Gott ein[5]; in Sir 45, 23 heißt es von dem Hohenpriester Pinchas, dem Sohn des Eleazar, daß er „für sein Volk in die Bresche trat... und für die Kinder Israels Versöhnung erwirkte". Daß gerade die „Gerechten" als die Lieblinge Gottes die großen Fürbitter für die Sünden des Volkes sind und durch ihr Gebet und ihre Fürsprache die durch die Sünde zerstörte Ordnung der Welt wiederherzustellen vermögen, gehört zum Glauben des Spätjudentums[6]. „Wenn die Menschen sündigen und Gott erzürnen, was tut er? Er sucht zunächst einen Fürsprecher, der sie zu verteidigen imstande ist, und ebnet diesem die Bahn. So war es in den Tagen Jeremias' der Fall (Jer 5, 1); auch als die Sodomiter gesündigt hatten, tat es Gott dem Abraham kund, auf daß er sie verteidige."[7] Die Wünsche der Gerechten werden von Gott erfüllt. So sprach Esther vor dem König im Namen Mardochais (Est 2, 22), weil sie dachte: „Ich weiß, daß Mardochai ein Gerechter ist und daß Gott tun wird, was er verlangt."[8] Vgl. auch noch Spr 15, 29: „Fern ist Jahwe den Frevlern, doch das Gebet der Gerechten hört er."[9]

[1] Vgl. dazu Näheres bei Mayser, Grammatik II/1, 348f.
[2] Das Partizip könnte aber auch kausal verstanden werden: „weil es wirksam ist". Dibelius faßt ἐνεργουμένη „wie ein Adjektiv": lebendig, tätig (ff: frequens; Vg: assidua). Schlatter dagegen denkt an ein Passiv („Zum Erfolg gelangt die Bitte dann, wenn sie wirksam gemacht wird", nämlich durch den göttlichen Beschluß „der der Bitte die Erhörung gewährt"); richtig ist auf jeden Fall, „daß der Erfolg der Bitte nicht mechanisch an sie gebunden sei und nicht in die Verfügung des Bittenden gelegt sei, sondern von dem abhänge, dessen Wirksamkeit die Bitte anruft" (Schlatter).
[3] Zur Idee der Fürbitte vgl. vor allem W. Eichrodt, Theol. des AT III, 121ff; F. Hesse, Die Fürbitte im AT (Erlangen 1951); J. Scharbert, Die Fürbitte in der Theologie des AT, in: ThGl 50 (1960) 321–338 (Lit.); R. Zorn, Die Fürbitte im Spätjudentum und im NT (maschinenschriftl. Diss. Göttingen 1957) (zu Jak 5, 14 ff s. 120–122; zur Fürbitte im Spätjudentum vor allem 77–114); J. B. Bauer - H. Zimmermann, Art. Fürbitte, in: Bibeltheolog. Wb I, 390–399 (weitere Literatur); O. Betz, Der Paraklet (Arbeiten zur Gesch. des Spätjudentums u. Urchristentums II) (Leiden-Köln 1963) 36–116.
[4] Vgl. H. Graf Reventlow, Liturgie und prophetisches Ich bei Jeremia (Gütersloh 1963) 140–205 („Das Fürbittamt des Propheten").
[5] Siehe den Nachweis etwa bei Scharbert a. a. O.; Billerbeck II, 274 ff.
[6] Siehe dazu bes. R. Mach, Der Zaddik in Talmud und Midrasch, 124–133 („Der Zaddik als Mittler").
[7] Tanch. wajjera 8 (Mach, 130).
[8] Midr. panim acher. Rec. B 33b (Mach, 92).
[9] Vgl. auch Henäth 39, 4f; 47, 2; 4 Esr 7, 102–115. Rabbinische Beispiele noch bei Spitta (149, Anm. 3) und Billerbeck I, 137; III, 760.

An welche „Gerechte" ist aber in dem der jüdischen Glaubensüberzeugung entstammenden Satz gedacht: „Viel vermag ein Gebet eines Gerechten, das wirksam wird"? Jak folgt mit dem Terminus δίκαιος dem atl.-jüdischen Sprachgebrauch, wie er im NT besonders in der Kirche des Mt üblich blieb[1]: Der δίκαιος ist jener, der den Willen Gottes erfüllt; ihm steht gegenüber der ἄδικος, der ἁμαρτωλός, der ἀσεβής, der παράνομος[2]. Aber Jak scheint seine Leser nicht einfach als „Gerechte" zu betrachten, vielmehr mit dem Gen. δικαίου eine Einschränkung, oder besser vielleicht eine Voraussetzung zu nennen. Das Fürbittgebet füreinander um Vergebung der Sünden wird bei Gott nur wirksam, wenn es von einem Gerechten verrichtet wird![3]

5, 17f Jak bringt, seiner Gewohnheit entsprechend (vgl. 2, 21–26; 4, 10f), zur Unterstützung seiner These ein biblisches Exemplum; diesmal Elias. Elias wurde im Spätjudentum hoch verehrt[4], einmal wegen seiner geheimnisvollen Entrückung (4 Kg 2, 11), weshalb man ihn als himmlischen Fürbitter für sein Volk verehrte[5]; und dann wegen der Verheißung seiner Wiederkunft (Mal 3, 23f, MT). In 3 Kg (Kap. 17 und 18) wird berichtet, daß Elias eines Tages zum König Achab von Israel (875—854) kam und verkündete: „So wahr Jahwe, der Gott Israels, lebt, in dessen Dienst ich stehe, in diesen Jahren soll weder Tau noch Regen fallen, es sei denn auf mein Wort hin" (17, 1). Im dritten Jahr darauf verheißt Gott endlich Regen; der Prophet zeigt es dem König an (18, 1f). Nach der Vernichtung der Baalspriester steigt Elias auf den Gipfel des Karmel, „beugte sich zur Erde nieder und legte das Gesicht zwischen seine Knie"[6]; so tut er siebenmal. „Alsbald wurde der Himmel schwarz durch Wolken und Winde, und es fiel ein starker Regen" (18, 40–45). In dieser Erzählung erfährt man weder, daß der Regen auf das Gebet des Elias hin ausblieb noch daß die Zeit der Dürre 3½ Jahre dauerte, wie in Jak 5, 17f behauptet wird; aber dieselbe Legende findet sich auch in Lk 4, 25. Jak folgt hier offenbar der rabbinischen Haggada. Dabei darf die Zahl 3½ als die Hälfte von 7 als runde Zahl genommen werden, wie die Zahl 7 selber[7].

Jak legt die Kraft des Gebetes des Elias nicht in seine übermenschliche Größe, sondern gerade in seine Menschlichkeit: obwohl der Prophet nur ein Mensch war wie wir (und nicht ein himmlisches Wesen) — mehr will ὁμοιο-

---

[1] Vgl. dazu G. Schrenk in: ThWb II, 187 191f. [2] Ebd. 187
[3] Vgl. auch Hauck z. St., der Spittas Meinung mit Recht zurückweist, es sei an zu Gott erhöhte Gerechte gedacht, die mit ihrer himmlischen Fürbitte für die Menschen eintreten; „V 17 (von dem Menschen Elias) ist dem entgegen."
[4] Vgl. dazu J. Jeremias in: ThWb II, 930–943 (bes. 936f); Billerbeck III, 760f; G. Molin, Elijahu. Der Prophet und sein Weiterleben in den Hoffnungen des Judentums und der Christenheit, in: Jud 8 (1952) 65–94; P. M.-J. Stiassny, Le prophète Élie dans le Judaïsme, in: Élie le Prophète (Études Carmélitaines 35) (1956) II, 199–255.
[5] Vgl.·Billerbeck IV, 768f.
[6] Vgl. dazu J. B. Bauer, „Inter genua deposito capite", in: Hermes 87 (1959) 383f.
[7] Billerbeck III, 761. Vielleicht darf die Zahl 3½ als symbolische Unglückszahl verstanden werden (vgl. Apk 11, 2). — Zur Bitte berühmter Beter um Regen im Spätjudentum s. R. Zorn, Die Fürbitte, 80f; G. Kittel, Probleme, 53.

παθής nicht besagen[1] —, verschloß dennoch (καί advers.) sein Gebet den Himmel für 3½ Jahre[2]. So mächtig ist das Gebet eines Gerechten in der Gemeinde!

XV. Geistliche Hilfe für den verirrten Bruder (5, 19–20)

Die geistliche Hilfe des Christen erstreckt sich nicht bloß auf die Kranken und die (gewöhnlichen) Sünder in der Gemeinde, sondern auch auf jene, die völlig vom Weg abgeirrt sind und sich einem Leben in der Sünde hingeben. Sie sollen zurückgebracht und so gerettet werden. Darauf richtet sich die Schlußparänese des Briefes.

5, 19 Meine Brüder, wenn jemand unter euch abgeirrt ist von der Wahrheit und einer ihn zurückgebracht hat, 20 möge er erkennen (wissen): Wer einen Sünder von der Irre seines Weges zurückbringt, wird seine Seele aus dem Tode retten und eine Menge von Sünden bedecken.

5, 19f Die Anrede „meine Brüder" hebt die neue Paränese von den vorausgehenden deutlich ab, obwohl sie in gedanklicher Verbindung mit ihnen steht. Die Mahnung soll dadurch eine besondere Dringlichkeit bekommen. Während in der vorausgehenden Mahnung an solche Gemeindeglieder gedacht ist, die ihre Sünden jederzeit auch einsehen und bekennen, um Vergebung zu finden, ist nun an einen gedacht, der sich auf einem gefährlichen „Irrweg" befindet, „weg von der Wahrheit", und einer dringenden Mahnung bedarf[3], ja einer förmlichen Bekehrung, wenn er nicht ganz verlorengehen soll[4]. Der „von der Wahrheit" Abgeirrte ist nicht einer, der vom wahren Glauben abgeirrt ist und sich an Irrlehrer gehängt hat — von Irrlehren und Irrlehrern ist eigentlich im Brief nie die Rede[5], was auch gegen eine Spätdatierung des Briefes zu sprechen scheint —, sondern der einen verkehrten

---

[1] Vgl. DIBELIUS z. St.; SCHLATTER formuliert: „(Elias) besaß nicht in seiner Person eine wunderbare Zaubermacht, sondern ‚das Gebet des Glaubens' war das, was ihm seine Macht verlieh"; W. MICHAELIS in: ThWb V, 938f. WINDISCH denkt zu Unrecht an „die körperliche Schwäche und Beschränktheit des Propheten".
[2] Die grammatische Parataxe steht im V 18 wieder für logische Hypotaxe: „Und als er wiederum betete, gab der Himmel wiederum Regen" (BEYER, Semit. Syntax, 281).
[3] Wahrscheinlich liegt wieder grammatische Parataxe für logische Hypotaxe vor: „Wenn jemand unter euch, der von der Wahrheit abgeirrt ist, von einem anderen wieder auf den rechten Weg gebracht wird" (vgl. BEYER, Semit. Syntax, 270).
[4] Es handelt sich um Verirrte aus der Gemeinde (τις ἐν ὑμῖν). Der Blick des Jak geht über die Grenzen der christlichen Gemeinschaft nicht hinaus. Er gibt keinen Appell zur Heidenmission!
[5] Außer es denkt Jak in 3, 5 bei der „irdischen, psychischen, dämonischen Weisheit" an solche, was recht ungewiß ist.

Lebenswandel führt[1]; das geht auch aus der Bezeichnung des Abgeirrten als ἁμαρτωλός hervor. Auch in der Septuaginta wird mit der Wortgruppe πλανᾶν, πλάνη „allgemein das Übertreten des geoffenbarten Willens Gottes" (neben dem Verleiten zum Götzendienst) bezeichnet[2]. Das „Abirren" des Sünders „von der Wahrheit" (V 19)[3] ist die „Irre seines Weges" (V 20): ganz in atl.-spätjüdischer Begrifflichkeit geprägte Formulierungen[4]. Da Jak die „Irre" des von der „Wahrheit" Abirrenden nicht näher kennzeichnet, will sie allgemein verstanden sein: Jegliches Abirren eines Bruders vom richtigen „Weg" soll Anlaß sein, sich seiner anzunehmen und ihn „zurückzubringen" (ἐπιστρέφειν)[5]. Und „noch ist das Irren nicht in sich selbst irgendwie christlich spezialisiert" (H. Braun)[6]. Jak bewegt sich vielmehr sprachlich und sachlich vollkommen in überlieferten Auffassungen und Anweisungen; vgl. schon Ps 51 (50), 15, wo der auf Begnadigung hoffende Sünder verspricht: „Dann will ich die Fehlenden deine Wege lehren, daß die Sünder zu dir sich wen-

---

[1] Zu diesem „praktischen" Begriff von ἀλήθεια vgl. etwa Pss 25, 5; 26, 3; 86, 11 („in deiner Wahrheit wandeln"), ähnlich 3 Kg 2, 4; 4 Kg 20, 3; Tob 3, 5; 1 QS I, 12 („die Wahrheit der Satzungen Gottes"); I, 26; III, 19 (als Gegensatz zu „Wahrheit" erscheint „Unrecht"); IV, 17 („Der Wahrheit ein Greuel ist unrechtes Handeln, und ein Greuel sind dem Unrecht alle Wege der Wahrheit"), u. ö. Vgl. dazu besonders F. Nötscher, „Wahrheit" als theologischer Begriff in den Qumran-Texten, in: Vom Alten zum Neuen Testament (BBB 17) (Bonn 1962) 112–125. Dabei wird diese praktische „Wahrheit" doch als etwas Objektives, als eine feste, bekanntgemachte und vermittelte Lebensregel verstanden. Hauck meint sogar: „Unter der Wahrheit ist der fromme Wahrheitsbesitz, den der einzelne durch das Evangelium hat, gemeint" (unter Verweis auf 1, 18); ähnlich Chaine: „ἀληθείας désigne ... la catéchèse envisagée principalement au point de vue de la conduite de la vie."
[2] H. Braun in: ThWb VI, 235/22 ff; vgl. auch 237/25 ff: „πλάνη als Irrtum und Verführtsein geht auf den Ungehorsam Israels allgemein (Ez 33, 10 vor ἀνομίαι), auf seinen (Jer 23, 17; Tob 5, 14 v. l.) und der Heiden (Sap 12, 24) Götzendienst, auf einzelne Übertretungen (Prv 14, 8; Sir 11, 16 v. l.) speziell, so daß das Leben als πλάνη gelten kann (Sap 1, 12)." Besonders in den TestXII spielt die Vorstellung von πλάνη eine große Rolle, u. a. auch als Gegensatz zu Gesetz und Gebot (TestAs 5, 4; 6, 2f; TestJos 1, 3) und in konkreten Verfehlungen (Trunkenheit: TestJud 14 1 8; μῖσος: TestGad 3, 1; θυμός: TestDan 2, 4; ζῆλος: TestSim 2, 7; φθόνος: ebd. 3, 1; πλεονεξία: TestJud 19, 4; ὕπνος, φαντασία: TestRub 3, 7; πορνεία: TestRub 4, 6; 5, 3; TestJud 14, 1 8; 17, 1; TestIss 4, 4; TestDan 5, 5; TestJos 3, 9; TestBenj 6, 3); dazu Braun, 239f.
[3] Die LA in V 19 ἀπὸ τῆς ὁδοῦ τῆς ἀληθείας (ℵ 33 81 syrᵖ boh) ist deutlich sekundäre Auffüllung aus V 20 (ἐκ πλάνης ὁδοῦ αὐτοῦ); vgl. auch 2 Petr 2, 2; Weish 5, 6 (ἐπλανήθημεν ἀπὸ ὁδοῦ ἀληθείας). Auch die LA des 𝔓⁷⁴ (ἀπὸ τῆς) ὁδοῦ (statt ἀληθείας) entstand sehr wahrscheinlich durch Angleichung an V 20 (ἐκ πλάνης) ὁδοῦ.
[4] Dazu Näheres bei F. Nötscher, Gotteswege und Menschenwege in der Bibel und in Qumran (Bonn 1958) 47–52 55–57 83f; W. Michaelis in: ThWb V, 49–53. 60f. Sehr häufig ist in den einschlägigen Texten „Weg" ein Terminus der Ethik (vgl. auch Jak 1, 8; Mt 7, 13f; 21, 32; Röm 3, 16). Zum Ausdruck πλάνη ὁδοῦ in Jak 5, 20 vgl. Weish 12, 24 (τῶν πλάνης ὁδῶν, doch mit umgekehrtem Genitivverhältnis); Spr 2,15 („Irregehende"), dazu noch Nötscher, Gotteswege, 55f.
[5] Zur Verbindung von „Weg" und „umkehren" vgl. etwa Ez 33, 11 („Kehret um, kehret um von euren bösen Wegen!").
[6] ThWb VI, 245/2f.

den"[1]; Sir 28, 2f; 1 QS X, 26 – XI, 1; Damask XIII, 9f: „Er (der Aufseher) soll sich ihrer (der Vollmitglieder) erbarmen wie ein Vater gegenüber seinen Söhnen und wende alle [Verirrten] zurück wie ein Hirt seine Herde. Er soll alle Bande ihrer Fesseln lösen, damit es keine Bedrückten und Zerschlagenen in seiner Gemeinde gibt"; Mt 18, 12–14 („verirrtes" Schaf = Gemeindemitglied!); 18, 15f (correctio fraterna)[2]; 1 Joh 5, 16[3].

Liest man Ez 34, 4, so könnte man fast meinen, daß Jak seinen Lesern schon von 5, 13 an Mahnungen erteilt, die ihnen einen Vorwurf Gottes, wie er dort die schlechten Führer des Volkes trifft, beim Gericht ersparen sollen: „Das Schwache habt ihr nicht gestärkt, das Kranke nicht geheilt, das Verletzte nicht verbunden, das Verirrte nicht gesucht, und das Starke habt ihr mit (zu großer) Härte behandelt" (vgl. auch 34, 16).

(5, 20) Die Textzeugen B 69 1518 syr^h lesen statt γινωσκέτω (so ℵ AKLP 33 88 915 1838 Vg boh) pluralisch γινώσκετε (so auch Nestle); aber diese ohnehin nicht allzu gut bezeugte LA erklärt sich ohne weiteres als sekundäre Angleichung an die Anrede ἀδελφοί μου zu Beginn des V 19[4]. Was der, der sich um den verirrten Bruder angenommen hat, „erkennen" soll und darf, scheint zwar im folgenden deutlich ausgesprochen zu sein, dennoch ist nicht eindeutig zu erkennen, wessen Seele gerettet wird: die Seele des Retters[5] oder des Geretteten[6] oder beider zusammen. Nun ist wohl vorausgesetzt, daß der Rettende selbst ein Gerechter ist und kein Sünder, der vom Wege abgeirrt ist, so daß doch sehr wahrscheinlich an die „Seele" des Geretteten gedacht ist, die dem „Tode" entrissen wird[7]. Der Weg des Sünders führt ja nach atl.-spätjüdischer Lehre in Tod und Verderben (vgl. Dt 30, 19; Jer 23,

---

[1] Vgl. auch schon Lv 19, 17b: „Weise deinen Nächsten freimütig zurecht, daß du nicht seinetwegen Schuld auf dich lädst."

[2] Vgl. dazu auch J. GNILKA in: BZ, NF 7 (1963) 53–55.

[3] Vgl. auch noch R. MACH (Der Zaddik, 124): „Die Pflicht, der Sünde entgegenzutreten, besteht für jedermann. Wenn jemand, der die Möglichkeit hat, seine Umwelt am Sündigen zu hindern, von dieser Möglichkeit keinen Gebrauch macht und das Warnen unterläßt, so wird er selber von der Strafe erfaßt", unter Verweis auf Schabb. 54b; Ez 3, 18–21.

[4] In 𝔓74 Ψ ff sah fehlt überhaupt ein Imperativ (einschließlich ὅτι), so daß ὁ ἐπιστρέψας ... σώσει ... καὶ καλύψει ... Hauptsatz ist. Vermutlich kannte diese Texttradition die beiden LAA im Imperativ und ließ dann diesen ganz weg, um so einer Entscheidung aus dem Wege zu gehen, traf aber auf diese Weise selbst wieder eine ganz neue Textentscheidung.

[5] So BEDA, SCHEGG (unter besonderem Hinweis auf das Futur σώσει), BARDENHEWER, HAUCK, SCHLATTER („Wer den Bruder zur Wahrheit führt, der ist gerettet").

[6] So ESTIUS, BISPING, BELSER, ROPES, DIBELIUS, WINDISCH, CHAINE, MEINERTZ, MARTY, MICHL, GARCIA AB ORBISO, REUSS, SCHNEIDER.

[7] Das αὐτοῦ hinter ψυχήν weist im übrigen auch deutlich zurück auf das αὐτοῦ hinter ὁδοῦ. Die Textbezeugung schwankt allerdings sehr stark: ψυχὴν αὐτοῦ (ohne ἐκ θανάτου) liest Ambrosiaster; ψυχὴν ἐκ θανάτου (ohne αὐτοῦ) lesen Ψ 1175 al. sah Orig.; ψυχὴν αὐτοῦ ἐκ θανάτου lesen ℵ AP 33 1739 s Vg (eius) syr boh; ψυχὴν ἐκ θανάτου αὐτοῦ lesen 𝔓74 B ff u. a. Vgl. DIBELIUS (Anhang). Für die Auslegung selbst sind die verschiedenen LAA ohne Belang; nur fällt das zu Beginn dieser Anm. genannte Argument weg, wenn αὐτοῦ nicht zum ursprünglichen Text gehörte.

12; Ps 1, 6: „Der Weg der Frevler führt ins Verderben"; 2, 12; Job 8, 13; Spr 2, 18; 12, 28; 13, 14; 14, 12: „Mancher Weg dünkt einem gerade; aber sein Ende sind Todeswege"; 15,10; 4 Esr 7, 48; ApkBarsyr 85,13; Jak 1,15)[1]. Wer den Sünder von seinem verderblichen, in den Tod führenden Weg zurückholt, rettet damit seine „Seele", d. h. nach biblischem Sprachgebrauch sein (eigentliches eschatologisches) Leben[2] (vgl. auch 1, 21). Dann kann aber auch kein Zweifel sein, daß mit dem „Tode", aus dessen Fängen die „Seele" des Sünders gerettet wird, das ewige Verderben gemeint ist[3].

Noch schwieriger ist die Frage zu beantworten, um wessen „Sündenmenge" es sich handelt, die er „bedecken wird"[4]. Subjekt zu καλύψει ist der, der sich um die Rückkehr des Sünders bemüht hat. Jak denkt vielleicht bei seinem ganzen Appell in 5, 19f auch an Ez 3, 20f: „Wenn sich ein Gerechter von seiner Gerechtigkeit abwendet und Frevel verübt — dieser Fall ist bei Jak angenommen — ... wenn du ihn nicht verwarnt hast, so wird er wegen seiner Sünde sterben; seiner (früheren) Gerechtigkeit, die er geübt hat, wird nicht gedacht werden; sein Blut werde ich von deiner Hand fordern. Wenn du aber einen Gerechten verwarnt hast, daß er nicht (mehr) sündige, und er sündigt nicht (mehr), so wird er sicherlich am Leben bleiben, weil er sich verwarnen ließ; du aber hast deine Seele gerettet"; Gott gibt nach dieser Stelle eine zweifache Verheißung: „Leben" für den Zurückgekehrten und „Rettung seiner (eigenen) Seele" für den, der den Verlorenen durch seine Warnung zurückgebracht hat[5]. Warum soll Jak nicht auch an beides denken? Dann erhält das πλῆθος erst seinen vollen Sinn[6]; denn es handelt sich nun um die Sünden nicht bloß des einen, sondern beider, die Gottes Vergebung erhalten, ausgedrückt durch das aus dem AT stammende Bild vom „Bedecken" der Sündenmenge[7]. Wer so die Sünden „zudeckt", entzieht sie damit gewissermaßen dem richterlichen Blick Gottes[8]. Dann gilt, was Jak schon in 2, 13b geschrieben hat: κατακαυχᾶται ἔλεος κρίσεως.

---

[1] Vgl. Näheres mit weiteren Belegen bei Nötscher, Gotteswege, 49 ff; Volz, Eschatologie, 306; W. Michaelis in: ThWb V, 49–65.
[2] Zu „Seele" = Leben vgl. nochmals S. 103, Anm. 3.
[3] TestAbr 116, 32 ff läßt Gott sprechen: ἐγὼ σπλαγχνίζομαι ἐπὶ τοὺς ἁμαρτωλούς, ὥστε ἐπιστρέψουσιν καὶ ζήσωσιν καὶ μετανοήσωσιν ἐκ τῶν ἁμαρτιῶν αὐτῶν καὶ σωθήσονται. — Ist die Wendung σῴζειν αὐτόν (bzw. τὴν ψυχὴν) ἐκ θανάτου ursprünglich im Christentum in der Taufsprache beheimatet? (Vgl. dazu G. Braumann in: ZntW 51f [1960] 278–280.)
[4] Die Meinungen der Ausleger gehen stark auseinander; vgl. zur Auslegungsgeschichte vor allem Garcia ab Orbiso (z. St.), der nachweist, daß in der älteren Exegese, angefangen von Origenes, an die Sünden des Bekehrenden gedacht ist.
[5] Vgl. auch 1 Tim 4, 16 („Behalte dich selbst und die Lehre im Auge ... denn wenn du das tust, wirst du dich retten und die, welche dich hören"); Abot V, 18 („Wer viele zur Gerechtigkeit führt, dem schadet keine Sünde"); 2 Clem 15, 1.
[6] Zum Ausdruck πλῆθος ἁμαρτιῶν vgl. auch Ez 28, 17; Sir 5, 6; Pss 5, 11; 84, 3; 1 QH IV, 19.
[7] Vgl. Spr 10, 12; Ps 32 (31), 1 („Glücklich, wem Frevel vergeben, wem Sünde bedeckt ist"); 1 Petr 4, 8 („denn Liebe bedeckt der Sünden Menge"); 1 Clem 49, 5; 2 Clem 16, 4; K. H. Schelkle zu 1 Petr 4, 8; W. Grundmann in: ThWb III, 559f.
[8] Spitta (z. St.) meint: „Die Menge der Sünden, welche verhüllt wird, ist die

Damit bricht der Brief ab. Das Ende wirkt abrupt, aber doch positiv mit einer Verheißung. Einige Minuskeln (378 614 1898s) und die syr^h haben noch ein ἀμήν angefügt. Der abrupte Schluß erklärt sich am besten aus dem Enzyklikacharakter des Briefes. Die persönlichen Grüße und Wünsche (und wohl auch Aufträge) standen vermutlich in dem Begleitschreiben des Briefes zu lesen[1]. Mehr läßt sich darüber nicht sagen.

SCHLUSSEXKURS

Christentum gemäß Jakobus

Wie ist die Art des Christentums, das im Jak-Brief entgegentritt? Der Brief hat ja innerhalb des ntl. Schrifttums seine besonderen Konturen, seine unverkennbare, einmalige Physiognomie.

1. Um „Christentum gemäß Jak" zu erkennen, sei zunächst die negative Charakteristik ins Auge gefaßt, die Jak von einem Christentum entwirft, das nach seiner Meinung keines ist. Ein derartiges „Christentum" ist unentschlossen, zweiseelig, zweifelnd. Es kann sich, besonders in den Anfechtungen, nicht zu einer entschiedenen, ganz auf Gott gerichteten und vertrauensvollen Haltung durchringen. Ständig schwankt es hin und her, getrieben von den ἐπιθυμίαι, die im Menschen stecken. Es ist zwar schnell begeistert — man denke an den Vergleich mit dem Mann, der sich rasch im Spiegel betrachtet —, aber ohne jede Beharrlichkeit im Guten. Der Glaube verfällt in solchem Christentum nur allzuleicht dem leidigen Personenkult, der mit anderen Maßstäben mißt, als es die Maßstäbe Gottes sind. So wird es leicht ungerecht und unsozial. Die Vertreter solchen Christentums sind die Nur-Hörer in den Predigten. Ihr Glaube ist ein toter Glaube ohne tatkräftige Werke der Nächstenliebe; er gleicht einem Kadaver, aus dem die belebende Seele gewichen ist. Dieses Christentum prahlt mit seiner irdischen Weisheit, ist auf spitzfindige Diskussionen aus, verbunden mit Streit- und Parteisucht. Es ist verleumderisch und rechthaberisch, stets bedacht, andere zu belehren, statt sich selbst belehren zu lassen. Es ist voller Weltliebe, ganz verloren an die Welt (μοιχαλίδες!), und ist als solches voll ausgelassener und trunkener Freude, ohne die christliche Nüchternheit angesichts der Tatsache, daß wir schon in den letzten Tagen leben. Die Lebenspläne werden ohne Gott gemacht, und sie dienen vor allem der eigenen Bereicherung, der unersättlichen Gier nach Geld und Gewinn. Es ist deshalb voller „Ruhmsucht", die sich besonders auch in dem unsozialen und unge-

---

auf den himmlischen Tafeln eingezeichnete, nach welcher das Gericht vorgenommen wird" (unter Verweis auf Henäth 98, 7; 100, 10; TestAbr 93, 1 ff).

[1] Vgl. auch CHAINE z. St.

rechten Verhalten gegen die Armen offenbart. Dieses Scheinchristentum hat nach Jak mit wahrem Christentum nichts zu tun.

2. Das wahre Christentum zeichnet sich nach Jak aus durch die ὑπομονή, durch Geduld und Ausdauer in den πειρασμοί, die freudig ertragen werden, weil man in ihnen ein Bewährungsmittel des Glaubens erkennt. Das Gebet dieses Christentums ist vertrauensvoll, frei von jeglichem Zweifel. Diese Christen sind demütig; sie sind bereit, zu hören und sich belehren zu lassen. Und wenn sie selbst ein Lehramt ausüben, so sind ihre Worte voller Sanftmut und „Weisheit von oben". Was dieses Christentum kennzeichnet, ist besonders seine Friedensliebe und seine Hilfsbereitschaft gegen Witwen und Waisen. Es kennt keinen Personenkult. Gerade die von der Welt verachteten, die Zurückgebliebenen und Armen, sind seine Freunde, weil Gott selbst diese Menschen zu Erben seines Reiches erwählt hat. So wirkt in diesem Christentum der Glaube mit den Werken der Liebe zusammen, und ein Glaube ohne sie ist überhaupt nicht denkbar. Die Anhänger solchen Christentums streben nicht danach, überall als Lehrer unter ihren Brüdern aufzutreten, sie hören lieber, weil sie die Gefahren der Zunge kennen. So ist ihr Christentum voll guter Früchte, eindeutig für Gott und den Himmel entschieden. Gehorsam gegen Gott ist etwas Selbstverständliches. Sie hören auf die Schrift und ihre Beispiele, um sie nachzuahmen. Ständig sprechen sie bei allem, was sie planen und tun: „Nur wenn der Herr will." Ihr ganzes Dasein ist ausgerichtet auf Gott und seinen heiligen Willen. Sie wissen, daß der Mensch nicht zwei Herren dienen kann, der Welt und Gott zugleich. So entsagen sie der Welt. In allen Lebenslagen sind sie mit Gott verbunden, bringen alles mit Gott in Verbindung und beziehen alles auf Gott, ob Freude oder Leid. Sie lieben die Wahrhaftigkeit und sind Feinde jeglicher Lüge und Verleumdung des Nächsten. Sie bekennen ehrlich und aufrichtig ihre Sünden einander, beten füreinander und sind voller Sorge um das Seelenheil ihrer Brüder. Dieses Christentum ist ein eschatologisch ausgerichtetes Christentum; sie wissen um den Kranz des Lebens, den Gott denen verheißen hat, die ihn lieben. Sie denken stets an das kommende Gericht. Sie wissen: die letzten Tage sind schon angebrochen; das macht sie nüchtern und frei von der trunkenen Weltseligkeit. Sie halten geduldig Ausschau nach dem Tag des Herrn, nach dem wiederkommenden Christus.

3. So zeichnet Jak das Christentum, was es ist und was es nicht ist. Er ist offensichtlich von Sorge erfüllt, das Christentum könne sein wahres Wesen verleugnen und zu einem Allerweltschristentum werden. Er hält deshalb mit seinen Forderungen nicht zurück, um die Gemeinden, in die der Geist der Welt einzubrechen droht, rechtzeitig zu warnen. Sein Brief ist darum aus lauter Paränesen „zusammengesetzt", und was er an „Theologie" enthält, dient der ethischen Motivation, einschließlich der Auseinandersetzung mit den Vertretern des Nur-Glaubens. Aber gerade in diesem paränetischen Willen, in dieser unerbittlichen, durchhaltenden, bis zu den letzten Versen nicht abreißenden Forderung nach einem Christentum der Tat liegt die Einheitlichkeit des Jak-Briefes. Dieser Wille fügt die ganzen Sprüche und Spruchreihen zu jener großen Einheit zusammen, die dem Brief durchaus

eine eigene, nicht auswechselbare Physiognomie verleiht. Gewiß finden sich für viele Sprüche und Spruchreihen des Briefes Parallelen in der atl.-jüdischen, ja selbst in der heidnisch-hellenistischen Spruchweisheit; dennoch läßt sich nicht leugnen, daß seine eigentliche Nähe bei Jesus liegt. Jesus würde gewiß jeden Satz des Briefes unterschreiben! Der Jak-Brief „lehret Christum". Jak war nicht bloß „der Bruder des Herrn" dem Fleisch nach, sondern auch dem Geiste nach.

4. Es ist darum ein Fehlurteil, zu sagen, „das spezifisch Christliche" sei im Jak-Brief „auffallend dünn" (so R. Bultmann)[1]. Die Forderungen der Bergpredigt, die Jak nachspricht, gehören zum „spezifisch Christlichen", zum Evangelium[2]. Aber der Jak-Brief repräsentiert nicht das ganze Christentum; er darf nicht vom übrigen NT losgelöst gelesen und gewertet werden. Der Jak-Brief beansprucht nicht, alles zu sagen, was christlich ist und zum Christentum gehört. Zum Christentum gehört wesentlich auch die Botschaft des Römerbriefs. Es ist darum E. Schweizer zuzustimmen, wenn er sagt: „Es wäre ein Unglück, wenn die konservative Forschung recht hätte, daß nämlich der Jakobus- vor dem Römerbrief geschrieben sei. Dann stünde das hier Gesagte noch allein ... Wenn aber dieser Mann die Botschaft des Paulus schon kennt ..., wenn er vor allem auch gesehen hat, wie viele in der Gemeinde diese Botschaft des Paulus mißverstanden haben, dann bekommt alles ein neues Gesicht."[3] Weder Paulus noch Jak repräsentieren je für sich das ganze Christentum, weder damals noch heute. Die Kirche „hat beide [im Kanon] nebeneinandergestellt und damit betont, daß man das eine nicht ohne das andere hören kann"[4]. Aber es muß wirklich beides gehört werden, damit die Fülle des Christentums sich zeigen und wirksam werden kann. Wird ehrlich und ohne Abstriche auf beide, Paulus sowohl wie Jak, gehört, könnte daraus auch ein Weg werden, auf dem die „getrennten Brüder" sich finden könnten.

---

[1] Theologie des NT, 496; ähnlich JÜLICHER-FASCHER (Einleitung in das NT, 209): „das am wenigsten christliche Buch des NT".
[2] Vgl. Einleitung § 8.
[3] Die Urchristenheit als ökumenische Gemeinschaft, in: EvTh 10 (1950/51) 278.
[4] Ebd. 283. Vgl. auch W. SCHMITHALS, Paulus und Jakobus, 99: „Die schiedlich-friedliche Gemeinschaft, die Paulus und Jakobus verband, ist keine andere als die, die den synoptischen und den paulinischen Teil des neutestamentlichen Kanons verbindet."

LITERATURNACHTRAG ZUR 2. AUFLAGE

Seitz, O. J. F., James and the Law, in: Studia Evangelica II (TU 87) (Berlin 1964).
Trocmé, E., Les Eglises pauliniennes vues du dehors: Jacques 2, 1 à 3, 13: ebd. 660–669.
Walker, R., Allein aus Werken. Zur Auslegung von Jakobus 2, 14–26, in: ZThK 61 (1965) 155–192.
Noack, B., Jakobus wider die Reichen, in: StTh 18 (1964) 10–25.
Eckart, K.-G., Zur Terminologie des Jakobusbriefes, in: ThLZ 89 (1964) 521–526.
Eleder, Felix, Jakobusbrief und Bergpredigt (Diss. Wien 1964) (dazu BZ 9, 1965, 158).
Cranfield, C. E. B., The Message of James, in: Scott. Journal of Theology 18 (1965) 182–193.
Keck, L. E., The Poor among the Saints in the New Testament, in: ZntW 56 (1965) 100–129.
Ders., The Poor among the Saints in Jewish Christianity and Qumran, in: ZntW 57 (1966) 54–78.
Knoch, O., Eigenart und Bedeutung der Eschatologie im theologischen Aufriß des ersten Clemensbriefes (Theophaneia 17) (Bonn 1964).
Ders., Der Brief des Apostels Jakobus (Geistl. Schriftlesung 19) (Düsseldorf 1964).
Beyschlag, K., Das Jakobusmartyrium und seine Verwandten in der frühchristlichen Literatur, in: ZntW 56 (1965) 149–178.
Reicke, B., The Epistles of James, Peter and Jude (The Anchor Bible) (New York 1964).
Sailer, J., Jak 5, 14 f und die Krankensalbung, in: Theol.-prakt. Quartalschr. 113 (1965) 347–353.
Martin-Achard, R., Yahwe et les 'anawim, in: ThZ 21 (1965) 349–357.
Lifshitz, B., L' Hellénisation de Juifs de Palestine. A propos des inscriptions de Besara (Beth-Shearim), in: RB 72 (1965) 520–538.
Der Kommentar von M. Dibelius liegt jetzt in 11. Auflage vor (hrsg. und ergänzt von H. Greeven, Göttingen 1964).

REGISTER

Älteste 219
Apokatastasis 62
Armenfrömmigkeit 8 22 72–74 76–84 117–123 197f 200 Anm. 2
Böser Trieb 88 177
Condicio Jacobaea 191
Eidverbot 213–216
Eschatologie 22 127 201–204 207–211
Ethik 47–53 209f
Freiheit 107f 126
Freude 63 73
Frühkatholizismus 211 Anm. 2
Fürbitte 219 228
Gebet 67–72 179 219–221 227f
Gericht 126f 155f 159 188 193–199 204f 208f 212
Gesetz 107f 124 152
Glauben s. πίστις
Gnostizismus 21f 92 171
Gold und Silber 194f
Gottesbild 68f 86–98
Grundschrift 24–26 57
Hören 99f
Jakobusfrage 1f
Judenchristentum 5–7 10 19–21 173 188
Knecht s. δοῦλος
Krankensalbung 218–225
Lehre Jesu 47–53 83f
Lehrer 159 168f 173
Leistungsprinzip 157
Liebesgebot 123f
Luther 13 Anm. 2; 42–47 52 56 149 224 Anm. 1
Makarismus 85 110 205f

Monotheismus 138f.
Nächster 123–126 131f 168 187
Neuheitserlebnis 107
Neuschöpfung 92–97
Öl 220
Parusie 201 208f
Paulinismus 12–19
Paulus 13–18 107f 236
Pseudopaulinismus 12–19 139
Rechtfertigung 13 127–151
Regen 202 229
reich s. πλούσιος
Richter s. Gericht
Römerbrief 13
Ruhmeskataloge (jüdische) 205
Schlachttag 196f
Sekundantenhypothese 137
sozial (unsozial) 76–79 196–198
Sündenbekenntnis 225–228
Taufe 95
Taufparänese 101f
Theodizee 86–97
Verleumdung 187
Versuchung s. πειρασμός
Vertrauen 69 133
Verzögerungsproblem 203f
Vollkommenheit s. τέλειος
Wahrheit 163 Anm. 5; 231
Weg s. ὁδός
Weisheit 68 170–174
Welt s. κόσμος
Werk 129 132 138 140–146 152–157 170
Zeitlichkeit 75 189–192 208
Zweifel (Zweifler) 69f.
Zunge 111 161–168

REGISTER GRIECHISCHER WÖRTER

ἀγαπᾶν (ἀγάπη) 86 Anm. 5
ἁγνίζειν 185
ἁγνός 173 f
ἀδελφός 63
ἀδιάκριτος 174
αἰτεῖν (αἰτεῖσθαι) s. Gebet
ἀκατάστατος 72 166 f
ἀναφέρειν 141
ἄνωθεν 90 f
ἀπαρχή 93–95
ἀπείραστος 87
ἁπλοῦς 68 f
ἀποκυεῖν 89 94
ἀποσκίασμα 92
ἀποτίθεσθαι 101

βούλεσθαι 93 f 181

γέλως 186
γένεσις 105 164 f

διακρίνεσθαι 69 f 119
διασπορά 11 61 f
δίκαιος (ὁ) 3–7 198 f 229
δικαιοσύνη 100 143–145 174 f
δίψυχος 71 f 185
δοκίμιον 65
δόξα 116
δοῦλος 1 60 f

ἐγείρειν 222 f
ἐλευθερία s. Freiheit
ἔμφυτος 102 Anm. 2
ἐπιθυμία 88 f 177 f
ἐπιποθεῖν 182 f
ἔργον s. Werk
ἐριθεία 171

ἡδονή 177 179 f

θρησκεία 111 Anm. 7

καθαρός 102 f
κακοπαθεῖν 217
κάμνειν 221 f
καταδυναστεύειν 121 f
κατήφεια 186 Anm. 7
καύσων 75
καυχᾶσθαι (καύχησις) 73 f 192
κόσμος 113 120 163 181
κρίνειν 187

κτίσμα 95 f

μακροθυμεῖν 201 f 204 Anm. 4
μοιχαλίδες 176 Anm. 1; 180
μόνον 18 Anm. 2; 145

νόμος s. Gesetz

ὁδός 72 231–233
ὁλόκληρος 66
ὀλολύζειν 193
ὄνομα 122 f 220 f

παρακύπτειν 106 f
παραλλαγή 92
παρέρχεσθαι 75
πειρασμός 64–66 68 86–88 96
περιπίπτειν 64 f
πίστις 69 129–146 155
πλανᾶν (πλάνη) 89 f 231 f
πλούσιος 73 f 117–124 193–199
πνεῦμα 151 181–183
ποιεῖν 53 Anm. 1; 104 f 131
ποιητής 104 107 109 f 187
πόλεμος 177
προσωπολημψία 115 f

σήπειν 194
σοφία s. Weisheit
στέφανος 85 f
σῴζειν 102 f 130 f 146 f 222
συναγωγή 117
συνεργεῖν 142

ταπεινός (ταπείνωσις) 73 f
τέλειος 66 f 107–109 160 f
τέλος 206 f
τις 12 111 130 136 f
τροπή 92
τροχός 164 f

ὑπερασπίζειν 113 Anm. 6
ὑπομονή 65 f 204–206
ὕψος 73 f

φθόνος 181–183
φονεύειν 125 f 178 f 198
φῶς 90 f

χαίρειν (χαρά) 63

ψάλλειν 218
ψυχή 103 232 f

Vom gleichen Autor ist erschienen:

Franz Mußner

Was lehrt Jesus über das Ende der Welt?
Eine Auslegung von Markus 13

2., überarbeitete und ergänzte Auflage
80 Seiten, engl. brosch., Bestell-Nr. 13606

„In sauberer Exegese erklärt Mußner das 13. Kapitel des Markus-Evangeliums, in dem Christus selbst zu dieser Frage Stellung nimmt. Der Herr gibt keine Antwort auf die Frage nach dem Zeitpunkt des Endes, vielmehr prägt er die Gewißheit des Endes, der Vollendung des Weltenlaufs und der Geschichte nachdrücklich ein. Und als Zeichen dafür, daß die Verheißungen Christi zuverlässig sind, weist er auf den Fortbestand des jüdischen Volkes hin, ein lebendiges Zeichen auch für uns! Trotz der furchtbaren Katastrophen, die im Lauf der Geschichte über die Menschheit hereinbrechen, die der Herr als Mahnzeichen vorherverkündet, trotz der Ungewißheit um das Wann des Endes darf und soll der Christ frei sein von jeglicher Angst, denn das Ende führt ihn in die Vollendung des verklärten Herrn.
Es tut not und gut, daß Mußner uns diese Wahrheiten heute neu sagt, denn aus ihnen heraus haben wir als Christen unser Leben zu führen."

Trierer Theologische Zeitschrift

Durch alle Buchhandlungen erhältlich

Herder Freiburg · Basel · Wien

Vom Autor dieses Bandes erschien in der Reihe
„Quaestiones disputatae"
eine hervorragende biblisch-theologische Untersuchung:

Franz Mußner

Die johanneische Sehweise
und die Frage nach dem historischen Jesus

mit einem Vorwort von Professor Heinrich Schlier.
„Quaestiones disputatae" Band 28. 96 Seiten, engl. brosch.,
Bestell-Nr. 02028.

Nach der durch Gadamer und Heidegger erarbeiteten hermeneutischen Methode untersucht Mußner die besondere „Sehweise" des Johannes und das Verhältnis des vierten Evangeliums zum historischen Jesus.

Auf Grund der im vierten Evangelium vorliegenden Terminologie des Sehens, Hörens, Erkennens, Wissens, Bezeugens und Sich-Erinnerns analysiert der Verfasser die besondere Sehweise des Evangelisten. Als Ergebnis dieser Analyse zeigt sich die Möglichkeit einer Umsetzung der durch den Evangelisten gewonnenen Erkenntnis in das bezeugte und als „Erinnerung" in der Kirche fortlebende Kerygma.

Durch alle Buchhandlungen erhältlich

Herder Freiburg · Basel · Wien